Richard Baerwald

Okkultismus und Spiritismus und ihre weltanschaulichen Folgen

Richard Baerwald: Okkultismus und Spiritismus und ihre weltanschaulichen Folgen
Hamburg, SEVERUS Verlag 2014.
Nachdruck der Originalausgabe von 1926.

ISBN: 978-3-86347-851-3
Druck: SEVERUS Verlag, Hamburg 2014

Umschlagmotiv: © Axel Gutjahr - Fotolia.com

Der SEVERUS Verlag ist ein Imprint der Diplomica Verlag GmbH.

Bibliografische Information der Deutschen Nationalbibliothek:
Die Deutsche Nationalbibliothek verzeichnet diese Publikation in der Deutschen Nationalbibliografie; detaillierte bibliografische Daten sind im Internet über http://dnb.d-nb.de abrufbar.

© **SEVERUS Verlag**
http://www.severus-verlag.de, Hamburg 2014
Printed in Germany
Alle Rechte vorbehalten.

Der SEVERUS Verlag übernimmt keine juristische Verantwortung oder irgendeine Haftung für evtl. fehlerhafte Angaben und deren

SEVERUS

I. ALLGEMEINE VORFRAGEN

DER KAMPF UM DEN OKKULTISMUS

Wort und Begriff Okkultismus

Das Gebiet, das wir hiermit betreten wollen, nannte man in älterer Zeit „Geheimwissenschaften", aber lieber noch „Magie" oder „Spiritismus". Die beiden letzten Namen enthalten schon ein Programm, sie suchen all die sonderbaren Erscheinungen, von denen wir zu reden haben, auf Dämonen zurückzuführen, die magischen Zauber ermöglichen, oder auf Geister Verstorbener (Spirits). Alle Naturdeutung fing mit der Erklärung der Erscheinungen durch denkende und wollende, der Menschenseele ähnliche Mächte an; daß man mechanische Kräfte, Druck und Stoß, Wärme, Elektrizität usw. als ihre Ursachen erkennen lernte, war eine späte Errungenschaft der erstarkenden Philosophie und Physik, sie setzte erst im 16. und 17. Jahrhundert ein. — Doppelt groß war natürlich die Versuchung, für Erscheinungen wie Telepathie, Prophezeiung, Wahrträume, die in der Tat am menschlichen Geistesleben, nicht an der unbelebten Natur haften, Geister und Dämonen verantwortlich zu machen. So war Magie und Spiritismus die Urform okkultistischer Wissenschaft.

Erst im 19. Jahrhundert kam der von Kiesewetter geprägte Ausdruck „Okkultismus" auf, der zwar an sich nur eine Latinisierung des alten Wortes Geheimwissenschaft (occultus = verborgen) bedeutete, aber doch ein neues Programm enthielt. Unser Wissenschaftsgebiet versuchte unter dieser Parole die Wandlung nachzuholen, die Astronomie und Physik 2—3 Jahrhunderte vorher durchgemacht hatten, es suchte sich von den Geistern und Dämonen zu befreien und Kräfte der Erfahrungswelt, also in diesem Falle psychologische und physiologische Vorgänge, als Ursache der „okkulten Phänomene" zu erkennen. Vielfach, wenn auch nicht durchweg, bekam das Wort „Okkultismus" eine Spitze gegen den Spiritismus; man nannte sich Okkultist, wenn man andeuten wollte, daß man den tanzenden Tisch oder die erstehende Materialisation nicht für eine Leistung oder Erscheinung von Geistern hielt, sondern einsah, daß man es ausschließlich mit einer Wirkung des Mediums zu tun hatte. Das neue Wort wurde also für die Tendenz, die unerklärlichen und doch z. T. nicht mehr zu leugnenden Phänomene in den gewohnten Naturzusammenhang einzufügen, zur Flagge und zum Symbol.

Aber das Wort Okkultismus enthielt im Grunde einen Widersinn: Wissenschaft ist dazu da, aufzuhellen und zu erklären, nicht um ihre Gegenstände okkult, d. h. im Dunkel zu lassen. Eine Untersuchung, deren Objekte grundsätzlich geheimnisvoll bleiben würden, wäre keine Wissenschaft. Leicht diente das verfängliche Wort neu aufkommenden mystischen Tendenzen als Deckung. Deshalb schlug Richet, der namhafte französische Okkultismusforscher, das Wort „Metapsychik" als Bezeichnung für die neue Wissenschaft vor. Metapsychik bedeutet etwa: Lehre von den höheren seelischen Erscheinungen. Der Name hat sich in Frankreich vielfach eingebürgert, weit weniger dagegen in der deutschen Fachliteratur. Denn er klingt an das Wort „Metaphysik" an und schmeckt etwas nach philosophischer Spekulation. Die deutschen Ärzte und Naturwissenschaftler aber, die dem Okkultismus huldigten, wünschten ihrem Forschungsgebiete die Würde höchster Exaktheit zu sichern und es als neue naturwissenschaftlich-medizinische Disziplin hinzustellen. Darum ist neuerdings das Wort „Parapsychologie" aufgekommen, das mit „Lehre von den abnormen oder abseitigen Erscheinungen des Seelenlebens" zu übersetzen wäre und an Ausdrücke der Nervenheilkunde wie Paranoia, Paraphasie usw. erinnert. Sowohl in „Metapsychik" wie in „Parapsychologie" ist übrigens die Abkehr vom Spiritismus deutlich: Nicht vom Geisterreich, sondern von einem Zweige der Psychologie, der Lehre vom menschlichen Seelenleben, ist die Rede. Im Wechsel der Worte ist hier wie anderwärts der Wechsel des Zeitgeistes und der Zeitstimmung deutlich erkennbar.

Den Begriff „Okkultismus" habe ich früher*) als „Lehre von den mediumistischen Phänomenen" definiert. Bei gewissen, seltenen Individuen, die der Spiritismus als Medien bezeichnet (medius = der Mittler, nämlich Mittler zwischen Geister- und Menschenwelt), zeigen sich angeblich Erscheinungen, die bei normalen Menschen nicht zutage treten. Sie können die unausgesprochenen Gedanken anderer „abzapfen", Ideen und Erlebnisse mit entfernten Personen werden ihnen telepathisch zugetragen, sie haben Wahrträume und prophetische Eingebungen, ihre Hand schreibt automatisch Mitteilungen vermeintlicher Geister, in ihrer Nähe bewegen sich Gegenstände ohne Berührung und zeigen sich gespensterartige Phantome. Die Erklärung dieser den Medien eigentümlichen Erscheinungen und Leistungen, schien mir, bilde die Aufgabe des Okkultismus.

Gegen diese Definition hat Tischner (XVIII, Juli 1920**) Einspruch erhoben. Für die Medien, meint er, seien manche Erscheinungen bezeichnend, die wir nicht als „okkultistisch", sondern als ganz natürlich ansehen, zum Beispiel Trance-Zustände, Automatismen, Bewußtseinsspaltungen. Tischner will das Wort „Okkultismus" nur für die Erforschung solcher Erscheinungen gelten lassen, die wirklich „okkult", d. h. mystisch, übersinnlich sind, bei deren Erklärung wir, wie zum Beispiel beim Hellsehen und Prophezeien, mit den Tatsachen unserer Erfahrungswelt nicht ausreichen, sondern eine höhere, jenseitige, unseren Sinnen unerreichbare Welt mit heranziehen müssen.

Ich glaube nun, in diesem Streite haben beide Teile recht, denn der Begriff Okkultismus schillert. Der von mir vertretene Begriff (Okkultismus gleich Medienpsychologie) entspricht genau dem, was unsere Lehrbücher des Okkultismus wirklich bieten. In ihnen finden wir ausführliche

---

*) Baerwald „Spiritismus, Okkultismus und unterbewußte Seelenzustände". Teubner, Leipzig. „Aus Natur und Geisteswelt." Bd. 560, S. 5.

**) Die römischen Zahlen beziehen sich auf das Literaturverzeichnis am Ende des Bandes.

Darlegungen über Hypnose und Trance, Bewußtseinsspaltung und Unterbewußtsein, und diese Kapitel pflegen die wesentlichsten und grundlegendsten des ganzen Buches zu sein, denn alle die obengenannten seltsamen Erscheinungen sucht man soviel als möglich auf Tatsachen des Unterbewußtseins zurückzuführen. Alle, die der allgemeinen Tendenz unserer Wissenschaft folgen, das Mystische zu vernaturwissenschaftlichen, können eine andere Definition als die von mir vorgeschlagene gar nicht gebrauchen, denn was sollen sie, die das Übersinnliche eben nicht als existierend anerkennen, mit einem Okkultismus beginnen, der das Mystisch-Übersinnliche studieren will. Okkultismus ist an sich eins der interessantesten, für unsere Weltanschauung wertvollsten Forschungsgebiete; durch Tischners Definition würde es für die meisten zu einem Kapitel im großen Buche menschlicher Torheit herabsinken.

Andererseits aber wird das Wort „okkult" oder „okkultistisch" oft in einem Sinne gebraucht, der Tischner recht gibt. Hypnotismus war, solange ihm das Odium des Mystisch-Zaubereimäßigen anhaftete, ein „okkultes" Gebiet; sobald aber die Hypnose als natürlicher, im Mechanismus des Seelenlebens begründeter Zustand begriffen wurde, hörte man auf, sie als okkult und den hypnotisierten Menschen als „Medium" zu bezeichnen. Gegenwärtig ist wiederum die Telepathie im Begriff, als einfacher und verständlicher Naturvorgang anerkannt und somit naturwissenschaftlich „ehrbar" zu werden. Alsbald melden sich Stimmen, die erklären, Telepathie sei gar nichts Okkultes mehr; sie scheidet gewissermaßen mit dem Moment, in dem die offizielle Wissenschaft sie respektiert, aus der Boheme der verdächtigen Theorien aus und verläßt das Quartier latin des Okkultismus. Und ferner: Im Munde besagter regulärer Wissenschaft ist „Okkultist" vielfach ein degradierendes Hohnwort. Wird es als solches gebraucht, dann versteht man darunter natürlich nicht einen Mann, der die Psychologie und Physiologie der Medien studiert, sondern einen leichtgläubigen mystischen Träumer, der die große

Errungenschaft der „Kritik der reinen Vernunft", die strikte Beschränkung auf positive Erfahrungswissenschaft preisgibt und wieder im luftigen Reiche übersinnlicher Spekulation zu vagieren beginnt, in dem sich die Philosophie älterer Zeiten verirrt hatte. Wer immer als Parteikämpfer unser Forschungsgebiet betritt, entweder um die vorurteilsvolle, rückständige Universitätswissenschaft oder um den Aberglauben zu bekämpfen, der pflegt sich an die Tischnersche Definition: „Okkultismus gleich Lehre vom Mystisch-Übersinnlichen" zu halten.

Wir aber müssen wohl bei meiner alten Definition bleiben und den Okkultismus als Erforschung der mediumistischen Erscheinungen betreiben; denn sonst wäre dieses Buch ein durchgehendes Neinsagen und Zerstören, das den Leser wenig befriedigen würde, und die ganze Welt der Wunder und weitreichenden Wahrheiten, die uns das Seelenleben der Medien erschließen wird, würden wir nur durchwandern, um uns mit Waffen und Werkzeugen zum Zerschlagen eines Okkultismus zu versehen, der den großen Leitsternen unserer Erkenntnis, Vernunft und Erfahrung, Krieg angesagt hat.

Die Parteien

Man sieht, wir befinden uns auf einem Kampffelde, auf dem nicht minder erbittert gestritten wird als auf dem politischen. Die Worte wechseln und erneuern sich wie die Schlagworte politischer Parteien, in denen immer neue Tendenzen und Forderungen zum Ausdruck gelangen. Die Begriffe schillern, von der Parteien Haß und Gunst verwirrt, nicht anders wie die politischen Kennworte Demokratie, national usw. So werden wir uns denn nach den Parteien selbst erkundigen müssen, die auf dem mit Haß und Leidenschaft gedüngten Felde des Okkultismus um ihr Dasein ringen. In wirren politischen Zeiten wie der heutigen pflegt es sehr viele Fraktiönchen zu geben. Auf dem chaotischen Gebiete des Okkultismus, der zahllose gar nicht zu klärende Streitpunkte und weite Fragenkomplexe enthält, in denen niemand etwas Gewisses weiß, hat fast jeder Forscher seine eigene, von allen andern abweichende Meinung. Trotzdem glaube ich, vier Hauptfraktionen unterscheiden zu können, denen sich fast alle einzelnen Standpunkte einordnen lassen.

Am deutlichsten geschieden ist die spiritistische Partei, die in den mediumistischen Phänomenen die Wirkung von Geistern Verstorbener erblicken will; die Medien sollen letzteren nur als Sprachrohre oder Werkzeuge dienen, mit deren Hilfe sich die Geister den Menschen vernehmbar und sichtbar machen. Der Russe Aksakow, der Deutsche Du Prel, die Engländer Myers und Lodge, der Amerikaner Hyslop sind wohl die einflußreichsten unter den jetzt noch fortwirkenden Spiritisten. Ihr Heerbann ist, seit die Psychologie des Unterbewußtseins entwickelt worden ist, zusammengeschmolzen, aber der Rest hält sich mit großer Zähigkeit. Denn das muß zugegeben werden: Hat man sich einmal dazu entschlossen, die uralte Gespensterlehre als möglich anzuerkennen, so kann man zahlreiche Erscheinungen des Okkultismus recht einfach und plausibel deuten, deren naturwissenschaftliche Erklärung für den minder Erfahrungsreichen weit hergeholt und gekünstelt scheint. Auch führt eine Zeit wie die heutige, welche die stimmungsvollen Dämmerecken des Lebens sucht und das Recht des Irrationalen betont, dem Spiritismus leicht neue Jünger zu.

Minder radikal als die Spiritisten sind die „Okkultisten" im engeren Sinne, die in Deutschland namentlich durch v. Schrenck-Notzing, Tischner und Wasielewski, in Frankreich durch Richet vertreten werden. Man nennt sie auch „Animisten" (von anima = Seele), weil sie zwar, gleich den Spiritisten, die okkulten Erscheinungen als bestehend anerkennen und in dieser Beziehung zur offiziellen Wissenschaft in Gegensatz treten, aber doch diese seltsamen Phänomene nicht durch Annahme eines Geisterreiches, sondern durch eine noch unbekannte, der menschlichen Seele innewohnende Kraft — eine „psychische Kraft", wie Crookes sie genannt hat — erklären wollen. Mit dieser vorsichtigeren Deutung wünschten die Okkultisten ursprünglich, als sie sich vom Spiritismus abspalteten, mit der Natur- und Erfahrungswissenschaft Frieden zu schließen. Soweit es sich um den „physikalischen Okkultismus" (d. h. denjenigen, der es mit körperlichen Vorgängen zu tun hat) handelt, gelingt ihnen das auch ganz gut. Wenn die „psychische Kraft" eines Mediums Tische ohne Berührung heben oder Substanz, die in feinzerteilter Form aus dem Körper des Mediums ausgeströmt ist (sich „dematerialisiert" hat), draußen zu neuen, sichtbaren Gebilden (Teleplasma, Materialisationen) zusammenfügen soll, so klingt das alles recht wunderlich und neuartig, aber es braucht die bisherigen Erkenntnisse der Physik, Physiologie und Biologie nicht umzustoßen oder ihr Bereich zu verlassen. Aber zu den okkulten Phänomenen gehören auch die intellektuellen (die es nicht mit körperlichen Vorgängen, sondern mit Gedankeninhalten zu tun haben), und auch diese erkennen die Animisten, im Gegensatz zur offiziellen Wissenschaft, an. Sie glauben an ein echtes „Hellsehen", vermöge dessen ein Medium Dinge und Vorgänge direkt wahrnehmen — nicht bloß aus dem Wissen anderer Menschen entnehmen — kann, die sich im Innern der Erde, auf dem Grunde des Meeres, auf anderen Planeten befinden oder abspielen. Sie glauben an ein echtes Prophezeien, ein unmittelbares Schauen der Zukunft ohne Schlußfolgerungen. Um solche Annahmen erklärlich zu machen, kommt man mit den Erkenntnismitteln der Erfahrungswelt nicht aus, hier muß man ins Metaphysische, Übersinnliche hinüber, muß glauben, daß der Geist des Sehers sich von den Anschauungsformen der Erfahrung, von Raum und Zeit befreien oder an Gottes Allwissenheit teilnehmen könne. Diesen Rückstoß zur Metaphysik gewahren wir heute bei fast allen Okkultisten, deren Interesse vornehmlich den intellektuellen Erscheinungen gilt. Doch damit nicht genug. Aus Gründen, die später zu betrachten sein werden, neigen die Animisten zu einer „spiritualistischen" Philosophie; d. h. sie leugnen, daß Geist mit Gehirnbewegung identisch oder verknüpft sei, sondern halten ihn für ein vom Körper ganz unabhängiges, ja dem Körper überlegenes Prinzip. Wohin aber führen diese Annahmen? Wenn der Geist den Körper nicht braucht und ohne ihn existieren kann, warum soll er dann nicht nach dem Tode des Körpers weiterleben? Und wenn man sich von der einstigen Metaphysikscheu losgesagt hat und mit dem Übersinnlichen ohnedies auf du und du steht, warum soll man dann nicht auch das übersinnliche Geisterreich anerkennen? Kurz, man ist im Begriffe, mit fliegenden Fahnen zum Spiritismus zurückzukehren. Man geniert und ziert sich noch ein wenig, das medizinisch-naturwissenschaftliche Gewissen scheut noch vor dem offiziellen Grußkomment mit der neuen Liaison zurück, aber dieses Gewissen hat schon so viel Stöße bekommen und hingenommen, daß es nächstens nachgeben wird. So haben in England schon einige der hervorragendsten Okkultisten wie Hodgson und Frau Sidgwick den Rückweg zum Spiritismus gefunden, und in Deutschland wird der Ton in der Beurteilung spiritistischer Lehren beständig freundlicher und duldsamer. Die ganze Entwicklung des Animismus in seinen Beziehungen zum Spiritismus erinnert stark an die des Protestantismus im Verhältnis zum Katholizismus oder der Kantschen Vernunftreligion im Verhältnis zur Orthodoxie. Wir sehen immer wieder, daß es im Gebiete des Glaubens, der Weltanschauungs-Sehnsucht nur zwei Formen gibt, die Bestand haben: Entweder den restlosen Gefühlsglauben, der die Erfahrung übers Knie bricht und credo quia absurdum (Ich glaube es, weil es widersinnig ist) sagt, oder den restlosen Diesseitsglauben, wie er etwa bei Spinoza oder den Vertretern des Menschheitsevangeliums zu finden ist. Was dazwischen ist, wird zermahlen.

Eine dritte Fraktion ist bisher noch nicht öffentlich anerkannt, aber in der Bildung begriffen und scheint in sich notwendig zu sein. Nennen wir sie die telepathistische. Sie erkennt als vielleicht einzige neue Tatsache die Telepathie, das direkte Überspringen der Gedanken von Geist zu Geist, von Gehirn zu Gehirn an; sie sieht, daß, wenn man die Telepathie und daneben die auch sonst anerkannten Tatsachen und Leistungen des Unterbewußtseins voraussetzt, sämtliche Phänomene des intellektuellen Okkultismus erklärlich werden, ohne daß man irgendwo den Sprung ins Übersinnliche zu unternehmen gezwungen wäre. Und da die Telepathie selbst rein physikalisch, etwa nach dem Modell der Telegraphie ohne Draht, erklärt werden kann, so ist der Telepathismus kein Okkultismus im Tischnerschen Sinne mehr, sondern eine rein naturwissenschaftliche Deutung; er hat sich also jene volle Diesseitigkeit errungen, die, wie wir soeben sahen, der Animismus zu seinem Schaden verfehlt hat. — Wie jede neu erstehende Partei und Theorie hat der Telepathismus nach beiden Seiten hin zu kämpfen. Die Okkultisten haben anfangs die Existenz und Geltung der Telepathie energisch verfochten. In der Gegenwart aber kommt ihnen jene Tatsache zum Bewußtsein, aus der eben der Telepathismus erwächst, die Tatsache nämlich, daß Telepathie für das Hellsehen, die Prophetie, das übernormale Wissen der Medien eine ganz natürliche Erklärung zu bieten, also dem ganzen intellektuellen Okkultismus den Garaus zu machen vermag. Dadurch sind die Okkultisten zu einer gewaltigen taktischen Wendung gezwungen worden, sie suchen seitdem die Reichweite der Telepathie soviel als möglich einzuschränken und ihr jeden Fußbreit Boden streitig zu machen — mit wie untauglichen Gründen, werden wir später erkennen. — Von der anderen Seite her bestreitet die offizielle Wissenschaft bis jetzt nicht nur, daß Telepathie ein bewiesenes Faktum sei, sondern sie beargwöhnt auch den Telepathisten als einen werdenden Okkultisten, der, nachdem er einmal des A der Telepathie angenommen habe, nun bald auch das B und C des übrigen okkulten Aberglaubens folgen lassen werde. Daß gerade die Telepathie die beste Sicherung der Erfahrungswissenschaft darstellt, ohne die wir durch die wachsende Flut okkultistischer Beobachtungen und Resultate ganz sicher ins Übersinnliche hinübergedrängt würden; daß wir die Telepathie, auch wenn sie nicht bewiesen wäre, als unentbehrliche Arbeitshypothese brauchen würden, um das mystisch Scheinende natürlich erklären zu können, daß also der Telepathist, im Sinne der Treue gegen die Erfahrungswissenschaft, viel frömmer ist als der Papst, das leuchtet seinen akademischen Gegnern heute noch nicht ein. In dem Moment, in dem sie es begriffen haben werden, wird die Telepathie allgemein und bedingungslos anerkannt werden. — Eine konsequentere Durchführung des telepathistischen Gedankensystems hat, soweit ich zu erkennen vermag, bei den englischen Forschern Gurney und Podmore begonnen. Das vorliegende Werk vertritt die gleiche Richtung, manche unserer deutschen Gelehrten, die dem mystischen Okkultismus skeptisch gegenüberstehen wie Dessoir, Hennig, von Klinckowstroem, nähern sich ihm gelegentlich.

Die Flügelpartei endlich nach der konservativ-akademischen Seite hin bilden die „Negativen", die auch die Telepathie nicht anerkennen, sondern die Gesamtheit der angeblichen „okkulten" Tatsachen auf Betrug, Suggestion, Halluzinationen, Erinnerungsverfälschung, Zufall zurückführen wollen. Sie haben jedenfalls gezeigt, daß diese Hemmnisse der Erkenntnis auf dem Gebiete der mediumistischen Phänomene eine ungeheure Bedeutung besitzen, die man ehedem nicht richtig eingeschätzt hat. Darum bieten, trotz der wütenden Verunglimpfungen der Okkultisten, die Bücher der Hauptvertreter dieser Richtung, Lehmann-Kopenhagen (der sich aber in der letzten Ausgabe seines Hauptwerkes den positiveren Parteien genähert hat) und Moll, die unvermeidliche Pforte zur eigenen, kritischen Urteilsfähigkeit über okkultistische Fragen. Ob man ihnen vollständig beipflichtet oder in den Leistungen der Medien doch einen nicht mehr wegzudisputierenden Rest echter übernormaler Fähigkeiten gewahrt — die Schulung in kühler, stählender Skepsis, die man durch die Beschäftigung mit diesen Forschern gewinnt, wird man als wohltätig moderierendes Gegengewicht empfinden, sobald man in der bodenlosen Phantastik unserer okkultistischen Literatur zu stranden droht.

Die meisten dieser sogenannten Negativen verdienen den Namen nur halb. Sie stehen auf dem Standpunkt, daß man jede angebliche Beobachtung der Okkultisten, selbst wenn sie so unwahrscheinlich ist wie die Astrologie, aufs ernsteste zu prüfen und sich, wenn die Tatsachen dafür sprechen, vor ihnen zu beugen habe, auch da, wo uns jede natürliche Erklärung fehlt. Viel konservativer und im eigentlichsten Sinne negativ ist die große Masse der Gebildeten, die jeden, der ihnen sagt, er beschäftige sich mit dem Problem des Hellsehens oder der Fernbewegung, mit erstaunten Augen anblicken und fragen: „Ja, halten Sie denn solchen Unsinn für möglich?" Viele bewahren die gleiche Skepsis um jeden Preis auch noch gegenüber dem Hypnotismus und der Bewußtseinsspaltung, die von der offiziellen Wissenschaft längst angenommen worden sind. Unsere Wissenschaft ist viel zu kompliziert geworden, als daß die Weltanschauung der höher Gebildeten selbst ihren breiteren Strömungen in kürzerem Abstande als dem Drittel eines Jahrhunderts folgen könnte.

Die hier geschilderten vier Parteien geben, wie gesagt, nur eine sehr grobe Scheidung der unendlich nuancierten Standpunkte. Jede Fraktion hat „Wilde", die den Übergang zur Nachbarpartei bilden. Namentlich die beiden Hauptgebiete: intellektueller und physikalischer Okkultismus, sind so unabhängig voneinander, daß viele Gelehrte auf jedem von ihnen einer anderen Fraktion zuneigen. Forscher von stark naturwissenschaftlich-erfahrungstreuer Tendenz können recht wohl Anhänger des physikalischen Okkultismus sein und an Materialisationen glauben, aber Hellsehen und Prophetie werden sie kaum ertragen können, werden sich also innerhalb des intellektuellen Okkultismus den Telepathisten nähern. Damit dürfte etwa der Standpunkt des hervorragenden polnischen Forschers Ochorowicz umrissen sein. Wer dagegen starke religiöse Neigungen hat, wird im Gebiete der intellektuellen Phänomene leicht dem Spiritismus beipflichten und das, was die Medien im Traume reden oder automatisch schreiben, wirklich für Geistermitteilungen halten; dagegen kann er innerhalb der physikalischen Erscheinungen sehr zurückhaltend sein und sich sogar negativistisch verhalten, denn seit die früher üblichen Geistererscheinungen verkracht sind und beinahe aufgehört haben, besitzen jene Materialisationen, Teleplasmen, Fernbewegungen, mit denen unsere heutigen Okkultisten sich beschäftigen, kaum noch eine Beziehung zum Spiritismus. Diese merkwürdige gleichzeitige Zugehörigkeit zu beiden Flügelparteien ist bei den amerikanischen und englischen Okkultismusforschern nicht selten.

II. DAS UNTERBEWUSSTSEIN

Psychische Konstellation

Mein Tintenfaß steht gewöhnlich auf meinem Schreibtisch, da ist es zu Hause. Wenn ich es dort sehe, fällt mir immer nur das neue Buch über den Okkultismus ein, das ich soeben zu schreiben begonnen habe.

Neulich aber hatte sich jemand mein Tintenfaß geliehen und es auf dem Tische des Wohnzimmers stehenlassen; es stand dort zwischen einer chinesischen Vase und einem Stengelglas mit Blumen; bunte Reflexe schimmerten in seinen Glasflächen, es sah aus wie ein Emporkömmling, der sich in vornehmer Umgebung bemüht, selber etwas vorzustellen. Und da erinnerte es mich plötzlich an ein impressionistisches Stilleben, das ich kürzlich in der Kunstausstellung gesehen habe.

Warum wanderte in beiden Fällen mein Gedanke, vom gleichen Ausgangspunkt, dem Tintenfaß aus, so ganz verschiedene Wege? Offenbar lag das an den helfenden, gleichzeitig anwesenden Vorstellungen. Im ersten Falle war zugleich mit dem Tintenfaß im Bewußtsein: Der Arbeitstisch, die Bücherstapel darauf, das Schreibpapier, die Lampe: Alles Dinge, die zu meiner Arbeit gehörten und an das werdende Buch gemahnten. Das Tintenfaß allein war mit tausend verschiedenen Vorstellungen verknüpft, die alle gleichzeitig ins Bewußtsein hineinstrebten; das neue Buch war nur eine von diesen tausend Vorstellungen. Nun aber kamen Tisch und Bücherhaufen, Schreibpapier und Lampe und legten bei dem Tintenfaß ein gutes Wort ein für ihren gemeinsamen Schützling, das Buch über den Okkultismus. So wurde denn dieser bevorzugt und siegte über seine Mitbewerber. Im anderen Falle hatten Vase und Blumen einen anderen Günstling, eine andere Assoziation (verknüpfte Vorstellung) mit dem Tintenfaß gemein; darum zwangen sie mein Denken in eine andere Richtung hinein.

II. Das Unterbewußtsein

Die Astrologen glauben, die Sterne, die sich in der Geburtsstunde eines Menschen am Himmel in einer bestimmten Lage (Konstellation) zueinander befinden, entscheiden über sein Schicksal. Hier sehen wir etwas Ähnliches: Die Vorstellungen, die zugleich mit irgendeiner Idee A am Himmel unseres Bewußtseins stehen, entscheiden darüber, welche von den zahlreichen Assoziationen von A geboren werden und siegen soll. Darum bezeichnete der Psychologe Ziehen die Tatsache, von der wir reden, als psychische (seelische) Konstellation. Wenn man eine Rose sieht, so dirigiert die psychische Konstellation unseren Vorstellungsverlauf in immer andere Wege, je nachdem wir sie im Garten oder im Zimmer oder am Kleide einer Dame, am Morgen oder am Abend, vor oder nach dem Mittagessen, bei körperlichem Wohlgefühl oder mit Kopfschmerzen, in vollem Wachsein oder im Halbschlaf, in froher oder melancholischer Stimmung erblicken. Es gibt Konstellationen, bei denen uns alle Dinge der Welt komisch erscheinen und an Witze erinnern, und andere, bei denen die verschiedensten Eindrücke, gleich den Karten der Carmen, immer wieder nur an den Tod mahnen.

Wenn ein Schulkind a, b, c sagt, so findet es leicht auch d als Fortsetzung der Reihe. c ist keineswegs bloß mit d assoziiert, man kann dabei noch an gar vieles andere denken, etwa an „zäh" oder an den großen „Zeh" oder an das dreigestrichene „C" oder an Caesar. Jedes Glied einer Reihe ist durch Querverbindungen mit vielen anderen Reihen verknüpft. Warum verirrt sich das Kind nicht in diesem Labyrinth, warum kann es das Abc bis zu Ende aufsagen? Nun, der Kompaß, der es leitet, ist die psychische Konstellation. Nicht nur c, sondern auch a und b sind, wenn auch indirekter, mit d assoziiert; sie sorgen dafür, daß von den vielen Verknüpfungsvorstellungen, die c heraufbeschwören könnte, gerade d siegt. Die Konstellation bildet den Schutz gegen Entgleisung; sie bindet zusammengehörige Reihen, sorgt z. B. dafür, daß wir ein Gedicht von Anfang bis zu Ende aufsagen, daß wir die

Erlebnisse des gestrigen Tages vom Morgen bis zum Abend nacheinander erinnern können, ohne in ein anderes Gedicht oder in die ähnlichen Erlebnisse eines anderen Tages abzuirren. — Wir Erwachsenen können mit Sicherheit und mühelos das Abc von A bis Z aufsagen. Greift aber jemand einen einzelnen Buchstaben heraus und fragt uns: „Welcher Buchstabe kommt nach i?", so können wir manchmal keine Antwort geben. Fragt man dagegen: „g h i — wie geht es weiter?" so erwidern wir richtig „k". Ebenso kann ein Klavierspieler ein auswendig gelerntes Stück vielleicht ohne Stocken von Anfang bis zu Ende spielen; fängt er aber eine Stelle aus der Mitte desselben, die er üben will, zu spielen an, so stockt er nach wenigen Takten. Der Grund ist klar. Das eine Reihenglied, das da herausgegriffen wird — im ersten Beispiele der Buchstabe i —, ist zu schwach, um das nächstfolgende Glied ins Bewußtsein zu heben; es braucht die Hilfe der Konstellation, der verbündeten Reihengenossen, um die Reihe fortsetzen zu können. Man sieht, eine solche Reihe stellt eine Art Versicherungsgesellschaft auf Gegenseitigkeit dar; die verschiedenen Glieder helfen einander und begünstigen sich wechselseitig. Die Konstellation ist gewissermaßen ihr Gesellschaftsvertrag, ihr organisierendes Prinzip. Sie sorgt für die Stetigkeit und Einheitlichkeit unseres Geisteslebens, dafür, daß wir unsere Denktätigkeit zweckmäßig fortsetzen und bei der Stange halten können, ohne Steckenbleiben und Abgleiten.

Ein weiteres Beispiel zeigt uns die Bedeutung der Konstellation von einer neuen Seite. Dieselbe Note, die, wenn ein Violinschlüssel am Anfang der Reihe steht, c bedeutet, repräsentiert mit vorangehendem Baßschlüssel ein e in tieferer Oktave. Der Klavierspieler behält die Vorstellung des Schlüssels im Hintergrunde seines Bewußtseins, und sie sorgt als Konstellationskomponente dafür, daß von den verschiedenen Tonvorstellungen, die sich an jedes Notenbild anschließen lassen, stets die gerade jetzt und hier gemeinte obsiegt, sie spielt die Rolle eines Weichenstellers im Geiste, der die auf einem Geleise herankommenden Züge bald auf einen linken und bald auf einen rechten Schienenstrang hinüberleitet. Nun ist aber keineswegs immer nur eine von beiden Konstellationen im Geiste Alleinherrscher; nein, gewöhnlich muß, wenn wir Klavier spielen, die rechte Hand ihre Noten im Sinne der Violinschlüssel-Konstellation auslegen, während gleichzeitig die linke Hand der Baßschlüssel-Konstellation gehorcht; und *beide Ströme vermengen sich nicht*, der geübte Klavierspieler ist kaum in Gefahr, daß seine rechte Hand statt der Violinschlüssel- einmal fälschlich die Baßschlüsselbedeutung einer Note der oberen Zeile berücksichtigt, obgleich der Baßschlüssel gleichzeitig bei den Noten der untern Zeile seine Rolle spielt. Hier erst wird uns die Mission der Konstellation ganz klar: Wie sie eine Vorstellungsmasse innerlich bindet und organisiert, so trennt sie sie gleichzeitig von anderen Vorstellungsmassen ab, die durch eine abweichende Konstellation gebunden und beherrscht werden. Es gibt Völker und Stämme, geschiedene und wohl auch feindliche Reiche innerhalb der großen Gesamtheit, die wir den Geist eines Menschen nennen.

Erstaunlich, wie scharf die Konstellation trennt — kaum minder als die Grenze zweier feindlicher Länder! Dieselbe Lautverbindung, die im Deutschen die Zahl 4 vertritt, bedeutet im Englischen „Furcht" (fear). Man kann aber beide Worte, vier und fear, Tausende von Malen gebraucht haben, ohne auch nur zu merken, daß sie gleich klingen, denn stets, wenn wir deutsch sprechen, denken wir ausschließlich an die deutsche, und stets, wenn wir englisch sprechen, assoziieren wir nur die englische Wortbedeutung des Lautgebildes. Offenbar bildet jede Sprache eine Art fest geschlossener Konstellationsgruppe für sich. Darum sprechen wir auch, wenn wir nach einem deutschen plötzlich ein französisches Gespräch zu führen haben (und lange vorher keins geführt haben), in der ersten Minute etwas unbeholfener, und wenn in ein deutsches Gespräch plötzlich ein französisches Zitat hineinplatzt, verstehen wir es oft nicht gleich. Und wenn wir unvermutet einen lange nicht gesehenen Bekannten treffen oder ein Buch über ein letzthin vernachlässigtes Wissensgebiet zu lesen anfangen, so sind wir manchmal anfangs nicht „im Bilde"; erst müssen wir 20, 30, vielleicht sogar 100 Einzelvorstellungen jenes etwas verstaubten Denkgebietes heraufholen, ehe seine Konstellation in Fluß kommt und wieder zu arbeiten beginnt.

Die alte Psychologie nannte den Menschen ein „Individuum", d. h. Unteilbares, und behauptete, eine Seele sei so unzerlegbar wie ein Atom. Sie übertrieb diese Unteilbarkeit, weil sie die Unsterblichkeit und Unzerstörbarkeit der Seele damit beweisen wollte. Wir sehen jetzt: Diese Auffassung trifft nicht das Rechte. Der Mensch ist gar keine absolute Einheit, seine Seele hat vielmehr Schubfächer wie ein Schrank. Ein und derselbe Mensch kann in verschiedenen Konstellationsgruppen — in verschiedenen Lebensgebieten, wie wir zu sagen pflegen — ganz unterschiedliche Denkverläufe und Denkgewohnheiten haben. Erinnere den Geschäftsmann, der sonst ein gütiger Mensch, ein frommer Christ, ein vollendeter Kavalier ist, sobald er eine Schuldnerin pfänden lassen will, daran, daß man gegen Damen ritterlich sein müsse, oder zitiere „Liebe deinen Nächsten wie dich selbst!", und er wird sagen: „Das gehört nicht hierher, das steht auf einem anderen Blatt." Der trockene Bureaukrat wird, wenn die Enkelchen ihn, ihren Großpapa, besuchen, plötzlich wieder Kind mit ihnen. Wir sind nicht bloß eine Person, wir sind eine Schar. Und oft katzbalgen sich deren Mitglieder so heftig, daß die Einheit des Lebensganges zerreißt und Bekehrungen, auffallende Umwandlungen der Gesamtpersönlichkeit eintreten. Der Pietist wird „galant" (Wieland), der Spötter wird fromm (Wilhelm Busch), die Buhlerin wird Betschwester. Hier merken wir, daß unsere allgemeinpsychologische Untersuchung über die psychische Konstellation uns an jene seltsame Erscheinung herangeführt hat, von der der Okkultismus seinen Ausgang nimmt, und in der er wahrscheinlich seine hauptsächliche Erklärung findet: An das Phänomen der Bewußtseinsspaltung.

Unbewußte Vorstellungen

Die kastenartigen Teilungen, die unseren Geist zerlegen, beruhen aber nicht bloß auf der Konstellation; eine zweite Scheidewand kommt hinzu: Diejenige, die das „Unbewußte" vom „Bewußten" trennt. Sie gibt Anlaß zu einer ganz besoonders tiefen Scheidung zweier großer Haupt-Konstellationsgebiete, des sogenannten Ober- und Unterbewußtseins.

Zerbrechen wir uns hier nicht den Kopf über das Wesen jener Bewußtheit oder „Aufmerksamkeit", die wie ein helles, aber auf einen begrenzten Kreis eingeschränktes Scheinwerferlicht unsere bewußten Vorstellungen bestrahlt, die unbewußten dagegen im Dunkel läßt! Sicher ist, daß wir bei zahlreichen Gelegenheiten jene unterirdisch arbeitenden Vorstellungsprozesse merken. Nicht nur ihre Resultate heimsen wir ein, nein wir nehmen sie selbst wahr, allerdings nur aus der Ferne, denn sonst wären sie eben keine „unbewußten" Vorstellungen. Wir suchen einen Namen, können ihn aber nicht finden. Er scheint uns aber näher zu kommen, wir fühlen es, er liegt uns schon auf der Zunge. Teile des noch im Dunkel sich regenden Gebildes geraten in den Lichtkreis des Bewußtseins und leuchten blitzartig auf, wir glauben zu gewahren, das Wort müsse mit F beginnen, müsse ein Z enthalten, müsse ungefähr drei Silben umfassen. Noch einen letzten Hub, dann haben wir's! Da macht unser Denken eine ungeschickte Wendung, und, o weh, die ganze Vorstellung stürzt in die Tiefe hinab, wir empfinden ihre Nähe nicht mehr, sie ist ganz verschwunden. Nun ist es das beste, die Sache beiseitezulegen und auf sich beruhen zu lassen. Denn im Unbewußten sucht „es" weiter und findet schließlich, und plötzlich, wenn wir schon an etwas ganz anderes denken, springt das gesuchte Wort wie von selbst ins Bewußtsein hinein.

Solche unbewußten Vorstellungen sind meist ungeregelt, chaotisch und umgeben unsere bewußten als sogenannte lockere „Fransen". Denken wir bewußt an den Satz des

Einmaleins „2 × 6 = 12", so klingen allerlei unbewußte
Ideen wie Obertöne mit an: Bei „2" regt sich vielleicht die
Nebenvorstellung „Meine Eltern", bei 6 „ein halbes
Dutzend", bei 12 „die Apostel". Aber diese Begleittöne
bilden unter sich keine eigene Melodie, diese „Fransen"
stellen nicht, wie die bewußte Hauptidee, der sie anhaften,
ein sinnvoll zusammenhängendes Gewebe dar. Sie sind gewöhnlich „dissoziiert".

Meist sind sie das, aber nicht immer. Unter Umständen
können auch unbewußte Vorstellungen sich organisieren,
können eine große Selbständigkeit gegenüber den bewußten
gewinnen, so daß beide Vorstellungsarten als zwei getrennte
Ströme nebeneinander herfließen, ganz ebenso, wie wir das
vorher bei den durch Konstellation geschiedenen Tonmassen
gesehen haben, mit denen die rechte und die linke Hand
eines Klavierspielers zu tun hat. So pflegen wir uns morgens zu waschen, anzukleiden, zu frühstücken, ins Bureau
zu gehen, wobei wir Wagen ausweichen und Bekannte grü-
ßen, und das alles tun wir wie ein Automat, ganz unbewußt,
während unser Bewußtsein schon die ganze Zeit über mit
dem Gegenstande unserer Arbeit beschäftigt ist. Langen wir
im Bureau an, so wissen wir vielleicht nicht mehr, durch
welche Straßen wir dorthin gegangen sind, welche Speisen
wir morgens gegessen hatten. So getrennt sind die beiden
Ströme nebeneinander hergeflossen, daß nicht einmal ein
Graben gemeinsamer Erinnerung sie verbindet.

Durch Trainierung läßt sich die Leistungsfähigkeit wie
die Unabhängigkeit des Unbewußten noch steigern. Kauf-
leute sind vielfach imstande, lange Zahlenreihen zu addie-
ren, während ihr Bewußtsein mit ganz anderen Dingen beschäftigt ist. Die Qual der Jahresinventur wird ihnen so
zum großen Teil erspart. Ein Mitglied der englischen „Gesellschaft für psychische Forschung" (Society for Psychical Research, gewöhnlich abgekürzt: S.P.R.), Mr. Bark-
worth, hatte es dahin gebracht, daß er eine angeregte
Unterhaltung führen und gleichzeitig unbewußt Zahlen-
additionen erledigen konnte. (I, S. 12.) Wo sich bereits

eine dauernde Bewußtseinsspaltung eingestellt hat, findet natürlich der gleiche Vorgang noch leichter und sicherer statt. Hysterische haben oft anästhetische (empfindungslose) Hautstellen. Empfindungslos sind sie aber nicht derart, daß die Nerven keine Wahrnehmungsreize mehr verarbeiten, nur haben sich die von ihnen bedienten Gehirnpartien in ihrer Tätigkeit vom allgemeinen Bewußtsein abgespalten und ein Teilbewußtsein gebildet; was solche anästhetisch gewordenen Körperteile wahrnehmen oder tun, bleibt daher „unbewußt". Wenn nun ein Experimentator die anästhetische Hand eines Hysterikers führt und sie erst eine 8, dann darunter eine 6 schreiben und schließlich unter beide Ziffern einen Strich ziehen läßt, so setzt die Hand der Versuchsperson manchmal eine 14 darunter, ihr Bewußtsein hat aber nur vom Schreiben dieser letzten Zahl, des Resultats, etwas gemerkt. (I, S. 19.) — Aber noch viel merkwürdigere Dinge leistet das sich emanzipierende Unbewußte bei Personen, welche die bei Hysterikern und Epileptikern häufige Anlage zur Bewußtseinsspaltung besitzen. Der französische Psychologe Janet stand neben oder hinter einem völlig wachen, noch nie hypnotisierten, aber sehr suggestiblen (leicht zu beschwatzenden) Manne. Während dessen Bewußtsein durch ein Gespräch vollkommen in Anspruch genommen war, suchte Janet durch ganz leises Zusprechen auf sein Unbewußtes zu wirken, d. h. er bediente sich der sogenannten „suggestion par distraction" (Suggestion mit Hilfe von Zerstreutheit). Und er brachte es tatsächlich dahin, daß der Mann sich auf den Bauch legte, ohne daß sein Bewußtsein es merkte oder das Gespräch unterbrach. Ein Dritter fragte ihn, in welcher Lage er sich eigentlich befinde. Der Mann antwortete, er stände neben dem Bette wie zuvor. „Aber merken Sie denn nicht, daß Sie ganz klein geworden sind, Sie müssen doch, um mit mir zu sprechen, den Kopf hochrecken!" „Gewiß, aber das ist doch nichts Neues! Ich bin ja immer einen halben Kopf kleiner gewesen als Sie." (I, S. 27.)

Mit diesen letzten Beispielen stehen wir bereits an der

Grenze des Doppel-Ich, der dauernden Bewußtseinsspaltung, des freigewordenen Unterbewußtseins. Zu diesen Erscheinungen wollen wir nunmehr übergehen.

Das Unterbewußtsein

Die Lehre vom Unterbewußtsein ist entstanden aus den Erfahrungen des Hypnotismus. Er zeigt zunächst, daß es Konstellations- und Assoziationsgebiete geben kann, die vom übrigen Inhalt unseres Geistes noch schärfer getrennt sind, als wir dies oben von den üblichen Schubfächern unseres wachen Seelenlebens feststellen konnten. Deutsches und französisches Denken sind, wie wir gesehen haben, zwei verschiedene Konstellationsbereiche; aber sie sind doch nicht derartig geschieden, daß wir, wenn wir französisch zu denken beginnen, alles vergessen hätten, was wir vorher deutsch gedacht haben und momentan gar nicht imstande wären, jene früher gehegten Gedanken ins Bewußtsein zu heben. Bei der tiefen Hypnose dagegen — nicht bei der leichten, bei der man noch seine Umgebung wahrnimmt — tritt häufig nach dem Aufwachen vollständige Amnesie (Erinnerungslosigkeit) ein. Der tief Hypnotisierte, der etwa die Rolle Julius Cäsars gespielt und an den aufregendsten, eindrucksvollsten Szenen seines Lebens teilgenommen hat, kann, wenn der Arzt das Wecksignal gibt und er die Augen wieder öffnet, keine Ahnung mehr davon haben, daß es ihm vergönnt gewesen war, eine Stunde lang Held und Weltherrscher zu sein. Ja, manchmal merkt er gar nicht, daß er überhaupt geschlafen hat und nimmt sein Gespräch, das er vor der Hypnotisierung geführt hatte, genau an derselben Stelle wieder auf, wo er es, als der Arzt ihn einschläferte, hatte unterbrechen müssen. — In anderen seelischen Zuständen, die der Hypnose ähneln, konstatieren wir dieselbe Erscheinung. Auch der Traum hat seine nachträgliche Amnesie: Oft wissen wir beim Erwachen, daß wir geträumt haben, können aber den Faden unseres Traumerlebnisses nicht mehr fassen, er zerflattert in der Ferne. Und ganz ebenso steht es mit der „Somnambulie", dem Nachtwandeln, das ja nur eine spontane, d. h. von selbst und ohne Hilfe eines Hypnotiseurs entstandene Hypnose ist. Einen interessanten Fall dieser Art berichtet Abercrombie (II, S. 9—10): „Ein Rechtsanwalt hatte in einem besonders schwierigen Fall ein Gutachten abzugeben, konnte aber mehrere Tage lang zu keinem Entschluß kommen. Da erzählte er eines Morgens seiner Frau, er habe im Traum ein sehr klares Gutachten über den betreffenden Fall abgegeben und meinte, er würde viel darum geben, wenn ihm der Gedankengang des Traumes wieder einfiele. Seine Frau aber, die bemerkt hatte, daß er nachts aufgestanden war und an seinem Schreibtisch gearbeitet hatte, führte ihn in sein Arbeitszimmer, und hier fand er zu seinem höchsten Erstaunen ein völlig korrektes Gutachten vor, das mit seiner eigenen Handschrift geschrieben war." Dieser Fall steht nicht vereinzelt da; aus ähnlichen Erfahrungen mag die Sage von den Heinzelmännchen entstanden sein. In der Tat könnte sich jemand, der dies erlebt, fragen: War ich das selbst? Hatte hier nicht ein anderer Geist von meinem Körper Besitz ergriffen? Doch würde man wohl sagen: Eine solche Extratour, die sich ein Stück unseres Geistes und Gehirns erlaubt, wäre noch zu vereinzelt, als daß man aus ihr eine zweite Persönlichkeit konstruieren könnte.

Allein ein weiterer Befund des Hypnotismus zeigt, daß solche aus dem allgemeinen Verbande des normalen Ich herausgesprengten Stücke keine bloßen Splitter, keine nur gelegentlichen, isolierten Erscheinungen zu bleiben brauchen. Schon beim Traum macht man zuweilen die sonderbare Erfahrung, daß der Traum einer Nacht sich in den nächsten Nächten fortsetzt und sich zu einer neuen Erlebnisreihe auswächst neben derjenigen, die uns der Tag bringt. Dieses Phänomen nun zeigt sich bei der Hypnose gesteigert an Häufigkeit und systematischer Durchführung. Jener Julius Cäsar der Hypnose, der beim Erwachen seine Heldenrolle so ganz vergessen hatte, lebt, wenn er aufs neue hypnotisiert wird, als Julius Cäser wieder auf, erinnert sich nunmehr alles dessen, was er in der vorigen Sitzung getan und durchgemacht hat, und spinnt den Faden seines historischen Romans weiter. So kann man in einer Serie hypnotischer Sitzungen einem Menschen tatsächlich ein zweites, vom normalen scharf unterschiedenes Ich, eine zweite, dem Wachbewußtsein verborgene Erinnerungsreihe, ein zweites Leben verleihen. Im Rausch kann Ähnliches passieren; jemandem, der in der Alkoholbenebelung ein wichtiges Dokument verlegt hat, kann man zweckdienlich den angenehmen Rat erteilen, er müsse sich durchaus noch einmal einen Rausch antrinken, um es wiederzufinden.

Also verschiedene Hypnose- oder Traumzustände „kommunizieren miteinander", d. h. sie stellen gemeinsame Erinnerungsreihen dar. Aber noch mehr. Auch ein Traum kann mit einer Hypnose kommunizieren. Hat jemand im Schlaf laut gesprochen, ohne sich beim Erwachen seines Traumes zu entsinnen, so kann man die zu den geäußerten Worten und Gesten gehörigen Vorgänge und Erlebnisse ans Licht bringen, wenn man ihn hypnotisiert. Die Seherin von Prevorst machte die Erfahrung, daß, wenn sie in eine Seifenblase starrte und dabei in einen visionären Zustand geriet, sie in der Blase kleine halluzinatorische (d. h. als Trugwahrnehmung erscheinende) Bildchen wahrnahm, die den Traum einer früheren Nacht darstellten. Wacht jemand, der im epileptischen Dämmerzustand eine Reise unternommen hat, in einer fremden Stadt wieder auf und findet sich dort obdach- und mittellos auf der Straße, dann kann er sich helfen, wenn er zu einem Nervenarzt geht und sich von ihm hypnotisieren läßt; in der Hypnose entsinnt er sich wieder, wie er hierher gelangt ist, in welchem Hotel er sich einlogiert und wo er sein Geld gelassen hat; also die Hypnose kommuniziert auch in ihrer Erinnerungsreihe mit den Erlebnissen des Dämmerzustandes. Wir bekommen somit ein ganz anderes Bild von jenen abnormen Zuständen wie Traum, Hypnose, Rausch, Narkose, Ohnmacht, Fieberdelirium usw., als wir es vorher hatten: Nicht abgesprengte, isolierte, geistige Teilprozesse offenbaren sich hier, sondern in all diesen Zuständen scheint ein gleichbleibendes, nächtliches, dem Wachbewußtsein verborgenes Reich unserer Seele ans Licht zu treten.

Und nun eine dritte wichtige Tatsache, die uns gewissermaßen den Kontinent zeigt, auf dem dieses neue Reich zu suchen ist: es zeigt sich, daß dasselbe in besonders engen Beziehungen zu unseren unbewußten Vorstellungen steht. Der folgende sehr bekannte Versuch illustriert diese Tatsache am deutlichsten: Prof. Dessoir befindet sich in einer Gesellschaft und unterhält sich mit einigen Personen, wäh ein Herr W. abseits an einem Tische sitzt und die Zeitung liest. Da dringt aus dem Gespräche der Anwesenden ein Name an sein Ohr, Herr W. blickt auf und fragt: „Was ist es mit dem? der Mann interessiert mich." Dessoir erwidert: „Offenbar hat soeben, während Ihr Bewußtsein mit der Zeitung beschäftigt war, Ihr Unbewußtes unserem Gespräche gelauscht, sonst wäre Ihnen nicht gerade dieser Name aufgefallen. Gestatten Sie mir, Sie zu hypnotisieren? Es wäre wertvoll, zu sehen, ob Sie in der Hypnose an das ganze Gespräch sich erinnern können." Herr W. gibt seine Zustimmung, wird hypnotisiert und entsinnt sich nunmehr tatsächlich alles dessen, was sein achtloses Ohr getroffen hatte und was, wenn man nicht die Nachtseite seines Geistes heraufbeschworen hätte, sicherlich niemals ans Tageslicht gekommen wäre. Hätte man die Versuchsperson des vorher erwähnten Janetschen Experiments hypnotisiert, so hätte sie sich auch entsonnen, daß Janet leise zu ihr gesprochen und sie so veranlaßt hätte, sich auf den Bauch zu legen. Alles das, was wir achtlos hören und tun, scheint also nicht verlorenzugehen, sondern vom hypnotischen Bewußtsein registriert zu werden. — Mit dem Traumbewußtsein, das ja ebenfalls dem Nachtreiche der Seele angehört, verhält es sich ebenso. „Delage berichtet folgenden Fall: In dem Hause, wo er wohnte, war das Geländer der Treppe unten mit einer Glaskugel verziert. Diese wurde eines Tages zerschlagen, und es verging einige Zeit, ehe man eine neue aufsetzte. Delage träumte nun eines Nachts, daß ein Knopf von Kupfer in der Form eines Tannenzapfens statt der Glaskugel angebracht worden wäre. Am nächsten Morgen erzählte er seiner Familie den Traum und beschrieb den Gegenstand ganz genau; zu seinem großen Erstaunen hörte er nun, daß ein solcher kupferner Knopf schon seit mehreren Tagen auf dem Geländer angebracht sei. Delage mußte den Knopf mehrere Male täglich gesehen haben; aber, obwohl er ihn ganz genau beschreiben konnte, hatte er ihn so wenig bemerkt, daß er erst zur Treppe ging, um sich zu überzeugen, ob der Zierrat sich dort auch wirklich befand." (III, S. 130.) — Auch umgekehrt funktioniert diese Verbindung: Was in der Hypnose begonnen worden ist, setzt sich nach dem Aufwachen als zerstreutes, unbewußtes Tun und Denken fort. Pierre Janets Versuchsperson Leonie, die uns noch mehrfach begegnen wird, erhält in der Hypnose den „posthypnotischen" Befehl (d. h. einen Befehl, der erst nach dem Erwachen ausgeführt werden soll), sich auf ein bestimmtes Signal des Hypnotiseurs hin die Schürze aufzubinden. Nachdem sie erwacht ist, unterhält sich Janet mit ihr. Plötzlich gibt er das Signal, ihre Hand greift automatisch nach hinten und zieht den Knoten der Schürze auf. Sie wundert sich, daß sie die Schürze verliert, knüpft sie wieder zu, aber jedesmal, wenn Janet das Signal wiederholt, „verliert" sie die Schürze von neuem, denn ihre Hand steht im Dienste ihrer unbewußten Seelenhälfte und folgt dem früher gegebenen Befehl, ohne daß das wache Bewußtsein von dem Signal oder von dem, was die Hand tut, etwas bemerkt. In diesem Falle war jene Teilung der Persönlichkeit, die wir bald als Besessenheit kennenlernen werden, künstlich hergestellt worden, und wer im unklaren darüber gewesen wäre, daß ein Experimentator sie veranlaßt hatte, hätte als Spiritist glauben können, ein neckischer kleiner Kobold habe sich der Hand bemächtigt und suche Leonie mit ihr zu äffen.

Doch nicht nur unsere achtlos gehörten oder gesehenen Eindrücke sind Bürger im Nachtreiche unserer Seele, auch

andere Vorstellungen sind es, die nicht oder nicht mehr
imstande sind, bis ins wache Bewußtsein emporzudringen.
Gerade längst v e r g e s s e n e Vorstellungen machen sich in
abnormen Zuständen geltend; darum sehen wir im Traume
Gesichter, die wir als kleine Kinder gekannt, deren Erinnerung sich aber gänzlich verwischt hatte. Darum verzeichnet
die automatisch schreibende Hand, der klopfende Tisch
Tatsachen, bei denen wir schwören möchten, wir hätten sie
nie gewußt, bis sich in vielen Fällen feststellen läßt, daß
wir sie früher einmal gehört oder in irgendeinem flüchtig
durchblätterten Buche gesehen haben müssen. Gerade deswegen, weil ganz systematisch längst Vergessenes oder
unbeachtet Gebliebenes aus jenem zweiten Reiche in
uns emporsteigt, kommt so leicht die Vermutung auf,
es handele sich hier um ein Wissen, das wir noch gar
nicht besessen hätten, sondern das uns nur ein Geist an die
Hand gegeben haben könne. — Naum Kotik erzielte telepathische Übertragungen auch dann, wenn er die Ansichts-
postkarte, deren Bild übertragen werden sollte, nur seitlich dem Auge näherte, so daß der Reiz den Rand der Netzhaut traf; von diesem aus vermag aber kein Eindruck bis
zum wachen Bewußtsein vorzudringen. Ebenso sah seine
Versuchsperson die „Planchette", mit der sie das Über-
tragene niederschrieb, auch nur mit dem Rande des seitlich vorbeiblickenden Auges an. Telepathie ist, sofern wir
sie als wirkliche Tatsache anerkennen, eine Funktion unseres Nachtbewußtseins, und diesem scheinen somit auch
solche Eindrücke der Netzhaut anzugehören, die wegen
ihrer zu seitlichen Auftreffstelle nicht ins Wachbewußtsein
gelangen können. Wir werden annehmen müssen, daß,
wenn zwei Leute in der Straßenbahn, einige Meter von uns
entfernt, so leise flüstern, daß das Gehörte nicht an unser
normales Ich herangelangen kann, es gleichfalls in jenem
Seelenbezirk seine Stelle findet, der im Traum und in der
Hypnose seine Rolle spielt. — Ist man vor einer Operation
anästhetisch (empfindungslos) gemacht oder mit Chloro-
form betäubt worden, so kann die ganze Operation mit

allen Stadien und Schmerzen im Erinnerungsbilde nachträglich bewußt werden — auch die Erinnerungslosigkeit der Hypnose wird ja zuweilen nachträglich brüchig —, oder sie kann, was uns hier mehr interessiert, im Traume wiederkehren. (IV, S. 353.) Sticht man einen hysterischen Menschen mit einer Nadel in eine seiner unempfindlich gewordenen Hautstellen, so merkt er zunächst anscheinend gar nichts. Hypnotisiert man ihn aber darauf, so stößt man bei andauernder Vertiefung des hypnotischen Zustandes schließlich auf eine Bewußtseinsschicht, die sich erinnert, gestochen worden zu sein und sich über die ihr zugefügten Schmerzen beklagt. In beiden Fällen ist also die Verletzung doch unbewußt wahrgenommen worden, nämlich von einem seelischen Teilgebiet, das sich vom Wachbewußtsein abgespalten hatte, und auch diese unbewußten Empfindungen erweisen sich als Zugehörige jener unterirdischen Region, die in Hypnose, Trance, Traum usw. hervortritt. Alles, was aus dem eigentlichen Zentrum unseres Geistes verbannt und verstoßen, nicht zugelassen ist, den Weg zu ihm verfehlt hat, findet sein Asyl in jener Dependance, die wir „Unterbewußtsein" nennen.

Die vorerwähnten Beispiele und Tatsachen haben uns die Möglichkeit geboten, diesen neuen Begriff zu verstehen. Unterbewußtsein ist nicht etwa identisch mit Unbewußtsein. Unbewußt kann auch eine Vorstellung ablaufen, die zu anderen Zeiten bewußt ist; derselbe Kaufmann, der bei der Jahresinventur die Zahlenreihen seines Hauptbuches unbewußt addiert, kann sie zu anderer Zeit, wenn er einen begangenen Fehler korrigieren will, mit höchster Aufmerksamkeit durchlaufen. Man kann deshalb nicht sagen, jene Zahlvorstellungen gehörten dem Reiche seines Unterbewußtseins an, sondern nur, sie seien vorübergehend im Zustande der Unbewußtheit. Das Unterbewußtsein dagegen ist ein besonderes Ideen- und Assoziationsgebiet mit nur ihm eigenen Inhalten: Zu ihm gehört alles, was, wie unsere vergessenen Kenntnisse oder unsere in tiefer Hypnose gewonnenen Eindrücke, *prinzipiell* unbewußt ist und gar nicht, oder doch nicht ohne weiteres, ins Oberbewußtsein gelangen kann. Weil aber beide, Ober- und Unterbewußtsein, verschiedene Inhalte beherbergen, stellen sie auch verschiedene Konstellationsgebiete dar. Wir haben oben gesehen: Unterschiedliche Konstellationsgebiete, z. B. das Bereich unserer deutschen und unserer französischen Sprachkenntnisse, können ziemlich scharf voneinander getrennt sein. Zweitens sehen wir: Auch die Bewußtheit scheidet, der helle Strom, der im Schweinwerferlichte der Aufmerksamkeit dahinfließt, und der dunkle, unterirdische Strom unserer unbewußten Ideen können ohne jede Verbindung und Überleitung nebeneinander hergleiten. Ober- und Unterbewußtsein aber sind durch beides zugleich getrennt, durch den Gegensatz der Konstellationsgebiete und durch den Gegensatz der Aufmerksamkeitsbeleuchtung. Und dazu kommt noch ein Drittes: Alle jene Zustände, in denen das Unterbewußtsein zur Herrschaft gelangt, Traum, Hypnose, Trance, Delirium usw., unterscheiden sich in der Art ihrer geistigen Tätigkeit wesentlich vom Wachbewußtsein: In ihnen arbeitet unser Gehirn nicht einheitlich, sondern dissoziiert. Man denke nur an die wirre Zusammenhangslosigkeit des Traumdenkens und andererseits an seine naive Phantastik, die dadurch zu erklären ist, daß wegen der zerteilten und lückenhaften Arbeit unseres Gehirns der Hirnteil A nicht durch die Hirnteile B und C gehemmt, kontrolliert, kritisiert werden kann, wie das im wachen, zusammenhängenden Geistesleben der Fall sein würde. Haben oft schon verschiedene Konstellationsgebiete ihre eigene Stimmung und Denkweise, so daß der Bureaumensch N. und der Familienvater N. wie zwei verschiedene Persönlichkeiten einander gegenüberstehen, so ist dieser Gegensatz noch außerordentlich gesteigert, wo man das klar verständige Oberbewußtsein und das traumhaft bizarre und mystische Unterbewußtsein eines Menschen einander gegenüberstellt. Hier haben wir den tiefsten Riß, der die Einheit des ach nur allzu teilbaren und widerspruchsvollen „Individuums" bedroht.

Die verschiedenen Eigentümlichkeiten, die hiernach das Wesen des Unterbewußtseins ausmachen, gehören untrennbar zueinander. Gerät jemand in Hypnose, Traum oder eine der anderen Verfassungen und Zustände, in denen das Unterbewußtsein sich auswirkt, so besteht stets die Möglichkeit, daß die prinzipiell unbewußten Vorstellungen sich regen, das sogenannte „übernormale Wissen" sich geltend macht. Woher das? Nun, jene Zustände sind, wie erwähnt, charakterisiert durch eine Zerreißung der einheitlichen Hirnarbeit. Diese Dissoziation aber geht Hand in Hand mit einer Verengerung des Bewußtseins: Im Traum wie in der Hypnose, im Fieberdelirium wie in der Narkose schlafen erhebliche Teile des Gehirns und wirken gar nicht mehr mit. Das Licht der Aufmerksamkeit, des Bewußtseins, trifft daher nur eine reduzierte Menge von Vorstellungen. Folglich kann auch dieses Scheinwerferlicht sich verengern, kann den kleiner gewordenen Bezirk, den es bestrahlt, mit größerer Helligkeit beleuchten. Es verhält sich dies ganz ebenso, als wenn wir zuerst ein ganzes Gesicht beachten, dann aber unsere ungeteilte Aufmerksamkeit allein auf das Auge dieses Gesichts konzentrieren; wir sehen natürlich nach dieser Verengerung viel mehr vom Auge als vorher, wo es nur als Teil eines größeren Komplexes beachtet wurde. Die Versuchsperson Chowrins vermochte den Inhalt geschlossener Briefe durch Betasten zu erkennen, wahrscheinlich deshalb, weil diese schwer hysterische Patientin am halben Körper anästhetisch war, so daß die Empfindungen der noch normal wahrnehmenden Körperhälfte von doppelt hellem Licht der Aufmerksamkeit beleuchtet und dadurch in ihrer Feinheit enorm gesteigert wurden. So nun dürfte es zu erklären sein, daß in Traum, Hypnose und ähnlichen Zuständen zerteilter und verengerter Hirntätigkeit die Konzentration eine ungewöhnliche Kraft gewinnt und in jene tieferen Schichten hinabzudringen vermag, in denen unsere sonst vergessenen Erinnerungen, unsere mit dem Rande der Netzhaut aufgenommenen Gesichtsbilder, unsere achtlos empfangenen oder für bewußtes Verstehen zu leise gewesenen Gehöreindrücke deponiert sind.

Aber auch das Umgekehrte gilt: Werden einige Vorstellungen oder Tätigkeiten, die normalerweise dem Oberbewußtsein entzogen sind, allzu lebendig, dann ziehen sie Hypnose oder Trance nach sich, also einen jener Zustände, in denen das Unterbewußtsein die Herrschaft gewinnt. Hat der Arzt einem tief Hypnotisierten die posthypnotische Suggestion gegeben, er werde nach dem Erwachen, sobald der Hypnotiseur sich dreimal mit der Hand über die Haare gestrichen habe, auf einen Tisch klettern, so hat jener, wenn er geweckt wird, u. U. keine Erinnerung an diesen Befehl, der somit jetzt zu seinen „prinzipiell unbewußten Vorstellungen" gehört. Unterhält sich weiterhin der Arzt mit seinem Patienten und gibt dabei gelegentlich das erwähnte Signal, so werden vielleicht die Züge des früher Hypnotisierten starr, er bekommt den für die Hypnose charakteristischen „maskenartigen" Gesichtsausdruck, er steigt mit schwerfälligen Bewegungen auf den Tisch, klettert auf weiteren Befehl wieder herunter, kommt danach gleichsam wieder zu sich, und fragt man ihn, warum er denn jene komische gymnastische Übung vorgenommen habe, so leugnet er entweder überhaupt, daß er den Tisch bestiegen habe, und wirft dem Hypnotiseur vor, er wolle ihn zum besten haben, oder aber, er sagt, ihm sei so zumute, als habe er geträumt, er sei vor aller Augen auf den Tisch geklettert. Kurz, jene zu neuem Leben erweckte Vorstellung aus dem Nachtbereich der Seele, jene eine Abgesandte des Unterbewußtseins hat dieses selbst, hat das ganze Unterbewußtsein mit sich in die Höhe gezogen und eine, wenn auch kurzdauernde, neue Hypnose erzielt. So kann man auch gelegentlich des automatischen (unwillkürlichen) Schreibens, das wir später genauer kennenlernen werden, in Hypnose geraten: Das Unterbewußtsein wird mit Hilfe dieses seines Ausdrucks so lebendig, daß es allmählich das Oberbewußtsein überwältigt. — Solche Erfahrungen zeigen uns deutlich, daß das Unterbewußtsein tatsächlich als eine große Konstellationsgruppe aufzufassen ist; denn auch von den gewöhnlichen Konstellationsgruppen unseres Oberbewußtseins gilt dasselbe: Weckt man einige Elemente einer solchen vielleicht stark eingerosteten Gruppe, so wird sie in ihrer Gesamtheit lebendig, weil alle ihre Glieder irgendwie miteinander solidarisch sind. Ein bezeichnendes Beispiel aus meiner eigenen Erfahrung: Ich hatte ein Jahr lang nicht englisch gesprochen, hatte viel vergessen, und als mir der Besuch eines englischen Freundes angekündigt wurde, fertigte ich mir eine Liste an von Fragen bezüglich solcher englischen Ausdrücke, die mir entfallen waren. Mein Freund kam, ich sprach zwei bis drei Stunden englisch mit ihm, und als ich nun meine Liste hervorzog, um sie ihm vorzulegen, sah ich zu meinem Erstaunen, daß sie inzwischen überflüssig geworden war, denn alle Fragen, die darauf standen, konnte ich jetzt selbst beantworten. Wie hier die Konstellationsgruppe der englischen Sprache dadurch aufgefrischt worden war, daß ich einige Hundert ihrer Teilinhalte in meinem Bewußtsein erneuerte, so ziehen etliche unterbewußte Ideen u. U. ihr ganzes Konstellationsreich nach sich und versenken in Hypnose.

Doppel-Ich

Durch das Verständnis der verschiedenen Umstände, die unser seelisches Reich in Bezirke teilen, haben wir uns die Gründe und Ursachen zugänglich gemacht, die uns die seltsame Erscheinung des Doppel-Ich, der Persönlichkeitsspaltung, begreiflich werden lassen. Damit gelangen wir direkt an jene Vorgänge heran, aus denen alles Geister- und Dämonenwesen erwächst und durch deren verwirrende, früher nie verstandene Absonderlichkeit die Menschheit jahrtausendelang genarrt worden ist.

Persönlichkeitsspaltung entsteht aus zwei Umständen. Erstlich neigen dazu Personen, deren Gehirn wenig einheitlich arbeitet, so daß verschiedene Hirnregionen leicht dazu gelangen, sich in ihrer Tätigkeit voneinander zu emanzipieren und getrennte Wege zu gehen. Verschiedene Nerven- und Geisteskrankheiten besitzen eine solche Tendenz zur Hirndissoziation, vor allem bildet sie das Wesen der Hysterie; daher entsteht mediumistische Anlage meist auf der Grundlage hysterischer Disposition. Zweitens aber kann die einheitliche Persönlichkeit dadurch in Stücke zerreißen, daß sie, mit Nietzsche zu sprechen, zuwenig „instinkteinig" ist, zu heftige Widersprüche des Trieb- und Gefühlslebens in sich enthält. So zeigte Flournoy in seiner meisterhaften seelischen Zergliederung des Mediums Helene Smith (V), wie sie, verträumt und phantastisch von Natur, in tiefem inneren Konflikt mit ihrer kleinbürgerlichen Umgebung und ihrem prosaischen Beruf (als Angestellte eines Warenhauses) lebte, wie sie schon in früher Jugend mit dem Gedanken spielte, sie sei ein untergeschobenes Kind und ursprünglich vielleicht fürstlichen Geblüts, und wie aus diesen Tendenzen heraus ihr Unterbewußtsein sich schließlich jenes Geisterreich schuf, in dem bald der Geist der unglücklichen französischen Königin Marie Antoinette bald eine vor Jahrhunderten verstorbene indisch-arabische Prinzessin Simandini sich ihres Körpers bemächtigten. — Die beiden hier bezeichneten Umstände, aus denen Persönlichkeitsspaltung hervorgehen kann, gehen übrigens oft Hand in Hand: Die „Desequilibrierten" (d. h. die ihr seelisches Gleichgewicht verloren haben) mit schroff widerstreitenden Instinkten sind eben meist solche, deren verschiedene Hirnregionen sehr unabhängig voneinander arbeiten. Ein einheitlicher, systematischer, alle Teile seines Gedankenkreises verknüpfender Geist wird mit Notwendigkeit auch ein ausgeglichener, harmonischer, instinkteiniger werden, so wie Kant die auseinanderstrebenden pietistisch-mystischen und wissenschaftlich-verstandsmäßigen Tendenzen seiner Natur in seinem großartigen System zu endgültigem Friedensschlusse zwang.

Eine Vorform des Doppel-Ich haben wir in den „Bekehrungen". (Vgl. VI, S. 199 ff.) In einem Menschen

Illustration 1 (zu Seite 47)

Eine Besessene. Nach Richer

entwickelt sich unterhalb der Herrschaftszone seines gewöhnlichen Tageslebens eine entgegengesetzt gerichete Unterströmung; meist ist es der religiöse Mensch, der sich so gegen den sinnlich-materiellen aufzulehnen sucht. Aus dem Oberbewußtsein verdrängt, organisiert sich diese Gegentendenz in den verborgenen Gründen der Seele, im Unterbewußtsein. Die Gesamtpersönlichkeit empfindet sich dabei verworren, melancholisch, mit sich selbst zerfallen. Es kommt oft zu einer förmlichen Abdankung des Oberbewußtseins, des normalen Ich durch hoffnungslose, völlig auf das Leben resignierende Verzweiflung oder Sündengefühl, Bewußtsein des Verlorenseins sowie durch restlose, auf jeden eigenen Rettungsversuch verzichtende Hingabe an Gott, dem man sein ganzes Dasein anheimgibt. In diesem Augenblick kann, oft unter Einsetzen einer Ekstase, einem plötzlichen Aufleuchten höchster Seligkeit, die neue Wesensart, die sich so unbemerkt und unterirdisch kristallisiert hatte, geradezu vulkanisch hervorbrechen, und ein ganz anderer Mensch kommt zutage, zuweilen dem bisherigen in Ansichten und Lebensgewohnheiten so entgegengesetzt, wie es durch einfache *verstandesgemäße* Umorientierung der Weltanschauung, durch *willkürlichen* Verzicht auf liebgewordene Bedürfnisse (Alkohol, Tabak, Geschlechtsverkehr usw.), durch *freiwilligen* Entschluß zu Handlungen und Worten der Liebe und Selbstlosigkeit kaum möglich wäre. Das ist die „Wiedergeburt", wie sie auf dem Boden der verschiedensten Religionen eine Rolle spielt. Der Name sagt, daß der „neue Mensch", der an die Stelle des alten Adam tritt, sich wirklich für eine andere Person hält. Immerhin, hier wird die Zweiheit der Persönlichkeiten doch meist nur symbolisch, gleichnisweise aufgefaßt. Indessen gibt es Fälle, in denen auch die Bekehrung mit dem Doppel-Ich völlig Ernst macht. Der englische Theologe Stainton Moses, ein orthodoxer Anhänger der anglikanischen Kirche, fühlte sich plötzlich zum automatischen Schreiben genötigt. Als er diesem übermächtigen Triebe nachgab, offenbarte sich durch seine schreibende Hand der angebliche Geist eines anderen verstorbenen Theologen, der einer ganz freireligiösen Richtung huldigte und selbst den göttlichen Charakter Christi abstritt. Es kam zu einem langen, mit den feinsten Waffen der Wissenschaft geführten Disput zwischen den beiden Fachgenossen, dem toten und dem lebenden, und das Ergebnis war, daß Stainton Moses zwar nicht für eine freiere kirchliche Richtung, wohl aber für den Spiritismus gewonnen wurde — womit die Bekehrung gewissermaßen entgleist war —. Wer bedenkt, daß Stainton Moses einer Zeit angehörte, die von den Tatsachen des Unterbewußtseins und des Doppel-Ich noch wenig oder nichts wußte, wird ihm diese Folgerung kaum übelnehmen können. Wir Heutigen aber werden es wohl für wahrscheinlicher halten, daß jener angebliche verstorbene Amtsbruder tatsächlich — der *Zweifel* gewesen ist, der kaum einem nachdenkenden Theologen erspart bleibt, daß dieser, gewaltsam von der Gewissensangst wie vom Selbsterhaltungstriebe verdrängt, im Unterbewußtsein des Mannes eine Zuflucht gefunden, sich hier zu einer vollständigen, abgerundeten zweiten Persönlichkeit ausgebaut hatte und nun mit Hilfe des automatischen Schreibens, dieses „Steigrohres des Unterbewußtseins", den Weg nach oben fand. Ursprünglich war Moses auf demselben Wege zu einer religiösen Bekehrung nach der liberalen, modernen Seite hin, den Robert Elsmere in dem bekannten, nach ihm betitelten Roman der Humphrey Ward gegangen ist.

Meist aber ist, wie gesagt, Bekehrung und Wiedergeburt nur eine nicht zur vollen Entwicklung gelangte Vorform des Doppel-Ich. In voller Reinheit aber finden wir letzteres in den hysterischen und epileptischen Dämmerzuständen. In ihnen tritt nicht selten eine scheinbar wirklich neue Person auf den Plan, die sich einen veränderten Namen beilegt und ihr früheres Leben fast ganz vergessen hat, höchstens schattenhafte Reste von Erinnerung sind noch vorhanden. Hieß das normale Ich in einem berühmten Fall dieser Art Bourne, so nannte das Ich des Dämmerzustandes sich

Brown, der neue Name pflegt also dem gewohnten ähnlich zu sein; auch die Sprache wird meist in den neuen Zustand hinübergerettet, gelegentlich erzählt das zweite Ich auch Erlebnisse, die tatsächlich dem einstigen, normalen Leben angehören, jedoch manchmal in dem Glauben, es habe sie geträumt. Im Dämmerzustande können die kompliziertesten Handlungen vorgenommen werden, die „Kranken", wenn man sie so nennen will, neigen sogar zur „Poriomanie" (Wandertrieb), unternehmen weite Reisen, wobei sie ihre Billetts und Hotelzimmer bezahlen, die richtigen Züge und Schiffe ausfindig machen, kurzum sich äußerlich geordnet benehmen. Forel berichtet den Fall eines Herrn, der als Beamter der australischen Regierung eine Reise ins Innere von Australien unternehmen mußte, dort von Malaria befallen wurde und nun offenbar in einen Dämmerzustand geriet. Er verließ ohne weiteres seinen Posten, fuhr an die Küste zurück, ohne seine Wohnung aufzusuchen oder von seinen Habseligkeiten etwas mitzunehmen (er hatte ja seine frühere Existenz vergessen), reiste nach Europa zurück und trieb sich zwecklos in Zürich umher. Hier muß er in seine normale Persönlichkeit zurückgeglitten sein, denn es fiel ihm auf, daß er gar nichts zu tun hatte, sein Geld zu Ende ging und er sich nicht entsinnen konnte, wie er hierhergelangt sei. Er wandte sich an Professor Forel, der ihn hypnotisierte und in einer Reihe von Sitzungen langsam die Erlebnisse der letzten Monate ausgrub. So verständig in diesem und manchem ähnlichen Falle gehandelt worden ist, so ist doch das zweite Ich namentlich in den epileptischen Dämmerzuständen dem normalen nicht gleichwertig; die Befallenen machen den Eindruck von Angetrunkenen, brüten wortkarg in sich hinein oder führen sonderbare Reden, vergessen viel, religiöser Wahn, Ideen über bevorstehenden Weltuntergang treten nicht selten auf, zuweilen begehen die Kranken im Dämmerzustand Verbrechen, von denen sie nach dem Erwachen nicht das mindeste wissen und die durchaus nicht im Einklang mit ihrer normalen Persönlichkeit stehen. Demgegenüber weist bei Hysterikern das zweite Ich im Verhältnis zum Wachzustande manchmal eine gewisse Steigerung auf, die unempfindlichen Hautstellen, die Sinnes- und Erinnerungsdefekte sind geschwunden, es ist, als habe der Kranke gerade im zweiten, abnormen Zustande wieder seine vollen Fähigkeiten erlangt. Beide Persönlichkeiten können sich lange Zeit gegenseitig ablösen und abwechselnd den Körper beherrschen. Eine Dame, die in der medizinischen Literatur unter dem Namen „Felida" bekannt ist, hat dieses Doppelleben dreißig Jahre lang geführt. Sie leitete ein Geschäft und wußte ihre Bücher und Notizen so zu führen, daß, wenn der Moment des „Kippens" eintrat und die andere Persönlichkeit zur Herrschaft gelangte, diese sich sofort über die Transaktionen ihrer Vorgängerin informieren und sie fortsetzen konnte.

Bei Fällen streng alternierenden (abwechselnden) Doppelbewußtseins, wie wir sie bisher betrachtet haben, können die beiden umschichtig den Körper bewohnenden Seelen einander ganz fremd bleiben, ja das Wachbewußtsein kann von dem Zwangsmieter, der es gelegentlich in seinem Gehirn ablöst, überhaupt keine Ahnung und Kenntnis haben, weil letzterer jedesmal vor dem Wegzuge sein Quartier so rein fegt, d. h. seine Erlebnisreihe in so totaler Erinnerungslosigkeit begräbt, daß man von seinem Dagewesensein keine Spur mehr vorfindet. Anders die Fälle des teilweise oder ganz simultanen (gleichzeitigen) Doppel-Ich, bei dem beide (oder, wenn es mehr als zwei sind, alle) Teilpersonen in ein intimes Wechselverhältnis zueinander treten können, und zwar meist in das Verhältnis intimster Feindseligkeit. Einige charakteristische Fälle werden uns diese Rarität abnormen Seelenlebens am anschaulichsten vorführen können.

Die berühmt gewordene Miß Beauchamp (VII) saß im Jahre 1893 krank im Hospital, als ein Bekannter, der zum Scherz mit einer Leiter an der Außenseite des Hauses emporgestiegen war, mit dem Kopfe am Fenster ihres Zimmers sichtbar wurde. Sie bekam einen heftigen Schreck und zersprang sozusagen in drei verschiedene, mit eigenen Erinnerungsreihen ausgestattete Persönlichkeiten, von denen I und II Splitter des Oberbewußtseins, III dagegen, die sich „Sally" nannte, offenbar das frühere Unterbewußtsein waren. Dr. Prince, der Miß Beauchamp behandelte, wurde auf diese Teilungen dadurch aufmerksam, daß gewisse in der Hypnose vorgekommene Dinge bald zugegeben und bald geleugnet und nicht wiedererinnert wurden, und zwar zu systematisch, als daß bloße hysterische Lügen vorliegen konnten. Der Sally Beauchamp fehlten trotz der umfassenden Erinnerungen des Unterbewußtseins manche Bildungselemente, die Beauchamp I, die Haupterbin des alten Oberbewußtseins, besaß, z. B. fremde Sprachen, Stenographie und leichte schriftliche Ausdrucksfähigkeit. Es ist charakteristisch dafür, wie äußerlich solcher angelernte Bildungsfirnis uns anhaftet, daß er in dem als besondere Persönlichkeit sich abspaltenden Unterbewußtsein manchmal nicht vertreten ist. Beauchamp I war ernst, übergewissenhaft und setzte die Kränklichkeit der normalen Persönlichkeit fort, Sally dagegen war heiter und gesund; man denke daran, wie eine Hysterica, die den ganzen Tag über krank zu Bette liegt, bei der Abendgesellschaft alle Leiden vergessen haben und in strahlendster Laune glänzen kann! Vor allem aber war Sally boshaft und tückisch und haßte die gute Beauchamp I, deren Beliebtheit bei den Menschen ihr ein Dorn im Auge war, ingrimmig. Gingen die Gedanken und Gefühle beider Teilpersonen nebeneinander her, so freute sich Sally über alle Leiden, die ihre Hirnnachbarin litt, über alles Mißgeschick, das ihr widerfuhr. Da Sally in solchen Zeiten die Mitherrschaft über Sprachwerkzeuge und Glieder hatte, so log sie, legte die Füße auf den Kaminsims und beging allerlei Unschicklichkeiten, über die Beauchamp I, sich mitverantwortlich fühlend, äußerst unglücklich war. Welches Licht wirft diese Tatsache auf die tickartigen Böswilligkeiten und Ungezogenheiten vieler Hysteriker, bei denen es nicht zu

II. Das Unterbewußtsein

eigentlicher Bewußtseinstellung gekommen ist! Gewann Sally allein die Herrschaft über den Körper, so trennte sie die Handarbeiten auf, die Beauchamp I vorher angefertigt hatte. Merkte sie, daß ihre Zeit zu Ende ging, so sandte sie Büchsen mit Schlangen und Spinnen ab, die später, zur Herrschaftszeit der Beauchamp I eintreffen mußten und dieser hysterische Anfälle verursachten. Endlich, bevor der Moment des „Kippens" eintrat, fuhr sie aufs Land hinaus, und Beauchamp I fand sich nachher beim Erwachen draußen, ohne Geld in der Tasche, und mußte, da sie angesichts ihrer Hinfälligkeit nicht heimgehen konnte, einen vorüberfahrenden Wagen bitten, sie als blinden Passagier mitzunehmen, was für die Übersensible und Überpenible auch keine erfreuliche Aufgabe war. Daß Sally tatsächlich das entfesselte Unterbewußtsein war, ergab sich aus manchen Beobachtungen: Sie besaß noch Erinnerungen aus frühester Kindheit, die das Oberbewußtsein jedes Menschen vergißt, entsann sich z. B. noch ihrer Wiege und der Zeit des ersten Gehenlernens. Sie wußte von vielen Erlebnissen, die Beauchamp I nicht kannte, und „diese stellten gewöhnlich Vorgänge dar, die sich ereignet hatten, wenn Beauchamp I in Gedanken versunken oder abgelenkt war, während Sally als Unterbewußtsein sie wahrgenommen hatte". Es war also klar, daß diese mystische Sally als mephistophelischer Begleiter der sittlich erzogenen Hauptpersönlichkeit zeitlebens unsichtbar neben ihr hergegangen war. Die seltsamen Umformungen, die die beiden Splitter des zerbrochenen Oberbewußtseins später durchmachten, leitete Prince in die Heilung über, indem er sie verschmelzen ließ und durch hypnotische Behandlung so ergänzte, daß die vollständige, vor dem Jahre 1893 dagewesene oberbewußte Persönlichkeit mit all ihren Erinnerungen zurückkehrte, während Sally wieder in jenes Dunkel versank, in dem bei allen kultivierten Menschen der versteckte, vorkulturelle Dämon gefesselt zu liegen pflegt.

Am offensten spielt diese schreckliche, unterbewußte Macht, wenn sie einmal ihre Fesseln bricht, ihre Rolle in jener bekanntesten Art der simultanen Persönlichkeitsspaltung, die schon in der Bibel wiederholt erwähnt wird und dem Dämonenglauben aller Völker und Religionen zugrunde liegt: Der Besessenheit. Das zweite Ich ist, wie wir später noch genauer erkennen werden, suggestibel (beschwatzbar) und nimmt jede Verkappung bereitwilligst an, die man ihm einredet oder die dem Volksaberglauben der betreffenden Zeit und Örtlichkeit entspricht. Im Mittelalter spielte sie den Teufel oder den Wolf (Werwolf), in Ostasien den Fuchs, das unheimliche, zwischen Gräbern hausende Höhlentier. Und sie benimmt sich genau im Sinne ihrer Rolle: Als Werwolf fällt sie Menschen an, als Teufel flucht und lästert sie, beschimpft den exorzisierenden Geistlichen, erklärt aber zugleich, seiner Macht weichen zu müssen. Sie spricht mit besonderer Stimme, mit schnarrender und greller, mit heulender, mit krähender. Oft redet sie so geschwind und schlagfertig, wie die normale Persönlichkeit es nicht vermöchte, und diese gesteigerten Fähigkeiten, zumal wenn sich ihnen noch die „Mentalsuggestion", das Verstehen unausgesprochener Gedanken, zugesellt, galten als Hauptbeweis dafür, daß man es hier wirklich mit höllischen Mächten zu tun hätte. Die unglücklichen Nonnen von Loudun zeigten dieses auffallende Symptom, und das gab Anlaß, die Besessenheitsepidemie, der sie zum Opfer gefallen waren, mit den blutigsten Mitteln zu bekämpfen. (VIII, S. 256 ff.) Auch seine besonderen Glieder und Körperteile hat der angebliche Dämon, er beherrscht etwa die linke Körperseite, während der normalen Persönlichkeit die rechte verbleibt. Und fast durchweg befinden sich diese beiden Halbseelen in erbittertem Kampfe miteinander, der die brutalsten Formen annimmt; im Anfalle reißt sich der Besessene die Kleider vom Leibe, zerrauft sich die Haare, zerfleischt sich die Brust an der Seite, in welcher der Dämon haust, heult, beißt sich selbst blutig — ein schrecklicher Anblick. Wer die nebenstehende medizinische Illustration 1 mit dem Bilde einer kirchlichen Teufelsaustreibung (Illustr. 2) vergleicht, erkennt leicht,

Illustr. 2. Eine Teufelsaustreibung.
Aus Lehmann „Aberglaube und Zauberei"

daß es sich beidemal um dieselbe Form des Anfalles handelt, nur hat der Aberglaube, der so leicht Trugwahrnehmungen aller Art im Gefolge hat, die aus dem Munde entweichenden Teufel hinzugefügt, die man oft beobachtet haben wollte. Exorzisationen der hier dargestellten Art pflegte man öffentlich, in Gegenwart der Gemeinde vorzunehmen — ein unheilvolles Verfahren. Denn die fürchterliche Szene veranlaßte im Gemüt namentlich der weiblichen Zeugen einen verheerenden Schock, so den Grund zu einer

Doppel-Ich

Massenhysterie legend; und auf unser dämonisches, rebellisches Unterbewußtsein übt nichts eine stärkere Suggestivwirkung aus als Vorgänge, die Angst und Schrecken verbreiten: Wie Panik, Verbrechen, Selbstmord, haben namentlich Konvulsionen (krampfartige Zuckungen und Verrenkungen) eine unheimliche Anziehungskraft. So versteht man die Entstehung förmlicher Besessenheitsepidemien, wie sie sich in kulturell zurückgebliebenen Gegenden noch in der zweiten Hälfte des 19. Jahrhunderts gezeigt haben. H. H. Evers hat in seinem Roman „Die Teufelsjäger" eine zutreffende Schilderung einer derartigen psychischen Seuche gegeben.

Besessenheit tritt im Anschluß an seelische Erkrankungen auf, die durch extreme Zerreißung der einheitlichen Hirnarbeit (Dissoziation des Bewußtseins) charakterisiert sind; sie gehört besonders zu den Symptomen der schweren Hysterie, der Katatonie und des Jugendirreseins (Dementia praecox). Zuweilen ist der Besessenheitsanfall nur eine Spezialform des großen hysterischen Anfalls. Letzterer hat gewöhnlich einen Inhalt, eine in gleicher Form wiederkehrende Reihe meist schrecklicher Erlebnisse, die jedesmal halluzinatorisch durchgemacht und mit höchstem Aufwand an Mimik und Pantomimik dramatisch dargestellt werden. Bei der Besessenheit bildet der Kampf mit dem Dämon, dem zweiten Ich, den Inhalt dieses Erlebnisses. Der große hysterische Anfall hat ein Stadium der sogenannten „grands mouvements" (großen Bewegungen). Es wird dabei u. a. der Körper 10—20mal emporgeschnellt und kurze Zeit in einer fast schwebenden Lage, nur durch Hinterkopf und Arme gestützt, über dem Bette festgehalten — eine wahre Athletenleistung, zu der der Mensch im normalen Bewußtseinszustand vielleicht nicht fähig sein würde. (Vgl. Illustr. 3.) Aus dieser Erscheinung hat die schlechte Beobachtung abergläubischer Zeiten die Behauptung hergeleitet, der Teufel halte seine Opfer zuweilen freischwebend über dem Bette fest. Daß er sich dieser anstrengenden Beschäftigung stundenlang widmen soll, darf uns

50 II. Das Unterbewußtsein

nicht wundernehmen; mit derartigen Zeitübertreibungen kargt auch der heutige Okkultismus nicht. Wenn solche Fehlbeobachtungen schon bei hellem Licht möglich sind, wie vorsichtig müssen wir erst den heutigen angeblichen „Levitationen" (Erhebungen der Medien in die Luft) in Dunkelsitzungen gegenüberstehen! Das Stadium der großen Bewegungen endet oft mit einem Schrei und jenem Kampfe mit einem eingebildeten Gegner, der bei der Besessenheit durch das leidenschaftliche Ringen mit dem zweiten Ich, dem angeblichen Dämon, vertreten wird. (IX, S. 619 ff.)

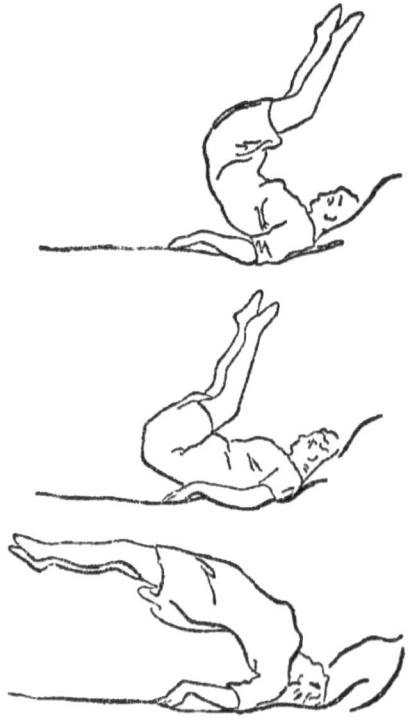

Illustr. 3.
Aus Lehmann „Aberglaube und Zauberei".

Einen besonders lehrreichen Einblick in die extremen Formen der Bewußtseinstellung bietet uns der Fall des Professors der Chemie Ludwig Staudenmaier (X), der sich die Besessenheit künstlich andressiert hat. Er unternahm lange und ziemlich anstrengende Übungen im automatischen Schreiben. Indem er so seinem Unterbewußtsein ein Sprachrohr gab, ihm die Möglichkeit verlieh, sich zu äußern, erzog er es offenbar zu einem hohen Maße von Selbständigkeit. Daher meldeten sich nach einiger Zeit innere Stimmen „nahe beim Ohr", so daß er, um die Mitteilungen seines Unterbewußtseins zu vernehmen, das automatische Schreiben nicht mehr nötig hatte. Sofort aber nahmen selbst bei diesem wissenschaftlich gebildeten

Manne, der sich über den psychischen Ursprung der Erscheinungen völlig klar war, die durch jene Stimmen vertretenen Segmente des Unterbewußtseins dieselbe spiritistische Verkappung und denselben rebellisch-dämonischen Charakter an, der uns von den Wahngestalten der Besessenheit wie von den „Geistern" der Medien her so geläufig ist. Die Stimmen legten sich Geisternamen bei, jedoch nur solche, die Staudenmaier vorher gelesen hatte, machten falsche Angaben, erklärten sich, wenn sie deswegen befragt wurden, für böse Spottgeister, die lügen müßten; ärgerte sich Staudenmaier über sie, so begannen sie zu schimpfen; „zeitweilig bedingte schon der geringste unvorsichtige Gedanke an mein Inneres einen Wutausbruch der inneren Stimme". Eine weitere Entwicklung erfuhren die Phänomene, indem sich zu den Halluzinationen des Gehörsinnes, d. h. den „Stimmen", auch solche des Gesichtssinnes gesellten: In Wolken, Zweigen und anderen formlosen Objekten sah er allerlei Gestalten, namentlich koboldartige Spottgeister und Teufelsfratzen. Nachts hatte er zuweilen die Empfindung, eine Kette werde um seinen Hals gelegt, gleich danach nahm er üblen Schwefelwasserstoffgeruch wahr, und eine unheimliche, aus seinem Innern tönende Stimme sagte: „Jetzt bist du mein Gefangener, ich bin der Teufel!" Manchmal versuchte er, ob er, vor einer chemischen Wage sitzend, durch seinen Willen die eine Schale telekinetisch (durch Fernbewegung ohne Berührung) zum Sinken bringen könnte. Gelegentlich kam es ihm vor, als habe er Erfolg, zuweilen aber schien gerade die andere Schale der Wage, auf die er sich n i c h t konzentriert hatte, nach unten gedrückt zu werden, und gleichzeitig zeigte sich eine Spottfigur mit langer Nase am Zünglein der Wage. Doch noch eine zweite Art von Gesichtshalluzinationen neben den teuflischen und koboldartigen machte sich geltend. Bei Jagdausflügen im Walde sah St. neben den dämonischen Fratzen überall verführerische Mädchengestalten; das Phantom einer Dame, die er verehrte, sah er nachts neben sich im Bette liegen. Wer denkt bei diesem Gemisch von Teufeln und erotischen Trugbildern nicht an bekannte Bilder von der Versuchung des heiligen Antonius! Allmählich wuchsen die gesehenen Gestalten und die Stimmen zusammen, es bildeten sich „Personifikationen", sie gewannen Macht über seinen Körper, Bewegungen, die er nicht als von ihm selbst gewollt empfand, gingen in seinen Organen und Gliedern vor, sein Gesicht bekam zuweilen einen fremdartigen Ausdruck, die spukhaften Wesen sprachen mit seiner Zunge; von ihm erzeugt wurden sie nun Herr über ihn. Unter diesen Personifikationen gab es eine, die er „Hoheit" nannte; sie erklärte sich für den deutschen Kaiser, von ihr beherrscht ging St. stramm, hatte noble Passionen, liebte Kinder und Witzblätter nicht. Dagegen zwang das Fremdwesen „Kind" ihn, vor Spielzeugläden stehenzubleiben. — St. merkte dauernd, daß dieses Koboldreich von ihm, seiner Stimmung, seinem Gebaren abhing. Dachte er selbständiger nach, gab er sich nicht passiv den Evolutionen seines Unterbewußtseins hin, lenkte er seine Aufmerksamkeit von seinem Innern ab und in die Außenwelt hinüber, so trat der Spuk zurück, vor dem aktiv, klar, objektiv werdenden Oberbewußtsein verschwand er wie der Elfentanz vor der aufgehenden Sonne. Glitt aber nur ein Gedanke in sein Inneres zurück, so wachten die Stimmen wieder auf, er fühlte einen Kerl auf seinem Nacken sitzen usw. Ohne sein einsames, beschauliches Leben, das seine oberbewußte Willenstätigkeit wenig beanspruchte und das Unterbewußtsein unter keinem starken Druck hielt, hätte, wie er selbst erkannte, das ganze Spukwesen sich nicht so auswachsen können. (Hier lernen wir verstehen, warum sooft müßige Frauen hysterisch werden, warum Kinder von hysterischer Anlage bei Erziehung zu straffer Selbstzucht gesund bleiben, warum für phantastisch geartete junge Mädchen naturwissenschaftlicher Unterricht wohltätig ist.) Zunächst hielt St. seine Versuche und Beobachtungen für ungefährlich, dann merkte er, daß sie ihm über den Kopf wuchsen, fürchtete geisteskrank zu werden, konnte aber doch von seinem Interesse an dieser unheimlichen Welt nicht lassen; daß sie tatsächlich nicht unschädlich waren, mußte er später zu seinem Schaden erkennen.

Manches lehrt uns dieser Fall, das uns die geheimnisvollen Paradoxien der Doppel-Ich-Erscheinungen erklärt. Zunächst sehen wir hier wieder die feindselig-rebellische Natur des sich emanzipierenden Unterbewußtseins; sie vervielfältigte sich noch bei Staudenmaier, denn auch die zahlreichen Personifikationen, die sein Unterbewußtsein aus sich gebar, standen z. T. in wütender Feindschaft gegeneinander. Wir erkennen deutlich, wie diese dämonische Natur der Nachtseite unserer Persönlichkeit mit ihren höhnisch-fratzenhaften Halluzinationen der Ursprung des Teufelsglaubens sein muß; der tiefsinnige, abstrakte, schon eine hohe Denkfähigkeit verlangende Gedanke von dem ewigen Widerstreit des Guten und Bösen im Weltall ist sicherlich viel jünger als der Dämonenglaube unkultivierter Völker und ist erst aus ihm hervorgegangen; letzterer hat also eine primitivere Wurzel als jene Philosophie, er stammt z. T. aus der unmittelbaren Anschauung der Tatsachen der Bewußtseinsspaltung. Und dann gewahren wir, wie eng Teuflisches und Erotisches zusammengehören. Warum wohl? Die Psychoanalyse erklärt es uns: Der Kulturmensch „verdrängt" alles, was ihm peinlich, verboten, unschicklich, gefährlich erscheint, indem er sich Mühe gibt, nicht daran zu denken, ins Unterbewußtsein herab; mit allem Tierischen, Unmoralischen, Aggressiven stürzt auch das Sinnlich-Erotische in jene „Hölle" unserer Seele hinab. Kommt das Unterbewußtsein zur Herrschaft, im Traum, im Delirium, in der Geisteskrankheit, so hebt es jene verstoßenen Gedanken, Triebe und Gefühle wieder ans Licht; die reine Ophelia, irrsinnig geworden, singt zotige Lieder. Das Teuflische, Höhnische, Revoltierende und das Erotische steigen somit aus der gleichen Tiefe empor. — Aber noch mehr erkennen wir bei dieser Gelegenheit. Im Unterbewußtsein muß sich durch den geschilderten Verdrängungsprozeß ein „Gegenreich" gegen das moralische, gebändigte Oberbewußtsein bilden, ähnlich wie im sozialen Organismus die Verbrechergesellschaft gegenüber der bürgerlichen. Dieses Gegenreich aber muß mit Notwendigkeit dem Oberbewußtsein feindselig und gefährlich sein, nicht etwa aus Rache, weil es „verdrängt" und in die Finsternis hinabgestoßen wurde — so weit darf man gewiß das Gleichnis nicht treiben —, wohl aber, weil eben alles Feindselige, Tückische, Bedenkliche in uns, weil das Tier, das im Besten und Reinsten von uns verborgen weiterlebt, in das unterbewußte Gegenreich verbannt ist und diesem nun z. T. seinen eigenen, rebellischen Charakter verleiht. Dieses Gegenreich wird nicht bei allen Menschen zu deutlicher Entwicklung kommen: Nicht bei dem kindlich-reinen oder spießbürgerlich-leidenschaftslosen Menschen, der wenig zu verdrängen hat; nicht bei dem gefestigten Charakter und systematischen Denker, bei dem sich keine Hirnteile dissoziieren können, also das Unterbewußtsein unter so starkem Druck gehalten wird, daß es sich gar nicht organisieren kann; er gleicht einem patriarchalischen Staate von strengen spartanischen Sitten, die keiner Verbrechergesellschaft Raum lassen. Endlich bildet sich kein bedenkliches Gegenreich bei dem gesundsinnigen, harmonischen, natürlich empfindenden Menschen, der gleichfalls nicht viel zu verdrängen hat, weil er ohne Ängstlichkeit, Sündengefühl und Prüderie dem Leiblichen wie dem Seelischen, dem Animalischen wie dem Kulturellen in uns die ihm zukommende Form des Sichauslebens gestattet. Goethe beichtet in der „Iphigenie", wie er durch reine Menschlichkeit seiner Furien Herr wurde. Wo aber solche günstigen Bedingungen fehlen, kann der Gegensatz zwischen Ober- und Unterbewußtsein zu deutlicher Ausbildung gelangen, ja er kann so gewaltsam werden, daß er schließlich die Einheit der Persönlichkeit zerreißt. Wir wissen bereits: Neben der dissoziativen Anlage des Gehirns ist es die Instinktuneinigkeit, die Fülle widerstreitender Triebe und Leidenschaften, die zur Bewußtseinsspaltung führen kann.

Das rebellische Unterbewußtsein

Wir verweilen bei dieser neuen, bisher noch nicht in ihrem ganzen Umfange erkannten und verstandenen Tatsache nicht nur, weil uns zufällig die Beobachtungen, zu denen die Bewußtseinsspaltung Anlaß gibt, darauf geführt haben. Sie verdient ein allgemeines Interesse, weil sie für die Erkenntnis der Geheimnisse unseres Seelenlebens gerade in seinen paradoxesten und unbegreiflichsten Erscheinungen den Schlüssel bietet, sie führt überdies in unseren Tagen zu wichtigen, praktisch-medizinischen Folgerungen. Vor allem aber ist sie für unsere okkultistischen Probleme von ausschlaggebender Bedeutung, weil sie dem Spiritismus sein Hauptargument aus den Händen windet.

Betrachten wir einmal die Auflehnungsversuche des Unterbewußtseins, das, wo immer es vermag, dem Oberbewußtsein tückisch das Konzept zu verderben sucht, in der ganzen Fülle seiner Erscheinungen! Marcinowski (XI), Coué und Baudouin (XII) haben, von Vorläufern im 19. Jahrhundert abgesehen, zuerst einen Teil des Problems erkannt, sie sind nämlich darauf aufmerksam geworden, daß heftiges Streben nach Gesundheit oft nervöse Krankheiten verschlimmert, ja daß überhaupt der bewußte Wille vielfach sein Ziel systematisch verfehlt, weil eine dunkle Gegenmacht ihm ein Bein stellt. Die französischen Autoren und Anhänger des Couéismus nennen diese Gegenkraft „Einbildungskraft", sie meinen aber tatsächlich die unterbewußte Autosuggestion. Marcinowski schalt die Torheit der Ärzte, die einem Hysteriker oder Neurastheniker sagen: „Nimm dich zusammen!" Gerade das „verfluchte Mühegeben und Besonders-gut-und-richtigmachen-wollen" sei der Fehler der Nervenkranken. Nur durch „korrekte Geringschätzung", durch Leichtnehmen, durch eine gewisse Dickfelligkeit dem Leiden gegenüber kommt man ans Ziel. „Das Schicksal narrt uns gewöhnlich so lange, bis wir das Wünschen endlich aufgegeben haben, erst dann pflegt es in Erfüllung zu gehen." Darum die Bibellehre von der

II. Das Unterbewußtsein

Gnade: Gott läßt sich nichts abtrotzen. Das Unterbewußtsein vergleicht M. mit einer Spiralfeder: Je heftiger wir sie niederdrücken, desto stärker drückt sie dagegen. Den Kranken, der zu leidenschaftlich gesund werden will und gerade dadurch seinen Zustand verschlimmert, vergleicht er mit einem Verwundeten, der an dem eingedrungenen Pfeil zerrt und dadurch dessen Widerhaken nur tiefer ins Fleisch bohrt. Der soziale Organismus zeige das gleiche Bild: Eine revoltierende Bewegung nimmt durch Unterdrückung zu. (Natürlich rät M. nicht bloß Gehen- und Gewährenlassen des Leidens. Wir haben ja hier nicht seine ganze Lehre darzustellen.) Coué und Baudouin stellen gleichfalls das „Gesetz der das Gegenteil bewirkenden Anstrengung" auf. Der leidenschaftlich Wollende ist ihnen ein Wanderer im Triebsand, der, je mehr er sich herausarbeiten will, nur desto tiefer im Sande versinkt. Wo Wille und Einbildungskraft miteinander kämpfen, siegt nach ihrer Behauptung stets die letztere, denn wenn der Wille sich in arithmetischer Progression steigert, wächst die Kraft der gegenstrebenden Einbildungskraft in geometrischer. (Das ist offenbar eine Übertreibung, denn wäre es richtig, so vermöchte Willenskraft und Selbstbeherrschung überhaupt nichts.)

Die Erfahrungen und Beobachtungen, durch die sich dieses Teilgebiet der Lehre vom dämonischen Unterbewußtsein belegen läßt, finden sich bei Marcinowski bereits in so großer Vollständigkeit, daß die Franzosen — die diesen Bahnbrecher der neuen Erkenntnis übrigens nirgends nennen — kaum etwas Neues über ihn hinaus haben beibringen können. Betrachten wir die wichtigsten Beispiele! Wer sich anstrengt, eine knarrende Tür oder tickende Uhr nicht zu hören, der hört sie doppelt. Wer eine krankmachende Vorstellung beiseiteschieben möchte, dem drängt sie sich erst recht auf. Alle von einer Leidenschaft, einem krankhaften oder lasterhaften Hang Gequälten verspotten den Moralprediger, der ihnen zuruft: „Sei ein Mann, lerne dich beherrschen!" und meinen: „Im sichern Port läßt sich gemächlich raten. Versuch' es selbst, wenn du in meiner Lage bist!" (Ich möchte hinzufügen: Es gibt eine Liebe, die so heiß ist, Wünsche, die so leidenschaftlich sind, daß man sich durch sie „versündigt". Diese christliche Empfindung hat ganz recht: Man darf nicht sein ganzes Lebensglück von e i n e m irdischen Gut abhängig machen, sonst wird der Dämon in uns gereizt und raubt uns gerade dieses.) Wer durchaus schlafen will, verfällt sicher in Schlaflosigkeit. Wer sich gewaltsam auf einen Namen besinnt, dem entgleitet er in immer größere Ferne; legt man aber die Sache beiseite und denkt an etwas anderes, so springt nach einigen Minuten der Name von selbst ins Bewußtsein. Wenn ein ungeübter Radfahrer einem Baum oder Prellstein ausweichen will, so fährt er geradewegs darauf los. Wer sich bemüht, ernst zu bleiben, platzt erst recht mit lautem Lachen heraus. Wünscht ein Patient allzu dringend, daß die Hypnose gelinge, weil er von ihr alles Heil erwartet, so wird manchmal eben dadurch der Erfolg des Hypnotisierens vereitelt. Prahlt aber jemand mit der Behauptung, ihn könne niemand hypnotisieren, so erliegt er zuweilen schon den ersten Suggestionen. Ein Klavierspieler, der eine schwierige Stelle besonders brillant spielen, ein Redner, der einen speziellen Trumpf ausspielen und seine Sache sehr gut machen will, bleibt leicht stecken. Klaviervirtuosen suchen sich daher häufig während des Konzerts im Zustande einer etwas schwebenden Aufmerksamkeit zu erhalten und gewissermaßen ihre Finger allein die Sache erledigen zu lassen. — Zu diesen Fällen, mit deren Hilfe die obengenannten Psychologen und Ärzte illustrierten, wie heftig sich das von Autosuggestionen gelenkte Unterbewußtsein gegen bewußtes und krampfhaftes Wollen zur Wehr setzt, möchte ich noch einige besonders schlagende Beispiele hinzufügen. Darwin ging mit einigen jungen Leuten eine Wette ein, daß sie, auch wenn sie sich noch so sehr die Nase mit Schnupftabak vollstopften, nicht würden niesen können; er gewann die Wette — gerade weil es eine Wette war und seine Gegenspieler zu niesen wünschten. Der Gedankenleser Sugden stellte fest, daß Personen, die ein pekuniäres Interesse am Erfolg seiner Vorführungen hatten, wenn sie einmal als seine „Führer" dienen sollten, sich als speziell ungeeignet dazu erwiesen. Stoll (XIII) berichtet von indischen Zauberern, die einen Wettkampf ausfechten, wem von ihnen es zuerst gelingen würde, ein auf den Boden gelegtes Goldstück aufzuheben. Jeder von ihnen sucht den anderen durch Bewerfen mit verzauberter Asche und durch Hersagen von Mantras (Zaubersprüchen) zu hindern. Sie fühlen sich zurückgestoßen, der Schweiß tritt ihnen aus den Poren, manchmal werden sie von unsichtbarer Kraft zu Boden geworfen und bleiben ohnmächtig liegen. In diesem letztgenannten Falle ist auch Fremdsuggestion im Spiele, die aber bei allgemeinen Volksüberzeugungen kaum von Autosuggestion zu trennen ist. — Aus den dargestellten Tatsachen haben die genannten Psychotherapeuten geschlossen, daß es falsch ist, nervöse Krankheiten von außen her durch Gegenwillen zu bekämpfen. Marcinowski empfiehlt statt dessen die Ablenkung, während Coué und Baudouin zu ihrer einflußreich gewordenen Lehre gelangten, man müsse durch Autosuggestion im Halbschlafzustand gewissermaßen in das Unterbewußtsein selbst hineinkriechen und es von innen her lenken.

In all den vorgeführten Beispielen lag ein krampfhaftes Wollen vor, durch welches das Unterbewußtsein zum Widerspruch herausgefordert wurde. In anderen, ähnlichen Fällen aber, die von den obengenannten Forschern noch nicht beachtet worden sind, *will der bewußte Wille gar nichts forcieren*, das Unterbewußtsein erspäht vielmehr irgendeine Situation, in der es seinem Gegner einen besonders niederträchtigen Hieb versetzen kann, oder zeigt ihm auch nur sein drohendes Gesicht, um ihn seiner Antipathie zu versichern. Marcinowski und Baudouin haben also das Phänomen noch nicht in seinem ganzen Umfang erkannt, sie hielten das für eine spezielle Willenswirkung, was tatsächlich aus einem a l l g e m e i n e n A n t a g o n i s m u s unserer b e i d e n B e w u ß t s e i n s h ä l f t e n hervorgeht.

Man sitzt in der Kirche, hegt ernste und feierliche Gedanken, und plötzlich fallen einem lauter lächerliche oder unschickliche Dinge ein, die durchaus nicht an den geweihten Ort passen. In den Gottesdiensten der Methodisten entwickelten sich gelegentlich Lachepidemien, die längere Zeit anhielten und für Anfechtungen des Teufels gehalten wurden — nicht ganz zu Unrecht, denn unser dämonisches Unterbewußtsein stellt, wie wir sahen, den Wahrheitskern des Teufelsglaubens dar. Wir stehen an der Bahre eines lieben Freundes, und plötzlich fallen uns gerade die Zerwürfnisse ein, die uns zeitweilig von ihm getrennt hatten, allerlei lächerliche Situationen seines Lebens, einstige respektlose Urteile und Bemerkungen, die wir über ihn ausgesprochen oder gedacht, kehren uns wieder, und diese frivolen Ideen summen wie die Bremsen um uns und werden um so zudringlicher, je mehr wir uns selbst empörte Vorwürfe machen. — Wir stehen auf dem Eisenbahnsteig, ein Zug braust heran, und wir fühlen uns so magisch unter die Räder der Lokomotive gezogen, daß wir einen Schritt zurücktreten, um uns durch Einleitung einer Gegenbewegung vor uns selbst zu schützen. Ähnlich ergeht es uns, wenn wir auf einem hohen Viadukt oder am Rande eines Abgrundes stehen: Die Tiefe zieht magnetisch an, der sichtbare Tod lockt. Lenau hat dieser Empfindung in einem schönen Gedicht Ausdruck verliehen. Bei großen Feuersbrünsten rennen manche Menschen direkt in die Flammen, bei ihnen wird das Oberbewußtsein vom tückischen Unterbewußtsein überrumpelt. Einer meiner Hörer wurde, auf einer hohen Rampe stehend, von seinem „Dämon" derart gepackt, daß er wirklich hinabsprang. Er war als kleines Kind einmal von einem Hausdache herabgerollt und nur gerade am Dachende noch hängengeblieben. Das hatte er inzwischen ganz vergessen gehabt. Hier konnte also das Unterbewußtsein einen verdrängten Komplex in den Dienst seiner Tücke stellen und dadurch alle Hemmungen niederbrechen. — Kommt man zum Arzt, um ihm sein Leiden zu demonstrieren, so verflüchtigt sich das Symptom, auf das es ankommt, im Vorzimmer, um nach dem Verlassen der Sprechstunde wiederzukehren. Will ein Darmkatarrhaliker einen Besuch machen, so wird er fast regelmäßig unten an der Haustür von seinem häßlichen Leiden befallen. Rühme dich nicht, daß deine Krankheit sich erfreulich gebessert habe, sonst hast du morgen einen Rückfall! (Der von den Couéisten gegebene Rat, man solle nur optimistisch von seiner Krankheit sprechen, ist also nur mit Einschränkung zu gebrauchen.) Lobe keinen Schüler, sonst schießt er in der nächsten Minute einen dicken Bock! Daher die internationale Angst vor dem „Berufen" und die entsprechenden Abwehrzeremonien — Toi-toi-toi-sagen, dreimal unter den Tisch klopfen, Ausspucken — durch die man sich selbst eine Gegen- und Schutzsuggestion erteilt und scheinbar den Dämonen unseres eigenen Unterbewußtseins ein Sühnopfer darbringt. Weitverbreitet ist daher der Glaube, man dürfe nie von seinem Glücke sprechen, sonst verscheuche man es. Ein anmutiges altjüdisches Märchen erzählt von einem alten Ehepaar, das wegen seiner Frömmigkeit und zärtlichen Gattenliebe von Gott gesegnet wurde, so daß ihm Brot und Öl nicht mehr weniger wurden, soviel sie auch davon genossen. Keiner von ihnen aber sprach ein Wort darüber. Als nun die alte Frau zu sterben kam, konnte und wollte sie das große Geheimnis nicht mehr für sich behalten und sagte mit brechender Stimme: „Hast du wohl gemerkt, daß Gott —" Hier aber hielt ihr der Gatte den Mund zu und sagte: „Warte noch ein Weilchen! Drüben wollen wir es uns erzählen!"

Bei allen Bewußtseinsteilungen wird es besonders deutlich, daß das Unterbewußtsein nicht erst durch heftiges Wollen und Wünschen des Oberbewußtseins gereizt zu werden braucht; vielmehr übernimmt ersteres seine Gehässigkeiten ganz von selbst. Sally Beauchamps Niederträchtigkeiten, Staudenmaiers teuflische Stimmen und Fratzen traten ohne besondere Veranlassung auf. Die Dämonen bei der Besessenheit gehen ohne weiteres zum Angriff über. Selbst bei jener Spezialform der Besessenheit, bei der nicht ein Dämon oder Teufel, sondern umgekehrt eine höhere göttliche Macht den Körper mit dem normalen Ich teilt, etwa mit seiner Zunge redet und mit seinem Arm schreibt oder auch nur als dunkle Eingebung wirkt — selbst bei dieser „Verzückung", in der das Oberbewußtsein keineswegs seinem Partner etwas aufdrängen will, sondern letzterer als fordernder Prophet auftritt, scheint mir die Tendenz hervorzutreten, das normale Ich zu quälen und zu Handlungen zu nötigen, vor denen es sich fürchtet. Darum heischt diese höhere Macht beständig ein hartes Leben, Hunger und Entbehrungen, Selbstgeißelungen, Schlafverminderung, andauernde Schweigsamkeit, und wenn sie phantastisch ist, verurteilt sie den unglücklichen „Heiligen" dazu, jahrelang Tag und Nacht auf einer hohen, engen Säule zu stehen und nicht einen Moment ohne Gefahr tödlichen Sturzes schlafen zu können, oder andauernd eine Kette um den Leib zu tragen, deren Stacheln sich in das Fleisch bohren. Die Askese hat viele Wurzeln, aus denen sie erwachsen ist, aber gerade ihre extravaganten Formen würden ohne die Tatsache des selbstquälerischen Unterbewußtseins kaum verständlich sein. Bei Tischklopf- oder Planchettesitzungen melden sich Spottgeister, die nicht etwa irgendeine leidenschaftlich ersehnte Enthüllung zu verhindern, sondern schlechtweg Schabernack zu treiben und die Sitzung zu stören suchen. So schildert Kindborg (XVIII, April und Mai 1924) eine Sitzung, in der die „Geister" durch „Glasschreiben" (wir werden es später kennenlernen) ihre Gedanken kundtun. Plötzlich schreibt das Glas: „Gebt euch heute keine Mühe, heute geht es nicht." Die Beantwortung weiterer Fragen wird in unmotiviert neckischem Tone abgelehnt. Auch Kindborg konstatiert bei dieser Gelegenheit die Koboldhaftigkeit des abgespaltenen Unterbewußtseins. Die gleiche Neigung zum Stören schlechtweg, auch wo bestimmt kein krampfhaftes Wollen vorliegt, beobachten übrigens manche, die ihrem Unterbewußtsein eine Autosuggestion im Sinne der Methode Coué-Baudouin einflößen wollen. Wenn sie sich zu diesem Zwecke in den

Zustand einer somnolenten (mit Halbschlaf verbundenen) „Sammlung" und Willenlosigkeit zu bringen suchen, fühlen sie bald hier bald da ein Jucken und Zwicken, Niesreiz stellt sich ein, die Unterlage beginnt zu drücken, kurz der Kobold in uns scheint auf hundert Arten die ganze Vornahme erschweren zu wollen. Auch als Kritiker zeigt das sich abtrennende Unterbewußtsein offen und deutlich jene Gehässigkeit, die uns da, wo es sich noch nicht emanzipiert hat und nur in der Tiefe unserer Seele murrt, als Kleinmut, Verzagtheit, geringes Selbstvertrauen Schwierigkeiten bereitet. In einem von Tischner (XIV, S. 33) beobachteten Falle schimpfte das abgespaltene zweite Ich bei gegebener Gelegenheit über die normale Persönlichkeit, äffte ihr karikierend nach, sagte: „Dazu ist er viel zu dumm und ungeschickt! Er ist furchtbar langsam, an einem Buch liest er acht Tage, die einfachsten Sachen kapiert er nicht."

Wir müssen also konstatieren: Die Psychologen, die bisher dieses Phänomen beobachtet hatten, haben ihm eine zu beschränkte Reichweite gegeben. Das Unterbewußtsein wehrt sich nicht nur gegen manche zu heftige Willensstrebungen, sondern es verfolgt da, wo dieser Gegensatz überhaupt zu einiger Schärfe gedeiht, das Oberbewußtsein durchaus und überall mit seiner Tücke; nicht weil es etwas will, sondern eben weil es Oberbewußtsein ist. Diese Erkenntnis muß weitreichende praktisch-medizinische Folgen haben. Es genügt nicht, so wie Marcinowski oder Coué und Baudouin wollten, daß man den Dämon in uns nicht reizt, jeden Willensdruck auf ihn vermeidet und ihm durch Ablenkung oder willenlose suggestive Überredung beizukommen sucht; nein, man muß das gewaltige Mittel der Autosuggestion benutzen, um diesen Dämon, der aus freien Stücken doch nie Frieden halten würde, selbst unschädlich zu machen. Kann man das Unterbewußtsein überhaupt durch Suggestionen lenken, warum soll man es dann nicht auch von seiner Tücke weglenken? Man richte seine Autosuggestionen nicht nur auf die Symptome, die man bekämpfen, auf das Können, das man erreichen will, sondern gebe sich daneben Hilfs- und Stützsuggestionen, in denen man der Kritik, der Zweifelsucht, der Bange- und Flaumacherei des Unterbewußtseins direkt zu Leibe geht; in denen man sich Zuversichtlichkeit, festen Glauben an die Macht der Autosuggestion, Freiheit von Unsicherheit, von Zweifel und unbestimmter Bangigkeit suggeriert und erklärt, der Kobold in uns ergreife nunmehr die Flucht, er könne uns nicht mehr schaden, wir hätten ihn mit dem Schwerte unwiderstehlicher Autosuggestion niedergeschlagen. Es ist sozusagen eine psychologische Exorzisation, die damit gefordert wird. Krebsschaden jeder Suggestionstherapie waren bisher die beständigen, nur langsam zu überwindenden Rückfälle, die Schwankungen des Erfolges. Um ihrer willen hat man die Berechtigung der Suggestion als Heilmittel oft bezweifelt. Sie kommen, scheint es, zum Teil von den Gegenstößen des feindseligen Unterbewußtseins, das, wie wir oben sahen, jede offenkundig werdende Besserung sofort zu vernichten strebt*). Greift man so, wie es hier gefordert wird, diesen Feind unmittelbar an, nicht durch „Sichzusammennehmen", das ja nur ganz indirekt auf das Unterbewußtsein wirkt, sondern durch Autosuggestion, die den Gegner in seiner eigenen Höhle aufsucht, so kann man, wenn ich meinen bisherigen Erfahrungen trauen darf, die Rückfälle auf wenige Tage beschränken und die Besserung außerordentlich beschleunigen.

Als Grund der ganzen Erscheinung nahm Marcinowski an: Wenn zum Beispiel der Radfahrer dem Prellstein mit bewußtem Wollen ausweichen will und seine Blicke auf ihn richtet, so beleuchtet er ihn mit allzu hellem Licht der Aufmerksamkeit, macht die Idee des gefährlichen Gegenstandes, indem er sie mit Angstgefühl tränkt, überwertig und verleiht ihr so die Gewalt, seine Handlungen zu bestimmen und ihn selbst magnetisch anzuziehen. Eben um

---

*) Wer den Couéschen Spruch: „Es geht mir von Tag zu Tag besser und besser" herbetet, empfindet nicht selten eine spöttische Stimme in sich, die ihm zuraunt: „Was Teufel! Besser und besser! Nein: Schlimmer und schlimmer!"

II. Das Unterbewußtsein

eine solche bedenkliche Beleuchtung des Hemmnisses zu vermeiden, empfahl Marcinowski die Ablenkung und die „korrekte Geringschätzung" der Schwierigkeit. Diese Erklärung, die das gesamte Phänomen auf sogenannte „Konträrsuggestion" zurückführt, ist gewiß teilweise richtig, sie bezeichnet einen Umstand, der m i t im Spiele ist; aber sie k a n n gar nicht z u r e i c h e n d sein, weil die Gegensätzlichkeit des Unterbewußtseins sich auch bei solchen Fällen zeigt, in denen die geschilderte Überbetonung eines Hemmnisses durch den Willen gar nicht stattfindet. Den entscheidenderen und umfassenderen Grund haben wir vielmehr darin zu sehen, daß das Unterbewußtsein durch Aufnahme aller vom Oberbewußtsein verdrängten und hinausgeworfenen Triebe und Vorstellungen zum ständigen Vertreter der Opposition im Seelenleben geworden ist. Wir fallen auch nicht bloß der Gefahr zum Opfer, weil wir durch ihre angstweckende Drohung, durch die Größe des betreffenden Eindrucks fasziniert werden wie das Kaninchen durch den Blick der Schlange, nein, es ist etwas in uns, das die Gefahr und Schädigung direkt sucht und wünscht, von ihr angelockt wird, weil es überhaupt auf Schadenstiften ausgeht. Ganz deutlich wird das in den erwähnten Fällen, in denen wir uns unter die Räder der heranbrausenden Lokomotive oder in den Abgrund hinuntergezogen fühlen. Da ist nicht bloß etwas vorhanden, das schreckt, sondern auch etwas, das lockt, etwas geheimnisvoll Berückendes, als spräche der Tod zu uns wie Erlkönig in Goethes Ballade. Einen in dieser Beziehung lehrreichen Fall schildert Professor Daniel Walter. (XVIII, Juli 1920.) „Eine Dame hatte nachts wiederholt geträumt, es sei bei ihr eingebrochen und verschiedenes gestohlen worden. Wer die Frau kennt, wird nicht überrascht sein, weil sie von jeher mißtrauisch gegenüber verschiedenen im Hause verkehrenden Personen war. Längere Zeit nach den berichteten Träumen fehlten im Haushalt bald Wäschestücke, bald kleinere Mengen Speisevorräte und dergleichen, die nachweisbar vorhanden waren und von keiner fremden Person

hatten entfernt werden können. Durch genaue Beobachtung
ergab sich nun, daß die Frau selbst im Dämmerzustand die
Gegenstände von ihrem Aufbewahrungsort weggenommen
und versteckt hatte. Beständig klagte sie aber, daß Sachen
gestohlen wurden." Ist ein solcher Fall mit Hilfe von Marcinowskis Erklärung zu deuten? Blendung durch falsche
Beleuchtung, Überwertigwerden einer Angstvorstellung
kann sehr wohl den Radfahrer zu ungeschickten Bewegungen zwingen, so daß er direkt auf den Prellstein losfährt.
Aber daß er durch diese Umstände genötigt werden kann,
komplizierte Handlungen auszuführen, um die Gefahr erst
zu schaffen, daß er auf solche Weise etwa dazu gelangen
könnte, im Dämmerzustand hinzugehen und Prellsteine zu
setzen oder Glasscherben auf die Landstraße zu streuen,
das sieht doch unglaubwürdig aus. Wo derartige Wirkungen entstehen, ist es wahrscheinlich, daß ein positiver
Schädigungswille vorhanden ist, der sich freut, wenn der
Gegenstand der Angst obsiegt. Nur die Lehre vom feindseligen Unterbewußtsein kann solchen Erfahrungen gerecht
werden.

Für die Deutung okkulter Erscheinungen nun ist die
Gegensätzlichkeit des Unterbewußtseins von fundamentaler
Bedeutung. Der Vertreter naturwissenschaftlicher Weltanschauung nimmt an, daß die aus den Medien redenden Geister tatsächlich nur Sektionen des Unterbewußtseins sind,
die sich durch Bewußtseinstellung abgespalten haben; sie
werden aber ähnlich, wie wir das bei der Besessenheit beobachtet haben, als fremde Mächte empfunden, die mit den
Sprachwerkzeugen, der Hand usw. des Mediums ihr Spiel
treiben. Der bloße Eindruck, man sei es nicht selbst, der
da schreibe, spreche, den Tisch klopfen lasse, das bloße
„Fremdheitsgefühl", meint der Wissenschaftler, sei noch
durchaus kein Beweis, daß man es wirklich mit Geistern
zu tun habe. Schon diese Behauptung erscheint dem Spiritisten als eine Zumutung. Er fühlt, daß er den Tisch nicht
drückt und schiebt, und nun will ein anderer ihm einreden,
er tue es doch, er merke es nur nicht! Kann ein anderer

besser beurteilen, was ich tue, als ich selbst? Die Bewußtseinsteilung erscheint dem normalen Menschen, der sich stets als absolute Einheit empfindet, so widersinnig, wird auch so selten wahrgenommen und ist im Publikum so unbekannt, daß diese Begründung der Phänomene geradezu am Verständnis der Nichtpsychologen abprallt. Aber nun kommt es noch besser: Die Geister vergreifen sich an dem Medium, erweisen sich ihm gegenüber als gehässig und niederträchtig, fügen ihm Verluste zu. Soll es nun immer noch das Unterbewußtsein des Mediums sein, das derartig zum Feinde der eigenen Gesamtseele wird? Von jeher haben die Spiritisten auf Fälle hingewiesen, in denen diese Feindseligkeit des Unterbewußtseins kraß zutage trat, haben sie als unwiderlegliche Beweise für das Mitwirken von Geistern ausgespielt, und der Laie, sofern er überhaupt selbst nachdenkt und sich nicht blindlings der spiritismusfeindlichen Suggestion der Tagespresse und der öffentlichen Meinung überläßt, kann zunächst gar nicht anders als ihnen beipflichten. Fälle werden erwähnt, in denen ein junges Mädchen als Medium bedenkliche und beschämende Ereignisse aus seinem Leben aussprechen mußte, die es selbst um keinen Preis über die Lippen gebracht hätte. Manche Medien, die ihren Geistern ungehorsam zu sein versuchten, wurden von ihnen zu Boden geworfen und gequält. In anderen Fällen begannen Damen aus der besten Gesellschaft, sobald sie von einem Geiste kontrolliert wurden, unflätig zu schimpfen und bedienten sich der gemeinsten Gassensprache. Richter Edmonds, einer der ersten amerikanischen Spiritisten, wurde zu dieser neuen Lehre bekehrt, weil er trotz heftigen Widerstrebens und skeptischer Gesinnung seine Hand ergriffen und zum automatischen Schreiben genötigt fühlte. Eine Fundgrube für derartige Erscheinungen sind die Spukphänomene. Die „Geister", die in ihnen ihr Wesen treiben, sind keine freundlichen und mächtigen Diener ihres Mediums gleich den Geistern der Lampe, die Aladin sich untertan gemacht hatte, sondern sie verfolgen es mit höllischer Bosheit, werfen es mit Steinen, zerschlagen oder verstecken ihm seinen liebsten Besitz, schnellen das Geschirr, welches das Medium ergreifen möchte, blitzschnell zur Seite, binden das Vieh im Stalle, so daß es halb erdrosselt, flechten den Pferden Zöpfe in die Mähne, die schwer wieder aufzudröseln sind, ziehen dem Medium nachts die Bettdecke weg, hängen es gebunden an Bäume, klingeln ohrenzerreißend ganze Tage lang; überdies kommt das unschuldige Opfer solcher Quälereien oft bei der abergläubischen Umgebung in Verruf, gilt als behext und vom Teufel besessen und wird zuweilen gezwungen, seinen Wohnort zu verlassen. Ist es denkbar, vorstellbar, daß ein Mensch solche Pönitenz selbst über sich verhängt? Haben wir hier nicht den klaren Beweis, daß fremde, unsichtbare Mächte als verfolgende Furien im Spiele sind? Der gesunde Menschenverstand wird von solchen Belegen ohne weiteres überwältigt. Wenn mir Laien derartige Fälle vorlegen und mich fragen, ob diese denn nicht unbedingt zur Annahme der Geisterhypothese zwingen, und wenn ich ihnen dann in kurzen Worten auseinandersetzen muß, es handele sich um Folgen von Bewußtseinsspaltungen, so habe ich stets den Eindruck, daß ich niemand überzeuge und der mit sarkastischem Lächeln dreinschauende Befrager alles, was ich vorbringe, für Verlegenheitsausflüchte einer hilflos gewordenen Gelehrsamkeit hält. Erst wo man, wie in diesem Buche, die Tatsachen und Gründe breit und ausführlich erörtern kann, die für den Antagonismus der beiden Bewußtseinshälften sprechen, vermag man denkende Menschen innerlich davon zu überzeugen, daß die Geister selbst durch rabiateste Feindseligkeit nicht imstande sind, ihre eigene Existenz zu beweisen.

Das hyperästhetische Unterbewußtsein

Das Unterbewußtsein ist keineswegs immer, wie man, vom Namen verleitet, annehmen könnte, ein unterwertiges Bewußtsein; im Gegenteil, es leistet in bestimmten Beziehungen oft mehr als unser waches Seelenleben. Wir wollen uns zunächst mit den Mehrleistungen der wahrnehmenden Sinnesorgane, der sogenannten „Hyperästhesie" (gesteigerten Sinnesempfindlichkeit) des Unterbewußtseins beschäftigen.

Das Phänomen ist teils bei den Hypnotisierten, teils bei den Somnambulen entdeckt worden*). Merkwürdige Fälle werden berichtet. H. Bergson in Clermont-Ferrand beobachtete einen Hypnotisierten, der in einem Buche zu lesen vermochte, das nicht er selbst, sondern der ihm gegenübersitzende Experimentator sich vorhielt, denn er las das Spiegelbild in dessen Auge: Der Berechnung nach konnten die Buchstaben dieses Spiegelbildes ihm nur $1/10$ Millimeter hoch erscheinen. Natürlich konnte die gleiche Person auch mikroskopische Präparate mit bloßem Auge erkennen und nachzeichnen. (XV, S. 99.) Schon Sauvaire vermutete, daß eine hypnotisierte Person durch Spielkarten hindurchsehen und so den Anschein von Hellsehen hervorrufen könnte. (Ebenda.) Sein Resultat wurde bezweifelt, gewinnt aber an Kraft durch die Experimente Chowrins, dessen Sensitive*) verschlossene Briefe „lesen" konnte. Chowrin vermochte es sehr glaubhaft zu machen, daß sie diese Aufgabe nicht auf Grund eines geheimnisvollen „Hellsehens", sondern einfach infolge einer außerordentlichen Verfeinerung des Gesichtssinnes (und Tastsinnes) zu lösen vermochte, denn wenn man in ein starkes Heft aus Seidenpapierblättern ein Farbblatt steckte, so erkannte sie die Farbe durch 27 Seidenpapierblätter hindurch; normalsichtige Personen dagegen gewahrten erst durch 11—12 Bogen ein ungewisses Schimmern der Farbe, und erst beim 9. Bogen vermochten sie ein sicheres Urteil zu fällen, um welche bestimmte Farbe es sich handelte. Wurde in eine gewöhnliche Apotheker-

---

*) Somnambulie in dem hier gebrauchten Sinne, das sogenannte „Nachtwandeln", ist eine spontan (von selbst) entstehende, nicht erst von einem Hypnotiseur veranlaßte Hypnose.
**) Als „Sensitive" bezeichnet man Personen, bei denen die höheren Erkenntnisfähigkeiten des Unterbewußtseins: Hyperästhesie, Telepathie, vielleicht auch Hellsehen, zutage treten.

schachtel aus Pappe ein Farbblättchen gesteckt und der
Sensitiven die Schachtel gezeigt, so sah sie zuerst nur die
weiße Farbe der Pappe, bei längerem Hinblicken aber begann diese sich zu tönen, und zwar in der Farbe, die dem in
in der Schachtel liegenden Blatte entsprach. Das visionsartige Auftreten dieser Farbwahrnehmung beweist, daß sie
vom Unterbewußtsein ausging, das also im höchsten Maße
die Gabe der Hyperästhesie besaß. Enorm gesteigert war
bei Chowrins Sensitiver auch das Tastgefühl der Finger.
Legte man auf einen Bogen, der eine aufgeschriebene Zahl
trug, 9 Bogen gewöhnlichen Schreibpapiers, so daß ein
Heft von 10 Bogen entstand, so fühlte sie den Ort, wo die
Zahl stand, schon beim Betasten des 8. Bogens, beim 6.
begann das Erkennen der Ziffern, beim 5. war es bereits
sicher. Nach diesem Resultat war es selbstverständlich, daß
die Versuchsperson, wenn sie einen in mehrere starke Kuverts eingeschlossenen Brief in den Händen knüllte, wie
sie das gewöhnlich tat, den Inhalt ganz oder teilweise erkennen konnte, ohne daß sie den Brief zu öffnen brauchte.
Denn durch mehr als 5 Papierblätter ist kein Teil eines einliegenden Briefes von der Hand getrennt, die das Kuvert
betastet. Da andere Hellseher sich des gleichen Verfahrens
bedienen, ist anzunehmen, daß sie durchweg mit Hyperästhesie (allerdings in Verbindung mit Gedankenübertragung) arbeiten, und daß die Existenz wirklichen Hellsehens durch ihre Darbietungen nicht bewiesen wird. Die
Okkultisten allerdings suchen dieser Folgerung dadurch die
Spitze abzubrechen, daß sie erklären, schon in den Chowrinschen Versuchen müsse es sich um Hellsehen, nicht um
Hyperästhesie gehandelt haben. Daß ihnen dieser Nachweis
nicht geglückt ist, werden wir später (S. 140 ff.) sehen.
Hier nur soviel, daß der Naturwissenschaftler sich im Zweifelsfalle stets für Hyperästhesie und gegen Hellsehen zu
entscheiden hat, denn erstere, auch wenn sie die gewohnten
Grenzen erstaunlich zu überschreiten scheint, bleibt immer
noch in Zusammenhang mit der Erfahrung und entspricht
nur der Unendlichkeit der Natur im Kleinen wie im Gro-

ßen, Hellsehen dagegen greift ins Übersinnliche und Mystische hinüber, in ein unbekanntes Reich hinter der Erfahrungswelt. — Nicht minder überraschend als die Hyperästhesie des Gesichts- und Tastsinns ist die Verfeinerung des Geruchs bei Hypnotisierten und Somnambulen. In mehreren Fällen gelang es ihnen, zahlreichen anwesenden Personen ihre Handschuhe, Taschentücher, Schlüssel, Geldstücke zurückzugeben, sobald sie deren Hände berochen hatten; bei verstopfter Nase gelingt der gleiche Versuch nicht mehr. Von der unglaublichen Leistungssteigerung des Gehörs zu sprechen, werden wir namentlich bei unseren Darlegungen über telepathische Versuche ausgiebig Gelegenheit haben.

Mit dieser Hyperästhesie des Unterbewußtseins muß jeder rechnen, der auf okkultistischem Gebiete experimentieren will, denn er hat es mit Medien und Sensitiven zu tun, deren Unterbewußtsein eine besondere Selbständigkeit und Vervollkommnung erlangt hat. Diese Forderung wird theoretisch von jedem zugegeben, aber praktisch nur selten erfüllt. Wenn man zum Beispiel einem Hellseher mehrere Briefe übergibt, die er uneröffnet lesen soll, oder ihm etwa Metallbuchstaben in Schachteln überreicht, damit er erkennt, welcher Buchstabe sich in dieser oder jener Schachtel befindet, so ist es üblich, daß man alle jene Briefe in ganz gleiche Kuverts steckt oder im andern Falle die Papp- oder Holzschachteln genau gleich herstellen läßt. Der Experimentator bildet sich dabei ein, er selber könne nun nicht mehr unterscheiden, welchen Brief, welche Schachtel er zu fassen bekommt, die Versuchsperson könne seinem Bewußtsein nichts mehr entnehmen, der Versuch sei demnach ein „unwissentlicher". Hierbei wird aber übersehen, daß es für unser hyperästhetisches Unterbewußtsein „genau gleiche" Kuverts oder Schachteln überhaupt nicht gibt; ihm ist irgendein mikroskopisch kleiner Unterschied in der Maserung des Papiers oder Holzes schon Unterscheidungsmittel genug. Das Unterbewußtsein des Experimentators also weiß unter Umständen ganz genau, welcher Brief und welches Paket es ist, das da übergeben wird, kann sein Wissen in unwillkürlichen Zeichen oder durch direkte Gedankenübertragung der Sensitiven übermitteln, und — der Hellsehversuch prüft kein Hellsehen mehr, sondern nur noch Hyperästhesie oder Telepathie. Daß dieser Einwand, der sich gegen eine große Zahl von Experimenten richtet, auf deren Zuverlässigkeit die Okkultisten bauen, durchaus berechtigt ist und nicht etwa dem vexatorischen Widerspruchsgeist verbissener Skeptiker entstammt, hat wiederum Chowrin durch einen ausgezeichneten Versuch gezeigt. Er benutzte ein früher gefundenes Versuchsergebnis von Binet: Wenn man einem tief Hypnotisierten die Suggestion gibt, er werde nach dem Erwachen auf einem beliebigen Stück Papier eine bestimmte Photographie sehen, so gewahrt er sie wirklich, in manchen Fällen sogar noch jahrelang. In derselben Weise erzielte Chowrin es bei seiner Sensitiven, daß sie auf einem einfachen, weißen Papierbogen sein, d. h. Chowrins, Bildnis erblickte. Der betreffende Bogen wurde auf der Rückseite mit einer feinen Markierung versehen, so daß man ihn wiedererkennen konnte. Darauf wurde er unter eine größere Menge von Papierbogen gemischt, die für das normale Auge ganz ununterscheidbar gleich aussahen. Trotzdem sah die Sensitive auf einem dieser Bogen beim Durchblättern stets Chowrins Bildnis, und verglich man die Rückseite, so war es stets der markierte. Legte man ihn umgekehrt hinein, d. h. mit Vertauschung von oben und unten, so sah sie auch das Porträt auf dem Kopfe stehen. Ein anderer, ähnlicher Versuch zeigte, daß selbst, wenn man die Bogen mit Seidenpapier verdeckte, sie für diese Sensitive doch immer noch unterscheidbar und wiedererkennbar blieben. Es ist nach diesem Ergebnis also buchstäblich wahr: Für unser hyperästhetisches Unterbewußtsein gibt es nichts Gleiches; ob man die Schachteln, in denen man einer „Hellseherin" ihre Beobachtungsobjekte darreicht, „absolut gleich" macht oder sie in allen Farben des Regenbogens schillern läßt, ist völlig unwesentlich.

Wirklich unwissentlich ist nur ein Versuch, bei dem die Schachteln oder Kuverts von irgendeinem *Abwesenden* gefüllt werden, der sie durch die Post an den Experimentator sendet und mit ihm gar nicht in Berührung kommt. Das aber ist eine Bedingung, die nur bei wenigen besonders guten Versuchen dieser Art erfüllt worden ist.

Die besprochenen Beispiele zeigen uns die Tatsache, die wir als „hyperästhetisches Unterbewußtsein" bezeichnen. Man gebraucht jedoch diesen Ausdruck nur deswegen gern, weil er kurz und handlich ist, im Grunde aber ist er nicht ganz logisch. Das Unterbewußtsein ist die Masse der Vorstellungen und Eindrücke, die zu schwach sind, um zum Bewußtsein vorzudringen. Kommt das Unterbewußtsein zur Herrschaft, zwingt es die Zentralsonne der Aufmerksamkeit, bis in seine Tiefen hinabzuleuchten, so bedeutet das schon, daß kleinere Reize wirken als sonst, daß feiner gesehen, gehört wird als zu anderen Zeiten. Das Unterbewußtsein hat also nicht die Eigenschaft der Hyperästhesie, sondern das Hochkommen des Unterbewußtseins deckt sich an und für sich mit dem Begriffe „Hyperästhesie". Auch wenn wir vom „hypermnestischen", d. h. mit verfeinerter Erinnerung ausgestatteten Unterbewußtsein reden, ist dieser Ausdruck nicht besser, als wenn wir von leuchtendem Licht oder nassem Wasser sprechen: Es liegt eben im Wesen des Unterbewußtseins, daß es viel mehr Wissen besitzt als das Oberbewußtsein, weil alles Vergessene oder nie zum Bewußtsein Vorgedrungene in ihm hängenbleibt; aus dem Unterbewußtsein schöpfen heißt schon soviel wie „hypermnestisch sein". Die Wissenschaft, die oft unter der Kompliziertheit ihrer Begriffe leidet, muß manchmal etwas von ihrer Logik opfern, um der praktischen Ausdrucksfähigkeit und Verständlichkeit zu dienen.

Das hypermnestische Unterbewußtsein
Latente Erinnerung

Von der Tatsache haben wir schon oben (S. 37—38) gesprochen, daß längst vergessene Vorstellungen, daß Gesichtseindrücke, die beim raschen Durchblättern eines Buches oder beim seitlichen Vorbeiblicken an einem Zeitungsblatt unser Auge treffen, Gehörseindrücke von Worten, die, im Restaurant am Nebentisch geflüstert oder von vorübergehenden Personen auf der Straße gesprochen, an unser achtloses Ohr dringen, daß alle diese Abfälle und Schnitzel von Reizen und Ideen vom Unterbewußtsein aufbewahrt werden und in Hypnose, Trance, Delirium, beim Tischklopfen oder automatischen Schreiben plötzlich offen zutage treten können. Diese Tatsache, in nüchternen, allgemeinen Worten ausgesprochen, klingt nicht allzu merkwürdig. Sie nimmt aber in der psychologischen Praxis, in der Mannigfaltigkeit der scheinbar okkulten Phänomene geradezu phantastische Formen an. Das verborgene Wissen, bald als „latente Erinnerung", bald als „Kryptomnesie" bezeichnet, mutet uns, wenn es uns einmal deutlich entgegentritt, höchst unheimlich an, bald wegen seines Umfanges, der ihm fast den Anschein von Allwissenheit gibt, bald wegen der mystischen Formen, in denen es ans Licht emporsteigt.

Psychologische Experimente, wie sie namentlich Ebbinghaus und seine Schüler veranstaltet haben, zeigen uns, daß nichts, was wir einmal gelernt oder ins Bewußtsein aufgenommen haben, restlos vergessen wird. Es verfällt nur insoweit, daß es nach einiger Zeit der Nichtübung nicht mehr die Bewußtseinsschwelle zu überschreiten vermag, aber unterirdische Spuren bleiben unser ganzes Leben lang, wetterleuchten in unsere Träume hinein und klingen leise von fern her herauf wie die Glocken der versunkenen Stadt Vineta. Verse, die wir vor fünfzig Jahren gelesen haben, sind uns vielleicht so entfallen, daß wir sie nicht wiedererkennen und uns kaum denken können, daß sie uns schon einmal vorgekommen sind; aber falls wir sie nochmals lernen, zeigt sich doch eine Ersparnis an Zeit und Mühe, die uns beweist, daß noch Fundamente und Mauerreste des ersten Wissens übriggeblieben waren. So wird es erklärlich, daß Sally Beauchamp, das zum Eigenwesen gewordene Unterbewußtsein, noch Erinnerungen aus der Säuglingszeit hat, die sonst für uns alle mit tiefem Dunkel bedeckt ist. Nun bedenke man, was es heißt: Nichts wird ganz vergessen! Es bedeutet, daß eine Menschenseele, die fast in jeder Minute ihres wachen Lebens Hunderte von Eindrücken empfängt, einen Ideenvorrat in sich ansammelt, mit dem verglichen die Staatsbibliothek in Berlin ziemlich armselig dasteht!

In frühester Kindheit gesprochene oder verstandene Sprachen schlummern noch in uns. Benedict („Wiener Klinik" 1880, S. 84) teilt den Fall eines Engländers mit, der, von dem dänischen Hypnotiseur Hansen eingeschläfert, in einer allen Anwesenden unbekannten Sprache zu reden anfing. Nachher stellte es sich heraus, daß es die Sprache von Wales war, die der betreffende Herr als kleines Kind gesprochen hatte. (II, S. 43.) Ähnliche Vorfälle sind gar nicht selten. Noch merkwürdiger erscheinen Fälle, in denen eine fremde Sprache nie gelernt, sondern nur unverstanden an das Ohr gedrungen war, so daß man sie im Wachen nicht hätte wiedergeben können; im Zustande des herrschenden Unterbewußtseins aber steigt diese scheinbar nie dagewesene Kenntnis ans Licht. Forbes-Winslow schildert den Fall einer „am Anfang des 19. Jahrhunderts am Rhein lebenden Dienstmagd, die im somnambulen Zustand die Bibel in der Ursprache mit einem Kommentar in aramäischem Dialekt zitierte. Bei näherer Nachforschung ergab sich, daß die Magd früher einmal bei einem Pastor in Dienst gewesen war, der jene Stücke laut hergesagt hatte, während sie selbst im Nebenzimmer schlief." (II. a. a. O.) „Otto Siemens berichtet in der Zeitschrift „Suggestion" (Jahrgang 1907, Nr. 24, S. 7 ff.) von einem deutschen Eisenbahnarbeiter, der im hypnotischen Schlaf das ganze englische Vaterunser betete, als eine anwesende englische Dame, erschreckt durch die nie gesehenen, erstaunlichen hypnotischen Experimente, die Anfangsworte murmelte ‚Our father which art in heaven'. Der Mann hatte nie Englisch gelernt, aber er hatte einst im *Schlafe* gehört, wie sein Bruder das englische Vaterunser auswendig lernte." (Ebenda.) Es ist nicht Zufall, daß in diesen letzten Beispielen, und ebenso in einem weiteren, das Hennig als Beleg für latente Erinnerung anführt, gerade das *im Schlafe* Gehörte in der Hypnose wieder aufwacht; wir erkennen darin die früher besprochene Tatsache, daß die verschiedenen Zustände, in denen das Unterbewußtsein die Herrschaft ergreift, miteinander kommunizieren. Aber letzten Endes gehört ja alles, was wir nicht ins Bewußtsein emporheben können, auch wenn es uns im wachen und normalen Zustande getroffen hat, dem Unterbewußtsein an und kann mit ihm steigen. Bedenken wir nun, daß in den Straßen der Großstadt hundert z. T. exotische Sprachen an unser Ohr dringen! Manche hören wir mit Aufmerksamkeit, könnten aber die uns völlig unverständlichen Worte nie reproduzieren. Manche hören wir ganz achtlos. Manche könnten wir gar nicht mit Aufmerksamkeit hören, weil sie so leise gesprochen werden, daß unser Bewußtsein keine Sprachäußerung merkt und nur das hyperästhetische Unterbewußtsein dafür empfänglich ist. Manche endlich, um den extremsten Fall anzuführen, hören wir überhaupt nicht, sie werden auch nicht gesprochen, sondern nur leise gedacht, gehen aber vielleicht durch direkte Gedankenübertragung (Mentalsuggestion) in uns über. Können wir bei all diesen Möglichkeiten von irgendeiner Sprache des Erdballes beschwören, daß wir nichts davon wissen? Wenn der von unserer Hand berührte Tisch plötzlich Arabisch oder Suaheli zu klopfen begänne, dürften wir erklären, das könne nicht aus uns selbst kommen, nur ein Geist, der den Tisch lenke, vermöge in dieser uns absolut unbekannten Sprache zu reden? Wann haben wir angesichts dieser ungeheuren Ausdehnung des latenten (verborgenen) Wissens, dieser Fülle von Möglichkeiten überhaupt das Recht zu sagen: „Das kann ich nicht gewußt haben!" Höchstens in ganz vereinzelten Fällen, in denen Zeit und Ort eine Kenntnisnahme tatsächlich ausschließen.

Noch auf anderen Gebieten als dem der Sprache läßt sich zeigen, daß in abnormen Zuständen ein Wissen in uns hervortritt, über das unser Wachbewußtsein nicht nur nicht verfügt, sondern das es zunächst ganz sicher ableugnen würde. Krafft-Ebing vermutete, wenn man eine erwachsene Person hypnotisiert, ihr die Suggestion gibt, sie sei erst 12 Jahre alt, und sie nun um ihre Unterschrift ersucht, so schreibe sie wirklich die Handschrift, die ihr in ihrem 12. Lebensjahre eigen war. Jolly, Köhler, Löwenfeld bezweifelten das Vorliegen einer so weit reichenden Hypermnesie und meinten, der Hypnotisierte spiele unter dem Einfluß einer derartigen Suggestion nur ein beliebiges Kind und ahme irgendeine kindliche Handschrift nach, tue es aber mit den Mitteln seines gegenwärtigen Bewußtseins. Moll (XV, S. 132) erinnerte bereits in diesem Zusammenhang an die sonstigen Leistungen hypnotischer Hypermnesie und hielt es wenigstens für möglich, daß in der Hypnose die wirkliche Kindheit und die reale Kinderhandschrift eines Menschen wieder in Erscheinung trete. R. Hennig aber lieferte den Beweis, daß unser Unterbewußtsein sogar noch viel mehr leistet, daß es sogar die Handschrift anderer Personen wiederzugeben vermag, wenn man ihm durch hypnotische Suggestion deren Persönlichkeit überstülpt. Er schreibt*):

„Es kam mir darauf an festzustellen, inwiefern die charakteristische Handschrift eines Lebenden, die dem Hypnotisierten gut bekannt ist, im somnambulen Zustand spontan nachgeahmt wird, wenn man dem Schläfer die Suggestion gibt, er sei jene

---

*) Dr. Rich. Hennig: „Schriftänderungen im hypnotischen Tiefschlaf" in „Der Menschenkenner", Monatsschrift für praktische Psychologie, herausgegeben von Dr. R. Stübe und Magdalena Thumm-Kintzel. Leipzig, Wiegand 1906, Nr. 7.

Persönlichkeit, die eine so charakteristische Handschrift schreibt.
Von vornherein vermutete ich, daß die betreffende Handschrift
so gut, wie es dem Hypnotisierten nur möglich sei, kopiert
werden würde, so daß zwar nicht eine völlige Identität, aber
doch eine weitgehende Ähnlichkeit erzielt werden würde. Ich
fand diese Erwartung denn auch vollauf bestätigt. Ich wählte
für meinen Versuch zwei Persönlichkeiten aus, die meinem
Freund gut bekannt waren, einen seiner früheren Gymnasial-
oberlehrer, Prof. Dr. Mühlmann (inzwischen verstorben)*) und
einen Universitätsprofessor, dem mein Freund nahestand, den
noch heute lebenden ordentlichen Professor der Mathematik an
der Berliner Universität, Dr. H. A. Schwarz, dessen gestochen
schöne Handschrift allen seinen Studenten in Erinnerung zu
bleiben pflegt. Ich produziere nachstehend die etwas verkleiner-
ten Originalschriften der beiden Herren

und dahinter die beiden Schriftproben, die der Hypnotisierte als
seinen Namenszug zum besten gab, als ich ihm suggeriert hatte,
er sei einmal der Prof. Mühlmann und einmal der Prof. Schwarz.

Man wird ohne weiteres zugeben, daß eine weitgehende
Ähnlichkeit vorhanden ist, und es wird mit diesen Schriftproben
wieder einmal bestätigt, daß die Nachahmung eines bestimmten
Vorbilds im hypnotischen Tiefschlaf sich selbst bis auf un-
wesentliche Einzelheiten zu erstrecken pflegt . . . . . Inter-

---

*) Der „Freund", die hypnotisierte Versuchsperson, war ein
22jähriger Student, dessen Schulzeit schon eine Reihe von
Jahren zurücklag.

essant ist, daß das ü in Mühlmann fälschlich in ue verwandelt ist — die Erinnerung an den allgemeinen Schriftduktus ist also getreuer als die an die Orthographie des Namens."

Noch interessanter ist, daß das fälschlich eingeschobene e des Namens „Muehlmann" genau dem sehr charakteristischen Zeichen entspricht, das im wirklichen Namenszuge des Prof. Mühlmann über dem u steht und, dessen auffallende Größe nachahmend, völlig aus der Größenordnung der übrigen Buchstaben herausspringt. Es handelt sich hier also nicht einfach um ein hinzuphantasiertes Einschiebsel, sondern um jenes für das Unterbewußtsein so bezeichnende „Verrutschen" wirklicher Elemente ineinander. Selbst in diesem Fehler erhält sich also noch die erstaunliche Genauigkeit, die die Erinnerung des Schriftbildes auszeichnet. Sicherlich hätte die Versuchsperson im Wachen eine derartige Nachahmung wie die des Namenszuges „Schwarz" nicht zustande gebracht, die sonst die Übung eines Unterschriftenfälschers erfordert. In der Hypnose aber, selbst wenn mit geschlossenen Augen geschrieben wird, sind solche Parforceleistungen des Gedächtnisses möglich. — Der Hennigsche Versuch ist für die Aufhellung mancher von den Spiritisten vorgebrachten Fälle bedeutsam. Es werden verschiedene Beispiele namhaft gemacht, in denen der mit der Hand des Mediums schreibende „Geist" eines Verstorbenen genau die Handschrift produziert haben soll, die ihm zu Lebzeiten eigen gewesen war, obgleich das Medium ihn nie gekannt und seine Handschrift nie gesehen hatte. In solchen Fällen müßte man, um sie wirklich beurteilen zu können, Schriftproben sehen, die aber nie vorgelegt werden. Denn der glaubensbereite Spiritist ist viel zu subjektiv in seinen Urteilen und viel zu geneigt zu Deuteleien, als daß seine bloße Behauptung, die Schrift des Geistes sei der des Verstorbenen ähnlich gewesen, für andere maßgebend sein dürfte. Sollte aber diese Angabe doch berechtigt sein, so würde derjenige, der Hennigs Versuch kennt und eine direkte Gedankenübertragung als existierend annimmt, noch immer keinen Beweis für die spiritistische Hypothese darin zu sehen brauchen. Denn bei spiritistischen Sitzungen ist fast stets ein Angehöriger jenes Verstorbenen zugegen, der als Geist auftritt; anderenfalls kann man ja Geist und Verstorbenen auch gar nicht identifizieren. Der Angehörige nun kennt natürlich die Handschrift des Verstorbenen, und das Medium kann sie ihm telepathisch „abzapfen", kann sie seinem Bewußtsein durch Gedankenübertragung entnehmen. Der Einwand des Angehörigen: „Ich selbst hätte diese Handschrift nie zu Papier bringen, wie hätte ich also das Medium dazu befähigen können?", dieser Einwand wird durch Hennigs Versuch entkräftet. Man würde ihm erwidern: „Das Medium schöpft aus deinem Unterbewußtsein; das aber hätte, wenn es durch Hypnose zur Herrschaft gelangt wäre, diese Handschrift bestimmt schreiben können."

Hennigs Befund zieht aber noch weitere Kreise, er beschränkt sich nicht auf die hypermnestische Erinnerung von Handschriften. Zu den besten Beweisen, welche die Spiritisten für ihre Lehre vorzubringen pflegen, gehören die sogenannten „Minutes", die kleinen charakteristischen Züge: Ein Geist, der sich durch den Körper eines Mediums mitteilt, diesem letzteren aber zu Lebzeiten ganz unbekannt war, kann dennoch der einstigen, lebenden Persönlichkeit in allen geringfügigen Eigenheiten so erstaunlich ähnlich sein, daß die Übereinstimmung für die anwesenden Freunde und Verwandten jenes Verstorbenen oft geradezu erschreckend ist. — Die Gesichtszüge beginnen denen des Verblichenen teilweise ähnlich zu werden, die Stimme, der Klang und die Mimik des Lachens gehen gelegentlich in die des Toten über, die gewohnten Redewendungen, Scherzworte, selbsterfundenen Ausdrücke, Sprachverstümmelungen wachen wieder auf, die charakteristischen Handhaltungen, Gesten, Körperbewegungen des Dahingegangenen offenbaren sich plötzlich bei dem Medium: Der im Weltkriege gefallene Raymond Lodge manifestiert sich in Gegenwart seiner ganzen Familie in dem Medium

Frau Leonard. Er kopiert einen der Familie bekannten deutsch-englischen Komiker und singt ein Couplet in dessen Manier, ganz wie er es im Leben getan. Als zum Schluß die Familie applaudiert, macht er eine halbkreisförmig drehende Verbeugung vor dem ganzen Kreise und sagt: „Danke, meine Herrschaften, danke, danke!", genau mit dem spaßigen Ausdruck und den drolligen Bewegungen, mit denen er früher diese Karikatur eines Kompliments ausgeführt hatte*). Die Überzeugungskraft solcher Übereinstimmung wirkt natürlich voll nur auf denjenigen, der den Verstorbenen gekannt hat und mit seinen Eigenheiten vertraut ist, auf diesen aber wirkt sie derart überwältigend, daß sie jeden Zweifel zu Boden schlägt. Hodgson, der bekannte Medienentlarver, ursprünglich dem Spiritismus skeptisch gegenüberstehend, wurde für ihn gewonnen, als er in den Sitzungen der Frau Piper seinen verstorbenen Freund George Pelham mit all seinen bezeichnenden Attitüden, Bewegungen und Sprachwendungen wiederkehren sah. Der Leser stelle sich anschaulich vor, daß er seine eigene Mutter oder sonst einen geliebten Verstorbenen in den entstellten Zügen, der Stimme und den Bewegungen eines bewußtlos gewordenen Fremden plötzlich fast genau und leibhaftig gespiegelt sähe, und er wird sich vorstellen können, welchen Eindruck das auf ihn machen würde.

Und doch müssen wir uns klar darüber sein: Was uns hier erschüttert, ist eben nur der „Eindruck", der Appell der geheimnisvollen Situation an unser Gefühl, nicht aber ein zureichender logischer Grund, der uns die Echtheit des Geistes bestätigen und beweisen könnte. Unser hyperästhetisches Unterbewußtsein hat die Erinnerung an den Toten bis ins kleinste und einzelne bewahrt, auch wenn er schon vor vielen Jahren dahingegangen ist und unser Oberbewußtsein viel von ihm vergessen hat. Wenn man uns hyp-

---

*) Zahlreiche Belege für ähnliche „Minutes" finden sich in XVII, S. 321 ff. und 345 ff. „Raymond" von Sir Oliver Lodge, das berühmteste spiritistische Werk der Gegenwart, verdankt ihnen seinen großen Erfolg.

notisierte und durch Suggestion in die Persönlichkeit des Toten transponierte, würden wir ihn vielleicht auch mit größter Vollkommenheit darstellen können. Nunmehr zapft uns das Unterbewußtsein des im Trancezustand befindlichen Mediums unsere Kenntnisse ab und vollzieht die Darstellung statt unserer. Daß wir im wachen, normalen Zustand den Verstorbenen nicht ebenso genau kopieren könnten, ist ebensowenig ein Einwand, wie wir es oben als ausschlaggebend ansehen durften, daß wir die Handschrift unseres toten Freundes im Wachen nicht nachzuahmen vermochten. Gelingt es trotzdem, die Fähigkeit zur Reproduktion des Namenszuges auf ein Medium zu übertragen, so kann man ihm ebensogut Stimmklang, Lachen und Handhaltung eines uns wohlvertrauten Verstorbenen einflößen. Freilich, die Annahme, daß es eine Telepathie, eine direkte Gedankenübertragung gibt, wird in solchen Fällen gebieterisch. Ich wüßte nicht, wie solche nur anschaulich vorzustellenden Dinge wie Stimmodulation oder Gesichtsmimik durch unbedachte Worte, unwillkürliches Flüstern oder sonstige absichtslose Zeichen für ein Medium erkennbar werden könnten. Erfahrungen dieser Art beweisen keineswegs die spiritistische Lehre, wohl aber nähern sie sich einem Beweise für die Existenz der Telepathie. Will man aber diese nicht anerkennen, so kann man hier dem Spiritismus kaum noch entrinnen. Was wir in unserem ersten Kapitel erörtert hatten, finden wir jetzt zum ersten Male bestätigt: Einzig der telepathistische Standpunkt ermöglicht es, auf dem Boden der Erfahrung und der naturwissenschaftlichen Weltanschauung stehenzubleiben. Die allzu extremen Skeptiker gefährden das empiristische Weltbild.

Aus alledem ersehen wir: Die latente Erinnerung mutet uns mystisch an wegen ihres unheimlichen *Umfangs*, sie leistet, was scheinbar über Menschenvermögen geht und deswegen auf das Eingreifen übersinnlicher Intelligenzen deutet. Dieser Schein des Geisterhaften aber steigert sich noch durch die seltsamen, dem Laienverstand zuwiderlaufenden *Formen*, in denen das hypermnestische Unterbewußtsein sein Wissen zutage fördert.

Es sieht schon paradox aus, wenn Erinnerungen, deren Vorhandensein in uns wir durchaus nicht vermuten, sich rein durch ihre praktischen Konsequenzen und Anwendungen verraten. Hier ein Beispiel, das noch an der Grenze der sogenannten okkulten Erscheinungen steht: Dr. Beaunis behandelt einen Patienten, der an Schlaflosigkeit leidet, mit Hilfe hypnotischer Suggestion. Zur Methode dieser Art von Psychotherapie gehört es bekanntlich, die Suggestionen, um sie anschaulicher und dadurch wirksamer zu machen, an sogenannte „Amulette" zu binden. Beaunis gibt daher dem Kranken als Amulett eine Münze und sagt ihm: „Wenn Sie wieder nicht schlafen können, so tun Sie diese Münze in ein Glas mit Zuckerwasser und trinken davon! Das Wasser wird dann wie ein kräftiges Schlafmittel wirken." Der Patient hatte aber einige Zeit lang keine Veranlassung, von dem sonderbaren Schlaftrunk Gebrauch zu machen, und als er ihn wieder benötigte, hatte er vergessen, aus welchen Ingredienzien er zu brauen war. Er versuchte es mit reinem Wasser, mit Wasser und Rotwein, beides wirkte nicht. Als er aber Zuckerwasser nahm, fiel er sofort in Schlaf. — Ebenso finden wir die Neigung des Unterbewußtseins, sein Wissen hinter seinen Wirkungen zu verstecken, in manchen jener Idiosynkrasien und Störungen, die aus unterbewußten verdrängten „Komplexen" hervorgehen und durch die Behandlung eines Psychoanalytikers, der letztere ans Licht des Bewußtseins zieht, zu heilen sind. Woher stammt dein unerklärlicher Abscheu vor Schlagsahne? Vielleicht hast du als zweijähriges Kind ein anderes Kind nach dem Genusse von Schlagsahne sich übergeben sehen, und der Anblick hat dir heftigen Ekel eingeflößt. Das damalige Erlebnis ist tief verschüttet, du wirst es nie wieder ins Bewußtsein heben können, aber drunten in den Tiefen deiner Seele sitzt es dauernd fest und offenbart sich in dem Unheil, das es stiftet.

Noch „okkulter" sehen solche latenten Erinnerungen aus,

wenn sie *in jenen abnormen Zuständen,* die dem Unterbewußtsein den Weg nach oben freigeben, selbst ans Licht treten und nun manchmal dem Laien, der von der Hypermnesie des Unterbewußtseins und den überwertigen Leistungen solcher Zustände nichts weiß, wie eine „Eingebung von drüben" erscheinen. In dieses Kapitel gehören zunächst jene zahlreichen Träume, die uns Aufklärung über lange Gesuchtes geben und uns zuweilen aus schwerer Verlegenheit retten. Ein dänischer Rechtsanwalt berichtet:

In einem Termin hatte ich einen großen Kassenumsatz. Beim Nachzählen der Kasse hatte ich eines Tages 1000 Kronen zuviel. Ich und mein Kontorpersonal suchten mehrere Tage lang mit der größten Sorgfalt, den Fehler zu finden, aber trotz allen Kopfzerbrechens gelang es uns nicht. Zehn Tage später aber entdeckte ich den Fehler — im Traum. Es stand nämlich deutlich vor mir im Traum, wie ich einem Mann ein Kapital von 14 000 Kronen ausbezahlte, indem ich ihm erst 12 000 Kronen in verschiedenen Münzsorten gab, und dann zwei F ü n f h u n d e r t k r o n e n z e t t e l (nicht Tausendkronenzettel, wie es nötig gewesen wäre) mit den Worten: „Hier ist nun das 13. und 14. Tausend", die der Mann ohne ein Wort der Erwiderung annahm .... Bei näherer Untersuchung zeigte sich, daß ich vollständig richtig geträumt hatte. (IX, S. 504.)

Ein von Abercrombie berichteter Fall (III, S. 133) zeigt dieselben charakteristischen Züge: Auch hier wird die ganze Szene, in der der begangene Fehler, eine nicht gebuchte Auszahlung, vorgekommen war, von dem betreffenden Bankkassierer ausführlich im Traume nochmals durchlebt, und der ungestüme Kunde, der die Summe abgehoben hatte, wird leibhaftig noch einmal gesehen. Nun erscheinen uns Träume an sich als natürliche Ereignisse, und Erlebnisse wie die soeben vorgeführten nur als sehr interessante psychologische Erfahrungen. Aber schon der Traum liebt das phantastische Ausstaffieren und bemüht gern den verstorbenen Vater oder die tote Braut, um solche Dinge sagen zu lassen, deren wiederaufgefrischte Erinnerung für uns von großer Wichtigkeit, vielleicht sogar lebensrettend ist. Damit ist denn scheinbar die Grenze des Okkulten überschritten.

Noch „jenseitiger" mutet es an, wenn das latent Gewußte nicht im Traum oder der Hypnose lebendig wird, sondern wenn das Unterbewußtsein es durch eines seiner „Steigrohre", seiner ihm untertänigen automatischen Vorgänge lanciert, so daß es wie ein erratischer Block, ein Produkt fremder Intelligenzen, in unser oberbewußtes Tun hineinfällt. Ein deutschböhmischer Staatsanwalt berichtete mir brieflich folgendes Erlebnis: Er hatte mit seiner Familie einen Ausflug in die Umgegend Prags gemacht. In einem Gehölz hatte man sich zur Erholung gelagert. Als man sich erhob, traf ihn ein Baumast ins Gesicht und schlug ihm den Kneifer von der Nase. Man suchte eine halbe Stunde und mehr, durchstöberte weithin die ganze Stelle, der Kneifer war nicht zu finden. Abends wurde Tischklopfen veranstaltet, ein Geist forderte: Geht nochmals in jenes Gehölz, der Kneifer hängt oben an einem Ast! Ohne viel Vertrauen zur Sache suchte man noch einmal die schon so gründlich durchforschte Stelle auf und fand den Kneifer tatsächlich an dem Zweige hängen, um den sich seine Schnur durch die Wucht des Anpralls aufgewickelt hatte. Nach oben zu sehen hatte man beim erstmaligen Suchen vergessen. Der Berichterstatter fügte dem Wortsinn nach hinzu: „Sie werden gewiß auch diese Erfahrung auf das geheimnisvolle Wissen des Unterbewußtseins zurückführen, das durch einen Eindruck auf den Netzhautrand wahrgenommen hatte, wie der Kneifer den Zweig umkreiste und an ihm hängenblieb. Aber ich kann diese Erklärung nicht glaubwürdig finden. Hätten wir irgendein noch so verstecktes Wissen von jenem Vorgang gehabt, so hätte es doch, als wir so andauernd nach dem Glase suchten und unsere Gedanken darauf richteten, schließlich zum Bewußtsein gelangen müssen." Ich schrieb zurück: „Sie unterschätzen die Dicke der Mauern, die Unter- und Oberbewußtsein voneinander trennen. Denken Sie an den Fall des dänischen Rechtsanwalts, der auch wochenlang nach seinem Fehler suchte und ihn nicht fand, obgleich sein späterer Traum ihn belehrte, daß er die Kenntnis des begangenen Versehens im Unterbewußtsein trug!" Die Erfahrungen der Psychoanalyse zeigen uns noch deutlicher, wie stark jene Mauern sind: Wieviel Nachforschung und Kunst ist oft vonnöten, um die traurige, schreckliche oder ekelhafte Vorstellung, die schadenstiftend vom Unterbewußtsein aus wirkt, ans Licht zu heben! Trotzdem wiederholen auch psychologisch gebildete Okkultismusforscher immer von neuem die falsche Argumentation: „Etwas solange Gesuchtes, so dringend Begehrtes, so Affektreiches hätte doch an die Oberfläche kommen müssen, also kann es nicht im Unterbewußtsein gelegen haben, nur ein wirklicher Geist kann es mitgeteilt haben." Speziell die hervorragenden englischen Okkultisten übersehen sehr oft die latente Erinnerung bei ihren Deutungsversuchen.

Auch Halluzinationen gehören zu den Automatismen, den „Steigrohren" des Unterbewußtseins. In einem „Mentalbilder" betitelten Aufsatz (XVIII, Februar 1922) gibt Jos. Peter folgende Fälle wieder: Miß Lamont wohnt im Inselhotel zu Konstanz. Sie sitzt in der großen Halle. Plötzlich hört sie Orgelton, vernimmt eine Weise ähnlich dem Gregorianischen Gesang, hinter ihr werden die Worte gesprochen: „Accipi (sic) panem, quem dedisti — corpus Christi." Als sie sich umsieht, ist niemand da. Erst später erfährt sie, das Hotel sei ein früheres Mönchskloster der Dominikaner gewesen; die gehörten Worte findet sie später in einem theologischen Werk über den Ritus der Dominikaner wieder. — Miß Griggs wohnt in Wien in einem Hotel, das in einem ehemaligen Palaste des Großherzogs von Württemberg installiert ist, sie bewohnt mit ihren Angehörigen düstere, unheimliche Räume. Ihrer Großtante tritt daselbst die Erscheinung eines alten, weißbärtigen, aristokratisch aussehenden Herrn entgegen, der sie lächelnd anblickt. Als die Damen das Hotel verlassen, benutzen sie zum erstenmal nicht den Aufzug, sondern die Haupttreppe, und dort gewahren sie ihren Edelmann, ihr Phantom als Statue. Es war der letzte Großherzog von Württemberg, in dessen früherem Schreibzimmer sie gewohnt hatten. —

In beiden Fällen soll glaubhaft gemacht werden: Das kann ich nicht gewußt haben! Wir sehen bereits, daß dieser Nachweis fast niemals gelingt, hier ist er besonders unglaubwürdig. Es dürfte selten vorkommen, daß jemand in dem weitberühmten Inselhotel wohnt, ohne aus seinem Baedeker oder durch mündliche Mitteilung etwas von der bekannten Vorgeschichte des Hauses vernommen zu haben. Bei wie zahllosen Gelegenheiten, durch Lektüre oder Gespräch, fremdsprachliche Worte gleich den hier falsch zitierten lateinischen uns anfliegen können, haben wir gesehen. Bilder des Großherzogs von Württemberg kann man vielfach erblickt haben, wenn es auch nicht gerade die Statue im Vorderaufgang seines Palastes war. Sicher lagen diese Vorstellungen im Unterbewußtsein der beiden Berichterstatterinnen bereit, sie mußten an dem ihnen zugehörigen Schauplatze lebendig und erregbar werden, und da ihnen der direkte Weg ins Oberbewußtsein nicht offen stand und andere Steigrohre wie Traum oder Hypnose sich nicht boten, so benutzten sie in diesem Falle wie in vielen ähnlichen eine besondere seelische Disposition und reagierten sich in Form von Halluzinationen ab. Man braucht wirklich nicht zu der kühnen Hypothese von geheimnisvoll eine Örtlichkeit umschwebenden „Mentalbildern" seiner Vorgeschichte und früheren Bewohner zu greifen, um solche Fälle zu erklären.

Um nun dem Leser einen Begriff davon zu geben, wie aufklärend oder, wenn man so will, zerstörend die genaue Kenntnis der latenten Erinnerung auf manche spiritistische Paradefälle wirkt, wollen wir einen ganz typischen Beleg dieser Art, den von Dr. F. Quade*) zum Beweise der Geisterhypothese veröffentlichten Fall „Tante Minchen" vorführen und kritisch analysieren: Herr Oberst a. D. K., Mitglied der Gruppe für mediumistische Forschungen inner-

---

*) Anhang der „Psychischen Studien", November 1923, „Mitteilungen der Deutschen Gesellschaft für wissenschaftlichen Okkultismus" (D. G. W. O.) in dem Aufsatze „Kleine Mitteilungen über neuere spiritistische Forschungen".

halb des D. G. W. O., sandte an Dr. Quade folgenden Bericht:

„Wir waren Anfang November 1921 in unsere neue Wohnung in Charlottenburg eingezogen. Die Bewohner des Hauses, zu denen die Familie eines Oberstleutnants S. gehörte, waren uns völlig unbekannt ... Erst Anfang Januar 1922 machten wir bei einigen Familien, darunter bei S.s, einen offiziellen Besuch, wobei die Unterhaltung nicht über das Konventionelle hinausging; weitere Beziehungen knüpften sich zunächst nicht an. Ende Januar kam Frau S. eines Abends zu uns und erzählte, daß sie nicht aus eigenem Antrieb käme. Sie sei stark medial veranlagt und habe seit Jahren die Anlage, zu ‚sehen‘ [d. h. wahrheitshaltige Visionen zu haben*)]. Und es seien immer dieselben Gestalten, die sich ihr zu gewissen Zeiten zeigten und ihr Mitteilungen aller Art machten. [Es bleibt hier undeutlich, in welcher Form diese Mitteilungen erfolgten. Es kann sich hier um halluzinatorische Stimmen handeln, manchmal aber werden demjenigen, der ein Hellgesicht hat, auch etwelche Worte oder Sätze nachdrücklich ‚eingeprägt‘, ohne daß sie sich in der Form von seinem inneren Denken unterscheiden.]

Seit kurzem sei da aber eine neue Gestalt aufgetaucht, eine Frauengestalt in einem altmodischen Kleide, fast Rokoko, die sie liebevoll dränge, mit unserer Familie Verbindung aufzunehmen. Sie sei von meiner Familie, und zwar sei sie ‚Tante Minchen‘. Immer wieder käme sie und würde immer dringender mit ihren Bitten gegenüber Frau S., daß diese Umgang mit uns suchen möchte ... Sie, Tante Minchen, möchte gern mit uns, speziell mit meinem Sohne, dessen Schutzgeist sie sei, in Verbindung kommen ...

Aus meiner Kindheit besann ich mich, daß mein Vater viel von einer weit älteren Cousine von sich erzählte, die elternlos im Hause meines Großvaters lebte und meinen Vater und seine Brüder miterzogen hatte. Von dieser Cousine, die in der Familie Tante Minchen genannt wurde, schwärmte mein Vater, wenn er von ihr sprach. Sie sei der gute Geist im Hause gewesen. Mir war es ein rührender Gedanke, daß dieses Wesen, das über der Kindheit meines Vaters gewacht hatte, sich nun unserer, m e i n e r Kinder annehmen wollte. Wir sprachen an diesem Abend viel von dieser Tante, und es erschien mir seltsam, daß Frau S., die, wie gesagt, von unserer Familie keine Ahnung hatte, also auch von der Existenz dieser Tante nichts wissen konnte, diese mir lange aus dem Gedächtnis gekomme Episode, deren ich mich erst durch den Besuch der Frau S. wieder

---

*) Eckige Klammern enthalten erklärende Zusätze des Verfassers.

erinnerte, an das Licht zog. Mein Vater war 1820 geboren, die Tante Minchen war bei seiner Geburt etwa 25 Jahre gewesen, also auch die Zeit stimmte für den ‚altmodischen Anzug'.

Ob man nun an die Möglichkeit einer Mitteilung Verstorbener durch Medien glaubt oder nicht, jedenfalls erschien uns allen diese Tatsache, die wir durch Frau S. erlebten, außerordentlich unverständlich.

Um so seltsamer und tiefer berührte es mich und uns alle, als zwei Tage später Frau S. wiederkam und uns sagte, Tante Minchen sei wieder bei ihr gewesen, glücklich darüber, daß die Anknüpfung mit uns erfolgt sei; aber sie habe Frau S. erklärt, sie sei nicht ‚die' Tante Minchen, sondern eine andere, und zwar sei sie eine S c h w e s t e r m e i n e s G r o ß v a t e r s. Ich war hierüber betroffen. Von einer Schwester meines Großvaters hatte mein Vater n i e gesprochen. — — — — — —

Ich nahm das Stammalbum meiner Familie vor und — merkwürdigerweise — fand ich da die Tatsache, daß mein Großvater tatsächlich eine Schwester hatte, Wilhelmine K., geboren 1786, gestorben 1828, also in einem Jahre, in dem mein Vater erst acht Jahre alt war. So war die Erinnerung an diese Tante nicht auf uns Kinder gekommen.

Ich betone, erst durch den Vorfall mit Frau S. habe ich von der Existenz dieser Tante meines Vaters Kenntnis bekommen, ich hatte bis dahin nie von ihr sprechen hören. Auch in unserer Chronik ist sie nur, da sie unverheiratet starb, kurz mit Namen genannt. Woher konnte Frau S. dieses wissen? Woher kam sie auf die Schwester meines Großvaters, von deren Dasein ich selbst und niemand in der Familie etwas wußte?

Und noch weiter Merkwürdiges: Diese Tante Minchen hatte Frau S. erzählt, wo sie gelebt hatte, und genau das Haus beschrieben, mit hohem Giebel und großem Garten, breite Straße vorbeiführend, tief eingerissener Bachgrund usw. Frau S. behauptete, in dem Zustande des Tages vorher, in dem sie Tante Minchen gesehen habe, auch dieses Haus deutlich vor sich gesehen zu haben. Im Laufe des Abends zeigte ich ihr eine Anzahl Bilder, worunter ich eins gelegt hatte, das das Haus meines Großvaters, die Pfarre in Pappendorf bei Freiberg in Sachsen, darstellte. Als dies Bild kam, sagte Frau S.: ‚Das ist das Haus, in dem Tante Minchen gewohnt hat.' Ich hatte, der Beschreibung nach, schon gewußt, daß es diese Pfarre war, die Frau S. mit unglaublicher Deutlichkeit der ganzen Lage und Umgebung nach genau darstellte. Da mein Urgroßvater 1818 starb, hat aller Wahrscheinlichkeit nach ‚Tante Minchen', die nicht allein in Dresden wohnen konnte, die letzten Jahre ihres Lebens, 1818 bis 1828, hauptsächlich in dieser Pfarre zugebracht."

In einem späteren Briefe fügte K. hinzu: „Frau Oberstleutnant S. sagte mir Anfang Februar, daß sie die Gestalt, die sich sehr häufig zeigte, so deutlich sähe, daß sie in der Lage zu sein glaube, sie im Bilde festzuhalten. Am 18. Februar brachte sie eine Zeichnung. Es ist geradezu frappierend, die Ähnlichkeit der Dargestellten mit einer Nichte von mir festzustellen, die in Dresden lebt, und die Frau S. nie gesehen hat. Diese Nichte, Ada K., hat für den reinsten Typ der K.s gegolten, eines Typs, der sich, wie man an den vielen alten Familienbildern, die wir haben, sehen kann, immer wieder in markanten Zügen wiederholt — seit Jahrhunderten ... Von Wilhelmine K., der Schwester meines Großvaters, besitzen wir leider kein Bild."

Frau Oberstleutnant S. hat gleichfalls einen Bericht gesandt, der sich in den Hauptpunkten mit Obigem deckt. Aber einen wichtigen Zug fügt sie dem Bilde hinzu: „Obgleich wir [d. h. Familie K. und Familie S.] in einem Hause wohnten, sah ich niemand von K.s, da ich eben meist [krank] zu Bette liegen mußte, und ich lernte sie erst in der Weihnachtszeit kennen bei einer ganz förmlichen Visite. *Schon vor dieser Visite* zeigte sich bei mir die Erscheinung einer Dame usw."

Soweit der Tatbestand! Nicht wahr, das sieht überzeugend aus! Ich habe die Berichte, soweit sie uns interessieren, hier ohne Zwischenbemerkung abgedruckt, damit der „Eindruck", die alogische Gefühlswirkung, sich voll entwickeln kann. Die meisten nicht psychologisch vorgebildeten Leser sind ihm entweder wehrlos preisgegeben oder sie wenden sich mit einem ärgerlichen „Ach, das ist ja alles Unsinn!" von der Sache ab, was denn eher ein „Kneifen" vor der allmächtigen öffentlichen Meinung als ein mutiges und gewissenhaftes, eines selbstdenkenden Menschen würdiges Eingehen auf die Tatsachen der Erfahrung bedeutet.

Eine Analyse des Falles muß auf mancherlei eingehen, was nicht zur Frage der latenten Erinnerung gehört. Da es uns zumeist auf letztere ankommt, behandeln wir alles übrige so kurz wie möglich.

Der auffallendste Zug im ganzen Bilde ist die Behauptung der Frau S., der Geist der Tante Minchen habe sich ihr schon präsentiert, ehe sie noch die Familie K. zu Gesicht bekommen habe. Wäre das richtig, so würde hierdurch die Entnahme des ganzen Materials, aus dem der Geist zusammengesetzt ist, aus der Seele des Herrn K. zwar nicht ausgeschlossen sein — denn Telepathie kann leicht auch ganz fremde Personen verbinden —, aber das Überspringen der Gedanken würde nicht so motiviert sein, daß seine Ursachen für uns erkennbar wären. Nun aber zeigt es sich, daß gerade diese Behauptung, die doch Aufmerksamkeit und Nachdenken der Beteiligten am meisten hätte fesseln müssen, von Herrn K. gar nicht bestätigt wird. Das ist eine häufig wiederkehrende Beobachtung in solchen spiritistischen Berichten: Derjenige Zug, der die Geschichte erst eigentlich übernatürlich macht, der für okkultistische Beweisführung erst das Tüpfelchen aufs i setzt, erweist sich hinterher als unbestätigte Angabe eines einzelnen Zeugen, die sich durch ihre Vereinzelung als nachträglich entstandene Erinnerungstäuschung dokumentiert. Der unbewußt wirkende, die seelische Verarbeitung unsichtbar lenkende Phantasietrieb, der das Merkwürdige, Eindrucksvolle, aus der Art Schlagende in allen Vorstellungen hegt und begünstigt, ist für diese absichtslose Verfälschung der Tatsachen haftbar.

Die Persönlichkeit des Geistes scheint sich erst allmählich zu gestalten und oszilliert anfangs in widerspruchsvoller Weise. Auch das ist, wie wir noch erörtern werden, bei der Entstehung einer neuen Unterbewußtseinssektion üblich. Der Geist stellt sich hier zuerst als die bekannte „Tante Minchen" dar, und was er sagt, paßt zu diesem Bilde: Tante Minchen war Erzieherin des Vaters und guter Geist seines Hauses, also bleibt sie weiter Schutzengel seiner Familie. Mit einem Male aber schiebt sich eine andere „Minchen" vor, die eigentlich kein Recht hat, sich als Tante dieser Familie auszugeben, die wissen müßte, daß sie irreführt, wenn sie sich als „Tante Minchen" bezeichnet, und die durch kein persönliches Verhältnis zu ihrer Schutzengelrolle vorbestimmt ist. Woher das? Nun, wie ein neuer Traum, so kann sich auch ein neuer „Geist", eine neue, durch Bewußtseinsspaltung entstehende Personifizierung aus sehr verschiedenen Ingredienzien zusammenballen, und das Schwanken zwischen mehreren realen Persönlichkeiten ist für die Geister unserer Mediensitzungen nichts Seltenes. Hier aber kam vielleicht noch ein besonderer Umstand hinzu. Die Mitteilung der Frau S. weckte in der Familie K. die Erinnerung an die halbvergessene Tante Minchen; man begann, wie der Bericht angibt, viel von ihr zu sprechen. Indem man so den ganzen Komplex „Tante Minchen" ins Oberbewußtsein hob, machte man ihn für weitere telepathische Übertragung unbrauchbar, denn Telepathie fließt direkt nur von Unterbewußtsein zu Unterbewußtsein. So schob sich denn konkurrenzlos eine andere, tiefer liegende Unterbewußtseinsschicht des Herrn K. an die Stelle, in der, durch Assoziation infolge Namensgleichheit geweckt, das andere, ältere „Minchen" lebendig wurde.

Nun leugnet Herr K. energisch und sicherlich gutgläubig, irgendwelche Kenntnis von jener Schwester seines Großvaters besessen zu haben; er will nie von ihr sprechen gehört haben. Aber wir wissen bereits, diese Angabe ist, sobald es sich um okkultistische Phänomene handelt, vollständig unglaubwürdig. Wie Joseph Maxwell (XIX, S. 132 ff.) ganz richtig bemerkt: Es hat keinen Sinn, Medien zu fragen, was sie kennen und gelesen haben, um auf Grund ihrer Aussagen die Ergebnisse einer Sitzung zu deuten; denn in einer solchen Sitzung kommen ja gerade die Kenntnisse des „unconscious self", des Unterbewußtseins zutage, und über dieses vermag kein Mensch etwas auszusagen. Im Falle K. liegt es besonders auf der Hand, daß sein Vater, wenn er etwas aus seinen Kinderjahren erzählte, auch die im Elternhause lebende Tante erwähnt haben muß. Aber selbst wenn es sich nicht um eine zeitlich so nahestehende Verwandte, sondern um eine andere aus der Zeit des Dreißigjährigen Krieges gehandelt hätte, stände die Sache noch genau ebenso: Niemand kann wissen, welche vergessenen oder nie aufmerksam gehörten Dinge einmal durch Wort oder Schrift zu ihm gedrungen sind und sich in seinem Unterbewußtsein versteckt haben. Wer die Versicherung:

„Ich habe nie davon reden hören", für einen Grund hält, auf dem sich spiritistische Schlußfolgerungen errichten lassen, der baut auf Sand. Damit aber bricht natürlich der ganze Fall zusammen, sofern er die wirkliche Fortexistenz einer der beiden Minchen beweisen will. Sicherlich hat Frau S. die Elemente ihres Geistes aus dem Unterbewußtsein des Herrn K. abgezapft und sie nun traumartig im Sinne ihrer spiritistischen Ausgangsvorstellung weiterverarbeitet. So entnahm sie auch das Bild des Hauses. Ob Minchen wirklich dort gewohnt hat, ist nicht mehr nachzuweisen, das Haus des Großvaters aber hatte Herr K. in Erinnerung und vermochte es zu übertragen. Und ebenso half sein Erinnerungsbild der Nichte Ada und das Bewußtsein, daß es familientypisch sei, den Geist plastischer zu gestalten; wie das ältere Minchen wirklich ausgesehen, wußte ja niemand mehr.

Diese natürliche Deutung des Falles setzt aber wiederum die Anerkennung der Telepathie und direkten Gedankenübertragung voraus, denn nur sie macht es verständlich, daß das geheime Wissen des Herrn K. auf Frau S. übergehen konnte. Wie könnte sonst etwas, das so tief vergraben in uns liegt, an das man so gar nicht bewußt zu denken vermag, durch willkürliche Rede oder auch nur durch unwillkürliche Bewegung der Sprachorgane geäußert werden! Wer Telepathie verneint, müßte den Fall spiritistisch erklären, oder er müßte sich hinter formalen Vorwänden verschanzen und sagen: „Da die Beteiligten nicht gleich während ihrer Erlebnisse oder unmittelbar nachher alles Gesehene und Gehörte zu Papier gebracht und Zeugen dafür gesucht haben, so weiß ich nicht, eine wie große Rolle Erinnerungsverschiebung, Selbstbetrug usw. gespielt haben und lehne es ab, mich mit so unwissenschaftlichem Material zu beschäftigen." Gut, auf diesen Standpunkt kann man sich dem e i n z e l n e n Falle gegenüber stellen. Wenn aber zahlreiche ähnliche Fälle sich gegenseitig bestätigen, darunter nachstenographierte Trancereden von Medien, die gleichfalls das geheimste Unterbewußtseinswissen der Anwesenden zutage fördern, so läßt sich diese formalistische Haltung nicht mehr aufrechterhalten, und die Wahl „Telepathismus oder Spiritismus" wird unabweisbar.

Von seiten der Spiritisten aber erhebt sich gegen eine natürliche Deutung, wie wir sie hier versucht haben, leidenschaftlicher Widerspruch. Die Gedanken und Wendungen sind dabei ziemlich stereotyp. „Warum soll ich denn ausgerechnet von dieser fremden, längst verstorbenen Person, von dieser Ortschaft hinten in der Türkei, deren Namen das Medium genannt oder der Tisch geklopft hat, gehört haben?" „Ausgerechnet? Warum? Wenn Sie nichts davon gehört hätten, so würde das Medium Ihnen dieses Wissen nicht haben abzapfen können. Also von einem Zufall ist hier nicht die Rede. Nachweisen kann ich Ihnen das Gehörthaben nicht, die Milliarden unbeachteter Eindrücke unseres ganzen Lebens sind unkontrollierbar, aber das Vorkommen der Sache in der Sitzung spricht dafür." „Es ist aber doch äußerst unwahrscheinlich, daß gerade diese ganz entlegene, völlig vergessene Sache während der Sitzung in meiner Seele wach wurde." „Durchaus nicht! Das Medium zapft aus Ihrem Unterbewußtsein, nur dieses steht für telepathische Übertragung zur Verfügung. Das Unterbewußtsein aber ist ja gerade der Speicher für Entlegenes, Vergessenes, Unbeachtetes. Darum kommt in solchen Sitzungen ganz systematisch das zum Vorschein, wovon wir uns nicht träumen lassen, daß wir es überhaupt wissen könnten — wodurch das Mystische des Vorgangs und der Eindruck, nur eine fremde, übersinnliche Intelligenz könne uns solche Dinge mitteilen, regelmäßig verstärkt wird." „Aber ist denn die Annahme, der Geist, der sich da selber nennt, habe uns das alles gesagt — ist diese Annahme nicht viel einfacher und naheliegender, ist Ihre Unterbewußtseinstheorie nicht überaus gekünstelt und weit hergeholt?" „Werter Herr, ‚hergeholt' ist Ihre Geisterlehre, denn Geister sind reine Hypothese und kommen in der Erfahrung nicht vor; Unterbewußtsein und latente Erinnerung dagegen sind Erfahrungstatsache und lassen sich beim Hypnotisierten unmittelbar beobachten. Die Wissenschaft fußt auf dem Sparsamkeitsprinzip, sie will soweit als möglich mit den ‚causae verae', den ‚wahren Ursachen', d. h. mit den in unserer Erfahrung schon vertretenen Dingen auskommen; zur Erklärung eines neuen Phänomens darf man nur dann eine neue Naturkraft, ein neues Element, einen neuen Äther substituieren, wenn man mit den alten Ursachen absolut nicht mehr auskommen kann. Was aber wäre weniger causa vera als ein übersinnliches Reich körperloser Geister! Es liegt allerdings p s y c h o l o g i s c h sehr nahe — denn dem Märchenglauben, der animistischen, alles in der Welt als beseelt vorstellenden Phantasie des kindlichen Menschen wäre es durchaus kongenial — aber l o g i s c h liegt es ganz, ganz fern. I c h bin es also nicht, der hier weit hergeholt hat!"

Vergebliche Mühe! Ihr werdet einen Spiritisten nicht überzeugen, denn Spiritismus ist Glaube, ist Gemütsbefriedigung und liegt darum in einer anderen Ebene als alle wissenschaftliche Deduktion. (Wir werden ihn im letzten Kapitel auf dieser seiner eigenen Ebene angreifen.) Für denjenigen aber, der nicht glauben, sondern erkennen will, sind einige Fälle von höchstem Werte, in denen die Tatsache, daß das übernormale Wissen der „Geister" von latenter Erinnerung der lebenden Sitzungsteilnehmer oder Mitwirkenden herstammt, nicht nur indirekt erschlossen zu werden brauchte, sondern sich unmittelbar nachweisen ließ. Sie gehören zu dem Wichtigsten, was die Wissenschaft zur Aufhellung der okkultistischen Probleme bisher beigesteuert hat. Lernen wir einige der besten Fälle kennen!

In einer von Aksakow am 22. Februar 1882 veranstalteten Sitzung bringt der Geist mit Hilfe der Planschette (vgl. S. 173) die Worte „Emekhabaccha" vor und setzt hinzu, sie seien hebräisch, bedeuten „das Tal der Tränen" und seien ein Ausspruch eines portugiesischen jüdischen Arztes, dessen Name vermutlich Sardovy laute. In einem späteren Abschnitt der Sitzung erfolgt die Aufforderung: „Sehen Sie einmal im Wörterbuch B. Cardosio nach!" Aksakow er-

mitteilt, daß „emek babbaca" (nicht babaccha) tatsächlich „Tal der Tränen" bedeutet und nur an einer Stelle der Bibel vorkommt, und daß ein portugiesischer Arzt Fernando Cardoso (nicht B. Cardosio) im 17. Jahrhundert gelebt hat und zum Judentum übergetreten ist. Aksakow erklärte den Fall zuerst spiritistisch, bis man ihn im Dezember 1888 auf das unmittelbar vor jener merkwürdigen Sitzung erschienene Buch von W. Wichmann „Die Poesie der Sinnsprüche und Devisen", Düsseldorf 1882, aufmerksam machte, in dem sich die Stelle fand: „Aber wir kehren auf die Erde zurück und schließen mit dem in dieser Sprache einzigen hebräischen Motto des gelehrten portugiesischen jüdischen Arztes B. Cardosio ‚Emek habbacha — Tal der Tränen!'" Hier war alles vereinigt, was die Planschette geäußert hatte, selbst die beiden Wort- und Namensverstümmelungen fehlten nicht. Auch ein italienisches und ein griechisches Zitat des gleichen Buches war zusammenhanglos in spätere Sitzungen derselben Reihe hineingeplatzt. Der Beweis dafür, daß einer der Sitzungsteilnehmer das Buch aufgeblättert und einige Zeilen darin mit dem Blicke gestreift haben mußte, war also wohl einwandfrei erbracht. Aksakow bekämpft diese Zurückführung der „Geistermitteilung" auf lebende Erinnerung, er nimmt vielmehr Hellsehen an, mit dessen Hilfe man in einem abwesenden, nie gesehenen Buche lesen könne. Grund: Wenn einer der Sitzungsteilnehmer wirklich das Wichmannsche Buch früher in Händen gehabt hätte, so würde er sich doch dessen erinnert haben, sobald man ihn darauf hinwies! Wir sehen: Das ist der alte, oben erwähnte Fehler. Wenn Aksakow noch lebte, könnte man auch ihm schreiben: Denken Sie an den dänischen Rechtsanwalt! (Vgl. XX, Bd. II, Aufl. 2, S. 480 ff.)

Helene Smith, das von Flournoy beobachtete Genfer Medium hat im Trance die Vision eines Dorfes, das nach ihrer Angabe den Namen Chessenaz führt. Sie hat zugleich die Erscheinung eines alten Mannes in ländlicher Tracht, der ein Syndikus Chaumontet sein soll, sowie eines zweiten

Mannes, der sich als Pfarrer Burnier einführt. Sie nennt das Jahr 1839, und die beiden visionär geschauten Persönlichkeiten schreiben durch ihre Hand ihre Namenszüge. Aus dem Trance erwacht, erklärt Helene, von einem Dorfe Chessenaz durchaus nichts zu wissen, auch die beiden Namen klingen ihr ganz fremd. Flournoy stellte fest, daß ein Dorf namens Chessenaz 26 km von Genf wirklich existierte und daß im Jahre 1839 die beiden genannten Personen dort gelebt haben. Er fand noch Schriftproben von ihnen, die den von Helene produzierten Namenszügen ähnelten. Waren damit die Geister als solche identifiziert? Nun, Flournoy ließ sich die Mühe weiterer Nachforschungen nicht verdrießen, erkundete, daß Helene in Chessenaz Verwandte hatte, brachte sie selbst dorthin, und im somnambulen Zustande erkannte sie die Gegend wieder, muß also doch, trotz ihrer gegenteiligen Versicherung, einmal bei ihren Verwandten dort zu Besuch gewesen sein. Demnach kann mit Sicherheit angenommen werden, daß sie während ihres dortigen Aufenthaltes ein altes Schriftstück mit den Unterschriften des Syndikus Chaumontet und des Pfarrers Burnier gesehen hat. Nur ein Umstand scheint diese Folgerung zu erschweren. Wie konnte Helene, die noch jung, sehr impressibel und phantasievoll war und wenig erlebt hatte, was die Alltäglichkeit ihres Daseins durchbrach — wie konnte sie eine Reise und ihre Verwandten, mit denen sie dabei in Berührung kam, so völlig vergessen haben? Das war wohl nur möglich, wenn sie an dieser Reise in früher Kindheit teilgenommen hatte. Dann aber konnte sie das Schriftstück mit der Unterschrift Chaumontets und Burniers wohl gesehen, aber doch nicht eigentlich gelesen haben, die Schriftzeichen mußten sinnlose Linien für sie gewesen sein. Ist die latente Erinnerung einer solchen Parforceleistung fähig, daß sie ganz unverstandene Schriftzeichen genau genug wiedergibt, um einen Eingeweihten sogar die individuellen Unterschiede einer persönlichen Handschrift daraus entnehmen zu lassen? Das ginge ja noch weit über die Nachahmung des Namenszuges

„Schwarz" hinaus, bei welcher der Hypnotisierte doch wenigstens das Wort zu lesen imstande war. Es sieht widersinnig aus, wenn man diese Frage bejaht, und doch muß man sich dazu verstehen, denn in einem anderen Falle hat Helene, von dem Geiste einer indisch-arabischen Prinzessin kontrolliert, einige arabische Schriftzüge geliefert, die sie nicht verstand und nicht lesen konnte, und nachträglich wurde festgestellt, daß sie der arabisch geschriebenen Widmung nachgebildet waren, die ihr Hausarzt vor Jahren in einen Geschenkband eingetragen hatte. Auch hier ahnte Helene nichts von der Quelle, aus der ihr Unterbewußtsein geschöpft hatte, auch hier trugen die reproduzierten Schriftzeichen die charakteristischen Züge der Handschrift des Arztes.

Stainton Moses, der schon erwähnte englische Geistliche, wurde wiederholt von den Geistern kürzlich verstorbener, ganz fremder Personen beherrscht, die durch seine automatisch schreibende Hand ihren richtigen Namen, ihr Todesdatum und allerlei nachträglich bestätigte Tatsachen aus ihrem Leben mitteilten. Diese Fälle gehörten früher zu den Hauptbeweisen des Spiritismus. Aber mehrere Jahrzehnte später wies Podmore (XXI, Bd. 14) nach, daß in einem derselben alle Nachrichten über drei kurz vorher in Indien verstorbene kleine Geschwister, die in der Sitzung mitgeteilt worden waren und sich als richtig erwiesen hatten, 6 Tage vor jener Sitzung in den Times gestanden hatten. — Oft erzählen die Geister mit Hilfe des klopfenden Tisches oder der Planschette Witze, die angeblich keiner der Anwesenden jemals gehört hat. Werden aber diese Scherze aus dem Jenseits weitergetragen, so findet sich oft ein Bekannter, der den Bericht des Sitzungsteilnehmers unterbricht und sagt: „Aber hören Sie mal, diesen Witz habe ich Ihnen doch selbst voriges Jahr erzählt!" — Weiteres wertvolles Material findet man bei Hennig (XXII).

Die Wissenschaft der letzten Jahrzehnte hat nichts hervorgebracht, was unsere Weltanschauung stärker umgestalten könnte als diese Erfahrungen. Was jahrtausendelang wie ein Alpdruck auf der Menschheit gelegen, offenbart sich in seiner Harmlosigkeit, was dem Verzückten wie das Hineinspielen eines Höheren, Übersinnlichen in unsere Erscheinungswelt vorkam, ordnet sich in die allumfassende Natur ein, zugleich aber erscheint nunmehr das Natürliche selbst so gesteigert, so tief und unbegrenzt, daß wir seine eigene Göttlichkeit begreifen und kaum noch Anlaß haben, nach einem Übersinnlichen zu verlangen. Ist nicht das Unterbewußtsein selbst das Wunder aller Wunder, viel geheimnisvoller und großartiger als die schemenhafte Geisterwelt! Wirklich, wir leben in einer großen Zeit! Rätsel, so alt wie die Menschheit, entschleiern sich vor uns. Spinoza, der an die Stelle des übernatürlichen Gottes die göttliche Natur setzte, war das vorahnende Morgengrauen des Tages, der jetzt anhebt.

Und doch ist es seltsam, daß jene handgreiflichen Beweise für die ungemessene Leistungsfähigkeit der latenten Erinnerung auf die Okkultisten selbst wenig Eindruck machen. Der Fall der „Tante Minchen" zeigt, daß, sobald sich etwas Neues dieser Art ereignet, immer wieder die Rolle des Unterbewußtseins vergessen und, allen früheren Blamagen zum Trotz, die Geisterhypothese herangezogen wird. Ja, selbst der Nicht-Okkultist erlebt, wenn er von einem neuen Fall hört, stets eine gewisse Verblüffung und fragt sich im ersten Moment: „Vielleicht doch? Gibt es ein Übersinnliches?" Hier schnappt etwas ein wie eine sprungbereite Feder, eine halbverrostete Funktion wird wach und drängt sich störend ein in den Verlauf der ruhigen, logischen Überlegung: Vergessen wir nicht: Der Glaube an Wunder und Geister schöpft aus derselben Quelle wie die Religion, er kennzeichnet ein bestimmtes Entwicklungsstadium derselben, hat also für eine nicht weit zurückliegende Zeit große biologische Bedeutung gehabt und ist selbst der heutigen Kulturwelt in ihren primitiveren Schichten noch nicht entbehrlich. Ein angeborener Instinkt wird gereizt, darum die benebelnde und faszinierende Wirkung des alogischen „Eindrucks", dem wir hier und anderwärts auf okkultistischem Gebiete begegnen. Wer den Tisch Dinge klopfen hört, die ihm ganz fremd vorkommen und sich hinterher bewahrheiten, erlebt den „Eindruck" einer Geistermitteilung, und dem kann man sich kaum ganz entziehen, auch wenn der Verstand weiß, daß die Sache nicht stimmen kann.

Das geniale Unterbewußtsein

Wir kommen zu einer dritten Form der Mehrwertigkeit des Unterbewußtseins: Dieses scheint das Künstlerische, das Genie in uns zu repräsentieren, das zu dem oft trocken verständigen, alltäglichen, einfallsarmen Oberbewußtsein in Gegensatz tritt. Schon in der Laienerfahrung macht sich der Unterschied geltend: Mancher fühlt sich im Traum zum Dichter werden, dessen Phantasie sonst auf Krücken stelzt. Indessen kann man an diesem höheren Schwunge der Ideen und Gefühle nie ganz reine Freude haben, denn er ist mit den Mängeln und Schwächen des Unterbewußtseins so eng verknüpft, daß wir hier das Minderwertigkeitsproblem von dem Nachweis der Leistungssteigerung kaum noch trennen können.

In der Hypnose und ähnlichen Zuständen, in denen das Unterbewußte die Führung übernimmt, konstatieren wir oft eine Erleichterung der Assoziation. So fand Ach bei Additionsversuchen mit Hypnotisierten die Leistung gegenüber dem Wachzustande um fast ein Fünftel erhöht. (XV, S. 140.) Zum Teil wird das die Folge der verstärkten Aufmerksamkeitskonzentration sein, die, wie früher dargelegt wurde, aus der Bewußtseinsverengung resultiert: Wo ein großer Teil des Gehirns schläft, hat die Zentralsonne des Bewußtseins weniger Vorstellungen zu bestrahlen und kann ihnen daher mehr Licht spenden als im Wachen. Es kommt aber hinzu, daß viele Zustände herrschenden Unterbewußtseins sich mit Exaltation, mit Aufgeregtheit verbindet, die, wie wir in Zeiten begeisterter oder zorniger Erregung an uns selbst beobachten können, die Assoziation aufpeitscht und beflügelt*). So ähnelt denn die Trancerede dem hastigwirren, erregten Redeflusse des Gedankenflüchtigen.

Erleichterte Assoziation, Herabsetzung der Hemmungen, die sich sonst dem Ablauf unserer Gedanken entgegenstellen, äußert sich, außer in solcher Beschleunigung des Denkens und Redens, auch in der größeren Fülle der Gedanken. Wo Wein, Kaffee, ein aufmerksamer Hörer oder sonst ein stimulierender Reiz die Fesseln des Ideenverlaufes lockert, haben wir mehr Einfälle als sonst, verknüpfen Heterogeneres, werden wir espritvoller. Oder, vorsichtiger gesprochen, diese Wirkung *kann* eintreten, wo nicht die ungünstigen Konsequenzen der Assoziationserleichterung sie aufheben. Zu der konzentrierten Aufmerksamkeit und der Aufgeregtheit kommt wahrscheinlich noch ein dritter Umstand hinzu, um diese erhöhte Produktivität des emanzipierten Unbewußtseins hervorzubringen. Im Wachen werden alle unsere Ideen durch herrschende Vorstellungen an der Kette gehalten: Der Denker hat sein Problem, der Dichter die Disposition seines Dramas oder Romans, die alle einzelnen Gedankenverläufe reguliert und sie nicht wild laufen und ziellos sich verbreiten läßt. Es scheint, daß dieses beständige Zerren, Lenken, Beschneiden, Zustutzen die Gedankenproduktion unter einem gewissen Druck hält: Bei strengen Logikern und sehr vernünftigen Verstandesmenschen pflegt die Phantasie Schaden zu leiden. Verringert sich Druck und willkürliche Lenkung der Assoziationsströme wie bei den Geisteskranken oder im Traume, so können sich die Gestaltungen unserer Phantasie zu tropischer, fast erschreckender Üppigkeit entwickeln. Wie eine Flamme gebärdet sie sich, die früher klein und artig im Gehege des Glaszylinders gebrannt hat, jetzt aber fessellos ins Riesenhafte wächst. Alle diese Umstände vereinigen sich, um die seltsame Genialität und Schöpferkraft des Unter-

---

*) Die gegenteilige Ansicht der Kräpelinschen Schule scheitert, wie mir scheint, an den Mängeln des Assoziationsversuchs und dem unleugbaren Befund der Selbstwahrnehmung.

bewußtseins zu erklären, die sich in größter Vollkommenheit in der künstlerischen Inspiration zeigt. Diese ist ganz offenkundig eine Unterbewußtseinserscheinung: Ohne daß das Oberbewußtsein des Künstlers etwas ahnt, gestaltet sich in den Tiefen seiner Seele ein neues Werk oder eine neue Lösung, er spürt nur ein unbestimmtes Gären und Wachsen in sich, und eines Tages, in der Stunde der Inspiration, springt das fertige Produkt des Unterbewußtseins, wie durch eine vulkanische Eruption emporgeschleudert, ins Wachbewußtsein hinein. Zugleich können sich dabei Anklänge an Doppel-Ich-Phänomene entwickeln, das Produkt des Unterbewußtseins wird als fremd empfunden, eine Muse scheint es eingeflüstert, ein Gott dem Dichter die Feder geführt zu haben.

Den günstigen Wirkungen der Assoziationserleichterung treten aber namentlich da, wo sie extrem wird, ungünstige gegenüber. Der logische Zusammenhang leidet. Der eben gesponnene Faden des Denkverlaufs reißt plötzlich ab, oder das gerade behandelte Thema „verrutscht" unmerklich in ein anderes, ähnliches oder naheliegendes, wie das schon im unklaren Denken des „Konfusionarius" und noch deutlicher im Traume geschieht. Statt wirklicher Gründe werden vage Analogien und Gleichnisse geboten. Im äußersten Falle entsteht wirre Faselei. Die Worte und Begriffe reihen sich nicht mehr aneinander auf Grund von inhaltlichen, logischen Beziehungen, sondern von Assonanz (gleichen Anfangsbuchstaben), Reim, Gleichklang, üblichen Zusammensetzungen. Spricht der wache Mensch von „Dach", so wird er etwa zu „Haus" oder „Regen" fortschreiten, der Tranceredner, Gedankenflüchtige, Delirierende, Berauschte dagegen assoziiert „Docht" (wegen der Assonanz) oder „Fach" (wegen des Reimes und der gewohnten Verbindung „Unter Dach und Fach"). Das allzu rasch und hemmungslos abrollende Denken hat nicht Zeit genug, unter den vielen andrängenden Vorstellungen die zweckvollen, wichtigen, zur Sache gehörigen auszuwählen, es greift nach derjenigen, die sich auf Grund der äußerlichsten, aufdringlichsten

Beziehung anbietet. Allerdings kann sich aus dieser Neigung zu Analogien und Klangähnlichkeiten wieder ein Vorteil, eine Sonderart von Esprit entwickeln: Die Auslassungen des emanzipierten Unterbewußtseins werden leicht witzig, speziell Wort- und Namenswitze finden sich reichlich, auch bei Personen, die in ihrem wachen Leben wenig zu Späßen aufgelegt sind. So sind die automatischen Niederschriften der Frau Verrall mit „puns" (Wortspielen) gespickt, im Leben ist sie eine ernste, sachliche Gelehrte. Die Wortwitze sind oft sehr blutige Kalauer, weil die Selbstkritik des hemmenden Oberbewußtseins fehlt, können aber auch wirklich geistreich sein. Die unkritische Witzreißerei der Berauschtheit („Fidulitas"), andererseits die zahlreichen feinen Wortspiele, in denen der sich der Auflösung nähernde Geist Nietzsches aus der Not eine Tugend machte, zeigen diese Tendenz des freiwerdenden Unterbewußtseins. — Neben der Faselei kann sich als zweite Entartungsform die Stereotypie, die Verödung des Denkens einstellen. Die mit plappernder Zunge oder fliegender Feder atemlos hastende Assoziation rollt immer nur ein paar tief ausgefahrene Hauptstraßen entlang, Seitenwege zu finden hat sie keine Zeit.

Phantasie ist nicht trennbar von Gemütsbewegungen. Die Schöpfungen des Unterbewußtseins sind nie kalt und nüchtern, sie sind stets mit lebhaften ästhetischen, ethischen, religiösen Gefühlen, mit solchen der Liebe, der Nächstenliebe, des Mitleids gefärbt. Die Tatsache, daß fast alle Medien weiblich sind, begünstigt diesen Zug.

Phantasie ist auch nicht trennbar von Anschaulichkeit. Das Unterbewußtsein bedeutet der verhältnismäßigen Begrifflichkeit des Oberbewußtseins gegenüber die ganz konkrete, handgreiflich darstellende Funktion. Wenn Dr. Pagenstecher seiner Sensitiven, der Maria Reyes de Z., den Befehl gibt, nach 5 Minuten aus dem Trancezustand aufzuwachen, so hat sie die Vision einer Uhr, deren Zeiger sich bewegen; nachdem sie die Strecke von 5 Minuten zurückgelegt haben, stehen sie still, dann erwacht die Sensitive.

(XXIII, S. 113.) So veranschaulicht sich das Unterbewußtsein die abstrakte Vorstellung der Zeit. Auch die dramatische Lebendigkeit, mit der schon unsere Traumgestalten sich bewegen und die die Wechselreden der „Geister" oft so wirksam macht, ist ein Element dieser Bild- und Leibhaftigkeit, die dem unterbewußten Denken eigen ist.

Ganz besonders aber offenbart sie sich in der ausgesprochenen Tendenz zum *Symbolisieren*, und hierdurch erklärt sich zumeist die besondere Eignung des Unterbewußtseins für die Zwecke der Kunst und Religion. Es symbolisiert soviel als möglich die Begriffe, weil es nach Anschaulichkeit schmachtet. Es symbolisiert ferner, weil die erwähnte Eigentümlichkeit, mehr in Analogien als in logisch-kausalen Beziehungen zu denken, zum Kultus des Gleichnisses, des Symbols treibt. Bezeichnende Beispiele für die symbolhafte Natur des *Traum*denkens bietet Jos. Böhm (XVIII, Juli 1920): Eine Dame, die vor ihrer Abreise noch viele Besorgungen zu machen hatte und der gesagt wurde, sie hetze sich zu sehr ab, schilderte einen daraus resultierenden Traum mit den Worten: „Ich lief durch alle möglichen mir bekannten und unbekannten Straßen, und eine Menge Menschen hetzten mich wie ein fliehendes Wild, indem sie mit Stöcken und Schirmen auf mich einschlugen." Eine andere Dame „macht sich heftige Vorwürfe, weil sie in ihrer Geschwätzigkeit über jemand etwas ausgesagt, was zu Unannehmlichkeiten führte. In einer Nacht träumt sie von diesem peinlichen Erlebnis, aber als Symbol für ihre Geschwätzigkeit tritt ein Papagei auf; sie selbst ist in diesem Traum der Papagei." Der Sensitiven Chowrins wird ein verschlossener Brief übergeben, der die Worte enthält: „In den Sandwüsten Arabiens wuchsen hoch drei Palmen, an ihnen empor rieselte murmelnd eine Quelle." Sie erkennt den Inhalt des Briefes, aber nicht so, daß sie die Worte wiederzugeben vermag, sondern sie schaut als Vision die ihnen entsprechende Landschaft, hat also die Begriffe in Bilder übersetzt. In anderen Fällen zeigt sich die Gleichnisjagd des Unterbewußtseins in der

Übertragung einer Vorstellung aus einem Sinnesgebiet in ein anderes, wobei zugleich Ausmalung und Bereicherung des Komplexes eine Rolle zu spielen pflegt. Kurz vor dem Einschlafen sieht man häufig die sogenannten Schlummerbilder, ein Mittelding zwischen anschaulich-bildhaften Vorstellungen und wirklich wahrgenommenen Traumhalluzinationen. Kürzlich nun gewahrte ich als Schlummerbild ein braunes weibliches Antlitz, einer Zigeunerin ähnlich, das die Augen krampfhaft zukniff. Gleich darauf weckte mich ein Schmerz im Auge, und beim Erwachen fand ich, daß mein Gesicht auf meiner rechten Hand lag, es war im Schlafe etwas herabgeglitten, und dabei hatte sich der Zeigefinger in den oberen Teil der Augenhöhle unter der Stirn gebohrt. Diese Tast- und Schmerzempfindung der Augenregion hatte das träumende Unterbewußtsein in das Gesichtsbild eines Antlitzes mit zugekniffenen Augen übertragen. Besonders vielgestaltig sind die Symbolisierungen bei todkündenden Träumen — wie solche möglich sind, werden wir später sehen —, und zwar werden sie hier durch feststehende regionale Traditionen bestimmt. In der Vendee hat jemand, der bald sterben wird, die Vision eines Leichenzuges, der ihm begegnet, in der Leiche erkennt er sich selbst. An der Küste sieht man einen Nachen, mit schwarzem Leichentuch bedeckt, vorübergleiten, der Fährmann ruft den Namen des Toten. In Irland gibt es den „banshee", ein langanhaltendes Heulen und Klagen, das fast jeder im Hause hört, nur nicht der Todeskandidat selbst. In gewissen Gegenden Großbritanniens sieht man irrwischartige Lichter, die den Weg entlanghuschen, den bald darauf ein Sarg nehmen wird. In Westfalen erblicken die „Spökenkieker" Särge vor dem Hause, in dem jemand sterben wird.

In diesen Fällen wurde, der Veranschaulichung halber, zu einer Idee ein Symbol gesucht. Aber auch in der entgegengesetzten Richtung kann sich die Symbolisierungstendenz des Unterbewußten bewegen: Nicht selten wird die gegebene, anschauliche Vorstellung als Symbol für etwas Dahinterstehendes, Höheres, Ideelleres empfunden, aber eben nur empfunden, denn jenes Symbolisierte bleibt meist ganz geheimnisvoll und läßt sich nur dunkel ahnen. Besonders für ekstatische, mystische Zustände ist dieser Zug bezeichnend. William James, der hervorragende amerikanische Psychologe, schreibt (VI, S. 360) über solche „Traumzustände": „Sie erregen ein Gefühl der metaphysischen Zweiheit der Dinge und das Gefühl einer bevorstehenden und doch nie verwirklichten Bereicherung der Erkenntnis." Während einer Lachgasbetäubung drängt sich ihm die Gewißheit auf, „daß unser normales, waches Bewußtsein — unser rationales Bewußtsein, wie wir es nennen können — nur *eine* bestimmte Art von Bewußtsein ist, und daß um dasselbe herum potentielle Bewußtseinsformen liegen, die ganz andersartig und von ihm durch ganz tiefe Wände geschieden sind". Diese Stimmung der „geheimen Bedeutung" kann allgemein werden und sich schließlich auch auf das Wachbewußtsein übertragen. Kingsley schreibt: „Wenn ich durch die Felder gehe, werde ich manchmal durch das innere Gefühl bedrückt, daß alles um mich her eine Bedeutung habe, die ich nur nicht zu erfassen vermag. Und dies Gefühl, von Wahrheiten umgeben zu sein, die ich nicht ergründen kann, steigert sich manchmal zu unbeschreiblichen Schauern der Ehrfurcht." Die ganze Persönlichkeit des Mystikers wird von dieser Empfindung getränkt, man erkennt ihn am geheimnisvollen Ton; Nietzsche, in dem, wie mir scheint, etwas zu koketten Spiel mit seiner Unbegreiflichkeit, mit der Tiefe des Daseins („Die Welt ist tief, und tiefer, als der Tag gedacht"), mit seinem „Vordergründlichen", hinter dem sich immer neue Kulissen des „Hintergründlichen" auftun, ist ein Beispiel dafür. In der Ekstase kann es vorkommen, daß irgendein für den wachen Menschen ziemlich banales Bibelwort plötzlich in ganz neuem Lichte erscheint, als ob es eine Erleuchtung des Weltgeheimnisses bedeutete; doch kann der Ekstatiker nie in Worten ausdrücken, welche positive Erkenntnis ihm dabei aufgegangen ist. In allen großen Schöpfungen menschlichen Geistes, in denen unterbewußte

II. Das Unterbewußtsein

Intuition und Inspiration eine Rolle spielt, tritt auch dies unaussprechliche Plus hervor, das hinter den Wahrnehmungen und Tatsachen auftaucht. In der Religion und Philosophie ist es das Jenseits, die übersinnliche Welt, das Reich der „Freiheit" und der „Dinge an sich", die durch die Erscheinungswelt hindurchschimmert und ihr eine geheime Bedeutung gibt, die der nüchterne Verstand nicht ahnt. In den Künsten tritt jenes Plus in vielfachen Formen auf: In der Dichtung als „Idee" oder „Tendenz", in der Architektur als eingefühlte Bewegung und Kraft, in der Musik als Kontrapunktik, die oft weniger bewußt begriffen als zur Oberstimme hinzu und durch sie hindurch gefühlt wird und dem Gesamteindruck gleichfalls die Tönung einer unübersehbaren Tiefe und Bedeutung gibt. Woher diese Art von Symbolisierungstendenz des Unterbewußtseins stammt, vermag ich nicht zu sagen. Psychologisch läßt sie sich kaum begründen. Vielleicht ahnt unsere unterbewußte Intuition hier den realen Tatbestand: All unser Denken und Erkennen, alle unsere „positiven Tatsachen" haben dem Kern des Weltganzen gegenüber nur den Wert einer gleichnisweisen Ähnlichkeit, eines Symbols, eines Scherbens, der erst durch das geahnte Ganze Wert und Bedeutung erhält.

Im Okkultismus nun, der von den Strebungen des Unterbewußtseins beherrscht wird, im „magischen Idealismus", wie Dessoir die eigentümliche okkultistische Denkmethode nennt, spielt diese Neigung, alles Vorhandene als Symbol eines Tieferliegenden, Geistigeren, Geheimnisvolleren aufzufassen, eine große Rolle. Dessoir bezeichnet sie als „Grundsatz der mehrfachen Bedeutung". (XXIV, S. 3o2.) So schiebt der Okkultismus hinter die sichtbare Menschheit das Reich der Geister, hinter den sichtbaren Leib den „Astralleib" oder „Ätherleib", hinter die Worte der Bibel den durch kabbalistische Zahlspekulationen ermittelbaren geheimen Hintersinn, welchen Gott den Eingeweihten wirklich hat mitteilen wollen, hinter das verstandesmäßige Erkennen das mystische Schauen und Hellsehen. Alle metaphysischen Begriffsdichtungen und viele der geschilderten okkultistischen Abweichungen von der Erfahrungswissenschaft sind nur verschiedene Formen des Stammelns, in das der Mensch verfällt, wenn er das unaussprechliche Geheimnis der Welt formulieren möchte und dabei das unendlich Feine mit grobschlächtigen Verdinglichungen und Personifikationen zu meistern sucht.

Aus all den geschilderten Eigentümlichkeiten des Unterbewußtseins ergibt sich sein besonderes Verhältnis zur Schönheit. Seine Einfalls- und Ideenfülle, seine geniale Verknüpfung des Heterogensten, seine bald pathetisch, bald süß schmelzende Gefühlswärme, seine plastische Anschaulichkeit, seine Freude am Gleichnis und dichterischen Bilde, sein Ahnen verborgener Tiefen und Geheimnisse: Alle diese Momente haben ästhetischen Wert und verleihen seinen Schöpfungen den Adel des künstlerisch Befriedigenden. Die Entwicklung der Menschheit wie des Einzelmenschen geht dahin, das Oberbewußtsein immer ausschließlicher zur herrschenden Funktion zu erheben, dem Unterbewußtsein dagegen mehr und mehr eine dienende Rolle zuzuweisen. In gewissem Sinne kommt dieser Prozeß der Kunst zugute, denn wenn aus der natürlichen, halbträumenden Poesie des Kindes und Primitiven die eigentliche, mit bewußter und planmäßiger Besinnung arbeitende Kunst erwächst, wenn Volksepos, Märchen und Volkslied sich zu Shakespeare, Goethe und Beethoven emporentwickeln, werden wir das gewiß als Fortschritt empfinden. Auch das wirkliche Genie entsteht nur da, wo die wuchernde Gestaltenfülle des Unterbewußtseins durch das klug sichtende und kritisierende Oberbewußtsein gebändigt wird: Die zahllosen Bizarrerien und Geschmacklosigkeiten, wie sie uns z. B. in dem verdienstvollen Werke von Prinzhorn über die Kunst der Geisteskranken entgegentreten, zeigen, daß das sich selbst steuerlos überlassene Unterbewußtsein zwar vielfach genialischen Charakter trägt, aber doch noch nicht das darstellt, was wir im vollen, auszeichnenden Wortsinn als Genialität zu bezeichnen pflegen. Also das Schöne wird vollständiger, wo beide Seelenhälften sich die Hände reichen. Aber dieser Fortschritt wird mit einem schweren Verlust erkauft: Es schwindet die *Allgegenwart* des Schönen. Beim Kinde und Naturmenschen, beim Träumenden und Weinseligen, überall, wo das Unterbewußtsein sich frei ausleben darf, ist Poesie fast so untrennbare Lebensfunktion wie das Atmen, beim Bewußt-Verständigen breitet sich graue Prosa über das Leben aus, und der Schönheit bleibt nur ein Reservatgebiet vorbehalten, so wie bei der modernen Großstadt, diesem bezeichnendsten Erzeugnis des allzu Bewußten in uns, inmitten von Fabrik- und Proletarierviertel ein von großen Künstlern geschaffener prächtiger Stadtkern für die Besudelung und Verwüstung der schönen Welt um Entschuldigung bittet. Das enge Verhältnis des Unterbewußtseins zum Schönen trägt natürlich viel dazu bei, es als die höhere Funktion erscheinen zu lassen und in idealistischen Naturen die Empfindung zu wecken, daß aus dem emanzipierten Unterbewußtsein der Medien eine edlere Welt herausleuchte. Ja, diese und ähnliche Folgerungen greifen weit über das Gebiet des Okkultismus hinaus, speziell die Bedeutung, welche die vom Unterbewußtsein ausgehende Inspiration für das Genie hat, führt zu übersteigerten Verallgemeinerungen. So stößt man heute zuweilen auch bei Psychologen und Philosophen, die es sich sehr verbitten würden, zu den Okkultisten gerechnet zu werden, auf die Behauptung, schöpferisch in uns sei nur die rein gefühlsmäßig ahnende „Intuition", nur das „Irrationale", während das Oberbewußtsein, das Rationale in uns zwar formulieren, systematisieren, kritisieren, schließlich versteinern, aber gar nichts neu wachsen lassen könne. Nichts in der psychologischen Erfahrung rechtfertigt diesen extravaganten Standpunkt, der nur als Gegenstoß gegen unsere mechanisierte, industrialisierte, makadamisierte Zivilisation verständlich ist. Die Assoziation und Phantasie arbeitet auch im hellsten Lichte des Bewußtseins, wenngleich mit minder wildwachsender Üppigkeit. Schiller, Zola, Verdi waren Männer, die wenig oder gar nicht von Inspirationen beeinflußt waren und zu feststehender Stunde, mit planmäßiger Absicht ihr Tagespensum an künstlerischer Arbeit erledigten. Waren sie keine schöpferischen Genies? Eine Höherwertigkeit des Unterbewußtseins an Produktivität kann zugestanden werden, ein ausschließliches Privileg nicht.

In den künstlerischen und kombinatorischen Leistungen der Medien nun zeigt sich sowohl die geschilderte Mehr- als auch die Minderleistung des Unterbewußtseins mit großer Deutlichkeit. Der Trance- und Zungenredner macht den Eindruck eines Ekstatikers; seine Augen sind schwärmerisch nach oben gerichtet, sein Gesicht ist verklärt, seine Stimme drückt tiefste Inbrunst und Ergriffenheit aus. Der sonst schüchtern unbeholfene Mensch scheint die Zuhörer vergessen zu haben oder sich als ihren Herrn und Meister zu fühlen. Seine Rede fließt rapide, überstürzt dahin, auch bei solchen, die im Wachen eine „schwere Zunge" haben, die Form ist dichterisch, schwungvoll, zahlreiche poetische Gleichnisse weisen auf überquellenden Reichtum der Gedanken. Auch die Hypermnesie des Unterbewußtseins trägt ihr Teil zur Steigerung der Fähigkeiten bei, der ungebildete Zungenredner besitzt einen viel größeren Sprachschatz als im Wachen, verfügt er sonst nur über einen Dialekt, so spricht er jetzt fließend hochdeutsch. Sprachlich ganz Ungelenke werden plötzlich zum Dichter und improvisieren in fließenden Versen. Bei höher begabten und gebildeten Menschen können dabei, sowohl in der Trancerede wie in den Produkten des automatischen Schreibens, wirkliche, auch inhaltlich wertvolle Dichtungen entstehen.

In den Niederschriften der Frau Holland z. B., die manchmal bis zu zwölf Gedichten in der Stunde verfaßt, finden sich wahre Perlen, so der tiefsinnige, fast zum geflügelten Wort gewordene Vers, mit dem die Geister das Medium, da es sich gegen die ihm aufgedrungenen, d. h. zwangsweise sich vollziehenden Phänomene wehrt, zu trösten suchen:

II. Das Unterbewußtsein

> There is no effort unavailing,
> You fail — yet save an others' failing.
> (Nichts geht verloren in der Welt,
> Kein menschlich Streben ist vergeudet;
> Wo einer irregeht und fällt,
> Geschieht's, damit sein Nächster sicher schreitet.

Auch unter den Gedichten, die dem Medium J. H. Curran von dem „Geist" Patience Worth zugeflüstert werden (XXV), sind manche von unzweifelhafter poetischer Kraft, großer Anschaulichkeit und lyrischem Stimmungsgehalt, der selbst durch die schlechte Übersetzung nicht zerstört wird. Aber neben diesen Vorzügen machen sich auch die Schäden der rein unterbewußten Leistung geltend. Die Stereotypie des Denkens verwandelt nicht selten die mündlichen und schriftlichen Expektorationen der Medien in eine Ideensahara, in der selbst der geduldigste Leser verschmachtet; sich durch die stenographierten Protokolle zahlreicher mit Medien veranstalteter Sitzungen hindurchzulesen ist eine Strafe. Und dazu kommt die Brüchigkeit des logischen Zusammenhanges, das Verstehen ertrinkt in Gleichnissen und Redensarten, der Geist des träumenden Mediums vagiert hin und her und bleibt nicht bei der Stange, was er sagen will, bleibt vielfach dunkel, weil er tatsächlich nichts zu sagen hat. Aber gerade diese mystische Dunkelheit zwingt die Hörer in ihren Bann und erweckt den Eindruck, daß hier der Versuch gemacht wird, etwas unaussprechbar Großes, menschliche Fassungskraft und Mitteilungsfähigkeit Übersteigendes zu sagen. Und in der Tat: Ist nicht wieder dieser ganze Vorgang so zusammengesetzt, daß der „Eindruck" übersinnlicher Einwirkung entstehen muß? Diese schwärmerische Begeisterung, dieses Mitgerissenwerden von gewaltiger Erregung wie von einem Sturmwinde, diese merkwürdige Rednergabe bei einem sonst vielleicht dürftig Veranlagten, der somit ganz als bloßes Werkzeug des Göttlichen erscheint, und endlich und vor allem das auch dem Hörenden sich auf-

Das geniale Unterbewußtsein

drängende „Fremdheitsgefühl", infolgedessen der Verzückte empfindet, nicht *er* rede, sondern ein Höherer rede durch ihn — alle diese Momente geben ein so einhelliges Gesamtbild, daß die Kritik des psychologisch nicht Vorgebildeten ihm sicher erliegen muß. Die Bewußtseinsteilung kann sich zu vollständiger Besessenheit steigern, nur daß hier das vergewaltigende Unterbewußtsein nicht die Rolle eines niederziehenden Dämons, sondern eines emporhebenden Gottes spielt. Lehrreich ist folgende Selbstschilderung des Pastors Paul, der zu den Begründern der „Pfingstbewegung" gehörte und die von den Aposteln erlebte Ausgießung des heiligen Geistes an sich nochmals zu erfahren glaubte. Er sagt (Zs. „Pfingstgrüße" 1910. Auch XXVI, S. 154):

„Die Macht des Herrn kam über mich und hielt mit ihrer Arbeit an meinem Leibe den ganzen Tag an. Sie wurde so stark, daß der Unterkiefer, die Zunge und die Lippen sich zum Sprechen bewegten, ohne daß ich dies veranlaßte. Ich war dabei völlig bewußt, ganz still im Herrn, tief glücklich und ließ alles geschehen, ohne dabei sprechen zu können. Wenn ich auch laut zu beten versuchte, so ging es nicht, denn keins meiner Worte paßte in die Mundstellung hinein*). Ebensowenig paßten andere Worte aus einer der mir bekannten Sprachen zu den Mundstellungen, die fort und fort an mir vorgingen**). Ich sah auf diese Weise, daß mein Mund stumm in einer fremden Zunge redete. Jetzt aber geschah etwas Wunderbares. Es war mir, als wenn in meiner Lunge ein Organ sich bildete, welches die in die Mundstellungen passenden Laute hervorbrachte***). Da die Mundbewegungen sehr schnell waren, mußte dies recht rasch geschehen. Es war mir, als wirbelten sich die Töne auf diese Weise heraus! So entstand eine wundersame Sprache mit

---

*) Die lautlosen Bewegungen der Sprachorgane betrachtet P. nicht als s e i n e Sprache, weil sie vom Unterbewußtsein diktiert, also als fremd empfunden werden. „Ich spreche", würde er sagen, wenn der Impuls vom Oberbewußtsein ausginge. Das aber hat keine Macht mehr über Lippen und Zunge oder findet sie schon durch die unterbewußten Bewegungen in Anspruch genommen.

**) Sehr bezeichnender Ausdruck für das Fremdheitsgefühl, für die Empfindung völliger Passivität des normalen Ich.

***) Das unbegreifliche Fremdheitsgefühl erzeugt vielfache Hypostasen, d. h. Verdinglichungen der Ursachen. Weil das

Lauten, wie ich sie nie geredet hatte ... Dann m u ß t e ich in deutscher Sprache in Lob und Anbetung ausbrechen. Bei dem ganzen Vorgang wurde mein Leib von einer großen Kraft geschüttelt."

Das Hervortreten einer ganz neuen Sprache (im Unterschiede von der früher besprochenen Erscheinung, dem plötzlichen Redenkönnen einer nicht gelernten wirklich existierenden Fremdsprache), wie es Paul schildert, ist wiederholt bei Medien im Trancezustand beobachtet worden und gibt stets zu mystischen Erklärungen Anlaß. Schon die Seherin von Prevorst produzierte eine derartige Sprache und eine dazugehörige, sehr komplizierte Schrift. Sie übersetzte eine Reihe von Ausdrücken derselben ins Deutsche. Sie hielt sie für die Sprache der Geister, und ihre noch nicht kritisch geschulte Umgebung nahm das anstandslos hin. Wichtiger für unsere Erkenntnis wurde die Marssprache, die Helene Smith erfand und von der sie, wie das in allen ähnlichen Fällen die Regel ist, im Wachen kein Wort verstand. Flournoy untersuchte das Phänomen genau, war unermüdlich im Sammeln von Sprachproben und Ermitteln ihrer Übersetzung und peitschte durch den suggestiven Einfluß eben dieses Interesses und durch die Exaktheit, zu der er das Medium nötigte, die Erscheinung zu ihrer höchsten jemals erreichten Vollkommenheit empor. Er stellte fest, daß die Marssprache nur aus Lauten bestand, die auch im Französischen, der Muttersprache der Helene Smith, vorkamen, und daß sie zwar ihren Wortschatz für sich hatte, aber restlos der französischen Grammatik und Syntax gehorchte, so daß also nur ein schon feststehender Rahmen mit neuem Klangmaterial gefüllt worden war. Wenn im Französischen der Begriff „Nicht" durch zwei Worte (ne — pas) vertreten wird, so lautete der

---

Unterbewußtsein und sein Tun als fremd erscheint, wird ein göttliches oder dämonisches Wesen hypostasiert. Weil jetzt auch der stimmgebende Kehlkopf in die Macht des Unterbewußtseins gerät und seine Bewegungen fremd anmuten, erfolgt die Hypostasierung eines neuen Organs. Der nach Anschaulichkeit ringende Kausaltrieb erzeugt diese Eigenheit.

Illustration 5 (zu Seite 113)

„Marsstadt", Trancemalerei der Helene Smith

Aus Th. Flournoy „Des Indes à la planète Mars"

entsprechende Ausdruck der Marssprache ké — ani, bestand also auch aus zwei getrennten Worten. Le bedeutet im Französischen „der" (Artikel) und „ihn" (Akkusativ des persönlichen Fürwortes), dieselbe Doppelfunktion hatte das Marswort zé. Die französische Wortverbindung reviendra-t-il schiebt des Wohlklanges wegen ein t ein, in der Marssprache hieß es analog bérimir-m-hed, obgleich hier, wo gar nicht zwei Vokale zusammenstoßen, das zwischengeschobene m keinen Zweck hat. (Weitere Belege finden sich in V und XVII.) Da nun der Planet Mars nicht ausschließlich von den Seelen abgeschiedener Franzosen besiedelt sein dürfte, so war der Beweis erbracht, daß solche mediumistischen Sprachen keine übersinnliche Bedeutung haben, sondern philologische Träume des Unterbewußtseins sind. Auch hier also hat die natürliche Deutung der okkulten Phänomene einen entscheidenden Sieg errungen. Zugleich aber erkennen wir, wie weit die gehobene Leistungsfähigkeit des Unterbewußtseins reicht. Das Riesenwerk der Erfindung einer ganz neuen Sprache liegt, wie man sieht, nicht vor. Aber erstaunlich ist es doch, daß Helene nur im Anfang ihrer Sprachschöpfung manchmal inkonsequent war und in einigen Fällen Wortform oder Bedeutung änderte; später dagegen stand jedes neu eingeführte Wort fest und wurde stets in gleicher Bedeutung gebraucht. Da es sich immerhin um keinen ganz kleinen Wortschatz handelte, bedeutete das eine Leistung des Gedächtnisses, die einem wachen Menschen schwergefallen wäre.

Natürlich gibt es auch im Gebiete der bildenden Kunst, der Tanzkunst, der Musik Tranceleistungen. Die auf dem Mars lebenden Seelen, die der Helene Smith ihre Sprache eingaben, führten ihr auch die Hand und ließen sie Häuser, Blumen usw. vom Mars zeichnen. Das beifolgende Bild einer Marsstadt kann einen Begriff von den Formen, wenn auch leider nicht von der auf sie verschwendeten Farbenfülle geben. Die hier zutage tretende Ähnlichkeit mit orientalischen, d. h. indischen, chinesischen, persischen Motiven, ist ein gemeinsamer Zug sehr vieler Schöpfungen dieser Art, denn der Orient ist das Phantastischste, was wir kennen, und ganz von der Erfahrung und dem Vorhandenen, von der Quelle, aus der sie schöpft, vermag sich unsere Phantasie nicht zu befreien. Wohl aber zeigt sich bei den Trancemalern überall das Bestreben, sich von ihr zu emanzipieren, oft in der kindlichsten Form; Helene Smiths Marswelt hat Springbrunnen auf den Dächern, an die Finger gesteckte Schneiden statt der Tischmesser, Bäume in allen Farben außer Grün. Hat dieses Ringen danach, es um jeden Preis „anders" zu machen, nicht große Ähnlichkeit mit der prinzipiellen Originalität der expressionistischen Malerei, der neuesten Lyrik, der modernsten, zumal atonalen Musik, die auch dem Grundsatz, der bisher errungenen Technik, dem gewohnten Worte, der vom Ohr geforderten Tonfolge unbedingt aus dem Wege zu gehen, mit einer an Pedanterie grenzenden Genauigkeit entsprechen? Daß die alle Schranken durchbrechende Subjektivität unserer Kunst sich den Produktionen ungezügelten, traumartigen, rebellierenden Unterbewußtseins annähern muß, ist ja auch sehr natürlich. Bei den Medien tritt freilich noch die Tendenz hinzu, in ihren Schöpfungen anders zu sein wie diese Welt, damit der Glauben erweckt werde, sie seien nicht von dieser Welt. — Am bekanntesten unter den Zeichenmedien ist Frau Aßmann geworden. Sie war früher während des Zeichnens nicht im Trance (was sich später geändert haben soll), nur das ihr Arbeiten begleitende Fremdheitsgefühl wies auf den subliminalen*) Ursprung hin, d. h. sie hatte den Eindruck, daß eine Eingebung ihr die Farbstifte, die sie ergreifen, die Formen, die sie gestalten sollte, vorschrieb. Nie war sie imstande, ein Duplikat anzufertigen. Ihre Zeichnungen liefern dekorative Muster, die tatsächlich an Erfindung, Farbensinn und Geschmack den sonstigen Leistungen der deutschen Teppichindustrie

---

*) Limen: Die Schwelle. Subliminal: Unter der Schwelle des Bewußtseins, also unterbewußt.

überlegen sein dürften. Auch hier haben wir die Annäherung an orientalische, etwa an türkische Vorbilder. — Das Medium Genthes, früher in Neukölln, zeichnet in tiefem Trance, der bei ihr durch die Armhaltung gewährleistet ist. Ein Hypnotisierter vermag den „kataleptisch" gemachten Arm viele Stunden lang wagerecht zu halten, während derselbe einer wachen Person, die ihn in dieser Stellung festzuhalten versucht, schon nach zwanzig Minuten erlahmt. Um nun den Trancezustand der Genthes zu prüfen, hat man sie vermutlich häufig ersucht, den Arm in der auf nebenstehendem Bilde ersichtlichen, erhobenen Position zu halten. Daraus hat sich bei ihr eine Dauersuggestion entwickelt, so daß, wenn sie in den Trancezustand versinkt, ihr Arm sich von selbst erhebt und ganze Nächte in dieser unbequemen Lage verbleibt. Gleichzeitig zeichnet sie mit geschlossenen Augen, greift maschinenmäßig nach den verschiedenen Stiften, fügt kleine Kreise aneinander, die sich zu Linien und Figuren zusammenfügen, und obgleich es bei dieser peniblen und anscheinend blind ausgeführten Kleinarbeit schwer sein muß, Regel- und Planmäßigkeit der ziemlich großen Bilder durchzuführen, sind diese doch an Schönheit und Ausgeglichenheit den Aßmannschen mindestens gleichwertig. Eine solche Leistung dürfte einer wachen, nicht mit der Hyperästhesie und gesteigerten Gedächtniskraft des herrschenden Unterbewußtseins ausgestatteten Person schwer fallen, doch ist nicht leicht zu ermessen, was Einübung auf diesem Gebiete vermag und ob die Augen der Zeichnenden wirklich ganz fest geschlossen sind. — Eine angebliche Trancekomponistin, die mit geschlossenen Augen phantasierte, hörte ich vor kurzem; ein wacher, musikalischer Mensch hätte mindestens ebenso Gutes zustande gebracht; ob sie wirklich beim Spielen in Dämmerzustand versank, war nicht nachzuprüfen. Sehr viel besser garantiert ist die gesteigerte Fähigkeit des Unterbewußtseins bei Haydn, der ähnlich wie Frau Aßmann bei seinem Schaffen von Fremdheitsgefühl beherrscht wurde und seine „Schöpfung" nach göttlichem Diktat zu schreiben glaubte. Verließ ihn seine kompositorische Phantasie, so betete er zu Gott, denn er sah sein Versagen als Strafe an. Wir werden hier an die nahe Verwandtschaft von Medium und Genie erinnert; die künstlerische Inspiration ist ja ein Durchbruch des Unterbewußtseins, der sich nicht wesentlich vom zwangsmäßig auftretenden automatischen Schreiben unterscheidet. Mit die wichtigste Differenz zwischen beiden, Medium und Genie, scheint es zu sein, daß letzteres, weil bei ihm der bewußte Verstand kontrollierend eingreift, ohne Betrug und Selbstbetrug auskommt, während ersteres fast stets seine Leistung mit Flitter behängt. Es ist charakteristisch, daß fast kein Zeichenmedium je zugesteht, Zeichen- und Malunterricht erhalten zu haben, daß die Trancekomponistin früher keine Taste angerührt, das Tanzmedium früher nie Ballettunterricht gehabt haben will, selbst dann nicht, wenn es, wie die Traumtänzerin Magdeleine, aus einer Tanzmeisterfamilie stammt. (Vgl. XV, S. 492 ff.)

Apotheose und Minderwertigkeit des Unterbewußtseins

Die Mehrleistung des Unterbewußtseins, die wir bisher in ihren verschiedenen Formen verfolgt haben, ist ein Zentralproblem unserer Zeit geworden und hat z. T. zu der Auffassung geführt, daß das Unterbewußte schlechtweg die höhere, vollkommenere, wesentlichere Seelenhälfte sei. Es liegt Tendenz in dieser Überschätzung, Auflehnung gegen die Knebelung der freien Persönlichkeit und des Gefühls durch den alles regulierenden und normalisierenden bewußten Verstand. Eine Zeit, in der dem Arbeiter die Handgriffe vorgeschrieben werden, die er bei der Arbeit zu vollziehen hat, sehnt sich nach der Subjektivität, Regellosigkeit, Willkürlichkeit, Instinktivität des Unterbewußtseins und ist bestrebt, es zu idealisieren.

Der Okkultismus macht sich die teilweise Überlegenheit des Unterbewußtseins auf zwei Weisen zunutze. Der

Illustration 6 (zu Seite 115)
Das Malmedium Frieda Gentes

niedere, mehr laienhafte Okkultismus argumentiert: „Dies kann ein Mensch nicht leisten, also muß ein Geist dahinter stehen!" Aber gerade die genauere Kenntnis dessen, was das Unterbewußtsein Ungewöhnliches zu vollbringen vermag, macht diese Begründung, wie wir gesehen haben, zu schanden und zeigt, daß wir für all das Erstaunliche, was die Medien ausführen, keinen Geist zu bemühen brauchen, weil die Hyperästhesie, latente Erinnerung, Genialität des Unterbewußtseins Erklärung genug bietet.

Eine höhere, philosophisch orientierte, weitverbreitete Richtung des Okkultismus dagegen, als deren geistige Führer man den Engländer Fr. W. Myers und den Amerikaner Hyslop bezeichnen kann, geht gerade von der Erkenntnis der unterbewußten Mehrleistungen aus und verwendet sie zu einem wissenschaftlichen Beweise für die Unsterblichkeit der Seele. Seltsam, sagen die Vertreter dieser Richtung, daß wir ein Reserve-Ich besitzen, welches über höhere Fähigkeiten verfügt als unser normales Ich und das wir trotzdem im Leben nur selten, nur in Zeiten des Traumes, der Hypnose usw. benutzen, gewöhnlich aber sozusagen im Futteral liegenlassen. (Eine anfechtbare Behauptung, denn wir tun wahrscheinlich keinen Schritt ohne Mitwirkung des Unterbewußtseins, nur merkt unsere Selbstwahrnehmung nichts davon.) Wenn wir sähen, wie ein Embryo im Mutterleibe mit hohen Organen ausgestattet ist und doch ein ganz untätiges Schmarotzerleben führt, so würden wir, auch ohne jede Vorkenntnis, sofort erklären: „Er muß für ein zweites, späteres Leben bestimmt sein, nur so ist seine natürliche Ausrüstung erklärlich", und wir würden mit dieser Schlußfolgerung nicht fehlgehen. Die ungenutzten höheren Fähigkeiten des Reserve-Ich lassen dieselbe Argumentation zu. Eine Stütze erhält sie überdies durch die Tatsache, daß gerade, wenn der Körper zu versagen und funktionsuntüchtiger zu werden beginnt, in der Hypnose, im Fieberdelirium, in Ohnmacht und Agonie, das subliminale Ich seine Schwingen regt und seine Fähigkeiten entfaltet; zumal die Gabe der Telepathie pflegt ja

II. Das Unterbewußtsein

gerade in solchen Zeiten ans Licht zu treten. Daraus scheint der Schluß gestattet: Wenn dereinst der Körper seine Tätigkeit ganz einstellt, wird das befreite zweite Ich erst vollständig zeigen, was es vermag, während es bisher stets die Bleilast des Leibes mit sich schleppte. Nützen kann ihm der Körper nichts, denn seine Fähigkeiten sind derart, daß sie die leiblichen Organe nicht brauchen: Hellsehen kommt ohne Augen, Hellhören ohne Ohren, Telepathie ohne sinnliche Vermittlung aus. — Hier sehen wir die Apotheose des Unterbewußtseins in ihrer höchsten, logisch befriedigendsten Form und Verwendung.

Philosophien aber neigen dazu, einseitig zu sein, und pflegen an einer genaueren Feststellung der Tatsachen zu scheitern. Ob die Apotheose des Unterbewußtseins oder das Reserve-Ich im Dienste des kulturhistorisch begründeten Irrationalismus oder der religiös begründeten Unsterblichkeitslehre steht, in beiden Fällen wird ein retouchiertes, nicht ein vollständiges Bild unserer zweiten Seelenhälfte gezeichnet. Sie ist gar kein eigentliches, fertiges Reserve-Ich, und vor allem hat sie neben ihren Vollkommenheiten so große Lücken und Minderwertigkeiten, daß sie für sich allein nicht bestehen könnte und nur das Zerrbild einer Seele wäre. Erst beide Hälften vereint ergeben einen ganzen Menschen.

Das Unterbewußtsein, d. h. das Gebiet der prinzipiell unbewußten Vorstellungen, verdient nicht den Namen eines „Reserve-Ich", denn es ist wenigstens im allgemeinen kein so einheitliches, organisch zusammenhängendes Gebilde, daß man es als „Ich" oder „Persönlichkeit" bezeichnen könnte. Wir sagten oben, alle Zustände, in denen das Unterbewußtsein zur Herrschaft gelangt, kommunizierten teilweise miteinander, d. h. in Traum, Hypnose, Rausch, Delirium usw. treten dieselben Vorstellungen hervor, die dem Wachbewußtsein fehlen. Gewiß, *teilweise* zeigen sie diese Gemeinsamkeit des Vorstellungsmaterials und müssen sie haben, weil sie alle aus dem Reservoir des Vergessenen und Unbeachteten schöpfen. Aber hier und da zeigt sich auch, daß jeder dieser Zustände nur ihm eigene Vorstellungen besitzt. Frau Verrall bemerkt, daß sie in ihren Träumen oft französisch denkt und spricht, im automatischen Schreiben dagegen verwendet sie zwar viel Latein und Griechisch, aber nie Französisch. In ihren Träumen kommen bestimmte Verwandte und Freunde oft vor, in den automatischen Schriften nie. Nun würde ich zwar sagen, dies sei kein wesentlicher Unterschied gegenüber dem wachen Ich, das ja auch seine kastenartigen Teilungen, seine Konstellationsgebiete hat. In der Sommerfrische fällt uns vieles ein, was uns in den Bureaustunden nie in den Sinn käme. Aber in folgendem zeigt sich deutlich die größere Zersplissenheit und Aufgelöstheit des Unterbewußtseins: Das Oberbewußtsein zerspringt sehr selten in mehrere Teilpersönlichkeiten. Im Falle Beauchamp zeigte sich ein solcher Zerfall; Beauchamp I und II waren Splitter des Wachbewußtseins, aber das ist entschieden eine Ausnahme. Emanzipiert sich dagegen das Unterbewußtsein und kommt es auf seinem Gebiete zu Personifikationen, dann bilden sich häufig nicht bloß eine, sondern mehrere, ja oft sehr viele. Jedes Berufsmedium, durch dessen Mund und Hand sich zahlreiche Geister manifestieren, ist ein Beleg dafür. Gäbe es also das „Reserve-Ich", so müßten wir deren mehrere haben, und wäre es unser unsterblicher Teil, so würde jeder Mensch nach dem Tode eine ganze Reihe von Engeln oder Geistern ins Jenseits zu entlassen haben — ein Einfall, aus dem ein voltairianischer Geist viel zu machen wüßte. Aber noch mehr — wo uns eine Personifikation des Unterbewußtseins entgegentritt, ist sie zuerst noch nicht fertig, sondern gestaltet sich erst allmählich vor unseren Augen. Berühmt geworden ist der Fall des Geistlichen Hanna (XXVII). Er wird aus dem Wagen geschleudert, fällt mit der Stirn auf einen Stein und erleidet eine Gehirnerschütterung. Nach dem Erwachen ist er fast wie ein neugeborenes Kind, kann weder sprechen noch Sprache verstehen, weder gehen noch essen, kann die Bewegung der eigenen Glieder von fremder nicht unterscheiden, kann keine Entfernungen abschätzen und kennt den Zweck der Gegenstände nicht. Er muß alles neu lernen wie ein Kind, lernt es aber sehr schnell. Nach 5 Wochen beginnt sein altes Ich mit der Erinnerungsreihe seines vergangenen Lebens in Träumen zu wetterleuchten, nach 6 Wochen wacht er plötzlich als der altgewohnte Pastor Hanna auf und hat die 6 Krankheitswochen völlig vergessen. Aber nach ¾ Stunden schläft er ein und erwacht wieder in seinem zweiten Zustand, sozusagen als lernendes Kind. Nun tritt ein regelmäßiger Wechsel beider Persönlichkeiten ein, bis eines Tages in einer Art Dämmerzustand beide zugleich auf der Bildfläche erscheinen, sich bekämpfen und schließlich verschmelzen. Schon 1816 hatten Mitchell und Nott einen ähnlichen Fall beschrieben (vgl. I, S. 14), in dem gleichfalls das sekundäre Ich wie ein Kind vom Anfang an zu lernen hatte. Nun kann man einwenden, solche Fälle beweisen nichts für die Annahme, daß das Unterbewußtsein kein fertig bereitliegendes Reserve-Ich darstelle und seine Personifikationen in jedem Falle erst langsam entwickeln müsse; denn bei Hanna hatte offenbar eine Funktionsstörung stattgefunden, die erst langsam überwunden werden mußte, möglicherweise unter vikariierendem (ersatzleistendem) Eintreten neuer Hirnteile. Allein was der Fall Hanna uns im Extrem und darum überdeutlich zeigt, offenbart uns fast jeder andere Fall von Bewußtseinsspaltung. Stellt sich der Zwang zum automatischen Schreiben ein, so werden meist zuerst nur Kritzeleien geliefert, und oft lernt das Unterbewußtsein, das sich hier ein Ausdrucksmittel zu schaffen sucht, noch einmal Schreiben wie ein Abc-Schütz. Erscheint bei einem Berufsmedium ein neuer Geist — psychologisch gesprochen: Bildet sich bei ihm eine neue organisierte Unterbewußtseinssektion — so pflegt er in den ersten Sitzungen ganz charakterlos zu sein, und seine Äußerungen sind ohne wesentlichen Inhalt; erst allmählich rafft er mehr und mehr Stoff an sich und bekommt ein individuelles Gesicht, so daß die Sitzungen interessanter werden. Zuweilen gewahren wir, wie eine solche wachsende Personifikation die widerspruchsvollsten Elemente in sich hineinschluckt und sich dabei hin und her biegt wie ein von Wachstumsstörungen behelligter Baum. Helene Smith ist bei einer ihrer Sitzungen mit einer Frau Mirbel zusammen, deren Sohn Alexis vor 3 Jahren verstorben war. Natürlich setzt sich nun der Sohn durch eine Geistermitteilung in französischer Sprache mit der Mutter in Verbindung. In einer späteren Sitzung entwickelt sich der Marsroman der Helene Smith, sie träumt im Trance, daß sie nach einer schwierigen Reise durch den Weltraum auf dem Mars ankomme, und schildert, was sie dort erblickt. Wieder ist Frau Mirbel zugegen und zwingt Helene durch den suggestiven Einfluß ihrer Anwesenheit, dem toten Alexis eine Stelle in ihren Marsträumen einzuräumen. Helene erblickt daher einen Hörsaal, in dem Alexis als Hörer sitzt. Er ist also jetzt auf dem Mars „inkarniert", hat dort ein neues Leben begonnen. Merkwürdig nur, daß er, der erst vor 3 Jahren auf der Erde verstorben ist, als Marsbewohner also bestenfalls ein dreijähriges Kind sein könnte, es dort schon zum Studenten gebracht hat! Das Abiturientenexamen scheint daselbst erfreulich leicht zu sein. Noch merkwürdiger, daß der Mars-Alexis sich mit Hilfe des Tischklopfens noch immer fransösisch mit seiner Mutter verständigen kann, obgleich eine Seele doch, wie wir es hier auf Erden innewerden, in jedem neuen Leben die Erinnerungen seiner früheren Lebensläufe vergißt! In einer späteren Sitzung taucht Alexis, der jetzt als Marsbewohner den Namen Esenale erhalten hat, wieder auf, und zwar kontrolliert er jetzt den Körper des Mediums und spricht mit ihrer Stimme. Folglich muß er wohl wieder auf dem Mars verstorben sein, denn sonst wäre sein Geist nicht frei; Medienkontrolle durch einen Lebenden ist schwerlich jemals vorgekommen. Hat er den Marsleib abgeschüttelt, so könnten wir denken, daß er nun wieder über die Erinnerungen früherer Inkarnationen (Fleischwerdungen) verfügt, also wieder französisch mit seiner Mutter reden könnte. Aber nein, jetzt ist nachträglich dem Unterbewußtsein des Mediums das Bedenken gekommen, daß ein Marsbewohner doch nicht gut die Sprache seines früheren Lebens auf einem anderen Planeten beherrschen könne, und so beginnt Esenale plötzlich „martisch" mit seiner Mutter zu sprechen, die ihn natürlich nicht versteht. Inzwischen gestaltet sich die Marssprache weiter, Flournoy wünscht eine Übersetzung zu haben und wirkt in diesem Sinne suggestiv auf das Medium ein. Da kommt Helene der Einfall: Esenale sei ja auf dem Mars bereits verstorben, er sei von der Beschränkung seiner Erinnerung, die ihm sein Marsleib auferlegt habe, befreit, folglich könne er nunmehr recht gut beide Sprachen, die seines Erden- und die seines Marslebens, gleichzeitig zur Verfügung haben und den Dolmetscher spielen. Vorher hatte der schon auf dem Mars verstorbene Alexis-Esenale noch kein Französisch gesprochen, jetzt kann er es plötzlich wieder. Man sieht, jedes Auftreten dieses „Geistes" steht mit dem vorhergehenden in Widerspruch. Ähnliches beobachtet man, wenn auch nicht immer so kraß, bei vielen Geistern. Das Auftauchen eines neuen Gesichtes unter den Sitzungsteilnehmern, ein geäußerter Zweifel oder eine Vermutung über den Charakter und das frühere Leben der sich mitteilenden Intelligenz, eine Frage, die das Medium in Verlegenheit setzt — jeder derartige Zwischenfall kann dem Wesen eines Geistes sozusagen einen Knick geben, so daß er sich von da ab in anderer Richtung weiterentwickelt. Am deutlichsten ist das allmähliche Wachsen einer Unterbewußtseinssektion, eines sogenannten Geistes aus gelegentlichen äußeren Anregungen da, wo dem Geiste jede objektive Grundlage fehlt. Flournoy schildert den Fall einer protestantischen Genfer Dame, die mit einem jungen Mönch befreundet war und im Briefwechsel mit ihm stand. Sie schrieb automatisch, und eines Tages meldete sich durch dieses Verständigungsmittel der Geist ihres Freundes, der erklärte, er sei dann und dann verstorben und habe verfügt, es sollten ihr ihre Briefe zurückgesandt werden; er erinnerte sie, um einen Beweis seiner Identität zu liefern, an verschiedene in Vergessenheit geratene gemeinsame Erlebnisse. Diese Korrespondenz setzte sich eine Zeitlang fort, bis sich eines Tages durch einen Brief des Mönches herausstellte, daß er noch lebte, der Geist also noch gar nicht vorhanden sein konnte. Hier wurde es nun völlig klar, aus welchen Fäden das Unterbewußtsein sein Gespinst gewoben hatte. Der junge Mönch war etwas brustleidend, hatte lange nicht geschrieben, es war sehr kalt gewesen, dadurch waren wohl unbewußte Besorgnisse entstanden, und unterbewußte Kombinationen waren angeregt worden. Die Rücksendung der Briefe war motiviert, denn es konnte für einen Mönch nicht angenehm sein, wenn man Briefe einer Protestantin in seinem Nachlaß fand. Daß der Geist erklärt hatte, er sei im Jenseits nicht mehr Katholik, sondern dogmenloser Christ, entsprach dem Wunsche der protestantischen Automatistin. Kann man in solchen Fällen das Wachsen eines „Geistes" aus einem bestimmten Keim beobachten, so liegt es nahe, das Samenkorn absichtlich zu pflanzen. Der amerikanische Psychologe Stanley Hall hat diesen Versuch gemacht. Er erwähnte in Gegenwart des bekannten Mediums Piper den Namen einer verstorbenen Person und machte einige Mitteilungen über sie. Alsbald manifestierte sich dieser Geist und wuchs sich zu einer abgerundeten Persönlichkeit aus, bis Hall durch die Erklärung, er habe nie gelebt und sei frei erfunden, seinem Geisterdasein ein Ende machte.

Man sieht also, wie neue Persönlichkeiten in der Retorte gebraut werden. Eine Menschenseele gleicht mit den zahllosen lockeren Einzelheiten, die zunächst das Vorstellungsmaterial des Unterbewußtseins ausmachen, einer chemischen Lösung, in der sich um geeignete Verdichtungspunkte herum Kristalle bilden können. Ein Kristall gestaltet sich in den ersten Lebensjahren bei allen gesunden Menschen, nämlich unser oberbewußtes Ich. Daneben aber können sich in der Restlösung noch viele andere Ichs kristallisieren. Keine Rede davon, daß ein unterbewußtes Ich, ein Reserve-Ich, ein für allemal fertig daläge; die unterbewußten Personen sind weder e i n e , noch sind sie fertig.

Drei Folgerungen kann man aus diesem Tatbestand ziehen. Erstlich: Der Spiritismus ist keine mögliche Hypothese. Geister verstorbener Menschen, die als entwickelte, inhaltsreiche Persönlichkeiten ins Jenseits eingetreten sind, müßten doch wohl, wenn sie uns erscheinen, fertig sein und sich nicht erst aus Stücken allmählich vor unseren Augen zusammensetzen. Die Spiritisten versuchen das Wachsen der „Geister" durch ihre Hilfshypothesen wegzudeuten: Die Geister sind unmittelbar nach dem Tode benommen und erholen sich drüben erst nach und nach, so daß sie zuerst noch keine klare Auskunft geben können. Sie verstehen anfangs noch nicht mit ihrer Maschine, d. h. dem Gehirn des Mediums, zu arbeiten, sondern müssen es erst schrittweise lernen. Solche lendenlahmen Erklärungen versagen aber gänzlich, wenn man wie im Falle Alexis Mirbel erkennt, daß das Wachsen der Geistpersönlichkeit von den Suggestionen der Sitzungsteilnehmer, von den vorkommenden Situationen und deren logischen Konsequenzen abhängt, und die Widersprüche, in welche die zurechtgeschobenen Geister teils mit sich selbst, teils mit der Wirklichkeit geraten, machen es unverkennbar, daß wir es in ihnen mit Träumen der Medien, nicht mit Realitäten zu tun haben.

Zweitens ist, wenn es gar kein fertiges Reserve-Ich in uns gibt, auch die Hoffnung zuschanden geworden, daß dieses unser unsterblicher Seelenteil sein könnte. Doppelt widerlegt ist diese Auffassung dadurch, daß, wie wir gleich sehen werden, unser lockeres Unterbewußtsein neben seinen Mehrwertigkeiten auch starke Minderleistungen im Vergleich zum Oberbewußtsein aufweist. Warum sollte gerade etwas so Fehlerhaftes das Privileg besitzen zu überleben?

Drittens aber ist unser Befund wohl nicht nur mit diesem einen, von den Spiritisten ersonnenen Beweis für die Unsterblichkeit unverträglich, der sich auf die besondere Vollkommenheit des Reserve-Ich gründete; nein, er scheint jede Annahme einer Unsterblichkeit der Seele, oder des Ich, oder der Persönlichkeit zu widerlegen, sofern man dabei unter Ich das versteht, was man gewöhnlich so nennt: einen durch die Kontinuität des Erlebens und der Erinnerung zusammengehaltenen geistigen Organismus. Unsere Seele als Ganzes ist überhaupt kein Organismus, sondern eine Art Nährbouillon, in der sich Organismen bilden können. Diese aber, die Persönlichkeiten oder Ichs, die in der Seele entstehen, bilden sich u. U. in großer Zahl, zerspringen wieder bei jeder Bewußtseinsspaltung, verschmelzen sich wie Pastor Hannas beide Personen bei der Heilung, zerplatzen gleich Seifenblasen wie Stanley Halls Kunstprodukt in der Seele der Piper. Unser oberbewußtes Ich ist stabiler, dauernder, umfassender als seine unterbewußten Brüder, aber was besagt dieser kleine quantitative Unterschied im Verhältnis zur Ewigkeit! Schon vom wachen Ich hat man gesagt, es sterbe im Leben soundso oft und werde in neuer Form wiedergeboren. Aber in welchem Umfange dieses Wort für unsere Gesamtseele zutrifft, in welchem Umfange sie einem mit leicht vergehendem und erstehendem Infusoriengedränge erfüllten Wassertropfen gleicht, das hat man sich vor den großen psychologischen Entdeckungen des letzten halben Jahrhunderts nicht träumen lassen. Wer da behauptet, daß die Persönlichkeit eines bestimmten, dann und dann lebenden Herrn N. unsterblich weiterexistiere, muß sich auch zur Unsterblichkeit einer Amöbe oder eines Bakteriums verstehen, das sich in einigen Stunden vertausendfacht. Daß wir bei philosophischer Läuterung und Fortbildung des Ichbegriffs sehr wohl zu einem solchen überzeitlichen „Ich" gelangen können, dessen Unsterblichkeit uns verbürgt ist und ebenso von Todesfurcht befreien kann wie die verunglückte bisherige Unsterblichkeitsidee, das ist eine Tatsache, die hiermit nicht geleugnet werden soll. Wir werden am Schlusse des Buches Gelegenheit finden, sie klarer zu entwickeln. Jedenfalls rettet sie den Spiritismus nicht, der behauptet, ein ganz bestimmter einzelner Mensch, der früher gelebt hat, könne uns als Geist wiederbegegnen.

Was nun die Minderwertigkeit der unterbewußten geistigen Arbeit betrifft, so folgt sie zunächst aus dem Umstande, daß das Unterbewußtsein der „Papierkorb des geistigen Abfalls" ist. Was im Leben wichtig und wesentlich ist, darauf lenken wir unsere Aufmerksamkeit, das pflegt also dem Oberbewußtsein zuzufließen. Das Unwichtige, Beiläufige dagegen wird nicht beachtet und fällt dem Unterbewußtsein zu. Darum vermögen die „Geister" über die entscheidenden Tatsachen ihres Lebens keine Auskunft zu geben; sie haben oft ihre Muttersprache, ja nicht selten ihren Namen vergessen, wissen nicht mehr, in welchen Städten sie gewohnt, welche Reisen sie unternommen, welche Bücher sie geschrieben haben. Der Geist der George Eliot hielt die Titelfigur eines ihrer Hauptwerke, Adam Bede, für einen Menschen, der wirklich gelebt haben sollte. Aber daß in einen Ring, den der Verstorbene getragen hatte, ein bestimmter Spruch eingraviert war, oder daß in irgendeinem gleichgültigen Buche auf einer bestimmten Seite in Zeile soundso das Wort „Eine lange Stange" vorkommt, das wissen sie, mit diesem merkwürdig detaillierten Wissen setzen sie die Sitzungsteilnehmer in Erstaunen und suchen ihre Identität zu beweisen.

Wir sprachen schon von der logischen Brüchigkeit und Zusammenhangslosigkeit des unterbewußten Denkens, von der Neigung zu träumendem Faseln, dem Ersatz wirklicher Begründung durch Analogien. Das ganze Vorstellen des kindlichen und primitiven Menschen ist mit diesen Eigentümlichkeiten des Unterbewußtseins durchsetzt. Man vergleiche die Sympathiemittel: Wenn eine geknotete Schnur, die man an Warzen gerieben hat, verbrennt, so verschwinden die Warzen; spielt man sie einem anderen in die Hände, so gehen die Warzen auf ihn über. Man vergleiche die Zauberei: Wenn man das Bild eines Feindes durchbohrt, stirbt jener daran. Überall Analogien statt wirklicher Kausalität. Die Zusammenhangslosigkeit des Unterbewußtseins verhindert jede Kritik, denn die logischen Sünden, die Bewußtseinsteil A begeht, kann Teil B nicht richtigstellen, weil die verschiedenen Hirnteile nicht zusammenarbeiten.

So wird denn das durch äußerlichste Beziehungen Zusammengewürfelte für vollwertiges Denken hingenommen. Jüngst war ich in einer Gesellschaft, in der eine aus Genf zurückgekehrte Dame von der Tagung des Völkerbundes sprach, außerdem wurde eine etwas kindliche Violinsonate von Dvorak gespielt. In einer der nächsten Nächte träumte ich, daß ich nochmals jene Sonate hörte, daß sie auf Veranlassung der Friedensgesellschaft komponiert worden sei, um dank ihrer Kindlichkeit als Propagandamittel zu wirken, jeder ihrer Sätze drücke eins der Prinzipien der Friedensidee aus. Als ich mich einmal dem Erwachen näherte, dämmerte es mir, daß dies Unsinn sei; als ich dann aber wieder tiefer in die Traumeswirren zurücksank, fand ich doch wieder, die Sache sei ganz verständig und einleuchtend. — Die Steuerlosigkeit der Assoziationsströme äußert sich zuweilen in jener Erscheinung, die ich oben als „Verrutschen" bezeichnet habe: Zwei Einzelheiten, die wirklich zusammengehören, werden verkoppelt, aber durch ein falsches Band. Wir können dasselbe bei halb Vergessenem beobachten und pflegen dann zu sagen, man habe etwas läuten hören, wisse aber nicht mehr, wo die Glocken hingen. Ein gutes Beispiel bietet eine Erfahrung der Kristallseherin Miß Goodrich Freer. Sie konnte ein ärztliches Rezept nicht finden und hält es für vernichtet. Einige Stunden später erblickt sie das Miniaturbildchen des Rezepts im angestarrten Kristall, aber nicht in der Handschrift des Arztes, sondern in der einer Freundin E. Sie sieht nun die Briefe dieser Freundin durch und findet das Rezept, das in einem derselben eingeschlossen war, in dem es schon seit 4 Jahren gelegen haben mußte. Man sieht, wie hier die tatsächlich vorhandene Beziehung zwischen den beiden Vorstellungen „Freundin E." und „Rezept" verrutscht war. — Charakteristisch für die Hemmungslosigkeit unterbewußten Denkens ist das sogenannte „Perseverieren" der Vorstellungen, das sich auch bei Alkoholikern und kindisch gewordenen Greisen findet: Manche Gedanken können nicht sterben, sondern kommen immer wieder zutage, irgendeine vielleicht bedeutungslose Kleinigkeit, die der Geist durch den Mund eines Mediums ausgesprochen, kehrt in späteren Sitzungen wieder und platzt dort in ganz wesensfremde Zusammenhänge hinein. — Wo das Gefasel der Trancerede zu groß wird, erklären die Spiritisten, eine ganze Schar von Geistern dränge sich an das Medium heran und versuche sich durch ihren Mund oder ihre Hand den anwesenden Verwandten und Freunden mitzuteilen, und so entstehe ein krauses Durcheinanderreden. Muß man die Deutung der Erscheinung wirklich so weit herholen, da doch jeder Traum sie uns geben kann?

Dieselbe Zerreißung der einheitlichen Hirnarbeit, die in den Zuständen des herrschenden Unterbewußtseins zu schweifendem und springendem Gedankenverlaufe führt, ist auch schuld an der Suggestibilität, der Beschwatzbarkeit, die sich in solchen geistigen Verfassungen kundgibt. Faltet man die Hände eines wachen Menschen und sagt ihm, er werde sie nicht auseinanderbringen können, so nimmt sein Hirnteil A diese Suggestion auf und denkt sie, Hirnteil B aber protestiert und sagt: „Warum sollte ich die Hände nicht voneinander lösen können, ich kann es doch sonst immer, und die Worte dieses Herrn sind gewiß kein Fischleim!" Das Zusammenarbeiten beider Hirnteile ermöglicht korrigierende Kritik und lähmt die Suggestion. Hat sich aber der Zusammenhang der Hirnarbeit gelockert, wie dies in Hypnose und Trance, Rausch und Delirium der Fall ist, so geht Hirnteil A ungestört seinen Weg weiter, und die Suggestion verwirklicht sich. So sind denn die Medien und Sensitiven im Trancezustand ebenso knetbares Wachs in den Händen ihrer Umgebung wie der Hypnotisierte in den Händen seines Arztes. Man denke an den Fall der Helene Smith: Das Bewußtsein, daß Frau Mirbel zugegen ist, und daß sie sich freuen würde, eine Mitteilung

von ihrem toten Sohn zu erhalten, ist für das Bewußtsein
des Mediums ein Befehl, dem Alexis Mirbel eine Rolle in
ihren Tranceträumen einzuräumen, auch wenn die Gesamtlage noch so unpassend dafür ist. Es kann selbst dem voreingenommensten Spiritisten nicht entgehen, daß die Geister so merkwürdig willfährig sind und der Tisch stets im
Bunde mit den Anschauungen der Darumsitzenden bald im
katholischen und bald im protestantischen, bald im deutschnationalen und bald im kommunistischen Sinne klopft.
Sollten denn die Geister nicht höhere und verklärte Wesen,
sondern dumm, kritiklos, minderwertig sein? Um nur seine
Hypothese nicht opfern zu müssen, versteht der Spiritismus sich zu dieser Folgerung und nimmt an, es gebe „sympathetische Geister", die den Anwesenden nach dem Munde
reden müssen. Ebenso sehen sich die Spiritisten durch die
Äußerungen des dämonischen Unterbewußtseins gezwungen, „Spottgeister" und böse Geister anzunehmen, die mit
Fleiß falsche Angaben machen, unrichtig prophezeien,
schimpfen und fluchen, Geheimnisse ausplaudern, gemeine
Ausdrücke gebrauchen usw. Ist hier nicht der religiöse
Gehalt des Unsterblichkeitsglaubens geopfert und würden
wir nicht lieber auf ihn verzichten, ehe wir uns der Möglichkeit aussetzen, unsterbliche suggestible Halbidioten oder
Unheilstifter zu werden?

Im Unterbewußtsein lagern die für das Wachbewußtsein
verlorenen Erinnerungen unserer frühen Kindheit. Auch
die Überbleibsel aus der Kindheit der menschlichen Rasse
wirken noch in ihm fort. Bei manchen Geisteskranken finden sich Rückfälle in Denkweisen und Willenstendenzen
ferner Vorzeit, und ihre Kunstübungen weisen Anklänge
an Kunstwerke der Südsee-Insulaner und anderer primitiver
Völker auf. Im Zusammenhang hiermit steht das Kindischwerden mancher „Geister". Der Kontrollgeist Feda des
berühmten Mediums Frau Leonard ist sehr „gerissen",
spricht und benimmt sich aber verspielt und albern wie
ein Kind oder halbwüchsiger Backfisch. Hervorragende
ernste Gelehrte scheinen im Jenseits, sofern man ihren

II. Das Unterbewußtsein

Mitteilungen durch Tischklopfen, Planschette, Trancerede oder automatische Schrift glauben darf, Witze zu reißen, die für einen kleinen Schulbuben zu schlecht sind.

Das vielberufene Sinken des moralischen Standpunktes, das in sämtlichen Zuständen herrschenden Unterbewußtseins zu konstatieren ist, läßt sich auf drei Momente zurückführen. Erstlich auf die Tücke des „dämonischen Unterbewußtseins", die wir bereits kennen. Zweitens auf die Hemmungslosigkeit, die untrennbar ist von dissoziativen Zuständen, in denen ein Hirnteil den anderen nicht mehr kontrolliert. Die Verbrechen, zu denen sonst ehrenhafte Menschen im epileptischen Dämmerzustand fähig werden, illustrieren diese Quelle der Unmoralität am deutlichsten. Eine Zschokkesche Novelle schildert, wie ein Mann, der sonst nie an der Zuverlässigkeit seines Charakters gezweifelt hat, im Traum von Untat zu Untat fortgerissen wird, bis er schließlich seine Heimatstadt in Flammen aufgehen läßt. Viele von uns haben Ähnliches erlebt und über das, was in den Tiefen ihrer Seele schlummert, geschaudert — eine unpsychologische Reue, denn unser Unterbewußtsein ist, wie wir gesehen haben, vielfach der Gegenpol unseres normalen Charakters, und ein Mensch ist niemals dadurch gut, daß keine bösen Triebe in ihm vorhanden sind (alle tierischen Instinkte der Vorzeit leben ja in unserem Unterbewußtsein fort), sondern nur dadurch, daß er zuverlässige Hemmungen dafür besitzt. Darum ist nur der wache Mensch mit einheitlichem Bewußtsein moralisch, der träumende mit dissoziiertem Bewußtsein dagegen, der seine Hemmungen verloren hat, kann wohl noch Triebe der Güte und Ehrlichkeit besitzen, es ist aber kein Verlaß darauf, daß sie obsiegen, und eine Verantwortung kann man ihm nicht auferlegen. Ein dritter Grund für die Unmoralität des Unterbewußtseins endlich ist seine Suggestibilität. Mit dieser Erscheinung werden wir uns später bei der Besprechung des Medienbetruges zu beschäftigen haben. Manche Okkultisten haben die Medien, von den Mehrleistungen ihres Unterbewußtseins bestochen, als Vorläufer einer höheren Rasse gefeiert. Auf moralischem Gebiete scheint sich diese Verherrlichung nicht durchweg zu bestätigen. Zwar ist das Wachbewußtsein eines Mediums für den Unfug und Schwindel, den die Persönlichkeiten seines Unterbewußtseins treiben, nicht haftbar zu machen. Aber ein Medium ist ein Wesen, dessen Gehirn lockerer zusammenarbeitet, als es bei anderen Menschen üblich ist, das also auch im Wachen suggestibel und relativ hemmungslos ist, sein normales Bewußtsein nähert sich, wie bei allen Hysterischen, etwas dem Unterbewußtsein. Ebenso nun, wie viele Hysterische eitel, schauspielernd, verlogen, launisch, gehässig sind, zeigen sich ähnliche Eigenschaften bei vielen, wenn auch nicht eben bei allen Medien. Laura J. Finch, selbst mediumistisch veranlagt, spricht den meisten Medien Liebe, Seelenadel, Uneigennützigkeit ab, schildert ihre gegenseitigen Eifersüchteleien, ihre beständige Annahme, die anderen Medien seien nicht echt, wodurch das Zusammenarbeiten mehrerer von ihnen schwer oder unmöglich wird. (XXVIII.)

Also das höher entwickelte, nur lose mit dem Körper verbundene Reserve-Ich, von dem die Spiritisten bei ihrer Unsterblichkeitstheorie ausgehen, ist erstens kein fertiges Reserve-Ich, und zweitens ist es vielfach minderwertig, also wenig zur Unsterblichkeit berechtigt. Fehlt nur noch der Nachweis, daß auch die dritte Voraussetzung falsch ist: Das Unterbewußtsein ist nicht loser, sondern sehr viel fester mit dem Körper verbunden als das Wachbewußtsein. Letzteres entspricht tatsächlich der allgemeinen Erfahrung. Der Psychotherapeut erleichtert die Verwirklichung seiner Suggestionen, wenn er den Patienten vorher hypnotisiert, der Couéismus verlangt, daß derjenige, der sich eine Autosuggestion zuflüstern will, sich vorher in einen Zustand der Müdigkeit, der „Sammlung" bringe, denn vom Unterbewußtsein aus ist der körperliche Organismus stärker zu beeinflussen und willfähriger lenkbar. Der Traum wird durch kaum merkbare Vorgänge im Körperinnern dirigiert, während das geschulte Wachbewußtsein sich bei schwieriger Denkarbeit selbst von heftigen Schmerzen und weitreichenden Zerstörungen im Körper unabhängig machen kann. Kommende Krankheiten kündigen sich in Träumen an, lange bevor das Oberbewußtsein sie ahnt. Zumal die Geschlechtssphäre ist nach vielfachen Beobachtungen eng mit dem Unterbewußtsein und seinen Emanzipationsformen verbunden. Magische Vorgänge finden besonders häufig in der Pubertätszeit, im Klimakterium und während der Menses statt (XXIV, S. 25), geregelter, ehelicher Geschlechtsverkehr läßt die mediumistische Kraft schwinden; unbefriedigtes Liebesleben scheint, wie für das Kunstschaffen, auch für die Leistung des Mediums vielfach Vorbedingung, beide Arten des Produzierens spielen die Rolle von Äquivalenten, bedeuten ein Abreagieren sexueller Sehnsucht. (XVIII, 1921, Dezemberheft: Sommerfeld „Zur Psychol. des Mediums".) Religiöse und künstlerische Ekstasen sind mit sexueller Erregbarkeit verbunden, geschlechtliche Attacken können nicht nur zu hysterischen Anfällen, sondern, wie im Falle der von Flournoy geschilderten Cécile Vé, zu besessenheitsartigen Bewußtseinsteilungen führen, in denen das Tierische im Menschen die Rolle des bösen Geistes spielt. Deutet alles dies auf ein Unterbewußtsein, das nichts mit dem Körper zu tun hat?

Sehr fern liegt diesen Darlegungen die materialistische Tendenz, Ideale in den Staub zu ziehen. Gewiß ist das Unterbewußtsein ein Reich ungeahnter Wunder, gewiß haftet ihm etwas geheimnisvoll Göttliches an — ganz ebenso wie jeder Organismus, jedes Atom, in seiner Tiefe durchschaut, göttlich wird. Aber nie finden wir dieses Göttliche, wie die Vertreter transzendenter Religionen und Philosophien wollen, hinter und jenseits der Natur, und nie ist es absolut fehlerlos, über Not und Kampf hinausgehoben, erstarrt und entwicklungslos in einem mystischen „Himmel", sondern behaftet mit Mängeln, mit Sünde und Schmerz, die es als Entwicklungsfermente emporheben zu Fortschritt und Sieg. Lernt erst mit Jacob Böhme verstehen, was Göttlichkeit ist, ehe ihr uns vorwerft, wir entgötterten die Welt!

III. MEDIUMITÄT

Mediumität und Hysterie

Medien oder Sensitive sind Personen, deren Unterbewußtsein sich leicht vom Drucke des Oberbewußtseins befreit, sich leicht organisiert und eine selbständige Rolle spielt, entweder so, daß es, bei sonst intaktem Seelenzusammenhang, seine bekannten „Steigrohre" benutzt, d. h. durch automatisches Schreiben, Planschette, Kristallvisionen seinen Inhalt kundgibt, oder so, daß es gelegentlich in Zeiten der Autohypnose (Trance), des Nachtwandelns und Dämmerzustandes zur Herrschaft kommt. Da Mediumität nichts weiter ist als deutlich und isoliert hervortretendes Unterbewußtsein, so stellt das ganze vorangegangene Kapitel über die Psychologie des Unterbewußtseins auch schon die Grundlage einer Psychologie der Mediumität dar. Alles was wir über Teilungsmöglichkeit, Gegensätzlichkeit, gesteigerte und verminderte Leistung des Unterbewußtseins gesagt haben, betrifft Erscheinungen, die sich bei den Sensitiven, den Somnambulen, den Medien deutlicher als bei anderen Menschen kundgeben und ihnen ihre Sonderart verleihen.

Was aber sind das für Menschen, bei denen sich das Unterbewußtsein leicht emanzipiert? Es sind solche, denen eine gewisse Dissoziation der Hirngebiete eigen ist, so daß ein Hirnteil u. U. seinen Weg gehen kann, ohne sich allzusehr um andere Teile zu kümmern und sich durch sie beengen zu lassen. Diese Erklärung bedingt zweierlei. Erstlich: Frauen haben ein dissoziierteres, minder streng in allen Teilen zusammenarbeitendes Gehirn als Männer; darum spielt auch bei ihnen das Unterbewußtsein eine größere Rolle, vieles wird bei der Frau durch halb unbewußtes Herausfühlen, durch „Intuition" erkannt und erledigt, wozu der Mann sich des vollbewußten, namentlich des begrifflichen Verstandes bedient. Daraus muß man folgern, daß

Medien und Sensitive sich mehr der weiblichen als der männlichen Anlage nähern werden, und dieser Schluß deckt sich mit der Erfahrung, denn die große Mehrheit der Medien ist weiblich. Zweitens gehört weitgehende Dissoziation der Hirnteile und des Bewußtseins zum Wesen mancher krankhaften Zustände des Seelenlebens, vor allem zu dem der Hysterie. Deshalb sind Hysterie und sensitive oder mediumistische Anlage so verwandt, daß man sie vielfach für identisch hält. Tut man das, so muß man allerdings den Begriff der Hysterie ziemlich weit ausdehnen, denn gewöhnlich verstehen wir darunter eine Krankheit mit unangenehmen und schädlichen Symptomen, Medien aber können ganz gesunde, tüchtige, hochintelligente, dem Leben durchaus gewachsene Personen sein. Es ist gar nicht unbedingt nötig, daß Verselbständigung einzelner Hirnpartien stets eine Schädigung darstellt. So viel aber ist richtig, daß wohl die meisten Sensitiven ausgesprochene hysterische Kranke sind, und daß jede Äußerung mediumistischer Anlage eine gewisse Vorsicht erheischt, damit nicht Hysterie im schlimmen Sinne daraus entsteht. Wer automatisch schreiben lernt, verselbständigt sein Unterbewußtsein, indem er ihm eine Stimme gibt, züchtet also eine mediumistische Anlage in sich. Man hat öfter die Frage aufgeworfen, ob automatisches Schreiben schädlich sei. Die Antwort der Erfahrenen lautet: Nein, sofern man es nicht so weit treibt, daß es zwangsmäßig wird. Übertreibt man das interessante Spiel, so kann es dahin kommen, daß die Hand geradezu gewaltsam zum Schreiben genötigt wird, daß, wenn man zu widerstehen versucht, „die Geister" sich durch Kopfschmerzen und sonstiges Unbehagen rächen und schließlich ihren Willen mit solchen bösartigen Mitteln durchsetzen; da ist dann die Grenze überschritten, wo die Krankheit beginnt. Willing game ist ein englisches Gesellschaftsspiel, bei dem ein Uneingeweihter eine Handlung erraten und ausführen soll, die die anderen Mitglieder des Kreises verabredet haben. Er soll etwa einen Herrenhut vom Riegel nehmen und ihn einer bestimmten Dame auf den Kopf setzen. Manche Personen, namentlich Kinder, erlangen weitgehende Übung in diesem Spiel und bringen es zu einem erstaunlich raschen und treffenden Erraten. Sie müssen sich zu diesem Zwecke in einen völlig passiven Seelenzustand versetzen und willenlos den Antrieben folgen, die sie in sich aufsteigen fühlen. Dabei geraten sie oft in Autohypnose, in Trance, so daß sie die vorgeschriebene Handlung im Zustande der Geistesabwesenheit vollziehen und nachher nicht wissen, was sie getan haben und wohin sie gegangen sind. Mit diesem Verfallen in einen somnambulen Zustand hilft sich ihre Natur, um die Aufgabe lösen zu können, denn das herrschend gewordene Unterbewußtsein ist, wie wir wissen, hyperästhetisch, kann das leiseste unwillkürliche Flüstern der Anwesenden verstehen, die feinsten mimischen Zeichen verwerten, vielleicht auch durch direkte Gedankenübertragung die Ideen der nahesitzenden Personen abzapfen. Nun hat sich herausgestellt, daß bei Kindern, die dieses Spiel allzu leidenschaftlich betrieben und sich dadurch zu geübten Sensitiven ausbildeten, häufig hysterische Symptome zutage traten, so daß der Arzt sich ins Mittel legen und die weitere Ausübung verbieten oder auf seltene Fälle beschränken mußte. Wenn also Mediumität keine Hysterie ist, so stellt sie doch eine Anlage dar, aus der jeden Augenblick Hysterie werden kann. Das Unterbewußtsein hat seine Schwächen, Ausartungen, Böswilligkeiten und kann, wenn es der Kontrolle des Oberbewußtseins gar zu sehr und andauernd entzogen ist, leicht im Sinne der Krankheit davon Gebrauch machen*).

Wie man sich beim willing game passiv einstellen muß, damit es gelingt, so muß jeder, der sein Unterbewußtsein

---

*) Die Erfahrungen, die in der Wiener psychiatrischen Klinik mit der Wirkung spiritistischer Sitzungen auf Medien und Teilnehmer gemacht worden sind, waren so ungünstig, daß die Sanitätsbehörde die Veranstaltung solcher Sitzungen sowie die Bildung von Vereinen, die sich mit spiritistischen und okkultistischen Experimenten beschäftigen, in den letzten Jahren durchweg verboten hat.

zur Herrschaft zu bringen und so zur Erzeugung okkultistischer Phänomene fähig zu werden wünscht, seinen Willen ausschalten und dadurch das Oberbewußtsein zur Abdankung zwingen. „Der Rutengänger muß ‚set himself', wie es manche nennen, wenn er von seiner Rute Gebrauch macht, das heißt er muß sich für die Außenwelt unempfindlich machen, muß sich passiv und anstrengungsfrei einstellen und sein Bewußtsein nach Möglichkeit in eine tabula rasa (leere Tafel) verwandeln." (XXIX, S. 244 ff.) Gibt er in dem Moment, in dem die Rute in seiner Hand lebendig wird, selbst einen Ruck, also ein Aktivitätszeichen, so ist das Phänomen vorüber. (XXIX, S. 267 ff.) Auch wer sich hypnotisieren lassen, wer sich eine Autosuggestion im Sinne Coués zuflüstern will, muß sich in Passivität versenken und alles Denken, Kritisieren, Prüfen und Wollen beiseitelassen. Solche Erfahrungen schienen der Lehre Coués recht zu geben, daß zwischen dem Willen und dem Unterbewußtsein (oder, mit Coué gesprochen, der Einbildungskraft) ein Gegensatz bestehe. Die Folgerung ist falsch, denn das Unterbewußtsein hat ganz gewiß seinen eigenen Willen. Der Erzieher eines psychopathischen Kindes, das an tickartig und anfallsweise auftretender Ungezogenheit leidet, wird nicht im Zweifel sein, daß er es hier sogar mit einem sehr starken, schwer zu bändigenden Willen zu tun hat. Aber es ist nicht der „eigene" Wille des Kindes, nicht der bewußte, nicht der des normalen, wachen Seelenlebens. Dieser letztere Wille muß in der Tat sich preisgeben und dem Unterbewußtsein Platz machen, wenn es sich heben und seine Wunder entfalten soll. Der Sensitive macht sich zu einer Maschine, die sich von einer unsichtbaren Kraft treiben läßt.

Mediumität und Spiritismus

Vergegenwärtigt man sich die Eigenschaften der Mediumität und des in ihr herrschend werdenden Unterbewußtseins, die wir kennengelernt haben, so begreift man leicht, daß aus ihnen die spiritistische Hypothese mit innerer Notwendigkeit sich ergeben mußte.

Wer an sich oder anderen eine Bewußtseinsteilung zu beobachten Gelegenheit hat und noch nicht über die psychologischen Vorkenntnisse verfügt, die sich der Leser dieser Ausführungen mit Hilfe des vorangegangenen Kapitels angeeignet hat, kann der Annahme, daß es körperlose Geister gebe, nicht entgehen. Er sieht, wie ein menschlicher Körper von einer Intelligenz beherrscht wird, die dem alten Ich dieses Körpers an Wesensart, Erinnerungen, Stimme, Handschrift durchaus nicht gleicht. Auch empfindet das normale Ich den Eindringling ausdrücklich als etwas Fremdes, alle Gedanken, Äußerungen, Bewegungen des letzteren sind mit Fremdheitsgefühl gesättigt und werden als gewaltsam aufgezwungen empfunden. Woher aber kommt die eingewanderte Intelligenz? Sie kann vorher keinen Körper gehabt haben, sonst hätte sie doch keinen Anlaß, einen lebenden Menschen vorübergehend aus seinem Körper zu verdrängen. Daß Seele und Körper trennbar sein müssen, zeigt ja auch die Tatsache, daß die Seele des lebenden Menschen hier zeit- oder teilweise aus ihrem Körper hinausgestoßen wird, um später wieder in ihn zurückzukehren; sie muß sich also inzwischen auch ohne Körper beholfen haben. Man sieht, selbst ohne die Erfahrungen von Tod und Traum hätte sich aus solchen Erscheinungen die Theorie körperloser Geister bilden müssen.

Zur spiritistischen Lehre aber gehört nicht nur die Ansicht, daß es überhaupt Geister gibt — solche könnten ja auch Teufel, Dämonen, Engel sein, die nie auf Erden gelebt haben —, sondern vor allem, daß verstorbene Menschen als solche körperlosen oder nur mit einem Ätherleib versehenen Geister weiterleben. Diese Idee ist nun allerdings ursprünglich aus den Träumen und Halluzinationen entstanden, in denen uns Verstorbene leibhaftig vor Augen treten. Sobald aber dieser uralte Glaube einmal vorhanden ist, sorgen zwei Eigentümlichkeiten des Unterbewußtseins dafür, daß er sich bei Personen mit Bewußtseinsteilung fortwährend bestätigen muß und immer neue Nahrung erhält.

Die erste dieser beiden Eigenheiten ist die Suggestibilität des Unterbewußtseins. Der Mensch, bei dem ein zweites Ich in der Bildung begriffen ist, braucht nur auf den Gedanken zu kommen, die so seltsam von seinem Körper besitzergreifende Intelligenz könnte der Geist der verstorbenen Mutter sein, oder ein anderer braucht nur diese ziemlich naheliegende Vermutung zu äußern, so wird das unbedingt lenkbare Unterbewußtsein, das sich abgespalten hat, sofort dieses Stichwort aufgreifen. Alsbald wird der kontrollierende Geist in Stimme, Bewegungen und Manieren, Erinnerungen und Charakter der toten Mutter ähnlich werden und sich mit ihrem Namen benennen, auch wird er alles aufbieten, um seine Identität mit ihr zu beweisen. Der Suggerent aber, der durch seine hingeworfene Bemerkung die Angleichung ausgelöst, hat gewöhnlich schon längst vergessen, was er gesagt hat, ahnt nicht, daß er selbst die Ursache der Illusion sei und glaubt deshalb um so fester an sie. Nur ein kritischer Beobachter vermag zuweilen nachträglich das Suggestionswort ans Licht zu ziehen, so wie es Flournoy gelang, die Quelle des Marsromans, der sich im Geiste der Helene Smith entwickelte, in einigen Worten eines Sitzungsteilnehmers zu ermitteln; letzterer hatte nämlich in einer früheren Sitzung geäußert: „Wie interessant wäre es, wenn man erfahren könnte, was auf anderen Planeten vorgeht!" Dieser Einfall, den sein Urheber sofort wieder vergaß, war der Keim gewesen, der, auf den fruchtbaren Boden einer hemmungslos suggestiblen Seele fallend, ein ganzes Volk von Marsmenschen wachsen ließ.

Zweitens erhält die spiritistische These beständig Sukkurs durch die Tendenz des Unterbewußtseins, zu veranschaulichen und zu symbolisieren. Dank dieser Besonderheit liebt es namentlich der Traum und die Trugwahrnehmung, abstrakte oder sachliche Ideen zu personifizieren, d. h. ihnen Geister Verstorbener oder seltsame, geisterartige Gestalten als Vertreter, Überbringer, Träger zuzugesellen. Helene Smith bringt als Kind eine Staude betäubend duftender Blumen nach Hause, ohne sich über deren Gefährlichkeit klar zu sein; sie hört aber auf dem Wege anhaltendes scharfes Pfeifen, als ob ein unsichtbarer Vogel ihr nachflatterte und seinen Warnungsruf erschallen ließe, wird deshalb ängstlich und geht schneller. In bedenklichen, namentlich ihr Schamgefühl bedrohenden Lebenslagen hat sie oft die Halluzination eines ernsten, schweigenden Mönches in langer brauner Kutte mit weißem Kreuz auf der Brust, der ihr wie ein Schutzgeist nahetritt. Hennig berichtet folgenden Fall (XV, S. 552): „Ein mir befreundeter Oberlehrer träumte einst, daß die kalte Totenhand des kürzlich verstorbenen Vaters ihn berühre. Vor Schreck erwacht, nimmt er ein leichtes Zischen wahr, und es stellte sich bei einer sofortigen Untersuchung heraus, daß der Gashahn offen stand und daß Leuchtgas ausströmte." Hier hatte das Unterbewußtsein das bedrohliche Geräusch gehört, hatte zu dem Eindruck des Zischens die naheliegende Vorstellung „eisig kalt" hinzuassoziiert und nunmehr durch die Zitierung des verstorbenen Vaters dem ganzen Komplex dramatisches Leben eingehaucht. Professor Hilprecht arbeitet in den Ruinen von Nippur in Babylonien und vermag die Keilschriften auf zwei Fragmenten nicht zu entziffern. Nachts träumt er, ein Priester aus dem alten Nippur trete zu ihm und teile ihm mit, die beiden Fragmente gehörten zusammen, seien Stücke eines Votivzylinders, er erklärt ihm auch den Inhalt der Inschrift und berichtet die Veranlassung, die einst zum Zerschneiden des Zylinders geführt habe. Diese Mitteilungen erweisen sich bei späterer Prüfung als richtig. Hier hatte natürlich eine Kombination des Unterbewußtseins, die am Tage noch nicht ins Oberbewußtsein vorgedrungen war, im Traume sich offenbaren können, wieder aber wird die Seele eines vor Jahrtausenden Verstorbenen gewissermaßen als Rahmendichtung hinzugefügt, um der Botschaft als Träger zu dienen. Wer zahlreiche Fälle dieser Art kennt, weiß, daß es sich hier um eine alte, wohlbekannte Übung des Unterbewußtseins handelt und nimmt sie nicht tragisch. Wem aber ein solcher Traum einmal im Leben vorkommt, der fragt sich erschauernd, ob hier nicht doch eine übersinnliche Macht in sein Dasein eingegriffen habe, und das seine Toten betrauernde und wundersüchtige Herz beantwortet nur zu gern diese Frage mit Ja.

Aus solchen, sich die Hand reichenden Gründen wird ein Medium leicht dazu veranlaßt werden, die Rolle eines Verstorbenen zu spielen. Nun aber kommen noch weitere Momente hinzu, die geeignet sind, dieses Spiel so vollkommen zu gestalten, daß es durchaus den Anschein der Echtheit erwecken muß. Das Unterbewußtsein des Mediums ist hypermnestisch; es kann uns manches aus dem Leben des angeblich anwesenden Toten mitteilen, was wir selbst völlig vergessen hatten, was sich aber bei näherer Prüfung als wahr erweist. Schon das sieht wie eine Bestätigung aus. Das Unterbewußtsein ist auch hyperästhetisch. Nehmen wir an, der Geist einer verstorbenen Tante offenbare sich uns in einem Medium, das diese Dame nie gekannt hat. Um uns von der Identität des Geistes zu überzeugen, fragen wir: „Wie hieß das Kind, das du vor fünf Jahren in Pension hattest?" Während nun das Medium, zuerst vielleicht sehr hilflose, Versuche macht, den Namen zu finden, denken wir selbst sehr stark an ihn, der richtige Name, Lucy, wird fortwährend von unserem Bewußtsein festgehalten. Es ist vielen Menschen unmöglich, andauernd an ein Wort zu denken, ohne Lippen, Zunge, Kehlkopf ansatzweise so zu bewegen, als ob man es aussprechen wollte. Der Zwang, unwillkürlich zu flüstern, wird noch viel gebieterischer, wenn wir dringend wünschen und darauf warten, daß ein anderer es ausspreche. Wer kann z. B. einem über einer

Antwort drucksenden Schüler zuhören, ohne sie leise mit den Sprachwerkzeugen anzudeuten! So also bewegen wir die Lippen, als ob wir „Lucy" sagen wollten, und das abnorm feinhörende Medium kann das vernehmen. Vielleicht hört es zunächst noch nicht ganz richtig und sagt „Lud—wig". Dabei sieht es, wie wir zuerst bei der Silbe „Lud" ein erfreutes Gesicht machen, bei „wig" dagegen die Stirn in Falten ziehen und ein ärgerliches, leises Stöhnen von uns geben. Nun rät es weiter: „Lu—dolf", „Lu—cy", und bei der Silbe „cy" sieht es ein ansatzweises Kopfnicken und hört einen befreiten, tiefen Atemzug. Nicht nur wir geben diese Zeichen ganz unwillkürlich, auch dem Medium kommen sie vielleicht nicht zum Bewußtsein, Tatsache ist nur, daß es schließlich weiß, Lucy muß der richtige Name sein. Hören wir aber, daß ein Medium etwas aussprechen kann, was außer uns kein Mensch im ganzen Kreise weiß, so ist es für den Nichtinformierten schon fast unmöglich, sich dem Eindrucke zu entziehen, daß er dem wirklichen Geiste der verstorbenen Verwandten gegenübersteht. Damit aber noch nicht genug. Das Medium im Trance verfügt wahrscheinlich auch über telepathische Fähigkeiten, es kann uns auch solche Gedanken und Kenntnisse abzapfen, die wir nicht flüstern, an die wir nicht bewußt denken, ja die vielleicht überhaupt nicht mehr für unser Oberbewußtsein erreichbar sind. Das Medium beginnt, Erstickungsanfälle zu bekommen, keuchend und schnell zu atmen und sagt: „Denkst du noch daran, wie ich leiden mußte?" Jetzt erst fällt uns ein, daß die Tante an Lungenentzündung gestorben ist. Das Medium fährt fort und sagt mit seiner veränderten Stimme, die einen Anklang an diejenige der Verstorbenen aufweist: „Hast du noch die Photographie von mir, auf deren Rückseite ich geschrieben hatte: Wenn ich nicht mehr bin, wird dieses Bild dich an mich erinnern?" Wir erwidern: „Ich besitze gar kein Bild von dir." „Doch," antwortet der Geist, „sieh nur zu Hause in dem alten Familienalbum nach, das in braunem Leder gebunden ist. Da befindet sich das Bild auf der zwölften Seite." Zu

Hause angelangt, suchen wir mit sehr wenig Vertrauen zur Sache das alte, zwanzig Jahre nicht geöffnete Album heraus, schlagen die zwölfte Seite auf und finden das Bild, dessen Existenz wir längst vergessen hatten, und auf dessen Rückseite stehen die vom Geiste zitierten Worte, die je gelesen zu haben, wir uns nicht erinnern können. — Was hier geschildert wird, ist eine sehr gelungene Sitzung, aber vorgekommen ist Ähnliches in zahlreichen Fällen. Wie sollte jemand, der das erlebt und nichts von Kryptomnesie und Gedankenübertragung aus dem Unterbewußtsein weiß, nicht Spiritist werden und seine neue, ihn beglückende Lehre mit Begeisterung verbreiten?

Der Spiritismus ist durchaus nicht bloß eine Torheit beschränkter Menschen, sondern ein auf einer gewissen Stufe der menschlichen Erkenntnis unentrinnbarer Irrtum. So gut wie unser Organismus gewisse Entwicklungsstörungen durchmachen muß, etwa zur Zeit des Zahnens, der Pubertät, der Wechseljahre, so stehen für die Entfaltung der gesamten menschlichen Erkenntnis gewisse Irrwege und Sackgassen bereit, denen unbedingt jedes irdische Volk verfallen würde, das neu und unabhängig zu forschen anfangen würde. Die Geschichte der Philosophie hat eine ganze Reihe von Beispielen dafür, aber nur wenige, bei denen die Irreleitung so planmäßig, durch so zahlreiche einander die Hände reichende Erfahrungen motiviert ist wie beim Spiritismus. Was das für eine geheimnisvolle Weltallsmacht ist, die uns armen, suchenden Menschenkindern die Binde vor die Augen knüpft und sich über unser hilfloses Straucheln belustigt, das zu erörtern wäre wohl eine der tiefsten Fragen der Philosophie und Religion; wir haben es hier nicht mit ihr zu tun. Wohl aber dürfen wir darauf hinweisen, daß derjenige, der die Spiritisten verspottet und herabsetzt, ganz unhistorisch denkt und nicht mit der Gebundenheit früherer Erkenntnisetappen rechnet. Es ist die Leidenschaftlichkeit des Kampfes auf okkultistischem Gebiete, die es so schwer macht, dem Gegner gerecht zu werden.

145

Medienbetrug

Der vielbesprochene Medienbetrug ist in vielen Fällen absichtlicher, bewußter Schwindel. Es gibt zweifellos zahlreiche Scheinmedien, die überhaupt nicht fähig zur Hervorbringung echter Symptome sind. Motive sind ausreichend vorhanden: Für einen Taschenspieler ist es viel leichter und viel lohnender, sich als Medium zu betätigen, als sich einfach als Prestidigitateur zu bekennen; denn in ersterem Falle kann man den sensiblen Stimmungsmenschen spielen, auf den größte Rücksicht zu nehmen ist, kann Dunkelheit verlangen, kann heikle Situationen mit Anfällen maskieren, kann nähere Prüfung verbieten, weil sie gesundheitliche Schädigung bewirken könnte; man hat ein gläubiges, ungemein dankbares Publikum, was man bietet, wird nicht als Kuriosität und Zirkustrick, sondern als Grundlage einer neuen Weltanschauung gewertet; das große Medium spielt die Rolle einer Primadonna, die vornehmsten Kreise tun sich vor ihm auf, es wird von maßgebenden gelehrten Gesellschaften „gegründet" wie ein Kohlenbergwerk, es wird eine Weltberühmtheit und findet eine Stelle in den unsterblichen Annalen der Wissenschaft. Und dabei der Triumph des Foppens, das Bewußtsein, daß gelehrte Koryphäen beglückt sind über einen alten Lappen, den man aus unwahrscheinlichen Körperverstecken hervorgeholt und als „Materialisation" produziert hat! Die Wonne des Mystifizierens, die namentlich für die Detektivromanphantasie jugendlicher Personen so verführerisch ist, wo kann sie in ungeheureren Dimensionen ausgekostet werden als hier*)?

Trotzdem diese Umstände zutage liegen, stehen wir doch vor der erstaunlichen Tatsache, daß kein Mensch weiß und beurteilen kann, wie weit eigentlich das Gebiet des bewußten Schwindels reicht. Manche Skeptiker möchten

---

*) Um die sehr interessante Psychologie und die weitreichenden Chancen des Schwindelmediums an der Quelle zu studieren, vergleiche man den Auszug aus den „Confessions of a Medium" im „Dreimännerbuche". (LIV, S. 76 ff.)

fast sämtliche okkultistischen Phänomene dadurch erklären, manche okkultistischen Forscher dagegen halten jede Entlarvung für den Ausfluß der Bosheit der „reaktionären" Gegner. Nicht einmal das ausdrückliche Geständnis, betrogen zu haben, ist ein ganz sicherer Beweis dafür, daß man es wirklich mit unechten Erscheinungen zu tun habe, denn z. B. L. J. Finch erklärt auf Grund ihrer reichen Erfahrung, daß auch falsche Geständnisse durch die große Suggestibilität der echten Medien zustande kommen. Das Reich des befreiten Unterbewußtseins mit seiner auch für den Erlebenden selbst verwirrenden Zwiespältigkeit ist ja das eigentliche Gebiet der falschen Geständnisse; kamen doch zur Zeit der Hexenprozesse die unglücklichen betörten Frauen oft in Scharen und bekannten, daß sie sich dem Teufel hingegeben hätten und auf dem Blocksberg gewesen seien. Als Unterscheidungsmerkmal für Echtes und Nachgeahmtes wird zuweilen angegeben, daß ein Medium, welches nie indisponiert sei und allabendlich zu bestimmter Stunde bestimmte Phänomene zeigen könne, notwendig ein Betrüger sei, denn diese Fähigkeit, die mediumistische Anlage mit der Uhr in der Hand zu kommandieren, vertrage sich nicht mit ihrer kapriziösen Natur, mit ihrer Abhängigkeit von körperlicher Verfassung, Stimmung, Sympathie und Antipathie mit der Umgebung und hundert anderen Momenten. Aber auch dieses Kriterium besagt praktisch nicht viel, denn Übung und Gewöhnung können doch eine gewisse Disziplinierung des Unterbewußtseins erzielen und oft ganze gelingende Serien auch bei solchen Untersuchungen über Unterbewußtseinsleistungen entstehen lassen, bei denen Schwindel kaum in Frage kommt, und andererseits braucht das Scheinmedium erst recht die negativen, ergebnislosen Sitzungen, um sich gefährliche Kritiker und Prüfungsmethoden vom Leibe zu halten. Das Stichwort unseres ganzen Gebietes: „Ignoramus" (wir wissen es nicht) steht in großen Buchstaben schon über diesem Problem, das den Eingang zur eigentlichen okkultistischen Forschung bildet.

Das Zwielicht nun, das in der Frage des Medienbetruges jedes unzweideutige Urteilen verhindert, entsteht dadurch, daß auf diesem Gebiete der absichtliche Betrug in kaum unterscheidbaren Schattierungen in den unwillkürlichen, und ebenso der subjektive, dem Betrügenden wohlbekannte und bewußte Betrug in den rein objektiven übergeht, bei dem der Ausübende ganz ahnungslos und gutgläubig ist.

Diese merkwürdigen Verhältnisse erwachsen zunächst aus der Hemmungslosigkeit, die, wie allen Hysterikern, den Medien eigen ist. Die Dissoziation ihrer Hirnarbeit verhindert, daß ein Hirnteil den anderen kontrolliert und in Schranken hält. Nun führen die okkultistischen Experimente das Medium fortwährend in Versuchung. Seine Leistung ist unzuverlässig, stellt sich nicht immer zur Verfügung und soll doch in Sitzungen vorgeführt werden, die oft mit großen Kosten und Schwierigkeiten veranstaltet werden. Man stelle sich eine solche Sitzung vor, in der stundenlang nichts passiert, die Teilnehmer ungeduldig werden, der Ruf des Mediums auf dem Spiel steht, die Dunkelheit und die Gläubigkeit der Anwesenden den Betrug fast ungefährlich macht! Und nun ist das Medium vielleicht schon auf dem Übergange zum Trancezustand und weiß in seiner Benebelung nicht mehr recht, was es tut. Ist es da ein Wunder, wenn es zu einem Trick greift, den die bereits lax gewordene Kontrolle ihm so leicht macht? — Wird ein Medium beim Betrugsversuch ergriffen und entlarvt, so verteidigen die Spiritisten es stets mit der Motivierung, früher habe es echte Phänomene gezeigt, jetzt aber habe es seine Kraft verloren und der Versuchung nicht widerstehen können, seine Rolle weiterzuspielen. Diese Entschuldigung sieht auf den ersten Blick sehr schlecht aus. Jeder ertappte Dieb sagt: „Es war das erstemal", und man glaubt ihm nicht. Aber bei hemmungslos gewordenen Personen liegt es doch anders, sie würden, in eine so zweideutige Situation geratend, der Versuchung kaum widerstehen können. Die Ausflucht der Spiritisten ist also an sich glaubwürdig, nur dient sie, wie wir sehen werden, eher dazu, ihre Sache zu ruinieren als sie zu verteidigen. — Wenn mediumistisch veranlagte Personen über die Phänomene berichten, die sie an sich selbst beobachtet haben, so reißt ihr Mangel an Selbstkontrolle sie in vielen Fällen dazu fort, die Grenze der Wahrheit zu überschreiten, vielleicht ohne daß sie es inne werden. An den namhaften französischen Spiritisten De Rochas schreibt eine Dame, sie erblicke, seit sie durch das Durchgehen ihrer Wagenpferde heftig erschreckt worden sei, sich selbst neben sich, fühle sich nie allein, führe vollständige Gespräche mit ihrem zweiten Ich. (Soweit ist alles glaubhaft.) Sie habe sich photographieren lassen, und zum Entsetzen des Photographen habe sich auch auf der Platte ein Schatten neben ihrer Gestalt gezeigt. Natürlich bittet De Rochas um das Bild, aber bekommt es nicht, und bald darauf bricht die Korrespondenz ab. (XVIII, 1908, S. 106 ff.) Dieser Fall ist typisch. Höchst selten ist von mediumistisch Veranlagten das Tagebuch oder der Brief zu erlangen, in dem ein Wahrtraum oder eine prophetische Vision vor der Bewahrheitung angeblich eingetragen wurde. Verabredet man sich mit dem Medium, das seiner Behauptung nach durch seinen Willen die Magnetnadel ablenken oder die Uhr stillstehen lassen kann, zu einer Prüfungssitzung, so hat es im letzten Moment eine Abhaltung oder wird krank. Auf okkultistischem Gebiete ist es noch viel gefährlicher als anderwärts, einem Bericht ohne Belege Glauben zu schenken, der Abstand zwischen „Anekdote" und „Tatsache" ist nirgends so groß als hier.

Besondere Formen nimmt die mediumistische Hemmungslosigkeit da an, wo vollständige Bewußtseinsteilung oder vollständiger Trancezustand im Spiele ist. Hier soll das normale Bewußtsein eines Menschen ein zweites Wesen hemmen, das seiner Empfindung nach gar nicht mit ihm identisch ist, das in sich selbst völlig impulsiv und schwer zu bändigen ist, die moralischen Grundsätze des Wachbewußtseins nicht anerkennt, in seinem Charakter ihm vielfach entgegengesetzt ist. Das Oberbewußtsein also kann für sich geltend machen, daß man ihm zuviel zumute, wenn man ihm die Verantwortung für dieses andere Wesen auflädt; und überdies läßt dasselbe sich auch gar nicht immer zurückhalten, teils weil es dem Oberbewußtsein erbitterten Widerstand entgegensetzt, teils weil es seinen Schwindel ganz unbemerkt und heimlich vollzieht, vielfach sogar den unbequemen Kontrolleur aus dem Körper verdrängt und bewußtlos macht. Hier also liegt bereits eine Situation vor, bei der wir zwar noch von objektivem Betruge sprechen können, aber nicht mehr von subjektivem; der „Betrüger" ist weder ethisch noch juristisch für sein Tun haftbar zu machen, kann nicht mehr im tadelnden Sinne Betrüger genannt werden. Folgende Selbstbeobachtung der L. Finch illustriert diese Lage besonders gut. Sie saß hinter dem Vorhang eines Dunkelkabinetts und wollte versuchen, ob sich in ihrer Nähe eine Materialisation zeigen würde; dabei näherte sie sich bereits dem Trancezustande. Nun schreibt sie:

„Ich war völlig bei Bewußtsein, aber unfähig zu sprechen oder mich zu bewegen. Allmählich fühlte ich, daß e t w a s versuchte, mir den Ärmel an meinem linken Arme aufzurollen und den Arm als materialisiert [d. h. als Geisterarm, der aus dem Vorhang herausgriffe] vorgeben wollte, sobald ich das Bewußtsein verloren hätte. [Dieses „Etwas" ist natürlich das Unterbewußtsein, das sich beim Aufrollen des rechten Armes bedient. Man beachte, wie in diesem Ausdruck das Fremdheitsgefühl, das Nichtzugehörig-Fühlen zum eignen Ich zur Geltung kommt!] Dieses Gefühl wurde immer stärker, je tiefer der Trance wurde; aber auch meine Angst wuchs, und ich machte alle Anstrengungen, zu schreien und die Freunde zu warnen, indes vergebens ... Es war ein richtiger Kampf zwischen dem Unterbewußtsein, das das Phänomen wünschte, und meinem normalen Selbst, das hierdurch in eine schiefe und sehr unvorteilhafte Lage gebracht wurde. In meiner Hilflosigkeit betete ich schließlich zu den Mächten, denen ich unterworfen war, und mit dem stummen Notschrei, bewahrt zu werden vor Betrug, verlor ich das Bewußtsein. Und nichts geschah."

Frau Finch hat nach dieser Probe keinen Materialisationsversuch mehr gewagt. Hier war der Widerstand des Oberbewußtseins doch so stark gewesen, daß er auf das subliminale Ich hinüberwirkte und das Äußerste verhinderte, aber nicht überall läßt letzteres sich so unterjochen. Frau Finch, die selbst Psychologin ist und das seltsame Verhältnis der beiden Seelenhälften kennt, vermag die Sache so wissenschaftlich und zugleich so anschaulich darzustellen, daß selbst ein wirklich zustande gekommener Betrug für sie nicht kompromittierend gewesen wäre. Was aber soll ein unwissendes Medium tun, wenn ein die Kontrolle ausübender Sitzungsteilnehmer ihren Fuß zu packen bekommt, mit dem sie den Tisch in Bewegung gesetzt hat? Es wird furchtbar verlegen und stammelt, es wisse gar nicht, wie es dazu gekommen sei, den Fuß zu gebrauchen, dergleichen sei noch nie vorgekommen usw. — haltlose Ausflüchte, die jeder ertappte Dieb vorbringt und die ihm niemand glaubt. Nur der Eingeweihte kann ja wissen, daß gerade bei Tranceerscheinungen ein ganz schuldloser Betrug vorkommt!

Das rein negative Moment der Hemmungslosigkeit erklärt natürlich einen Kampf, wie ihn L. Finch durchzukämpfen hatte, nicht ausreichend. Es muß auch positive Gründe und Motive geben, die ein im Trance befindliches Medium in Versuchung führen und zum Betruge reizen. Vielfach könnte die Feindseligkeit des Unterbewußtseins beteiligt sein: Gerade weil das normale Ich sich vor dem Betruge ängstigt und ihn verabscheut, fühlt jenes sich gereizt und geneigt, einen Possen zu spielen. Viel allgemeiner aber wirkt die Suggestibilität des Unterbewußtseins. Es braucht bei den Anwesenden nur von fern den Wunsch zu erraten, ein bestimmtes okkultistisches Phänomen zu sehen, so fühlt es sich gezwungen, es herbeizuführen, wenn möglich, echt, sonst aber auch mit betrügerischen Mitteln. Fast könnte man sagen, es fälsche aus Gutmütigkeit, um den Leuten den Gefallen zu tun; aber tatsächlich liegt der Erscheinung nicht Sympathie, sondern willenloses Beherrschtwerden durch den Gedanken der anderen zugrunde. Ein wie großer Betrüger wider Willen das suggestible Unterbewußtsein ist, haben schon die Erfahrungen des Hypnotismus gezeigt. Die Forscher der Pariser Schule, die noch nicht genug mit der unabsichtlichen Suggestion rechneten, glaubten zahlreiche neue Reflexbewegungen und Kontrakturen bei Hypnotisierten feststellen zu können; sie bildeten sich ein, durch einwandfreie Versuche den „Transfert" bewiesen zu haben, d. h. das Hinüberziehen von Katalepsie und anderen körperlichen Zuständen von einer Körperseite auf die andere mit Hilfe des Magneten. Die Magnetiseure und Okkultisten haben, im Banne ihrer Lehre vom tierischen Magnetismus und Astralleib stehend, unerhörte Dinge experimentell vorgeführt: Gesicht und Körper des Magnetisierten wendet sich, wie eine Sonnenblume der Sonne, immerfort dem Magnetiseur zu, wenn also dieser das Zimmer umschreitet, beschreiben sie einen förmlichen Kreis. Durville extrahiert — wie er sich einbildet — zwei hypnotisierten Mädchen ihren Astralleib (Double); sticht man in die Luft hinein, wo dieser sich angeblich befindet, so fühlt die sonstige Besitzerin des unsichtbaren Gebildes den Schmerz. Alle solche Versuche aber gelingen nur bei dem Forscher, der die dazugehörige Theorie vertritt, bei anderen nicht; denn der Erfolg kommt nur dadurch zustande, daß die hypnotisierte Versuchsperson weiß oder merkt, was der Experimentator gern sehen möchte, und sich gezwungen fühlt, seinen Wunsch zu erfüllen. Wer derartige Versuche beurteilt, wird die Schuld des Fehlschlusses beim Experimentator suchen und ihm sagen, daß er von der Suggestionslehre nichts verstehe, niemand aber wird die Hypnotisierten, die Versuchspersonen Betrüger nennen; und doch tun sie genau dasselbe wie die schwindelnden Medien und aus demselben Grunde. — Der körperliche Organismus gehorcht dem Unterbewußtsein. So kann es kommen, daß er mit zu betrügen anfängt. Bei hysterischen oder hypnotisierten Frauen, die im Banne der Suggestion stehen, sie seien schwanger, zeigen sich verschiedene Symptome, die für echte Schwangerschaft bezeichnend sind, sogar die Zunahme des Körperumfangs wird nachgeahmt, und zwar bald durch Fettablagerung in den

Bauchdecken, bald durch Blähungen, manchmal auch durch beide Mittel zugleich. Wie ein geschickter Taschenspieler also hat der Körper gleich zwei Tricks zu beliebigem Gebrauche bereit. Will man nun dem Leibe wegen seiner Unehrlichkeit Vorwürfe machen? Ich führe alle diese Beispiele an, um zu zeigen, daß ich nicht etwa aus unberechtigter Sympathie mit den Schwindelmedien annehme, ihre Manöver ständen vielfach auf einer ganz anderen Stufe als der landläufige, ethisch verwerfliche Betrug und hätten mit ihrer Ehrenhaftigkeit und ihrem sonstigen Charakter nichts zu tun.

In manchen Fällen ausgesprochener Bewußtseinsteilung kommt nun zur Hemmungslosigkeit, zur Dämonie und Suggestibilität des Unterbewußtseins noch ein weiterer, sehr merkwürdiger Umstand dazu, der völlig ahnungs- und schuldlosen Betrug veranlaßt. Es kann vorkommen, daß ein Medium im Zimmer umherwandelt, als sei es ein Geist, oder eine schreckliche Sterbeszene spielt, als sei es vom Geiste eines Gestorbenen beherrscht, der seinen eignen Tod nochmals erlebt; und alles das geschieht vollkommen gutgläubig, weil das Wachbewußtsein des Mediums gar nicht den Eindruck hat, daß es selbst mit diesen „Geistern" identisch sei, vielmehr redet es sich ein, es stehe als Zuschauer daneben oder befinde sich sogar an einer ganz anderen Stelle. Eine so weitgehende Persönlichkeitsspaltung bei gleichzeitiger Anwesenheit beider Seelenhälften scheint die Produkte abenteuerlichster Reporterphantasie zu übertreffen, der normale Mensch vermag sich kaum in solche Zustände hineinzuversetzen. Es gibt aber einige, psychologisch sehr wertvolle Schilderungen von Personen, die sie selbst erlebt oder mit angesehen haben und uns deshalb dem Verstehen näher bringen können. Frau Finch berichtet von einem Medium, das auf frischer Tat ergriffen worden war, als es selbst den Geist zu spielen versuchte: „Ich mußte die Hand des im Trance befindlichen Mediums nehmen und es fühlen lassen, daß der Stuhl leer sei, ehe ich es überzeugen konnte, daß kein menschlicher Körper in ihrem Sessel saß." Das Medium bildete sich also ein, es sitze selbst noch im Dunkelkabinett, der draußen umhergehende Geist dagegen sei ein ganz anderes Wesen. Hier wird demnach nicht bloß der Betrug nicht gewollt und nicht bewußt vorgestellt, sondern der fälschlich angenommene Tatbestand würde, wenn er richtig wäre, keinen Betrug darstellen. Das berühmte Medium Frau d'Esperance veranstaltete Sitzungen, in denen der Geist eines jungen arabischen Mädchens, Yolande, erschien. Frau d'Esperance entwirft nun eine Schilderung dessen, was sie seelisch empfand und dachte, während sie im Dunkelkabinett zu sitzen glaubte und Yolande außerhalb des Kabinetts ihre Wunder verrichtete. (XXX, ein Auszug auch IX, S. 598 ff.) Folgende Sätze sind für uns belangreich:

„Es bestand — so kam es mir vor — eine merkwürdige Verbindung zwischen uns ... [Frau d'Esperance und Yolande]. ... Sie kam und ging, soweit ich mir bewußt war, vollständig unabhängig von meinem Willen. Aber wenn sie kam, war sie, wie ich fand, während ihres kurzen materiellen Daseins von mir abhängig. Ich schien nicht meine Individualität, aber meine Kraft und Bewegungsfähigkeit zu verlieren ... Ich fühlte, daß ich in irgendeiner Weise verändert war, aber die Anstrengung, logisch zu denken, beeinflußte auf irgendwelche geheimnisvolle Art Yolande und machte sie schwach. Je stärker und lebhafter sie wurde, desto weniger Neigung hatte ich, zu denken oder zu folgern, aber die Fähigkeit zu empfinden wurde verstärkt bis zu einem schmerzvollen Grade. [Ausgezeichnet ist hier beobachtet, wie das denkende Ober- vom fühlenden und hyperästhetischen Unterbewußtsein verdrängt wird. Das Schwachwerden des ersteren beim Anwachsen des letzteren unterstützt offenbar die Auffassung, daß der Geist sich seine Materie von der Körpersubstanz des Mediums borgt.] ... Zuweilen verursachten mir Yolandes Wanderungen eine unbestimmte Besorgnis. Sie ... war so kühn, daß ich oft von Furcht gequält wurde über das, was sie vielleicht tun könne, und ein unheimliches Gefühl bemächtigte sich meiner, daß jeder Unfall und jede Unvorsichtigkeit von ihrer Seite auf mich zurückfallen würde, in welcher Weise jedoch, davon hatte ich keine klare Idee. Ich mußte dies später lernen ... Wenn zu irgendwelcher Zeit mein Gefühl von Beunruhigung wirklich die Form eines Gedankens annahm, entdeckte ich, daß dies Yolande zwang, in das Kabinett, und zwar immer widerwillig, zurückzukehren und zuweilen mit einer kindlichen Unwilligkeit, die zeigte, daß mein Gedanke eine zwingende Macht über ihr Tun ausübte." [Dies ist der Rest von Bewußtsein der Realität, der sich auch in der tiefsten Hypnose nicht ganz verliert.]

Als schließlich Yolande ergriffen wurde und man Frau d'Esperance selbst fand, die den Geist gespielt hatte, war niemand überraschter und entsetzter darüber als sie. In einem anderen Falle stand die Gestalt eines Geistes Anna vor ihr, während sie selbst auf einem Stuhle zu sitzen glaubte. Sie schildert ihre Empfindungen folgendermaßen:

„Alsbald steht jemand anderes auf und schlingt die Arme ebenfalls um diese Gestalt ... Ich fühle meinen Körper hin und her schwanken, und alles wird dunkel vor meinen Augen. Ich fühle jemandes Arme um mich, obgleich ich allein auf meinem Stuhle sitze. Ich fühle jemandes Herz gegen meine Brust schlagen ... Niemand ist mir nahe, niemand beachtet mich. Aller Augen und Gedanken scheinen auf die weiße schlanke Figur konzentriert zu sein, die dort steht, umschlungen von den Armen der beiden schwarzgekleideten Frauen ... Doch diese Arme um mich? Sicherlich empfand ich niemals eine Berührung so deutlich wie diese ... Bin ich die weiße Gestalt oder bin ich die, die auf dem Stuhle sitzt. Sind es meine Hände, die sich um den Hals der alten Dame schlingen, oder sind diese meine, die auf meinen Knien vor mir liegen? ... Sicherlich sind es meine Lippen, die geküßt werden. Es ist mein Gesicht, das von Tränen naß ist, die diese guten Frauen so reichlich vergießen. Doch wie kann dies sein? Es ist ein schreckliches Gefühl, also den Halt seiner Persönlichkeit zu verlieren."

Lehmann (IX, S. 542) bringt noch andere Beobachtungen unverdächtiger Personen, die sich mit den obigen Bekundungen decken. Die Annahme, daß Frau d'Esperance ihrem Schwindel ein psychologisches, interessantes Mäntelchen habe umhängen wollen, würde sich also nicht halten lassen. Wir stehen tatsächlich vor dem erstaunlichen Faktum, daß ein Medium im Trance, zumal bei Geistererscheinungen, Materialisationen, Fernbewegungen, bei denen echte Leistungen vielfach nicht möglich sind, beständig zum objektiven Betrug gedrängt wird und doch keine Ahnung davon hat, daß es betrügt, weil es seine Handlungen in völliger Verzerrung erblickt.

Wie weit reicht das Anwendungsgebiet dieses unwillkürlichen Schwindels? Wo ist die Grenze, jenseits deren wir das Recht haben, ein Medium als einfachen, bewußten Betrüger zu beurteilen? Es ist äußerst schwer, diese Frage zu beantworten. Bei allem, was im Trancezustand, während der Sitzung selbst geschieht, ist es natürlich stets möglich, daß die hemmungslose Impulsivität, die unwiderstehliche Suggestion der Umgebung, die verwirrende Bewußtseinsteilung eine Rolle gespielt hat. Aber wie, wenn das Medium schon vor der Sitzung seine Vorbereitungen getroffen hat? Wenn es sich die Blumen, die es abends während der Sitzung als Geisterapporte auf den Tisch niederfallen lassen will, vormittags im Blumenladen eingekauft hat, wie dies im Prozeß des Blumenmediums Anna Rothe zutage trat? Der Kenner hypnotischer Erscheinungen kann auch hier noch zweifeln, denn er wird an die sogenannten „posthypnotischen Suggestionen" denken müssen, die sich erst nach dem Erwachen realisieren. Wenn Anna Rothe, als sie im Trance lag, eine Bemerkung der Umsitzenden hörte, Apporte von Blumen würden doch ein guter Beweis für den Spiritismus sein, so konnte, wenn sie am nächsten Tage an einem Blumenladen vorbeiging, dieser als Suggestion fortwirkende Gedanke in ihr wieder lebendig werden. Sie konnte dadurch aufs neue in einen vorübergehenden Trancezustand verfallen, wie er bei Ausführung posthypnotischer Befehle häufig vorkommt. Wir haben ja oben gesehen, daß die Erneuerung einer dem unterbewußten Konstellationsgebiete angehörigen Vorstellung das ganze Unterbewußtsein mit sich in die Höhe reißen, d. h. den hypnotischen Zustand erneuern kann. (Vgl. hier S. 38—39.) So konnte das Medium im Dämmerzustand das Blumengeschäft betreten, ihren Einkauf machen, konnte nach dem Verlassen des Ladens wieder wach werden und die nur dem Unterbewußtsein vertrauten Blumen in ihrer Hand gar nicht bemerken, konnte diese zu Hause verbergen, ohne daß das Oberbewußtsein davon Notiz nahm. Man denke an das früher erwähnte Beispiel mit der aufgebundenen

III. Mediumität

Schürze (Hier S. 33), das uns zeigt, wie das Unterbewußtsein ohne Kenntnis und Kontrolle des wachen Ich seine Tätigkeit fortsetzen kann! Fiel das Medium dann abends während der Sitzung wieder in Trance, so entsann sie sich der Blumen und konnte sie benutzen. Das alles ist psychologisch möglich. Die hier vertretene Auffassung wird von dem englisch-französischen, übrigens sehr zur Skepsis geneigten Forscher Joseph Maxwell geteilt. (XIX, S. 132.) Er hebt hervor: Hat man einem Medium im Trance eine Frage gestellt, so kann es, wenn es an ihrer Lösung arbeitet, wieder in Trance fallen und nun objektiven Betrug begehen, von dem es subjektiv nichts weiß. So scheint Frau Piper einmal, durch eine solche Frage angeregt, den Dichter Browning durchgelesen und sich dadurch für ihr „Geisterwissen" in späteren Sitzungen vorbereitet zu haben, ohne es nachher zu wissen und auszusagen. Und doch zweifelt wohl keiner der englischen und amerikanischen Forscher, die mit Frau Piper experimentiert haben, an ihrer subjektiven Ehrlichkeit. Man sieht hieraus, daß unsere Justiz Schwindelmedien gegenüber wohl schon manches Fehlurteil gefällt haben wird, denn welcher Nichtpsychologe soll, wenn dem Medium umfangreiche Vorbereitungen für seine Tricks nachgewiesen sind, nicht an einfachen bewußten Betrug glauben! Auf diesem Gebiete Sachverständiger vor Gericht sein zu müssen, wäre eine dornige Aufgabe für einen gewissenhaften Mann. — Nur in *einem* Falle kann man, glaube ich, das Schuldig unbedingt aussprechen: dann nämlich, wenn das Medium sich mit Komplicen verabredet hat. Es widerspricht der hemmungslosen Impulsivität des Dämmerzustandes, eine Intrige durchzuführen und das Geheimnis eines andauernden und komplizierten Lügenspiels aufrechtzuerhalten. Hypnotisierte können zwar auch lügen, sind aber doch stets in Gefahr, sich zu verplappern. Personen im Dämmerzustand begehen leicht Verbrechen aus kopfloser Triebhaftigkeit, aber abgekarteter Betrug in solchem Falle ist m. W. nie zur Beobachtung gekommen, er widerspricht auch der vagen Traumseligkeit oder benommenen Dumpfheit dieses Zustandes. Wenn es richtig ist, daß Eva C., die Hauptzeugin der Schrenck-Notzingschen Materialisationsphänomene, sich bei ihren Geistererscheinungen in Algier mit einem ganzen Stabe von Komplicen umgeben hatte, und daß auch ihr Verhältnis zu Frau Bisson außerordentlich verdächtig ist — wenn dies wahr ist, so wäre der Beweis erbracht, daß sie bewußt betrügt, daß sich Teleplasmen mit scheinbarer innerer Bewegung und Pseudopodienbildung künstlich herstellen und mit Hilfe von Tricks blitzartig eskamotieren lassen. Von der ganzen modernen Materialisationslehre bliebe dann schwerlich ein Rest übrig. Man sieht, zu welchen weitreichenden Konsequenzen unsere Analyse des Medienbetruges führt. Der Einwand, es könne ja wohl auch jemand ein *bewußter* Betrüger und raffinierter Intrigant (kein bloßer Impulsivschwindler) und daneben doch ein echtes Medium sein, behauptet etwas, was psychologisch wohl möglich, aber praktisch doch allzu unwahrscheinlich wäre. Man braucht nicht einen zweiten Grund für eine Sache aufzusuchen, die durch *einen* als real nachgewiesenen Grund schon ausreichend erklärt ist. Daß wir die angewendeten Tricks nicht immer verstehen können, ist entschieden kein Grund, auch dem bewußten Betrüger echte Phänomene zuzutrauen, denn die Geschichte des Okkultismus zeigt uns, daß geschickte Tricks oft erst lange Zeit nach ihrer Erfindung und ersten Anwendung durchschaut werden.

Auch außerhalb des Gerichts ist es natürlich, angesichts der Allgegenwart unwillkürlichen und unbewußten Betruges, nicht immer angebracht, ein Medium des absichtlichen Schwindels zu zeihen. Dieselbe Person kann im bürgerlichen Leben höchst respektabel, im Trance dagegen sehr durchtrieben und unzuverlässig sein; was der „Geist" bzw. das Unterbewußtsein anstellt, sollte den guten Ruf des Wachbewußtseins sowenig angehen, als handele es sich wirklich um Ungehörigkeiten einer ganz anderen Person. Aus dem gleichen Grunde muß man sehr vorsichtig sein, wenn man ein Medium dauernd deklassieren und für wissenschaftliche Forschung untauglich erklären will, weil es hier und da ertappt und entlarvt worden ist. Immer muß man in solchen Fällen fragen, ob der Betrug nicht ein impulsiver gewesen, nicht im Dämmerzustand begangen sein kann. Ursprünglich erklärten die englischen Forscher, als sie bei dem bekannten Medium Eusapia Palladino wiederholt auf Betrug gestoßen waren, daß sie mit ihm nicht weiterarbeiten wollten; sie haben sich später zu der Ansicht bekehrt, daß auch ein echtes Medium gelegentlich schwindeln, daß taschenspielerische und übernormale Leistungen bei ihm nebeneinander hergehen können. Der Satz „Wer einmal lügt, dem glaubt man nicht" hat hier seine Kraft verloren. Natürlich sind dabei die Umstände des einzelnen Falles zu berücksichtigen. Wenn Erto unter Zuhilfenahme neuester chemischer Entdeckungen Leuchterscheinungen fabriziert und dabei von Geley entlarvt wird, so kann man ja wohl nicht annehmen, daß ein so raffinierter Betrug im Dämmerzustand ausgeheckt und in hemmungslosem Trancezustand unbewußt ausgeübt worden sei. Aber nur selten liegt die Sache so klar, vielfach können bezüglich der Deklassierung eines Mediums die Ansichten weit auseinandergehen. Dieser verworrenen Lage freuen sich die Okkultisten und suchen jedes entlarvte Medium bis zum Äußersten zu verteidigen. Im Einzelfalle mag das ein Vorteil für ihre Sache sein, im großen gesehen zerstört es sie. Denn wäre hier wie anderwärts im Leben nachgewiesener Betrug ein ausreichender Grund zu endgültigem Mißtrauen, so würden wir allmählich die negative Gewißheit bekommen, dieses und jenes Medium sei auszuscheiden, seine Leistungen seien unecht, auch wenn wir die angewandten Tricks und Hilfsmittel noch nicht kennen. Durch Subtraktion, durch Auslese würde so ein Kreis anerkannt echter Medien und taschenspielerisch nicht nachahmbarer Leistungen übrigbleiben. Bei der tatsächlichen Lage dagegen entsteht gar keine Klarheit. *Jedes Phänomen kann echt sein,* denn das Faktum, daß sein Hervorbringer soundso oft auf Betrug ertappt worden ist, will ja nichts besagen. Und die Okkultisten steigern noch die Verwirrung, indem sie beispielsweise im Falle Guzik und Rudi Schneider erklärten: Der Umstand, daß man die Fernbewegungen und Levitationen dieser Medien trickmäßig hat nachahmen können, beweise nicht, daß diese Erscheinungen bei ihnen nicht echt okkultistische waren, denn man habe ihnen noch nicht nachgewiesen, daß sie sich der betreffenden Tricks wirklich bedient haben. — Wenn vollends dem geständigen Schwindler Laszlo von okkultistischer Seite entgegengehalten wurde, er sei doch echt und erkläre sich nur für einen Betrüger, um die Sache des Okkultismus zu blamieren, wenn also selbst das offene Eingeständnis: „Ich bin gar kein Medium", nicht zur Deklassierung genügt, so schlägt diese Taktik dem Fasse den Boden aus und verhindert jegliche Urteilsbildung. — *Auf der anderen Seite kann aber auch jedes Phänomen falsch sein*, denn die Medien, bei denen es sich gezeigt hat, haben sich schon oft als unzuverlässig erwiesen und eine Grenze des taschenspielerisch Möglichen ist bisher nicht zutage getreten. So gibt es denn wenigstens auf dem Gebiete des *physikalischen* Okkultismus, bei dem die Betrugsfrage im Vordergrunde steht, überhaupt keine Gewißheit und keinen Fortschritt, jede beliebige Ansicht kann mit Gründen belegt, aber ebenso gut von der Gegenseite widerlegt und verlacht werden. Die Diskussion dreht sich beständig im Kreise, nirgends ist ein sicherer Fortschritt zu bemerken, die Beweise, die nicht beizubringen sind, werden teils durch Ukase, teils durch Invektiven ersetzt.

Wir sehen: Okkultistische Medien kann man nur selten des *bewußten* Betruges schuldig sprechen. Die Kehrseite dieser Erkenntnis bildet der Satz: Medien und andere Personen, die sich mit okkultistischen Versuchen beschäftigen, bei denen ja immer leicht Bewußtseinstellung und Verselbständigung des Unterbewußtseins eintritt, kann man niemals von der Möglichkeit *unbewußten* Betruges freisprechen. Das normale Ich einer Person mag so ehrenhaft, so vertrauenswürdig sein, wie es will, gegen Schwindelversuche seiner anderen Seelenhälfte ist es nicht gefeit. Niemand kann beanspruchen, in dieser Beziehung als Ausnahme zu gelten; auch der Verfasser, der sonst, gleich den meisten abstrakt denkenden Gelehrten, durchaus kein besonders selbständiges, emanzipationslüsternes Unterbewußtsein besitzt, war gelegentlich bei Tischklopfsitzungen über die Eigenwilligkeit seiner Hände und Füße geradezu erschrocken. Wer da behauptet, in einer Gesellschaft hochachtbarer Geheimräte oder Aristokraten könne doch nicht betrogen worden sein, wer versichert, die Ehrlichkeit seines Mediums schließe jedes Mißtrauen aus, der kennt die oben dargelegten Tatsachen des unbewußten Mediumschwindels nicht. Von der sonst im bürgerlichen Leben üblichen Schonung des Ehrgefühls kann bei Veranstaltung okkultistischer Versuche keine Rede sein. Schon deswegen nicht, weil es keine persönliche Vertrauenswürdigkeit geben kann, auf die gestützt die wissenschaftliche Welt neue Naturkräfte oder gar eine neue, ins Übersinnliche hinübergreifende Weltanschauung annehmen dürfte. Die Annahme, daß eine uns ganz unbekannte, aber von ihrem Bekanntenkreise für sehr vertrauenswürdig gehaltene Person N. dennoch betrügt, wird stets viel wahrscheinlicher sein als die andere Annahme, daß die Wunder der Fernbewegung und der Materialisation echt sind. Aus diesem Grunde ist unbedingtes, rücksichtsloses Mißtrauen gegen jedes Medium anläßlich okkultistischer Experimente schon eine *logische* Forderung. Die allgegenwärtige Möglichkeit unbewußten Schwindels zeigt, daß es zugleich eine psychologische Forderung ist. Den einzig richtigen Standpunkt fand ich jüngst in der Darlegung eines Okkultisten, welcher erklärte: Wir haben dem Medium gegenüber die Pflicht rigorosester Kontrolle, es hat von uns zu verlangen, daß wir es in seinem hemmungslosen und suggestiblen Seelenzustande vor den kompromittierenden Situationen schützen, in die es, wenn ihm auch nur die leiseste Möglichkeit zum Betruge gelassen wird, in seiner Ahnungslosigkeit so leicht gerät. Ein vernünftiges Medium wird das selbst einsehen und genaueste Körperuntersuchung vor, sorgfältigste Kontrolle von Händen und Füßen und ausreichende Beleuchtung während der Sitzung fordern, schon weil es in seinem eigenen Interesse liegt, daß die an ihm gemachten Beobachtungen wissenschaftlichen Wert haben.

So sollte die Praxis aussehen (vorausgesetzt, daß es eine zureichende Form der Kontrolle gäbe, was leider nicht der Fall ist). Tatsächlich ist sie meist so, daß letzten Endes das Medium bzw. der „Geist" bestimmt, wie die Plätze besetzt, wann und in welchem Maße Beleuchtung zugelassen werden soll, wie genau die Körperuntersuchung, wie fest die Fesselung sein darf, wann die Vorhänge des Dunkelkabinetts geöffnet werden können, wohin die Hand des Prüfenden greifen darf und wohin nicht. Schrenck-Notzing mit seinem Prinzip, das Medium auf wissenschaftliche Bedingungen zu trainieren, hat einigen Wandel geschaffen, aber auch er erklärt, daß er mit Willy Schneider um jede Kerzenstärke Beleuchtung habe kämpfen müssen, das Medium bleibt also gleichberechtigter Kontrahent und hat es in der Hand, die für seinen Betrug erforderlichen Bedingungen aufrechtzuerhalten. Begründet wird diese Konnivenz der Versuchsperson gegenüber, die sonst nirgends auf dem Gebiete der Psychologie existiert, damit, daß es nur wenige gute Medien gibt und man froh sein muß, wenn ein solches überhaupt Sitzungen bewilligt; daß das Auftreten der Phänomene von der Stimmung der sehr sensiblen Somnambulen abhängt und man sie daher nicht durch Mißtrauen und Skepsis, durch Zwang, durch Verletzung des Schamgefühls, durch Schmerzen oder brutales Vorgehen beim Binden oder Prüfen verstimmen darf; daß Licht das im Trance liegende Medium schädigen, ihm Krämpfe, Kopfschmerzen, Benommenheit eintragen könnte; daß Licht und gespannte Aufmerksamkeit der Zuschauer die Phänomene hemmen usw. Wir werden später das Arsenal von Hilfshypothesen kennenlernen, durch die exaktes Experimentieren verhindert und für jeden Schwindel eine Ausflucht geschaffen wird.

Ein eklatantes Beispiel beleuchtet die Situationen, die so entstehen, am besten. Ingenieur Fritz Grunewald, einer unserer namhaftesten Okkultisten, hat mit dem Sensitiven J. Versuche angestellt, die dessen magnetische Kraft betrafen. J. steckte seine Hand durch einen Drahtspulenring mit angeschlossenem Galvanometer, dabei gab die Magnetnadel des Apparats einen Ausschlag; ein solcher fand auch statt, wenn die Hand ruhig im Ringe blieb und J. auf Kommando durch Willensimpulse seine Kraft modifizierte. (XXXI, S. 5o ff.) Die Leistung hätte sich fingieren lassen, wenn J. einen Magneten am Körper verborgen hielt. Deswegen wurde er gewöhnlich vor dem Versuch entkleidet, untersucht und mußte neue, vorgeprüfte Kleider anziehen. [Die Unmöglichkeit erschöpfender Körperuntersuchung werden wir später erkennen.] Bei dem Versuch mit den „Willensimpulsen" hielt Grunewald diese Vorsicht für unnötig; hier, wo die Hand ruhig liegenblieb, schien ein Magnet keinen Einfluß üben zu können. [Warum? War kein Vor- und Zurückschieben eines im Ärmel verborgenen Magneten, gleichzeitig mit den Willensimpulsen, möglich?] Diesen Versuch nun führte Grunewald einem Kreise von Gelehrten vor. Einer der Anwesenden wünschte, daß J. ihn mit entblößtem Oberkörper wiederhole: Ein, wie man sieht, selbstverständliches Verlangen, gegen das sich kaum vernünftige Einwendungen machen ließen. Aber J. erhob gegen diese „Zumutung" erregten Einspruch, was für jeden Unbefangenen dem Eingeständnis, daß er mit einem versteckten Magneten arbeitete, ziemlich gleich kam. Und Grunewald nahm die Partei J.s; der große Sensitive durfte ja nicht verstimmt werden. Gewiß kann man mit so weitgehender Schonung leicht zu Experimenten und sogenannten Resultaten kommen, aber was sind sie wert?

Grunewald veranstaltete in Kopenhagen Versuche mit dem norwegischen Medium Ejnar Nielsen, das aus dem

Munde heraus „Teleplasma" materialisierte. Angeblich soll nämlich ein Medium Teile seiner Körpersubstanz dematerialisieren, d. h. gasartig auflösen können, sie sollen sich außerhalb seines Körpers zu neuen sichtbaren organischen Gebilden, dem sogenannten Teleplasma, zusammenballen und später wieder, aufs neue dematerialisiert, in den Körper des Mediums zurückkehren können. Bei diesen Versuchen passierte mancherlei Verdachterregendes. Das in den Mund zurückkehrende Teleplasma ging einmal nicht recht hinein, das Medium würgte daran. Wo blieb da die Dematerialisation, die Auflösung in unsicht- und unfühlbares Fluidum? Nur zweimal bekam Gr. das Heraustreten des Teleplasma aus dem Munde zu sehen, sonst blieben die Vorhänge des Dunkelkabinetts geschlossen, bis das fertige Produkt gezeigt werden konnte. Auch erhielt Gr. kein Stück des Teleplasma zur Untersuchung. Der Brotkorb sachgemäßer Kontrolle wurde ihm also recht hochgehängt, und er ließ sich das ruhig gefallen. Das Medium mußte bei Laune erhalten werden, sonst hätte es sich womöglich nicht mehr für weitere Darbietungen zur Verfügung gestellt. Und überhaupt, was soll das ewige Nörgeln und Zweifeln der unbelehrbaren Skeptiker! Ein überzeugter Okkultist weiß von vornherein, sein Medium ist zuverlässig und läßt sich das freundschaftliche Zusammenarbeiten mit ihm nicht durch Aussäen von Mißtrauen und Verdacht trüben. — Kurze Zeit darauf, Anfang 1922, wurde Nielsen in Kristiania entlarvt. Eine Reihe von Sitzungen vor einer Kommission der Universität zeigte, daß er kein Teleplasma produzieren konnte, sobald die Kontrolle strikt gehandhabt wurde. Man sprach daraufhin die Vermutung aus, er habe die früher beobachteten Phänomene betrügerisch erzeugt. Die Freunde Nielsens wollten diesen Verdacht nicht auf ihm sitzenlassen und experimentierten weiter mit ihm, bis man einmal eine Fäcesspur an der Innenseite seines Kleides fand, die vom After zu einem kleinen Loch in dem Gazeschleier führte, mit dem während der Versuche sein Kopf verhüllt war. Auf Grund dieses Befundes wurde, wie Grunewald hübsch sagt, eine Erklärungsmöglichkeit durch Betrug „konstruiert", d. h. es schien nicht ganz jenseits jeder Denkmöglichkeit zu sein, daß Nielsen den im Mastdarm versteckten Lappen mit der nach innen gezogenen Hand herausgeholt, bis zum Gesicht durchgeführt und dort durch das Loch in der Kopftüllmaske herauspraktiziert hatte. Fast gleichzeitig wurde Nielsen in Paris von einer Kommission geprüft, die sich auf Grund eines Preisausschreibens der Zeitung Matin gebildet hatte. Sein Teleplasma stellte sich dabei als im Ärmel versteckte Seidengaze heraus. Nun sollte man annehmen, daß Grunewald, dessen Vertrauensseligkeit sich so schwer gerächt hatte, etwas in sich gegangen wäre; Fehler kann jeder machen, zumal auf diesem heiklen Gebiete, aber die Fähigkeit, aus der Erfahrung zu lernen, dürfte dabei nicht verlorengehen. Weit gefehlt! In seinem Aufsatze „Ökonomie der Forschung" (XVIII, Maiheft 1924) erklärt er, daß er noch immer Nielsens Leistungen für echt halte. Er macht den Männern Vorwürfe, die „zu Beginn der (Kristianienser) Kontrolluntersuchungen ihre Hand für des Mediums Echtheit ins Feuer gelegt hätten" und nun doch abtrünnig geworden seien*). Und er empfiehlt, um der lästigen Medienentlarvung ein für allemal ein Ende zu machen und die als echt bekannten Medien wie Eva C., Ejnar Nielsen, Jean Guzik, Willy Schneider nicht weiter durch die „anmaßende Unerfahrenheit approbierter Gelehrter" abschrecken und verderben zu lassen, daß die Parapsychologen ein mit ausreichenden Mitteln versehenes internationales Institut gründen, das die Medien monopolisiert und den „Dilettanten" so durch Wegnahme ihrer Studienobjekte das Handwerk legt. Die Ok-

---

*) An anderer Stelle (Juniheft 1922) gibt Gr. den Betrug in Kristiania zu, meint aber, es sei nur gelegentlich durch Suggestion entstanden, bei den Kopenhagener Versuchen sei er wegen der Enge des Baumwollkleides unmöglich gewesen. Man stelle sich ein Baumwolltrikot vor, bei dem es nicht möglich sein soll, die Hand zwischen Körper und Kleid hindurchzuzwängen!

kultisten wollen also fortan, börsentechnisch gesprochen, „das Geschäft in sich machen". Praktische Ansätze dazu haben sie bereits in Paris und Berlin unternommen; in beiden Städten haben sie versucht, kritisch gesonnene psychologische Kommissionen an der Durchführung ihrer Arbeit zu hindern, indem sie öffentliche Warnungen an die Medien erließen. Die ganz negativistisch eingestellten Gegner des Okkultismus könnten solchen Bestrebungen nur Glück wünschen; die parapsychologische Forschung würde sich dadurch in eine von der Welt nicht mehr beachtete Sektenangelegenheit verwandeln.

Die Okkultisten antworten auf die Exaktheitswünsche ihrer Gegner vielfach mit dem Einwand: Jede Untersuchung muß sich nach den Bedingungen ihres Objekts richten. Ihr könnt eine photographische Platte nicht in hellem Sonnenlicht untersuchen, warum soll den Medien, die durch helles Licht gesundheitlich geschädigt, den Materialisationen, die durch Licht aufgelöst werden, nicht auch die erforderliche Dunkelheit aufgeräumt werden? Ihr würdet es für eine unsinnige Forderung halten, daß ein Dichter oder Musiker zu bestimmter Stunde in Gegenwart einer ästhetischen Untersuchungskommission, die ihn beschämenden, ekelhaften, vielleicht sogar schmerzhaften Kontrollmaßregeln unterwirft, in Inspiration und Schaffensrausch geraten soll. Warum verlangt ihr dasselbe von den Medien, deren Leistungen doch den unterbewußten schöpferischen Tätigkeiten des Genies nahe verwandt sind?

Die Gegner erwidern: Chemische Stoffe betrügen nicht und benutzen die Dunkelheit nicht zur Verwendung von Tricks, schaffende Künstler sind ehrlich und brauchen keine Kontrollkommissionen, die ihnen auf die Finger sehen. Wenn der allgewärtige, nicht wegzuleugnende Medienschwindel Sicherungsmaßnahmen erheischt, die das Objekt der Untersuchung zerstören, nun, dann lasse man eben diese Forschung bleiben und mache sich nicht zum Narren mit Experimenten, die nur pro forma angestellt werden, ut aliquid fiat (damit irgend etwas geschehe), und mit Resultaten, mit denen man sich immerfort nachträglich blamiert! Es gibt viele Dinge, die ihrer Natur nach menschlicher Erkenntnis entzogen sind; ihnen gegenüber ist es bescheidener, männlicher, ehrlicher, auf Forschen und Urteilen zu verzichten, als sich mit einem Talmiwissen zu brüsten, wenn man echtes nicht haben kann.

Hierauf könnte ein methodologisch denkender Okkultist recht treffend antworten: So scharf auf Ja und Nein gestellt sind die Dinge fast nirgends in der Wissenschaft. Von der Logik, Mathematik und mathematischen Naturwissenschaft abgesehen, haben wir fast niemals hundertprozentige Gewißheit, sondern müssen uns mit Wahrscheinlichkeit verschiedener Grade begnügen. Kann es nicht in der okkulten Forschung ebenso sein? Wenn wir lückenlose Kontrolle nicht haben können, gestalten wir sie so exakt, wie es den Umständen nach möglich ist, und versuchen wir, ob wir auf diese Weise für die Hypothesen der Fernbewegung, der Materialisation usw. nicht eine gewisse Wahrscheinlichkeit erreichen, die sich mit der Zunahme der Erfahrung und Verfeinerung der Versuchstechnik immer näher an die Gewißheit heranschieben läßt!

Hierauf würde ich erwidern: Diesen vermittelnden Standpunkt habe auch ich für richtig gehalten, und auf allen Gebieten menschlicher Forschung, auf denen Betrug keine allzu große Rolle spielt, glaube ich noch immer an seine Berechtigung. Auch im Bereiche des intellektuellen Okkultismus, zumal der Telepathieforschung, scheint er mir geeignet, die bestehenden Differenzen zu beseitigen. (Vgl. XVII, S. 155.) Aber der vollständig von Taschenspielerei durchsetzte physikalische Okkultismus ist auf diese schiedlich-friedliche Art nicht zu retten, und zwar deshalb, weil hier der Schwindel, nach Art jeder Trickleistung, geflissentlich die unwahrscheinlichsten Mittel benutzt, so daß eine graduelle Steigerung wahrscheinlicher Echtheit nicht stattfinden kann. Nach eurem Grundsatz würden wir sagen: Wenn das Medium durch peinliche Untersuchung des Afters an der Hervorbringung seiner Phänomene gehindert wird, nun, so begnügen wir uns mit der sonst üblichen, nichtärztlichen Körperuntersuchung! Das Resultat wird dann kein ganz sicheres sein, aber doch schon einige Wahrscheinlichkeit für sich haben, denn daß sich jemand einen so ausgefallenen und undelikaten Ort für das Verstecken seiner Konterbande aussuchen wird, ist doch nicht sehr glaubhaft. — Tatsächlich wäre das aber falsch gedacht, denn der After und andere penible Körperstellen spielen bei Entlarvungen die Hauptrolle. Gerade weil niemand an sie denkt oder denken mag, sind sie dem Schwindler die sichersten und liebsten Verstecke. Wenn ihr dem Betruge nur den kleinsten Durchlaß freigebt, wird er todsicher diesen wählen, lückenhafte Kontrolle ist hier nicht mehr wert als gar keine. Weil aber bisher lückenlose Kontrolle noch nie erreicht wurde und, wo man sich ihr näherte, die Phänomene erstickt hat, würde, wenn sie nicht doch an einigen Stellen der Forschung möglich werden sollte, der physikalische Okkultismus schon aus diesem Grunde zum Absterben verurteilt sein.

IV. STEIGROHRE DES UNTERBEWUSSTSEINS

Das automatische Schreiben

kann durch Dressur und Übung entstehen. Man kann es entwickeln, indem man dauernd denselben Schnörkel, dasselbe kurze Wort schreibt und dabei ein Buch zu lesen oder eine Unterhaltung zu führen versucht. Wer dieses Nebeneinander überhaupt aufrechterhalten kann, wird allmählich zu ganz unbewußtem Schreiben übergehen. Daneben kann man eine andere Übung vornehmen: Man legt die mit einem Schreibstift bewaffnete Hand auf ein Blatt Papier und nimmt sich vor, während man einige Buchseiten liest, solle die Hand ganz von selbst etwa das Wort „Himmel" schreiben. Anfangs wird dieses Schreiben doch noch ziemlich bewußt stattfinden, allgemach wird die Hand selbständiger, schließlich finden wir das Wort „Himmel" auf dem Papier vor, ohne uns zu entsinnen, daß und wann wir es geschrieben haben. In weiterer Ausbildung kann es dann dahin kommen, daß unsere Hand, wenn wir dem „Geiste" irgendeine Frage stellen, bei anderweitig beschäftigter Aufmerksamkeit eine sinnvolle, vielleicht uns selbst überraschende Antwort niederschreibt, möglicherweise sogar eine solche, die uns selbst unbekannte Tatsachen enthält. Hier haben wir also für unser Unterbewußtsein ein Sprachrohr geschaffen, oder manchmal können wir besser sagen, das Sprachrohr hat sich ein Unterbewußtsein geschaffen. Denn die Möglichkeit, sich unabhängig auszusprechen, veranlaßt zuweilen erst einen Organisations- und Vereinheitlichungsprozeß innerhalb des bis dahin noch ganz chaotischen Unterbewußtseins, ähnlich wie ein bisher stupider Mensch durch die Möglichkeit, sich mit einer verständigen Person zu unterhalten, zum Nachdenken und zu eigenem Geistesleben geweckt werden kann. Bei Leuten, deren Oberbewußtsein durch begrifflich-theoretisches oder streng logisches und einheitliches Denken, vielleicht auch durch eiserne

Selbstzucht sozusagen hypertrophisch geworden ist, wird automatisches Schreiben oft gar nicht oder nur schwer zu entwickeln sein; dem erstickten Unterbewußtsein kann man keine Stimme geben. Als Symptom dafür, ob es sich lohnt, solche Übungen überhaupt anzufangen, darf man wahrscheinlich die Fähigkeit ansehen, auf Vorsatz hin morgens zu bestimmter Stunde aufzuwachen. Wer das kann, bei dem funktioniert die „Kopfuhr", das unterbewußte Zeitzählen gut, sein Unterbewußtsein muß also eine gewisse Selbständigkeit besitzen. Daß man, wenn man Erfolg hat, die interessanten Versuche, die einem das dunkelste Afrika der eigenen Seele enthüllen, nicht übertreiben, das sich formende zweite Ich nicht zum Despoten werden lassen darf, haben wir oben gesehen.

Wo das Unterbewußtsein sich schon vereinheitlicht hat und gewaltsam emporstrebt, bedarf es keiner Übung und Dressur, hier bricht das automatische Schreiben sich selbst Bahn. Ein starker Drang zu schreiben meldet sich, erhält die Hand kein Schreibgerät, so malt sie unverständliche Zeichen in die Luft, wird ihr dagegen Papier und Stift gegeben, so schreibt sie unhemmbar darauf los, zuerst vielleicht Sinnlosigkeiten, die aber mehr und mehr sinnvoll werden. Gerade bei dieser Gelegenheit läßt sich das Wachsen eines neuen Ich gut beobachten.

Es lassen sich verschiedene Phasen der Unbewußtheit des automatischen Schreibens unterscheiden, in denen die Grade der Emanzipation des Unterbewußtseins erkennbar werden. Erste Phase: Man merkt und weiß noch, was man schreibt, hat aber den Eindruck, daß man es nicht selbst tut, sondern einer fremden Macht gehorcht. Zweite: Man weiß noch die einzelnen Worte, die man zu Papier bringt, der Sinn aber wird erst beim nachträglichen Durchlesen klar. Dritte: Man merkt nur noch, daß die Hand etwas schreibt, vom Inhalt hat man überhaupt keine Ahnung. Vierte: Man findet am Schlusse einer Unterhaltung oder Lektüre einige Zeilen auf dem Papier vor, ist sich aber durchaus nicht bewußt, zu ihrer Entstehung beigetragen zu haben.

Planschette und Glasschreiben stellen Modifikationen des automatischen Schreibens dar, beide derart, daß wie beim Tischklopfen mehrere Personen zusammenwirken können. Die Planschette ist ein ganz kleines Tischchen, eher ein Tischmodell, von dessen 3 Beinen zwei am Fuße mit Rollen versehen sind, das dritte endet in einem gespitzten Bleistift. Stellt man die Planschette auf einen Bogen Papier und legen die Anwesenden ihre Hände auf die Platte, so bewegt sich das Tischchen durch ihre unwillkürlichen Zuckungen, der Stift beginnt zu schreiben, und das Geschriebene wird wie bei gewöhnlicher automatischer Schrift allmählich sinnvoll. Beim Glasschreiben stellt man ein umgekehrtes Weinglas auf einen Papierbogen, der im Kreise die 24 Buchstaben und die 10 Ziffern von 0 bis 9 trägt, auf den Fuß des Glases legen die Teilnehmer ihre Finger, der Protokollant verzeichnet, bei welchen Buchstaben das hin und her gleitende Glas haltmacht.

Daß beim automatischen Schreiben oft Kenntnisse zutage treten, die wir bestimmt nicht zu besitzen glauben, daß manchmal in den entlegensten Sprachen geschrieben wird, die der Automatist nie gelernt hat, ist nach alledem, was wir bereits von den Tatsachen der latenten Erinnerung wissen, nicht mehr erklärungsbedürftig. Ebenso verstehen wir den Umstand, daß sich das „Etwas", das sich da unseres Armes bemächtigt, so gern mit Geisternamen schmückt und die Rolle Verstorbener spielt. Eins aber ist merkwürdig: Die Geheimniskrämerei, die der „Geist" dem normalen Ich gegenüber treibt. Nicht selten wird das Schriftstück mit allerlei Symbolen ausgestattet, mit Kreuzen, Sternen, Halbmonden usw., und erst allmählich wird man gewahr, daß alle mit einem bestimmten Symbol signierten Schriftstücke auf ein und dieselbe Intelligenz hinweisen. Die englische Automatistin Holland ist durch das Lesen des Buches „Human Personality" von F. W. Myers zum Spiritismus bekehrt worden. In einer ihrer automatischen Schriften beginnt die erste Seite mit einem mysteriösen F. und schließt mit einem M, die Zeichen 17/, /1, /01 sind am Ende dreier Paragraphen verteilt. Erst allmählich kommen die Erklärer dahinter, daß F. und M. die Initialen von F. Myers und 17. 1. 01 (17. Januar 1901) sein Todesdatum darstellen, Myers also als „Kontrolle" des Mediums wirkt. (XXXII, S. 178ff.) Häufig werden die Buchstaben einer Geistermitteilung zu „Anagrammen" durcheinandergeschüttelt, so daß man sie erst umstellen muß, um einen Sinn darin zu finden. Freilich lassen sich dann aus 20 Buchstaben manchmal sehr verschiedene Sätze bilden, die bei wohlwollender Beurteilung — und die ist hierbei stets reichlich vorhanden — irgendeinen hieroglyphenhaften Sinn zulassen. Beliebt ist Spiegelschrift, desgleichen Umkehrung der Buchstabenreihenfolge. Ein ausgezeichnetes Beispiel, bei dem allerdings nicht automatisches Schreiben, sondern Kristallvision als Steigrohr des Unterbewußtseins benutzt worden ist, sei hier eingeschaltet:

Miß Z. sah im Kristall eine Menge Buchstaben, die einzeln in leuchtend roter Farbe hervortraten. Sie notierte sich die ganze Reihe: detnawaenoemosotniojaetavirpelcrictsumebgnilliwotevigsevlesmehtpuotehttcejbus. Zuletzt entdeckte sie, daß es wirklich Wörter waren, von denen jedes für sich rückwärts geschrieben war; jetzt stellte sich folgender Sinn heraus: „Wanted a someone to join a private circle, must be willing to give themselves up to the subject." (Gesucht wird ein Teilnehmer an einem Privatzirkel, bitte den Namen aufzugeben an den Inserenten.) In einer Zeitung fand sich diese Annonce, auf der das Auge der Dame kurz vorher geruht hatte. (IX, S. 535.)

Wie die sprachliche Form, so ist auch der Inhalt automatischer Schriften oft gesucht dunkel, mit Anspielungen, mit Zitaten gespickt, die erst durch philologische Erklärerkünste zu enträtseln sind. Wozu das alles? Die Spiritisten haben eine bestechende Erklärung bereit: Die Geister wollen, wenn sie sich mit ihren noch auf Erden weilenden Freunden unterhalten, das Medium zwar sozusagen als Schreibmaschine benutzen, sie wollen es aber nicht als ungerufenen Dritten an der Unterhaltung beteiligen, darum richten sie ihre Mitteilungen so ein, daß das Medium sie nicht verstehen kann. Diese Erklärung entspricht ganz dem Empfinden des Automatisten, daß er selbst mit dem Inhalt des Geschriebenen nichts zu tun habe und die Rolle eines Menschen spiele, der in ein fremdes Telephongespräch eingeschaltet wird und sich dabei recht indiskret vorkommt. Frau Holland wagte deshalb in den ersten Jahren ihrer Automatistentätigkeit nicht, ihre eigenen automatischen Schriften zu lesen, sie empfand das wie ein Erbrechen fremder Briefe. Freilich gibt es hier wie überall störende Disharmonien zwischen spiritistischer Theorie und Wirklichkeit; warum z. B. wenden in dem soeben vorgeführten Beispiel die Geister ihre Verhüllungstaktik bei der Mitteilung einer Zeitungsannonce an, die gewiß kein tiefes Geheimnis ist? Für den Nichtspiritisten, der nicht einen Geist, sondern eine Sektion des Unterbewußtseins für den Verfasser hält, ist es nicht schwer, eine andere Erklärung für das Versteckspielen in den „Geistermitteilungen" zu finden. Geheimnisvolltun, Spielen mit mystischen Symbolen, mit esoterischen Kennworten, Emblemen und Siegeln, das alles entspricht der an Räuberromantik gemahnenden Phantastik des Unterbewußtseins; vor allem aber ist es der Ausdruck seiner Dämonie, des Neck- und Spottverhältnisses, in dem es zum Oberbewußtsein steht. Wir haben gesehen, wie sehr der Antagonismus der beiden Bewußtseinshälften dazu beiträgt, den Eindruck zu vertiefen, daß die okkulten Phänomene nicht unser eigenes geistiges Produkt, sondern Geisterwirkungen seien. Die gleiche Wirkung hat das rebellische Unterbewußtsein auch hier.

Kristallvisionen

Trugwahrnehmungen der verschiedenen Sinne kommen in den Zuständen herrschenden Unterbewußtseins (Traum, Hypnose, Delirium und anderen Geisteskrankheiten) in großer Zahl vor. Aber auch wo das Wachbewußtsein unerschüttert bleibt, kann das Unterbewußtsein in Form von

Halluzinationen und Illusionen seine Produkte mitten in die realen Wahrnehmungen hineinwerfen. Hier also haben wir ein anderes „Steigrohr".

Wichtig für okkultistische Versuche sind die Trugwahrnehmungen dadurch geworden, daß man sie künstlich in Betrieb setzen kann. Durch Starren auf eine glänzende Fläche, sei es ein geschliffenes Stück Glas oder Kristall (sogenannte Kristallomantie, d. h. Kristallweissagen) oder die Oberfläche einer mit Wasser oder Öl gefüllten Schale (Hydromantie, d. i. Wasserweissagen) lassen sich halluzinatorische Bildchen hervorrufen. Vermutlich sind sie Ergebnisse einer Halbhypnose, die unter Umständen in eine vollständige übergehen kann. Wie das automatische Schreiben erfordert auch diese Art aus dem Unterbewußtsein stammender Phänomene eine gewisse Übung und gelingt nur bei Personen, die dazu veranlagt sind. Über die beste Methode herrscht keine Einigkeit, manche, wie die bekannte Kristallvisionärin Miß Goodrich-Freer, legen Wert darauf, daß die angestarrte Fläche keinerlei eigene Figuren aufweist, so daß die innergeistig erzeugten Bilder sich konkurrenzlos entfalten können; empfohlen wird daher ein Stück geschliffenen Glases, von schwarzem Tuchstoff umrahmt, ganz ohne Reflexe, so daß eine völlig gleichmäßige, schwarze Fläche entsteht. Andere dagegen bevorzugen einen benebelnden kaleidoskopischen Wechsel der Gesichtseindrücke und starren auf ein Glas Wasser, das von brennenden Kerzen umgeben und überragt wird, so daß zitternde Lichtreflexe entstehen. Ganz ebenso sehen wir beim Hypnotisieren, daß auf manche Personen das Anstarren eines stillstehenden Punktes, auf andere das eines vom Hypnotiseur in den Händen gezwirbelten Metallstiftes die bessere Wirkung ausübt. Die Erscheinungen der Kristallvisionen bleiben meist Miniaturbildchen, manchmal aber, vermutlich dann, wenn sich die Hypnose vervollständigt, steigen sie gewissermaßen aus ihren Kristallen heraus, werden groß und leibhaftig. Zeigt die Vision eine unlesbar kleine Schrift, so kann man sie mit Hilfe eines Brennglases vergrößern

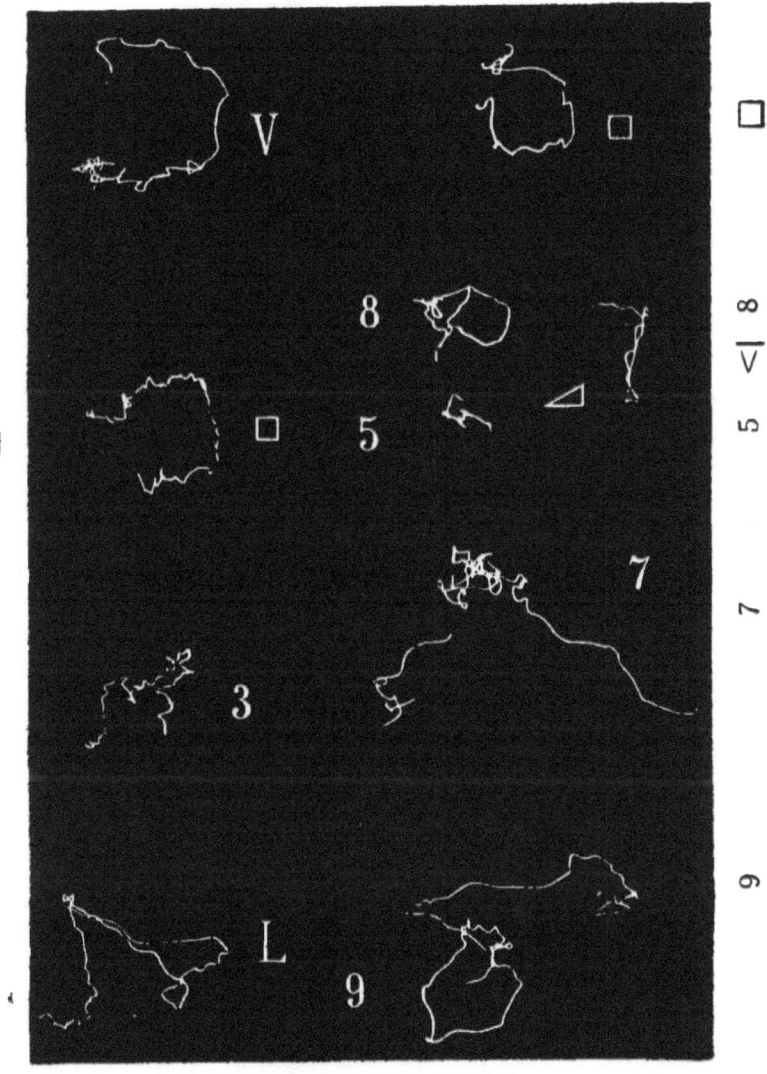

Illustration 7 (zu Seite 180)

Preyers Versuch zur Feststellung ideomotorischer Bewegungen
Aus Lehmann „Aberglaube und Zauberei"

und erkennbar machen. Das sieht fast so paradox aus, als wollte man verworrene Gedanken mit Hilfe eines Vergrößerungsglases verdeutlichen. Aber Ähnliches beobachtet man auch bei anderen Halluzinationen, sie werden z. B. beim Blicken durch ein Prisma auf die Seite geschoben, als wären sie reale Dinge. Das sind Suggestionswirkungen: Das Brennglas suggeriert Vergrößerung, und als innergeistige und unterbewußte Produkte sind natürlich die Trugwahrnehmungen der Suggestion in hohem Maße unterworfen.

Für das Zutagetreten latenter Erinnerung in den Kristallvisionen haben wir bereits ein Beispiel kennengelernt („Wanted a some one usw."). In wie eindrucksvoller Weise in ihnen telepathisch empfangene Gedanken und Bilder lebendig werden, das werden wir später sehen. Die Kristallvision scheint berufen, noch eine große Rolle im okkultistischen Experiment zu spielen.

Auf dem Gebiete des Gehörsinnes gibt es eine analoge Erscheinung: Die Konchylienaudition (Muschelhören). Aus dem Raunen einer Muschel, die wir andauernd ans Ohr halten, können sich Stimmen entwickeln, in deren Mitteilungen ebenfalls das übernormale Wissen des Unterbewußtseins seine seltsame Rolle spielt.

Tischrücken und Tischklopfen

Jeder Gelehrte, der sich mit okkultistischen Fragen beschäftigt, wird häufig gefragt, ob er an das Tischrücken glaube. Natürlich erwartet der Fragende, die Antwort zu hören: „Nein, das ist grober Schwindel!" Der Umstand, daß ein vor aller Augen liegendes, von jedem zweiten oder dritten Menschen leicht zu erzeugendes Phänomen von der öffentlichen Meinung mit solchem Erfolge wegsuggeriert werden kann, beweist die Stärke der Antipathien und Vorurteile, die auf unserem Gebiete wirksam sind. Wer es einmal mit angesehen hat, wie der Tisch durch das Zimmer zu rennen beginnt, wie die Teilnehmer ihre Stühle zurückwerfen und mitrennen müssen, um in Kontakt mit dem Tische zu bleiben, und ihn doch gelegentlich verlieren, der weiß, daß die Erscheinung existiert, und der Umstand, daß zahllose der Taschenspielerei unkundige Personen sie hervorbringen können, garantiert eine gewisse Echtheit.

Man veranstaltet das Tischrücken, indem etliche Personen sich um einen nicht zu großen, am besten dreibeinigen, auf glattem, teppichfreien Boden stehenden Tisch setzen und beide Hände nebeneinander auflegen. Das Eintreten der Erscheinung wird begünstigt, wenn die Hände nicht platt auf dem Tische ruhen, sondern ihm nur mit der Spitze des kleinen Fingers und des Daumens aufliegen, so daß eine ermüdende Schwebehaltung entsteht. Doch will ich denen, die mir in diesem Punkte widersprochen haben, gern zugeben, daß es auch ohne diese Haltung geht. Die Spiritisten verlangen gewöhnlich, daß die Hände eine lückenlose Kette bilden, d. h. die gespreizten Hände jedes Teilnehmers sollen einander mit den Daumen, und ihre kleinen Finger sollen sich mit denen der beiden Nachbarn berühren. Ich weiß nicht, ob diese Forderung eine praktische Bedeutung hat oder nur aus der Theorie hervorgegangen ist, daß das bei jedem stärkeren Tischrücken beteiligte Medium sich etwas von der „magnetischen" Kraft der übrigen Teilnehmer leihen muß und deshalb eine Kette braucht, in der der Magnetismus zirkulieren kann. Notwendig jedenfalls ist das Kettebilden nicht.

Beim Zustandekommen des Tischrückens nun scheinen 3—4 Arten unwillkürlicher Bewegungen beteiligt zu sein, die wir der Reihe nach betrachten wollen:

1. Wie dauernd fortgesetzte rhythmische Züge am Seil einer großen Glocke sich so summieren, daß diese schließlich selbst von Kinderhand in Bewegung gesetzt werden kann, so scheint auch der Tisch durch summierte kleine, in regelmäßigen Intervallen erfolgende Stöße in Bewegung gesetzt zu werden. Daß solche leisen Anstöße stattfinden, hat zuerst Arago erkannt, Faraday hat es durch einen Appa-

rat, den „Indicator", nachgewiesen. Daß der Tisch dadurch in vibrierende Bewegung gerät, hat namentlich Albert Hofmann gezeigt. („Zur Mechanik des Tischrückens". XVIII, Aprilheft 1921.) Er fand, daß sich auf dem rückenden Tische, wenn man ihn mit feinem Pulver bestreut, dieselben Chladnyschen Klangfiguren bilden wie auf Glasplatten, die man mit dem Violinbogen bestreicht. Ausziehtische mit geteilter Platte, Gipstische, Tische mit zu fest geschraubter Platte können nicht „rücken", weil sie nicht in Vibration geraten. Woher stammen aber die leichten Stöße? Nach Prof. Lehmanns Ansicht vielfach aus Ermüdung. Werden die Hände in der vorher gekennzeichneten Schwebestellung gehalten oder geraten sie dadurch in eine unbequeme Stellung, daß sie nahe aneinandergerückt werden oder der Tisch verhältnismäßig hoch ist, so muß nach einiger Zeit eine Zitterbewegung einsetzen. Berthof (A. Hofmann) teilt z. T. diese Ansicht, sieht aber daneben eine zweite, noch wichtigere Quelle der Stöße: Den Pulsschlag. (XXXIII.) Er konnte feststellen, daß bei den um einen Tisch gescharten, die Hände auflegenden Teilnehmern der Pulsschlag sich ausgleicht und dadurch seine Wirkung verstärkt, und daß die Zitterbewegungen und die von ihnen veranlaßten Chladnyschen Klangfiguren dem Unisono der Pulse entsprechen.

2. Neben diesen feinen, vibrierenden Tischbewegungen, die sich wohl auch schon zu einem leichteren „Rücken" anhäufen können, konstatieren wir stärkere, seltenere, plötzlich auftretende. Berthof führte sie auf explosionsartige Krampfstöße infolge von Ermüdungsspannungen zurück, wie sie sich aus der oben geschilderten andauernden, gezwungenen Haltung der Hände ergeben. Daneben spielen jedenfalls die von dem englischen Physiologen William Carpenter sogenannten „ideomotorischen" Bewegungen eine Rolle. Die Idee einer Richtung oder Figur veranlaßt leicht unsere Gliedmaßen, sich unwillkürlich im Sinne dieser Richtung oder Figur zu bewegen, besonders dann, wenn durch Ermüdungszittern ohnedies eine Bewegung eingeleitet wird. Preyer hat dies durch folgendes Experiment

bewiesen: An die Hand der Versuchsperson wurde eine leichte dünne Stange gebunden, an deren Ende eine sehr bewegliche gebogene Stahlnadel befestigt war. Die Versuchsperson mußte nun den Arm andauernd wagerecht ausgestreckt halten, so daß die Spitze der federnden Stahlnadel eine senkrechte berußte Platte berührte. Gleichzeitig mußte die Versuchsperson sich einen Buchstaben oder eine Ziffer lebhaft auf der gegenüberliegenden Wand vorstellen. Begann der Arm vor Ermüdung zu zittern, so malte die Stahlnadel auf der berußten Platte eine gezackte Linie, in der ziemlich deutlich die vorgestellte Figur wiederzuerkennen war. (Vgl. Illustration 7.) — Nun nehme man an, der Tisch beginne sich infolge der summierten kleinen Stöße nach einer Richtung zu bewegen. Alle Teilnehmer denken: Der Tisch will dorthin! Weil sie die Richtung so deutlich vorstellen, können sie nicht umhin, unwillkürlich im Sinne der betr. Richtung zu drängen; dadurch wird der Tisch noch stärker dorthin geschoben werden. Deswegen fand Braid, daß der Tisch stillstand, sobald man die Aufmerksamkeit der Teilnehmer ablenkte und ihnen so das Vorstellen einer Richtung unmöglich machte, und daß er, wenn Musik erklang, im gebotenen Rhythmus zu tanzen begann.

Die bis hierher geschilderten Bewegungen können sich bei jedem beliebigen Menschen einstellen. Tatsache aber ist es, daß Tischrücken nur da zur Vollkommenheit gedeiht, wo sich unter den Teilnehmern eine mediumistisch veranlagte Person befindet. Wir ersehen hieraus, daß Zitterbewegungen aller Art, Krampfstöße und ideometrische Bewegungen nur Vorstufe und auslösenden Reiz für eine dritte Bewegungsform bildet, die für das Zustandekommen des Tischrückens eigentlich entscheidend ist. Wie bei anderen automatischen Vorgängen erspäht auch hier das Unterbewußtsein seine Gelegenheit, ergreift das Steuer und beginnt den Tisch zu schieben und zu stoßen, ohne daß das Oberbewußtsein es gewahr wird. Gelegentlich, wie gesagt, ertappt man sich auf solchem Nachhelfen und erschrickt über den „Betrug", den man durchaus nicht beabsichtigt hatte. Aber auch dieses Sich-Ertappen ist mir wohl nur passiert, weil mein defektes Unterbewußtsein über Anfängerstümperei nicht herauskommt. Wäre ich mediumistisch begabt, so würde es nicht aus der Rolle fallen und dem Oberbewußtsein keine Konfidenzen machen.

Aus dem Tischrücken wird Tischklopfen, indem der Tisch sich, auf zwei Beine gestützt, auf die Seite neigt und mit den freischwebenden Füßen rhythmisch auf den Boden stampft. Das Tischklopfen ist bekanntlich auch ein Mittel geworden, sich mit den „Geistern" zu verständigen. Der beiderseits verabredete „Code" bestimmt, daß dreimaliges Klopfen „Ja", einmaliges „Nein", zweimaliges „Unbestimmt" bedeutet. Auch Sätze können übermittelt werden, indem die Anwesenden das Klopfen mit dem Hersagen des Alphabets begleiten, und derjenige Buchstabe, bei dem der Tisch innehält, ist der gemeinte. Indessen geht diese Art der Verständigung recht langsam, zumal wenn man bedenkt, daß sehr viele Irrtümer und Sinnlosigkeiten mit unterlaufen und ein vorhandener Satz häufig wieder neu begonnen werden muß. Daher sind beim Tischklopfen die Geister meist einsilbig und antworten mit Ja und Nein. Wird ein längerer Satz durch Buchstabieren zusammengestellt, so verlieren die am klopfenden Tische Sitzenden oft den Zusammenhang, nur der Protokollant, der jeden sich ergebenden Buchstaben notiert, kann ihn verfolgen. Stellt sich am Schlusse heraus, daß der Satz wirklich sinnvoll war, so pflegt das auf die Teilnehmer Eindruck zu machen, der Sinn scheint ja über ihren Kopf weg zustande gekommen zu sein, scheint auf eine von außen her wirkende, beherrschende Intelligenz zu deuten, also die spiritistische These zu bestätigen. Sie vergessen leicht, daß das Medium, das die Tischbewegung leitet, vielleicht den Satz vorher gedacht hat und ihn in den Klopfbewegungen durchführen kann; und auch wo dieses Vorwissen des Mediums fehlt, kann das hypermnestische Unterbewußtsein der Anwesenden die Erinnerung an die bisher festgestellten Buchstaben behalten, selbst wenn das Oberbewußtsein den Faden verloren hat. Zeigt sich nun vollends in den Mitteilungen des Tisches übernormales Wissen, erinnert er an längst Vergessenes, beginnt er hebräisch zu sprechen, obgleich kein Anwesender diese Sprache beherrscht, erwähnt er ein amerikanisches Dorf, das später als existierend festgestellt wird, so scheint dem Laien der Beweis für den Spiritismus erbracht. Unsere Darlegungen über latente Erinnerung haben uns gezeigt, daß hier keine übersinnliche, sondern nur innerseelische Wunder stattfinden.

In unserem mehr den Prinzipienfragen gewidmeten Buche seien die Klopftöne (raps) nur ganz kurz erwähnt. Sie scheinen meist aus dem Tisch, manchmal aber auch aus Wänden, Decke, Fußboden zu kommen, sind gewöhnlich ein bloßes Knacken oder Klopfen, können aber auch zu Donnerschlägen werden, die durch das ganze Haus dröhnen. Auch mit ihrer Hilfe können nach der geschilderten Ja-, Nein- und Buchstabiermethode die Geister allerlei Mitteilungen machen. Für solche Klopftöne gibt es verschiedene teils betrügerisch geschaffene, teils natürlich entstehende Ursachen. Die amerikanische Schwindelindustrie stellt rapping tables her, die beim Drücken auf eine vorbestimmte Stelle eine regulierbare Zahl von Klopftönen erschallen lassen. Das Medium kann den zweiten Zeh über den großen Zeh schieben und ihn dann herunterschnellen, also die Klopftöne durch Zehenschnalzen veranlassen. Kontraktion der Wadenmuskeln oder Drehen des Schienbeins nach außen ergibt ein hörbares Knacken des Gelenks. In Bergzabern machte sich in Gegenwart eines hysterischen, elfjährigen Kindes, Philippine Saenger, allabendlich, sobald es eingeschlafen war, einstündiges Klopfen bemerkbar, wobei sich das Kind aus dem Schlaf heraus mit dem Klopfgeist unterhielt. Sie schilderte ihn als einen großen, schwarzen Mann, der ihre Knie festhielt und dabei klopfte. Hier machte sich also das Gelenkknacken als eine vom Oberbewußtsein unabhängige Besessenheitserscheinung geltend, es war in diesem Falle kein bewußter Betrug und mag in dieser „echten" Form auch sonst vorkommen. Da unser Ohr neuartige, unbekannte Laute kaum zu lokalisieren vermag, so können solche Knacktöne aus dem Tisch oder von der Decke herab zu schallen scheinen, je nach der Stelle im Raum, auf die wir unsere Aufmerksamkeit richten. Nach den Untersuchungen Albert Hofmanns können ferner beim Tischrücken laut dröhnende Klopflaute dadurch entstehen, daß die aus den oben geschilderten Gründen vibrierende Tischplatte gewaltsam gegen die „Knaggen" stößt, mit denen sie am Untergestell befestigt ist. Crawford nimmt an, das Medium bringe die dauernden Klopftöne hervor, indem es eine Art unsichtbaren Balkens (rod) aus seinem Körper heraus materialisiert und ihn auf den Tisch schmettert. Aber Materialisationen sind ein „weites Feld" und ein sumpfiges obendrein. Man dürfte mit dem Reichtum an verbürgteren und einfacheren Ursachen auskommen können.

Der siderische Pendel

Der Chemiker Chevreul berichtete im Jahre 1854 (XXXIV) von Versuchen, die er mit einem Pendel angestellt hatte, bestehend aus einem Faden und einem daran hängenden Stückchen Blei (das auch durch einen Ring, einen Schlüssel, ein Medaillon vertreten werden kann). Er fand, wenn er den Faden hielt, daß der Pendel durch ganz unwillkürliche Bewegungen in Schwingung geriet, daß diese durch Hinsehen zunahmen (während nach späteren Beobachtungen das Dazwischenhalten eines Gegenstandes zwischen Pendel und Auge die Bewegung sistiert), daß, wenn man sich eine andere Schwingungsrichtung vorstellte, der Pendel von selbst in diese überging. Es war das Prinzip der „ideomotorischen Bewegung", das hier erkannt wurde, noch ehe der Name vorhanden war.

Die Okkultisten fügen sich dieser einfachen psychologischen Erklärung nicht; sie nehmen an, wenn man den „siderischen Pendel" über irgendeinen Gegenstand halte, so werde er durch die „Odstrahlung" oder radioaktive Emanation dieses Objekts gelenkt, und somit habe jedes Ding seine charakteristische Schwingung. Auch die Vorschriften, wie sie Reichenbach, Joh. Karl Bähr, Friedr. Kallenberg geben, sind von der Odlehre infiziert. Es gilt z. B. als großer Fehler, wenn man den Faden zwischen Daumen und Zeigefinger hält, denn beide sind angeblich polare Gegensätze und heben sich in ihren Wirkungen auf. Man muß vielmehr den Faden um den Zeigefinger wickeln oder ihn über den Daumen weghängen lassen oder auch ihn über einen Zapfen oder „Galgen" hängen, wobei man sich einbildet, die unwillkürlichen Handbewegungen hätten nunmehr keinen Einfluß mehr. Unverständlich bleibt es bei dieser Theorie, wozu man überhaupt noch den Menschen braucht, der den Faden hält oder betastet. Die odische Emanation könnte doch ganz allein das Geschäft besorgen den Pendel in die richtige Bewegung zu setzen.

Wer sich die ausführliche Schilderung der Versuche durchliest, wie sie Kallenberg (XXXV) entwickelt, kann nicht im Zweifel sein, daß es sich um Suggestionswirkungen handelt, also um Ideen, die sich in Bewegungen umsetzen. Bei Reichenbach erfolgen die Schwingungen stets in derselben Richtung, bei Bähr in allen Richtungen der Windrose, bei Kallenberg nehmen sie Kreis- oder Ellipsenform an. Es ist charakteristisch für suggestionsgetrübte Versuche, daß jeder Experimentator abweichende, nur für ihn selbst geltende Gesetze findet. Der Pendel des Apothekers Meyer in Nürnberg besitzt anfangs auch nur die Reichenbachsche einseitige Schwingung, als aber M. die Versuche Kallenbergs kennenlernt, gewöhnt sich auch sein Pendel das Schwingen nach verschiedenen Richtungen an. Offenbar hatte gleichzeitig auch die Odausstrahlung aller Dinge umgelernt. K.'s Pendel beschreibt über männlichen Individuen einen Kreis, über weiblichen eine Ellipse. Auf gleiche Weise bezeichnet er das männliche oder weibliche Geschlecht von Hühnereiern. Letzteres sieht wie ein übernormales Wissen aus, aber wo ist die Schilderung der Versuche, welches waren die Mittel der Zuordnung ausgeschlüpfter Küken zu ihren vorher bestimmten Eiern, wo stehen die Versuchstabellen? K. scheint anzunehmen, daß wir ihm das Resultat solcher keinesfalls einfachen Untersuchungen auf bloße Beteuerung hin zu glauben haben. Über untauglichen Eiern und Leichnamen steht der Pendel still. Merkwürdig, jede Materie hat sonst ihre Emanation, nur wo der Mensch ihr den Gedanken des Todes oder der Leblosigkeit beilegt, hat sie keine! Die Pendelschwingungen über einer Person bestimmen nicht nur ihr Geschlecht, sondern auch ihr Temperament, die Stimmung, in der sie sich augenblicklich befindet, ihre Gesundheit oder Krankheit, ihre normale oder abnorme Veranlagung auf sexuellem und moralischem Gebiete. Aber auch über Gebrauchsgegenständen, die einer Person gehört haben, über ihren Briefen, über Bildern und Zeichnungen, die sie angefertigt hat, schwingt der Pendel ihr Charakterbild; denn alle diese Dinge sind mit ihrer Emanation gesättigt. Selbst Maschinenschrift macht keine Ausnahme, das Od rieselt offenbar durch die Maschine. Aber noch mehr: Wenn Kallenberg Zeilen eines Damenbriefes in seiner Handschrift kopiert und die Abschrift bependelt, so schwingt der Pendel in der weiblichen Ellipse, nicht im männlichen Kreis. Wie ist hier das Od des Originals auf die Kopie übergesprungen? Oder sollte nicht doch der Pendel den *Gedanken* K.s gefolgt sein, die es mit der Dame und ihrer Pendelfigur zu tun hatten? Über einer Photographie bewegt sich der Pendel wie über dem Urbild. Setzt man den Ring des Pendels auf die Stirn- oder Mundpartie eines photographischen Porträts auf, dann gibt sich die Gehirnarbeit bzw. der Atemnebel in zitternden, tanzenden, wirbelnden Bewegungen des Ringes kund. K. hielt den Pendel über eine Photographie der Niagarafälle. Über der Mitte des Bildes beschrieb er einen weiten Kreis, weil der Radiumgehalt des Wassers (man bedenke: des photographierten Wassers!) ihn beflügelte. Über dem Wassersturz selbst bewegte der Ring sich in der Längsachse des Falles, über den Wasserwirbeln am Fuße des Falles beschrieb er heftige Drehungen, an den Felsvorsprüngen, die sich dem Falle in den Weg stellen, hielt er still. Alle diese Beobachtungen stimmen natürlich mit der Theorie der ideomotorischen Bewegung. Der Ring bewegte sich in der Richtung des Falles, wenn die den Pendel haltende Person an diese Richtung dachte, er wirbelte, wenn jene Wasserwirbel vorstellte oder ansah. Wie dagegen sollte sich eine Odemanation vom Gegenstand auf das Abbild übertragen?

Es gibt heute zahlreiche Adepten des siderischen Pendels. Ihre unsinnige Theorie beweist, wie wenig sie von der Suggestionslehre verstehen, deren Kenntnis zu den Vorbedingungen jedes Experimentierens auf okkultistischem Gebiete gehört. Sie können sich damit trösten, daß selbst vielberufene Gelehrte unter den Okkultisten in diesem Punkte auch nicht sicherer sind. Kein Einwand gegen obige Ausführungen ist es, daß beim siderischen Pendel zuweilen übernormales Wissen zutage tritt, daß zum Beispiel Kallenberg eine Art von Hellsehversuch — bei dem übrigens das Prinzip der Unwissentlichkeit offenbar nicht gewahrt worden ist — gelungen sein soll. Warum soll die Hyperästhesie und telepathische Fähigkeit des Unterbewußtseins beim Pendel nicht ebensogut eine Rolle spielen wie bei anderen Arten der automatischen Bewegung! Nur ist es dann eben das Unterbewußtsein, das hier etwas leistet, und nicht eine physikalische Wahrsagerei auf Grund des sagenhaften Od, dem Albert Hofmann das Lebenslicht ausgeblasen hat. (Vgl. XXXVI.)

V. TELEPATHIE

Die physikalischen Prämissen

Unter Telepathie versteht man direkte Übertragung einer Vorstellung aus einem Bewußtsein auf ein anderes ohne jede Vermittlung von Sprache, Schrift oder sonstiger wahrnehmbarer Zeichengebung. Das griechische Wort „tele" bedeutet fern; so gehört auch zum *engeren* Sinne des Wortes Telepathie die Bestimmung, daß sie aus weiter Entfernung, über Länder und Meere hinweg, wirke. Findet dagegen das direkte Überspringen der Gedanken zwischen zwei Personen statt, die sich im gleichen Raume oder Hause aufhalten, so nennt man es zuweilen, im Gegensatze zur Telepathie, Gedankenübertragung.

Die Telepathie steht heute an der Grenze der okkulten Erscheinungen, denn sie paßt sich so gut in das physikalische Weltbild der Gegenwart ein, daß wir durchaus zu keinen übersinnlichen oder mystischen Erklärungen zu greifen brauchen, um sie anzuerkennen. Wenn jemand auf einem Klavier einen hohen Ton anschlägt und im gleichen Zimmer ein Weinglas steht, das den gleichen Ton als Eigenton besitzt, so klingt es mit an. Ebenso weckt ein elektrischer eine Drahtspule durchlaufender Strom einen sogenannten Induktionsstrom in einer benachbarten Spule. Es kann also in einem Apparat oder Organismus A ein Vorgang X stattfinden, er kann sich durch die Luft in einer vielleicht ganz veränderten Form (als Luft- oder Ätherschwingung) y fortpflanzen, kann auf einen Apparat oder Organismus A^1 treffen, der A ähnlich ist, und kann sich in ihm in seine ursprüngliche Form X zurückverwandeln. Die Telegraphie und Telephonie ohne Draht zeigt uns, daß dieser Übergang über den ganzen Erdball hinweg möglich ist. Naturwissenschaftliche Analoga der Telepathie also sind reichlich vorhanden.

V. Telepathie

Die Okkultisten wenden ein: 1. Was nützen uns physikalische Parallelerscheinungen, ein Gedanke ist doch keine Zitterbewegung, kein körperlicher Vorgang! — Er scheint keiner zu sein, aber er ist mit einem körperlichen Vorgange, mit dem chemischen Prozeß in einem bestimmten Ganglienkomplex so eng verbunden, daß die spinozistisch-monistische These recht plausibel erscheint, beide seien identisch, seien Seiten desselben Prozesses, der, durch äußere Wahrnehmung betrachtet, körperlich, durch Selbstwahrnehmung beobachtet, dagegen geistig aussieht. Gerade die Tatsache der Telepathie fügt dem Rüstzeug der monistischen Auffassung einen neuen, die Lücken der gehirnphysiologischen Forschung ausfüllenden Beweis hinzu; denn Telepathie zeigt, daß wir im Gehirn B nur den gleichen Ganglienprozeß zu wecken brauchen wie im Gehirn A, um den gleichen Gedanken zu erzielen. Die spiritualistische Auffassung, als sei das Großhirn nur ein motorischer Apparat, eine Art Klavier, auf dessen Tastatur die unkörperliche Seele spiele, scheint demnach auf schwachen Füßen zu stehen. Denn überträgt sich durch eine mechanische Vorrichtung der auf einem Klavier angeschlagene Ton auf die entsprechende Taste oder Saite eines anderen, so pflegt doch nicht gleich auch der Klavierspieler dieses zweiten Instruments, seine fühlende Seele, hinzugeschaffen zu werden.

Ferner wenden die Okkultisten ein: Man kann Telepathie nicht durch das Beispiel der Gedankenübertragung mit Hilfe von Sprache und Schrift, von Telegraph und Telephon mit oder ohne Draht verständlich machen, denn bei all diesen Arten der Übermittlung gibt es einen Aussende- und Empfangsapparat (Zunge und Ohr, Hand und Auge, Sender und Antenne), und bei allen spielen konventionelle Symbole wie Worte und Buchstaben eine Rolle. Wo findet ihr dergleichen bei der Telepathie? — Wir antworten: Es ist nicht unsere Schuld, wenn ihr euch unpassende Beispiele aussucht und deren zufällige Abweichungen für wesentlich haltet. Wenn ein Ton sich von der Klaviersaite auf das

Weinglas überträgt, so bedarf es keines Sende- und Empfangsapparats und keiner konventionellen Zeichen; es ist auch nicht ersichtlich, welche Rolle letztere da zu spielen hätten, wo der Gedanke des einen Hirns sich unmittelbar in den analogen Gedanken des anderen Hirns verwandelt, jede vermittelnde Übersetzung also überflüssig ist.

Die kritisch-naturwissenschaftlichen Gegner der Telepathie, also die Opposition von der den Okkultisten entgegengesetzten Seite her, bemängelt gewöhnlich, daß wir recht wohl die Naturkräfte, die Wellen und Strahlungsarten kennen, die bei Sprache, Schrift, Telegraph, Telephon, mitklingenden Tönen und induzierten elektrischen Strömen im Spiele sind, aber daß uns eine mit dem Ganglienprozeß verbundene Strahlung, die das Geschäft der telepathischen Übertragung zu besorgen hätte, bisher nicht vorgestellt worden ist. Diesem Einwande ist zu erwidern: Du verlangst zuviel! Wir beabsichtigen ja keineswegs, durch Aufzeigung aller beteiligten Kräfte die Existenz der Telepathie physikalisch zu beweisen, sondern wollen nur feststellen, daß, wenn dieser Beweis auf psychologischem Gebiete geleistet wird, die Physik nicht dazwischen zu rufen braucht: „Das ist nach den uns geläufigen Gesetzen unmöglich oder wenigstens beispiellos!" Im übrigen bedeutet jeder prinzipielle, große Fortschritt in der Wissenschaft immer ein neues Forschungsprogramm, dessen einzelne Punkte erst nacheinander absolviert werden; es gleicht der Acetylenlaterne eines Autos, das eine nächtliche Chaussee weithin beleuchtet, einzelne Partien aber noch im Dunkel läßt, bis der näher kommende Wagen auch sie ins Licht rückt. Als die Darwinsche Theorie aus der allgemeinen Entwicklungslehre schloß, auch der Mensch müsse aus dem Tierreiche hervorgegangen sein, haperte die Schlußfolgerung noch an dem „missing link", dem fehlenden Gliede: Der halbtierische Vorfahre des Menschengeschlechts war noch nicht gefunden. Inzwischen ist der Wagen der Forschung herangebraust und hat die Lücke gefüllt. Die „Gedankenstrahlen" sind unser missing link. Wir scheinen ihm aber schon näher zu kommen. Zwar hat die offizielle Wissenschaft Charpentiers und Naum Kotiks „Gehirnstrahlen", die während angespannter Denkarbeit einen nahen, vorbelichteten Schwefelkalziumschirm zum Aufleuchten bringen sollen (XXXV a, S. 109 ff.), noch nicht in ihren anerkannten Tatsachenschatz aufgenommen. Aber Dr. Caan, der 1911 im Heidelberger Institut für Krebsforschung eine Strahlung aus menschlichen Organen nachwies, die gleich dem Radium Luft elektrisch leitend macht, ist vielleicht der gesuchten Emanation schon näher gekommen. Warten wir ab. Die Natur hat noch immer ihren Kontrakt mit der Logik pünktlich erfüllt*).

*) In Bechterews Laboratorium in Petersburg wurde von Dr. Kaufmann, Dr. Trivus und Dr. Larionow festgestellt, „daß beim Durchgang des Nervenstromes im Gehirn wir elektronegative Schwankungen des Zeigers des Galvanometers finden, was für eine Teilnahme des Nervensystems an den Funktionen der Strahlenenergie spricht". (XXXXI, Dezember 1924, S. 300.) Schon 1909 konnte Veraguth beobachten, daß bei Personen, die in den Stromkreis einer galvanischen Batterie eingeschaltet wurden, Galvanometerbewegungen nach starken sensorischen Reizen, nach physisch emotionellen Vorgängen sowie auf Grund gespannter Erwartung eintraten. Allerdings waren die so zutage tretenden Kräfte sehr gering, woraus Dr. v. Gulat-Wellenburg (LIV, S. 6—7) schloß, telepathische Übertragung in weite Ferne könne durch sie nicht erklärt werden, man müsse mit Dr. Tischner nach einer immateriellen Erklärung der Telepathie suchen. Ein solches Ausbrechen ins Übersinnliche, bloß weil die naturwissenschaftliche Erklärung noch nicht lückenlos ist, scheint mir völlig unzulässig. Man könnte ohne weiteres annehmen, daß bei der unendlich feinen Reaktionsfähigkeit des menschlichen Gehirns auch kleine Energiemengen genügen, oder daß in den abnormen Zuständen, in denen Telepathie stattzufinden pflegt, ausnahmsweise große Energiemengen frei werden, oder drittens, daß es sich um eine für uns noch nicht erkennbare Strahlenart handelt. Jede dieser drei Deutungen liegt unendlich viel näher als ein mystisches Freiwerden von den Bedingungen des Raumes.

Obige Zeilen wurden am 27. August 1925 geschrieben. Zufällig am gleichen Tage berichtete das „Neue Wiener Journal" über Experimente, die der Professor der Psychiatrie an der Universität Mailand, Cazzamali, im Juli/August-Heft der „Re-

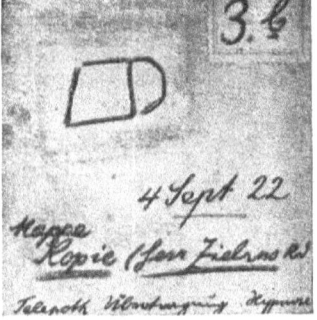

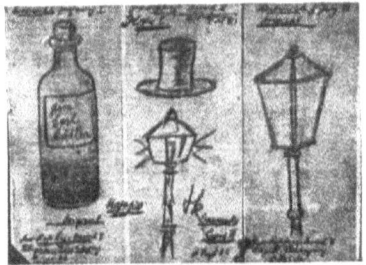

Illustration 8 (zu Seite 201)

Telepathische Übertragung von Zeichnungen
Aus C. Bruck „Experimentelle Telepathie"

Der Nahversuch

Unter „Nahversuchen" wollen wir solche telepathischen Experimente verstehen, bei denen sowohl der Sender wie der Empfänger der Gedankenübertragung sich im gleichen Zimmer oder in benachbarten Räumen befindet. Sie sollen hier kurz abgehandelt werden, denn Erfolge haben sie bisher nicht aufzuweisen, und ob sie in Zukunft noch wissenschaftliche Bedeutung gewinnen werden, ist fraglich. Ganz übergehen wollen wir das Cumberlandsche „Gedankenlesen" und die anderen Formen der „Konzerttelepathie"; sie

---

vue Métapsychique" veröffentlicht hatte. In einem Zimmer, dessen Metallwände eine vollkommene elektromagnetische Isolierung sicherten, hatte er vier drahtlose Empfänger, nach verschiedenen Typen konstruiert, aufgestellt. In dieses Zimmer führte er Nervenkranke aus seiner Klinik, deren Zustand eine Steigerung der Nerven- und Gehirntätigkeit begünstigte, so vor allem Epileptiker und leicht hypnotisierbare Nervöse. Am besten gelangen die Versuche bei einem Frl. Maggy, die im Rufe einer hervorragenden Hellseherin stand. Verfiel sie in Trance, so wurden bei Benutzung solcher Detektoren, die für Wellenlängen zwischen 4 und 100 m berechnet waren, sofort im Kopfhörer deutliche Geräusche hörbar, erwachte sie, so hörten die Geräusche auf. Sie wurden, ebenso wie von Cazzamali selbst, von mehreren seiner Assistenten gehört und stellten sich nicht nur während der Hypnose, sondern vereinzelt auch in Zuständen seelischer Erregung der Versuchspersonen ein. Letztere ahnten übrigens nichts von der Art der angestellten Experimente. Cazzamali schloß aus diesen Ergebnissen, daß im Isolierzimmer elektromagnetische Wellen entstanden, deren Ausgangspunkt im Nervensystem der Versuchspersonen zu suchen war. Es handelte sich hierbei um kurze elektromagnetische Wellen, die mit einem kleinen Energieaufwand größte Übertragungsmöglichkeiten zulassen, während sich die Technik bisher überwiegend der langen Wellen bedient hat.

Erweisen sich diese Befunde bei der Nachprüfung als haltbar, so hat sowohl die erste wie die zweite der drei obenerwähnten Möglichkeiten die denkbar prompteste Bestätigung erhalten.

Zur Zeit, in der mir die Korrektur dieses Abschnittes vorliegt (Dezember 1925), sind Cazzamalis Befunde bereits in Mailand und Paris bestätigt worden. Albert Hofmann-Mehlem hat ähnliche Versuche mit gleich positivem Erfolge schon vor Jahren

beruhen wohl durchweg auf bewußt angewendeten Tricks oder unbewußt benutzter Zeichengebung. Die echte Telepathie ist eine so kapriziöse Erscheinung, daß sie sich nicht auf eine bestimmte Stunde und an einen bestimmten Ort bestellen und auf Kommando vorführen läßt.

Der wissenschaftliche Nahversuch, wie er besonders seit den achtziger Jahren des neunzehnten Jahrhunderts, von England ausgehend, gehandhabt wurde, hatte es erstlich mit der Übertragung von *Worten und Zahlen* zu tun. Zahlen bildeten das beliebteste Objekt, weil bei ihnen die Wahrscheinlichkeitsrechnung angewandt und so der Zu-

---

unternommen und wird darüber in der „Zeitschrift für kritischen Okkultismus", Enke, Stuttgart, Heft 3 (April 1926) berichten. Auch durch andersartige Versuche glaubt er, die Strahlungswirkung von Denkvorgängen noch eindeutiger bewiesen zu haben als Cazzamali. Das September-Oktober-Heft der Revue Métapsychique bringt eine wichtige Kritik der Cazzamali-Experimente von Azam, der darauf hinweist, daß man für die Geräusche in den Detektoren statt Hertzscher elektromagnetischer Wellen ebensogut eine radioaktive Emanation aus dem Kopfe der hypnotisierten Versuchspersonen haftbar machen könne. Die Gedankenwellen werden also schon zugestanden, man streitet noch über ihre Qualität.

Für verfehlt halte ich den in einer mündlichen Diskussion erhobenen Einwand, das Vorliegen von Gedankenwellen habe nichts mit der Telepathie zu tun, sonst könne die Wirkung eines Topfes mit kochendem Wasser, der in einigem Abstand Schnee schmilzt, gleichfalls als Beweis für Telepathie angesehen werden. Die Sache liegt doch so, daß wir bereits an zwei Arten ausstrahlender Wellen, den akustischen und elektrischen, die Tendenz bemerken, sich in einem ähnlichen Medium in ihre ursprüngliche Form zurückzuverwandeln. Daher sind die kühnen Worte des Physikers Paul Vageler nicht von der Hand zu weisen: „Als Physiker ist mir die Existenz elektromagnetischer Gedankenwellen als Begleiterscheinung der Atomumlagerungen im Gehirn und Resonanz in fremden, aufnahmebereiten Hirnen, also Gedankensuggestion, ungefähr ebenso selbstverständlich wie, daß $2 \times 2 = 4$ ist. **Hätte man für die Gedankenübertragung keine Fälle, so müßte man geradezu danach suchen.**" Nun, wir wissen, das Suchen ist unnötig. Physik und Psychologie reichen sich bereits die Hände, um den Kreis des Beweises zu schließen.

fall ausgeschlossen werden konnte. Die bekanntesten Versuche dieser Art hat Prof. Henry Sidgwick mit seiner Gattin angestellt. Er übertrug zweistellige Zahlen derart, daß der Sender sich innerlich, ohne zu sprechen, auf eine bestimmte Zahl andauernd konzentrierte, während der Empfänger beobachtete, ob sich ihm eine Zahlidee, sei es als Ziffernbild oder als Klangvorstellung, aufdrängte. Das Ergebnis war, daß, wenn beide Experimentatoren im gleichen Zimmer arbeiteten, achtzehn Prozent aller vom Empfänger genannten Zahlen richtig waren. Neunzig zweistellige Zahlen gibt es, der Wahrscheinlichkeit nach hätte nur jeder neunzigste Versuch einen Treffer liefern können; also konnte hier nicht bloß der Zufall entscheidend sein. Befanden sich Herr und Frau Sidgwick in verschiedenen, aber benachbarten Räumen, so waren noch neun Prozent der geratenen Zahlen richtig. Hielten sie sich aber in verschiedenen Häusern auf, so entsprach die Zahl der Treffer nur noch den Ergebnissen der Wahrscheinlichkeitsberechnung. Die Resultate verbesserten sich, wenn der Empfänger hypnotisiert wurde. Durch diese Versuche glaubte Sidgwick die Telepathie bewiesen zu haben.

Nun war aber die Rolle, welche die Hypnose hierbei spielte, zweideutig. Sie kann wahrscheinlich die telepathischen Leistungen der Versuchsperson steigern, aber gleichzeitig macht sie dieselbe hyperästhetisch; der Zusammenhang ließ sich also auch so deuten, daß der Sender, wenn er sich auf eine Zahlvorstellung konzentriert, Bewegungsansätze der Lippen, der Zunge, des Kehlkopfes macht, und daß diese, für ein normales Ohr unhörbar, für den hypnotisierten, übermäßig hellhörig gewordenen Empfänger dennoch vernehmbar werden. Demgemäß beweist der Sidgwicksche Versuch vielleicht nicht das Vorliegen von Telepathie, sondern nur von Hyperästhesie. Um dieses Problem zu lösen, unternahmen Lehmann und Hansen in Kopenhagen einen Kontrollversuch, in dem sie die Hyperästhesie sozusagen physikalisch nachahmten und dadurch unterscheidbar machten. Sie stellten nämlich zwei Hohlspiegel her, die sie nach Art von Flüstergrotten einander gegenüberstellten. Hielt nun der eine Experimentator seinen Mund in den Brennpunkt des einen Hohlspiegels, der andere sein Ohr in den Brennpunkt des anderen, so mußte der letztere jedes leiseste Flüstergeräusch des ersteren vernehmen, nicht anders als wenn er hyperästhetisch gewesen wäre. Sie wiederholten nunmehr die Sidgwickschen Versuche, und zwar so, daß sie sich keine Mühe gaben, Mitbewegungen der Sprachorgane zu vermeiden, sie aber auch nicht absichtlich hervorriefen, sondern sich möglichst naiv einstellten und den Mund fest geschlossen hielten. Unter diesen Umständen fand fortwährend ein unwillkürliches Flüstern der krampfhaft vorgestellten Zahlen statt, das für den Empfänger ausreichend vernehmbar war, um etwa dreiunddreißig Prozent Treffer zu erzielen. Gewisse Verhörungen kamen häufig vor, so wurde das dänische en (1) häufig mit ni (9) und fem (5), desgleichen to (2) mit tre (3) und otte (8), fire (4) mit fem (5) verwechselt. Aus den Sidgwickschen Versuchstabellen ergab sich, daß auch dort entsprechende Lautverwechslungen eine Rolle gespielt hatten. Namentlich diese letztere Feststellung war durchschlagend: Der Beweis für die Existenz der Telepathie war vorläufig verunglückt.

Durch diese Versuche von Lehmann und Hansen ist eine ganze wissenschaftliche Literatur papierkorbreif geworden. Die Okkultisten freilich kämpfen erbittert gegen die „Flüstertheorie", in dem irrigen Glauben, die ganze Annahme der Telepathie beruhe auf dem Nahversuch. Betrachten wir die Haupteinwände! Krall, der Besitzer der bekannten Elberfelder Pferde, hat den Lehmann-Hansenschen Versuch wiederholt und überdies die Lippenbewegungen beim Wortdenken mit Hilfe von Lippenspiegeln geprüft; er kam zu dem Ergebnis, ein Flüstern beim Wortdenken finde nicht statt. Welchen Wert hat diese Feststellung? Gar keinen, denn Krall kann höchstens beweisen, daß er selbst, wenn er mit der Absicht experimentiert, Lehmann und Hansen zu widerlegen, und seiner Selbstkontrolle mit fein reagierenden Apparaten nachhilft, keine Flüsterbewegungen macht; er kann aber natürlich nicht feststellen, daß die dänischen Forscher keine gemacht haben, daß Sidgwick sie nicht gemacht habe — die Tatsache, daß er sie gemacht hat, geht ja aus den Verhörungen hervor —, daß nicht sehr viele Menschen gewohnheitsgemäß Mitbewegungen beim Denken vornehmen, wenn auch oft unmerklich feine. Krall übersieht, daß die telepathischen Nahversuche schon dann nichts mehr taugen, wenn Flüstern im Spiele sein *kann*, ohne daß es deswegen bei allen Menschen immer stattzufinden braucht. Tatsächlich unterscheiden sich die Menschen in diesem Punkte: Der Motoriker (dessen Wortdenken ein inneres Sprechen ist) kann ohne Mitbewegung der Sprachorgane gar nicht denken, der Akustiker und Visuelle dagegen (dessen Wortdenken ein inneres Hören bzw. Lesen ist) kann sie wahrscheinlich unterdrücken. Als ich selbst, der ich starker Motoriker bin, anläßlich meiner Untersuchungen über Vorstellungstypen (XXXVI b) versuchte, zwecks Herstellung eines rein akustischen Wortdenkens jede Mitbewegung der Sprachorgane auszuschalten, zeigte es sich, daß das völlig unmöglich war. Kein Aufeinanderpressen der Lippen, kein Festhalten der Zunge mit den Zähnen ließ sie verstummen, namentlich gegen das Mitvibrieren der Gutturallaute g, k, ch am Zungengrunde — das sich natürlich auch durch keinen Lippenspiegel verraten würde — war kein Kraut gewachsen. Da nun die meisten Menschen etwas motorisch sind und es nur einer lange geübten Selbstwahrnehmung gelingt, feinere Grade dieser Anlage festzustellen, so ist es klar, daß es nie gelingen wird, diese Fehlerquelle telepathischer Nahversuche auszuschließen. Es zeugt von psychologischer Unkenntnis, wenn jemand, der solche Versuche veranstaltet, erklärt, er habe sich Mühe gegeben, Lippen und Zunge stillzuhalten, und sich nun einbildet, damit allen Erfordernissen genügt zu haben*). — Manche Okkultisten wenden auch ein: Wenn Lehmann und Hansen die Sidgwickschen Versuche mit Hinblick auf die Flüstertheorie prüfen wollten, so konnten sie sich gar nicht naiv verhalten, sie unterlagen der Suggestion und mußten bei ihren Versuchen flüstern, selbst wenn sie es sonst nicht getan hätten. Auch dieser Gegengrund verfehlt angesichts des Nachweises, daß Sidgwick gleichfalls geflüstert hat, sowie angesichts meiner obigen Ausführung über das unhemmbare Flüstern der Motoriker sein Ziel.

Tischner (XIV, S. 5o) hält Lehmann und Hansen für

---

*) Gegen diese meine Darlegung hat Prof. E. Bleuler (Münchener Medizin. Wochenschrift vom 23. 10. 1925) geltend gemacht, das unwillkürliche Denkflüstern bei geschlossenem Munde sei zu verwaschen, zu „wenig formiert", um verständlich zu sein. Er betont, „daß Geisteskranke nicht selten mit geschlossenem Munde reden, und zwar stimmhaft, und dennoch ganz unverständlich bleiben." Hiergegen möchte ich darauf hinweisen, daß diejenigen Personen, die solchen Geisteskranken zuhören, ja bei normalem Bewußtsein zu sein pflegen, also von der Hyperästhesie des emanzipierten Unterbewußtseins, von der wir sprechen, keinen Gebrauch machen. Dieser Hyperästhesie k ö n n t e es sehr wohl gelingen, das Murmeln bei geschlossenen Lippen nicht nur lauter, sondern auch differenzierter zu hören, so daß sich etwas daraus entnehmen ließe. „Könnte", sage ich, d. h. ich spreche nur davon, daß diese M ö g l i c h k e i t n i c h t a u s g e s c h l o s s e n ist, daß wir die Grenzen der Hyperästhesie nicht kennen, sie infolgedessen aus Vorsicht sehr weit anzusetzen haben und uns deshalb zum Nachweis der Telepathie nicht gerade ein Gebiet aussuchen sollen, auf dem wir nie wissen, ob wir es mit Hyperästhesie oder Telepathie zu tun haben. Keineswegs b e h a u p t e ich, daß alle Gedankenübertragung beim Nahversuch immer auf Denkflüstern beruht (wie könnte ich das als konsequenter Anhänger der Telepathie behaupten!), und daß letzteres auch bei geschlossenen Lippen mitspiele. Je urteilsvorsichtiger ein Denker ist, desto schwerer wird er sich zu extravaganten Behauptungen verstehen, desto williger aber wird er extravagante Möglichkeiten mit in Rechnung stellen. Deshalb tut Bleuler mir unrecht, wenn er sagt: „Den bekannten Funktionen so prinzipiell neue Eigenschaften zuzuschreiben, scheint mir gewagter, mystischer, okkulter, als die Vermutung bisher unbekannter Zusammenhänge." Ich habe nichts „zugeschrieben", sondern nur „für möglich erklärt".

widerlegt, weil sie auf die häufige Verwechslung von 0 und 7 in den Sidgwickschen Versuchen hingewiesen und dafür den Gleichklang der Zahlworte seven und zero haftbar gemacht hatten, während Sidgwick dagegenhalten konnte, daß 0 im Englischen nought und nicht zero heißt. Offenbar würde aber nicht die ganze Übereinstimmung dadurch zusammenbrechen, daß eine der zahlreichen Verhörungsgelegenheiten ausscheidet, und schließlich braucht sie nicht einmal auszuscheiden, denn seven und nought haben das n gemeinsam, das beidemal an aufmerksamkeitsbetonter Stelle, Wortanfang oder -ende, steht, also auch zu Verwechslungen Anlaß geben kann. An anderer Stelle (XXXVII) meint Tischner, die Art und Weise, wie eine telepathische Vorstellung sich langsam, allmählich wie aus dem Nebel heraus gestaltet, mache es unglaubhaft, daß sie dem Hören von Flüstergeräuschen ihre Entstehung verdanke. Wer bedenkt, daß es sich bei diesen Geräuschen um ganz leise, ungreifbare, nebulose Eindrücke handelt, wird es durchaus plausibel finden, daß sie erst in vielfacher Häufung, über allerlei Umwege hinweg, den Empfänger auf die richtige Lösung führen. Bei den Chowrinschen Experimenten hat dieses langsame, irrlichterierende Arbeiten der Hyperästhesie sich gelegentlich sehr deutlich gezeigt. — Kindborg (XVIII, November 1921) meint, unmerkliche Zeichen könnten beim telepathischen Versuch überhaupt keine große Rolle spielen, denn der Perzipient müsse sich ja passiv, träumend einstellen und jegliches Kombinieren vermeiden. Dabei übersieht er, daß die ganz leisen Flüstergeräusche nicht bewußt gehört und durch verstandesmäßiges Grübeln verwertet werden, sondern daß sie nur vom Unterbewußtsein aufgefaßt werden und dessen träumender Verarbeitung unterliegen. Wenn der Perzipient während des Versuchs in eine Art halben oder totalen Trancezustandes gerät, so kann diese Einstellung den Zweck haben, die telepathischen Fähigkeiten des herrschenden Unterbewußtseins nutzbar zu machen; sie kann aber ebensogut dazu dienen, die Hyperästhesie, die gesteigerte

Sinneswahrnehmung dieses Zustandes zu wecken, um mit ihrer Hilfe die leisen Flüstergeräusche besser hören zu können. Der passive, hypnoide Zustand also beweist keineswegs, daß reine Telepathie im Spiele ist.

Merkwürdigerweise wird die Fehlerquelle des unwillkürlichen Flüsterns auch von der kritischen, antiokkultistischen Richtung unterschätzt. Noch immer werden auch von dieser Seite die zwecklosen Nahversuche mit der Übertragung von Worten und Zahlen fortgesetzt. Wird gefragt, weswegen man sich denn gegen das unwillkürliche Flüstern gesichert glaube, so erfolgt die Antwort: „Bei sieben bis neun Meter Distanz und geschlossenen Türen können keine Mitbewegungen der Sprachorgane mehr gehört werden." Fragt man weiter: „Woher wißt ihr denn das?", so wird erwidert: „Die Ohrenärzte haben es festgestellt." — Das Fachwissen der Ohrenärzte in allen Ehren, aber für die Berechnung der Grenzen unterbewußter Hyperästhesie sind sie unzuständig. Unsere gesamte sinnesphysiologische Erfahrung hat es bisher fast nur mit den Eindrücken oberhalb der Bewußtseinsschwelle zu tun gehabt; die Wunder des Unterbewußtseins, selten und verhüllt hervortretend, entschleiern sich erst neuerdings unseren Augen. Schwerlich würde ein Augenarzt zugeben, daß ein Mensch in eine geschlossene Pappschachtel hineinblicken könne, und doch hat Chowrin den Nachweis geführt, daß eine hyperästhetische Somnambule es vermag. Tatsächlich wissen wir über die Grenzen unterbewußten Hörens gar nichts. Wenn behauptet wird, was der Sender in einem Zimmer flüstert, könne in einem benachbarten Raume ohne Verbindungstür, oder gar in einem dritten Zimmer mit einem dazwischenliegenden Raume unmöglich gehört werden, die Treffer des Empfängers müßten also unter solchen Bedingungen auf reiner Telepathie beruhen, so ist das ein Ukas, ein Diktat, aber keine begründete Behauptung. Auch durch Versuche mit Hypnotisierten festzustellen, auf welche Entfernung ein hyperästhetischer Mensch unwillkürliches Flüstern hören, Augenspiegelung wahrnehmen usw. kann,

 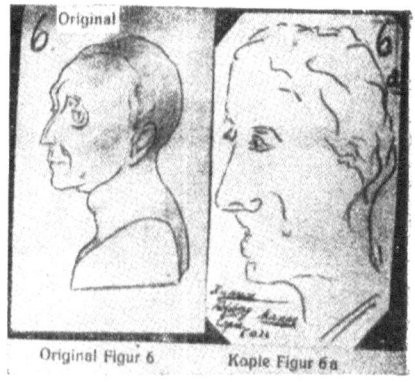

Illustration 9 (zu Seite 201)

Telepathische Übertragung von Zeichnungen
Aus C. Bruck „Experimentelle Telepathie"

ist ein hoffnungsloses Beginnen. In der Hypnose gibt es ja immer noch ein relatives Oberbewußtsein, die tiefsten Schichten des Bewußtseins, die Träger der extremen Hyperästhesie, sind nur schwer auszugraben und zum Gegenstande des Experimentes zu machen. Eine Versuchsperson Janets, in eine anästhetische Hautstelle gestochen, entsann sich erst nach mehreren aufeinander gepfropften Hypnosen, nach Erbohrung der tiefsten Bewußtseinsschicht, daß sie einen Stich gefühlt habe. Darum läßt sich durch Versuche an Hypnotisierten gewöhnlich Hyperästhesie nicht nachweisen und wird von manchen Forschern noch immer geleugnet. Das einzig Richtige beim derzeitigen Stande unseres Wissens ist, die Nahversuche überhaupt zu unterlassen; sie verwirren nur und beweisen nichts.

Freilich ist oft betont worden, das Übertragen von Zeichnungen habe diese Nachteile nicht aufzuweisen, hier könne Flüstern nicht einwirken, denn eine ganze Figur könne nicht gut durch unwillkürliche Lippen- und Zungenbewegungen ausreichend übertragen werden. Das gilt aber nur zum Teil. Man betrachte auf nebenstehender Illustration (Nr. 8 und 9) einige Resultate der telepathischen Versuche von Sanitätsrat Bruck und Dr. v. Rutkowski in Berlin! Sie können Telepathie gar nicht beweisen, weil das unwillkürliche Flüstern einzelner Worte wie „Leiter", „Tasse", „Trinkbecher", „Kopf nach links" zur Übertragung genügt. Deswegen dürften niemals sinnvolle, sondern nur sinnlose und etwas komplizierte Figuren den Stoff solcher Experimente bilden. Die falsche Annahme, die Grenzen hyperästhetischen Hörens durch Versuch feststellen zu können, hat Bruck und Rutkowski auf ihren Irrweg geführt. Nr. 7b der Illustration 9 ist dem übertragenen Urbilde, einer Leiter, ähnlich, ist aber selbst keine Leiter. Ganz sicher ist daraus nicht zu schließen, daß Flüstern und hyperästhetisches Hören hier keine Rolle gespielt hat; die beiden zeichnenden Versuchspersonen saßen nämlich einige Meter voneinander entfernt im gleichen Zimmer, die eine kann gehört haben, wie der Experimentator unwillkürlich das Wort „Leiter" mit den Sprachwerkzeugen andeutete, die andere hat sich durch das Kritzelgeräusch des ersten Zeichners lenken lassen und dabei etwas Leiterartiges zustande gebracht, ohne den Sinn der Zeichnung zu verstehen. Außer dem Flüstern spielt gerade bei Zeichnungen eine Unzahl anderer unwillkürlicher Zeichengebungen eine Rolle. Hier seien die wichtigsten genannt: Wenn, wie es früher häufig geschah, der Sender, der sich auf das zu übertragende Bild konzentrierte, den Empfänger berührte, so konnten die ideomotorischen Bewegungen seiner Hand bzw. des verbindenden Stabes Andeutungen über die Linienführung der Figur geben. Wird die Zeichnung erst entworfen, wenn Sender und Empfänger bereits ihre Plätze eingenommen haben, so ist das Geräusch der Feder oder des Bleistiftes sehr verräterisch. Befinden sich die zu übertragenden Originale hinter dem Empfänger, so genügt eine leise Seitwärtsbewegung seines Kopfes, um der Randzone der Netzhaut von hinten her Eindrücke zu vermitteln, die zwar nicht bis zum Wachbewußtsein dringen, das Unterbewußtsein aber beeinflussen können. Hält der Sender die Figur vor sich, um sie anzustarren, so kann sie sich in seinen Augen oder Brillengläsern oder, wenn zwischen beiden mitwirkenden Personen ein Vorhang gezogen ist, in den Augen seitwärts sitzender Zuschauer spiegeln. Auch eine polierte Holz- oder glänzende Kartonfläche genügt u. U. zur Spiegelung für ein hyperästhetisches Auge. Ist das Originalbild gar nicht anwesend, sondern denkt der Sender nur intensiv an die Figur, die er übertragen will, so machen manche stark visuelle Personen entsprechende Augenbewegungen, und manche schwach visuelle unterstützen ihr undeutliches Phantasiebild durch Fingerbewegungen, als ob sie es nachzeichnen wollen. Es bleibt also auch bei Übertragung sinnloser Zeichnungen, die kein Flüstern zulassen, nichts übrig, als Sender und Empfänger auf zwei Zimmer zu verteilen oder sie durch einen Vorhang zu trennen, der das Zimmer lückenlos in zwei Teile scheidet. Wird aber so korrekt experimentiert, dann kommt, wie

Dessoir erprobt hat, kein Resultat zustande*). Allerdings, bei manchen, seltenen, besonders geeigneten Personen und unter sehr günstigen Bedingungen (engem Rapport, Verwendung von Glasvisionen usw.) würden sich vielleicht manchmal telepathische Einwirkungen zeigen. Aber dann werden sie ebensogut im Fernversuch zutage treten, und der ist denn doch erheblich maßgebender. Also fort mit den Nahversuchen!

Was uns besonders zu diesem Verdikt bestimmen muß, ist die Wahrnehmung, daß es speziell die Mißerfolge des Nahversuches sind, die das Vorurteil aufrechterhalten, die Telepathie sei noch nicht erwiesen. Es gibt zahlreiche Psychologen, die das in den nachfolgenden Abschnitten vorgeführte Tatsachenmaterial gut genug kennen; sie sehen auch, in welchem Maße es für die Existenz der Telepathie zeugt, sehen, daß man ohne Telepathie zahlreiche Erscheinungen in unseren wahrheitshaltigen Träumen, in den übernormalen Leistungen der Medien usw. gar nicht mit natürlichen Mitteln erklären kann, ja sie machen selbst, notgedrungen, von dieser Erklärung reichen Gebrauch. Und trotzdem setzen sie hinzu: Leider ist Telepathie noch nicht erwiesen! Woher diese offenbare Inkonsequenz? Weil sie von der Idee beherrscht werden, der Beweis müsse unbedingt auf dem Gebiete des Nahversuchs erbracht werden. Wenn die Telepathie bei der einfachsten, naheliegendsten Versuchsanordnung nicht festzustellen ist, wie, meinen sie,

---

*) W. Bechterew (XXXXI, Dezember 1924) hat mit zwei Hunden experimentiert, die stumm von ihm gedachte Handlungen zum Teil prompt durchführten. Es gelang ihm, sämtliche Möglichkeiten unwillkürlicher Zeichengebung auszuschalten mit einziger Ausnahme des Flüsterns. Nun meint er, da Hunde Sprache nicht verstehen, könne es sich nur um Telepathie handeln. Dies ist wahrscheinlich der vollkommenste je angestellte Nahversuch, aber ist die Prämisse richtig, verstehen Hunde auch solche Worte nicht, die sie zu ganz konkreten Handlungen: Apportieren anwesender Dinge, Springen auf einen Stuhl, Anbellen eines Gegenstandes auffordern? Das ist hier die entscheidende Frage.

sollte sie in entlegeneren, komplizierteren Beobachtungen einwandfrei zu finden sein? — Als ob die vorderste Bastion einer Festung nicht immer die dicksten Mauern hätte! Wer die Wahrheit nicht sucht, wo ein Zipfel ihres Gewandes zu erhaschen ist, sondern gebannt auf einen Punkt starrt, wird ganz gewiß zu den minder erfolgreichen Bewerbern dieser spottlustigen Schönen gehören.

Fernhypnosen

Die ehemaligen Versuche französischer Forscher, die Möglichkeit einer Fernhypnose zu beweisen, werden von der gegenwärtigen Wissenschaft mit starker Skepsis beurteilt. Zum Teil mit Recht, denn zu der Zeit, in der jene Experimente veranstaltet wurden, war die Suggestionslehre der Schule von Nancy erst im Entstehen begriffen, man erkannte noch nicht, wie leicht der Schein einer Fernhypnose durch bloße Suggestionswirkung entstehen konnte, begriff die Fehlerquellen noch nicht, die es hier ängstlich zu meiden galt, und war daher schwankend und unsicher in der Methode. Und trotzdem glaube ich, daß die vielfach ausgesprochene Ansicht, der Nachweis der Fernhypnose sei ein bloßer Selbstbetrug gewesen, das Kind mit dem Bade ausschüttet. Denn erstlich zeigen jene Experimente eine deutliche Tendenz zu rascher Vervollkommnung, und zweitens ist ihnen gelegentlich der Zufall zu Hilfe gekommen und hat einwandfreie Versuchsbedingungen geschaffen, obgleich die Experimentatoren selbst nicht wußten, worauf es ankam. Diese entscheidenden, die Fernhypnose tatsächlich beweisenden Fälle sind unter dem Wust der nach heutigen Begriffen dilettantischen Experimente bisher verschüttet geblieben und nicht zu ihrem Recht gekommen.

Man nehme an, ein Arzt habe eine Patientin schon oft hypnotisiert, einen engen Rapport geschaffen, er habe sie darin geübt, stumme unausgesprochene Suggestionen (Suggestions mentales) zu befolgen, bei denen wahrscheinlich unwillkürliche Sprachbewegungen auf seiten des Hypnotiseurs und hyperästhetisches Hören auf seiten der Somnambulen eine große Rolle spielt, er habe ferner mit Erfolg versucht, diese stumme Suggestion aus dem Nebenzimmer, aus ferneren Zimmern desselben Hauses wirken zu lassen. Nunmehr gehe er zu dem kühnen Experiment über, die Somnambule von seiner Wohnung aus, vielleicht über mehrere Kilometer weg, zu hypnotisieren. Welche Fehler können begangen werden, die den Anschein erwekken, als sei dieser Versuch gelungen, obgleich doch nur Suggestion im Spiele ist? Sehen wir von Betrug, von einem abgekarteten Spiel zwischen Arzt und Patientin ab, gegen das die Zeugen und Beurteiler sich natürlich zu schützen haben, so können hier drei verschiedene Hauptfehler begangen werden.

1. Der Arzt hat vormittags, als er bei der Patientin weilte, gedacht: „Heute nachmittag um ½ 5 Uhr werde ich versuchen, dich von meiner Wohnung aus zu hypnotisieren." Die Somnambule stellt für ihren Hypnotiseur, nach den Worten der Frau d'Esperance, eine Art Flüstergalerie dar, in der jeder seiner Gedanken wiederklingt. Auch diesen Gedanken nimmt sie wahr. Am Nachmittag um ½ 5 Uhr erinnert sie sich: „Jetzt versucht er mich zu hypnotisieren", und dieses Bewußtsein genügt, um sie in eine Hypnose zu versetzen, die nur scheinbar den gleichzeitigen fernen Bemühungen des Arztes ihre Entstehung verdankt. Daß der letztere versichert: „Ich habe am Vormittag gar nicht daran gedacht, wann ich am Nachmittag eine Fernhypnose vornehmen will", hat gar keine Bedeutung; der Vorsatz kann unbewußt in ihm aufgetaucht sein, und gerade unbewußt Gedachtes kann sich am leichtesten übertragen.

Um diese Fehlermöglichkeit zu vermeiden, muß die Stunde der Fernhypnotisierung entweder durch das Los bestimmt werden, oder irgendein Dritter, der mit der Somnambulen nichts zu tun hat, muß die Zeit genau angeben. Der Hypnotiseur erfährt sie am besten erst kurz vor dem

Experiment, damit man sicher ist, daß er keine Gelegenheit hat, sich mit seiner Somnambulen zu verständigen. Natürlich können gelegentliche Zufälle, die eine bestimmte Zeit für das Experiment erzwingen, ebensolche Sicherheit gewähren wie das Los.

2. Nach Durchführung des Hypnotisierungsaktes aus der Ferne eilt der Arzt sofort zu seiner Somnambulen, um zu sehen, ob seine Bemühungen Erfolg gehabt haben, oder er sendet irgendeinen der Patientin bekannten Zeugen zu ihr, um die nötigen Feststellungen zu machen. Man findet die Dame in hypnotischem Schlafe, denn als es klingelte, merkte sie, daß man einen Versuch gemacht habe und sich jetzt über das Ergebnis informieren wolle, und dieses Bewußtsein versenkte sie augenblicklich in Schlaf. Ja selbst wenn der „Kontrolleur" sich nur von fern dem Hause nähert und es beobachtet, kann eine hyperästhetische Person dies gewahr werden und dadurch in Hypnose geraten; das Sichverstecken ist einer Somnambulen gegenüber durchaus nicht so einfach, wie man es noch zur Zeit der alten Magnetiseure angenommen hatte. — Damit dieser Fehler vermieden wird, läßt der Fernhypnotiseur am besten einige Zeit verstreichen, ehe er zu seiner Somnambulen geht; bei dieser aber muß dauernd ein Beobachter weilen, der über die Zeit und Art des Experiments *nicht* informiert ist und die Versuchsperson möglichst ununterbrochen im Auge behält. Diese Bedingung ist schwer durchzuführen, aber erst wo sie erfüllt wäre, würde man zuverlässige Beobachtungen häufen können und nicht mehr bloß auf günstige Zufälle angewiesen sein, die irgendeinen Hausgenossen in dem Moment, wo die Somnambule in Hypnose gerät, gerade anwesend sein lassen.

3. Der Hypnotiseur läßt sich nachträglich von der Somnambulen berichten, wann sie in Schlaf gefallen ist oder was sie sonst erlebt hat. Gewöhnlich bekundet sie, daß sie sich einige Minuten nach der Zeit, in der jener daheim seine Fernhypnotisierung begonnen hatte, wie gelähmt und sehr benommen gefühlt habe, Kopfschmerzen bekommen

habe oder sofort eingeschlafen sei. Alles scheint prächtig zu stimmen, und dabei wird vergessen, daß der fragende Hypnotiseur doch selbst sehr genau weiß, zu welcher Stunde und Minute er seinen Versuch vorgenommen hat, daß die Somnambule ihm dieses Wissen abzapft, daß ihr in ihrer hypnotischen Abhängigkeit und Dressur jeder seiner Wünsche Befehl ist und sie infolgedessen das aussagt, was er zu hören wünscht. Richets sonst so sorgfältige Versuche scheitern zum größten Teil an dieser Klippe; er läßt überall seine Versuchsperson als Hauptzeugin auftreten und zieht die Aussagen der Hausgenossen ganz lückenhaft, ganz nebenher als Bestätigung heran. Auf diese Weise werden wahrscheinlich manche wirklich gelungene Experimente für uns wertlos. — Gegen diese Fehlerquelle schützt dieselbe Maßregel, die wir schon gegen die zweite Schwierigkeit zu empfehlen hatten: Der dauernd anwesende, aber unorientierte Beobachter, welcher der Somnambulen nichts suggerieren kann, weil er selbst nichts weiß, der ihre Aussagen ersetzen und die Tatsachen schon vor dem Eintreffen des Experimentators festlegen kann. Würden diese wenigen Vorsichtsmaßregeln in einem zukünftigen Falle streng innegehalten, so ließe sich die Fernhypnose, und mit ihr die Telepathie, in kurzer Zeit so strikt kontrollieren, daß sie nicht mehr anzufechten wäre.

Es fehlt hier an Raum, eine Art Geschichte der Fernhypnose zu schreiben und die große Zahl fragwürdiger Versuche vor uns Revue passieren zu lassen. Wir wollen uns auf die wenigen beschränken, die, wie ich noch immer glaube, die Realität einer Fernhypnose bewiesen oder wenigstens sehr wahrscheinlich gemacht haben.

Dr. M. Dusart, Krankenhausarzt in Paris, berichtet in der Tribune Médicale vom 16. und 30. Mai 1875 (auch VIII, S. 417):

Ich gab der Patientin (Fr. J.) täglich, wenn ich sie verließ, den Befehl, bis zu einer bestimmten Stunde des nächsten Tages zu schlafen. Eines Tages vergaß ich beim Weggehen diese Vorsichtsmaßregel. Mein Versehen wurde ich erst gewahr, als ich schon 700 m weit gegangen war. Da ich nicht zurückkehren konnte, sagte ich mir, mein Befehl würde vielleicht trotz der Entfernung gehört werden, denn auf ein bis zwei Meter Abstand waren Mentalsuggestionen schon früher ausgeführt worden. Ich sprach also den Befehl aus, bis um 8 Uhr des nächsten Tages zu schlafen, dann setzte ich meinen Weg fort. Als ich am darauffolgenden Morgen um ½ 8 Uhr bei der Kranken eintrat, schlief sie [d. h. unter Hypnose, so daß sie auf Fragen zu antworten vermochte]. Ich fragte sie: „Wie kommt es, daß Sie noch schlafen?" „Aber, Herr Doktor, ich tue nur, was Sie mir befohlen haben." „Sie sind im Irrtum! Ich bin gestern weggegangen, ohne Ihnen einen Auftrag zu geben." „Gewiß, aber als Sie 5 Minuten fort waren, habe ich ganz deutlich gehört, wie Sie mir sagten, ich sollte bis 8 Uhr schlafen. Jetzt ist es aber noch nicht acht."

Bis hierher ist Dusarts Erfahrung für unseren Zweck wertlos. Die dritte der obenerwähnten Fehlermöglichkeiten ist nicht ausgeschaltet, die Patientin kann in der Seele des anwesenden Arztes lesen, daß er gestern eine Fernhypnose versucht hat, und kann unter dem Einflusse dieser Suggestion aussagen, was er, wie sie weiß, zu hören wünscht.
Dusart aber fährt fort:

Nun war aber 8 Uhr die übliche Stunde des Aufwachens, die ich immer angab. Man konnte denken, die Gewohnheit habe eine Sinnestäuschung veranlaßt und das Ganze wäre nur ein zufälliges Zusammentreffen. Um meinem wissenschaftlichen Gewissen zu genügen und keinem Zweifel Raum zu lassen, befahl ich der Kranken, zu schlafen, bis ich sie weckte. Als sich mir während des Tages eine freie Viertelstunde bot*), beschloß ich, den Versuch zu Ende zu führen. Ich verließ meine 7 km vom Hause der Patientin entfernte Wohnung und gab zugleich den Befehl aufzuwachen. Ich sah dabei nach der Uhr, es war zwei. Als ich ankam, fand ich die Patientin wach. Die Eltern hatten auf meine Anordnung den Moment des Aufwachens genau notiert. Es war gerade derjenige, an dem ich meinen Weckruf hatte ausgehen lassen. Dieser Versuch wurde nochmals wiederholt, jedesmal wählte ich eine andere Zeit, der Erfolg blieb sich immer gleich.

Diese Versuche sind bereits geeignet, Fernhypnose wahr-

---

*) Gesperrter Druck ist durchweg Zusatz des Verfassers und soll auf die für uns wichtigen Stellen aufmerksam machen.

scheinlich zu machen, doch hapert es etwas mit der ersten der obenerwähnten Forderungen. Dusart läßt sich allerdings die Zeit, in der er seinen Fernbefehl ausgehen lassen will, von einem objektiven Faktor vorschreiben: Er spricht ihn aus, wenn seine Praxis ihm gerade eine freie Viertelstunde läßt. Es bleibt aber doch die Möglichkeit, daß er schon morgens, wenn er der Patientin seinen Besuch macht, voraussehen kann, daß er gerade um 2 Uhr eine Pause seiner Tätigkeit erwarten darf. Der Gedanke also „Um zwei Uhr werde ich den Fernruf probieren" kann ihm schon morgens kommen und auf die Patientin übergehen. Es ist nicht sehr wahrscheinlich, daß dieser Fehler in sämtlichen Versuchen dieser Reihe begangen worden ist, aber unmöglich ist es nicht. Doch hören wir Dusart weiter!

Am 1. Januar stellte ich meine Besuche ein, meine Beziehungen zu der Familie hörten auf, ich hörte nichts weiter von ihr. Als ich am 12. Januar gerade in einer entgegengesetzten Stadtgegend Besuche machte und 10 km von der Kranken entfernt war, kam mir der Gedanke, ob es mir wohl trotz der großen Entfernung, dem Aufhören aller persönlichen Beziehungen und dem Dazwischentreten einer dritten Person (das Mädchen wurde jetzt nämlich von ihrem Vater magnetisiert) gelingen würde, noch immer meinen Willen aus der Ferne geltend zu machen. Ich verbiete also der Kranken, in Hypnose zu verfallen. Eine halbe Stunde später fällt mir ein, wenn wirklich das halb Unmögliche sich erfüllen und mein Befehl sich Gehorsam erzwingen sollte, so könne das arme Mädchen dadurch geschädigt werden. Ich hebe also das Verbot wieder auf und denke nicht weiter daran. — Ich war nicht wenig erstaunt, als am nächsten Morgen um 6 Uhr früh mir ein Postbote einen Eilbrief des Vaters des Frl. J. brachte. Dieser teilte mir mit, am vorhergehenden Tage, 12. Januar, habe er erst nach langem, peinvollem Kampfe seine Tochter einschläfern können. Als sie endlich einschlief, habe sie erklärt, sie habe auf einen speziellen Befehl von mir hin Widerstand geleistet und sei erst in Hypnose gefallen, als ich es erlaubt habe. Diese Erklärungen waren vor Zeugen abgegeben worden, welche auf den Wunsch des Vaters das Protokoll, das darüber aufgenommen wurde, unterschrieben hatten. Ich habe diesen Brief noch heute.

Dieser Versuch hält, wie mir scheint, jeder Kritik stand. Dusart steht nicht mehr mit der Patientin in Verbindung, sie hat keine Gelegenheit, die Zeit, zu der er sie aus der Ferne beeinflussen will, vorher in seinem Bewußtsein zu lesen. Das Eintreffen des Befehls wird von unorientierten Zeugen in Abwesenheit des Arztes festgestellt, und die Aussage der Versuchsperson, sie habe den Fernruf vernommen, hat volles Gewicht, weil niemand zugegen ist, der ihr eine entsprechende Suggestion geben könnte. Hier also haben wir, wie mir scheint, einen Beweis für Fernhypnose und Telepathie in Händen.

Wir kommen zu den berühmten Versuchen von Le Havre in den Jahren 1885 und 1886. Versuchsperson war eine bretonische Bauernfrau B., in der psychologischen Literatur als „Leonie" bekannt. Experimentatoren waren zunächst der Arzt Gibert und der Professor der Psychologie Pierre Janet. Die vorzüglich gelingenden Fernhypnosen erregten großes Aufsehen, eine Reihe bedeutender Forscher strömten herbei, es bildete sich eine Kommission, unter deren Überwachung die Experimente fortgesetzt wurden. Die Versuchs- und Kontrollbedingungen, die von dieser Kommission festgesetzt wurden, stellten bereits eine erhebliche Verbesserung der Methode dar, sie forderten u. a., daß die Zeit der Fernhypnose durch das Los bestimmt werde und Gibert, der sie durchzuführen hatte, erst einige Minuten vor dem Termin davon Kenntnis erhalten sollte. Trotz dieses großen Aufwandes an Zeit und Scharfsinn genügen die zahlreichen Versuche fast durchgehends nicht den drei oben gekennzeichneten Hauptforderungen, nur ein einziger kann als vollgültig betrachtet werden, dessen Schilderung hier folgen möge. Vorausgeschickt sei, daß Leonie während der Zeit dieser Versuche in einem Pavillon wohnte, etwa 500 m von Giberts Wohnung entfernt, betreut von einer Köchin, die gleichzeitig den Auftrag hatte, Leonie zu beobachten und die genaue Zeit ihres Einschlafens und Aufwachens zu merken. Es ist eingewendet worden, von einer Köchin habe man nicht die wissenschaftliche Exaktheit erwarten können, die zu diesem so wichtigen Amte erforderlich war. Der Einwand, scheint mir, trifft nicht, denn wäre die Köchin ungenau in ihren Zeitangaben gewesen, so hätten sich keine Übereinstimmungen zwischen ihren Feststellungen und den Minutenzahlen der tatsächlichen Fernbefehle ergeben. Gewöhnlich aber harmonierte beides sehr gut. Außerdem kommt es auch sonst im wissenschaftlichen Betriebe vor, daß ungebildete, aber intelligente Personen mit Ablesungen und Notierungen betraut werden, die noch weit über das hinausgehen, was hier von der Köchin verlangt wurde. Man denke an die Wetterwarte auf schweizerischen meteorologischen Alpenstationen, die bäuerlichen Standes sind! Der folgende Bericht P. Janets wurde zuerst im „Bulletin de la Société de psychologie physiologique" im Jahre 1885 veröffentlicht. (VIII, S. 428):

Am 14. Oktober versprach mir Gibert, Frau B. aus der Ferne zu hypnotisieren, zu einer beliebigen Stunde, die er selbst wählen oder die er sich von einer dritten Person vorschreiben lassen wollte, aber ich durfte sie nicht wissen. [Denn Janet sollte als Kontrolleur bei Frau B. bleiben.] Ich kam erst gegen ½5 nach dem Gartenhaus, in dem Frau B. wohnte; sie schlief schon seit einer Viertelstunde, so daß ich gewiß an dieser Hypnose unbeteiligt war, die ich nur noch feststellen konnte. Empfindungslosigkeit und andere Symptome waren dieselben wie beim vorhergehenden Versuch, nur schien die Lethargie noch ausgesprochener, denn es regte sich keine Spur von Somnambulismus. [Das bedeutet, Leonie konnte nicht sprechen, sondern lag tief schlafend. Infolgedessen kann Janet die Angabe, sie sei vor einer Viertelstunde eingeschlafen, nur von der Köchin erhalten haben. Aber selbst wenn Leonie sie ausgesprochen hätte, so würde das den Versuch nicht verfälscht haben, denn Janet wußte ja nichts über die Zeit des geplanten Experiments, konnte also auch nichts suggerieren.] — — — — Gibert erschien erst um ½6 Uhr. Er erzählte mir, daß er auf den Vorschlag des Herrn B. hin gegen ½5 Uhr an die Einschläferung der Frau B. gedacht habe, und daß er sich zu dieser Zeit mindestens 2 km von ihr entfernt in Graville befunden habe. — — — Man hätte eigentlich diesen Versuch einige Male wiederholen müssen, und es ist schade, daß die Abreise der Frau B. uns daran gehindert hat. Trotzdem scheint er mir entscheidend, sofern man bedenkt, daß er — — — mit anderen gleichartigen Tatsachen übereinstimmt, die wir jetzt noch zu besprechen haben.

Am 14. Oktober, also an demselben Tage, an dem Frau B. von Graville aus hypnotisiert worden war, beobachtete ich während ihres Schlafes folgende Erscheinungen: Genau um 5 Uhr fängt Frau B. mitten im Schlafe zu seufzen und zu zittern an, darauf murmelt sie: „Genug, genug — lassen Sie das bleiben! — — Sie sind recht schlecht!" Sie setzt sich aufrecht, steht, indem sie immer noch seufzt, auf, macht einige Schritte, dann fängt sie zu lachen an, wirft sich rücklings auf ihren Lehnstuhl und schläft wieder tief und fest ein. Um 5 Uhr 5 Minuten wiederholt sich die Szene genau in der gleichen Weise: Zuerst wieder Erregung, Zittern, Seufzen; sie richtet sich auf, stellt sich auf die Füße und scheint gehen zu wollen. Nach einigen Augenblicken lacht sie wieder und sagt: „Das können Sie nicht — — mögen Sie auch noch so eifrig bei der Sache sein, ich kriege mich doch wieder frei." Und in der Tat, sie legt sich wieder hin und schläft ein. Derselbe Vorgang nochmals 5 Uhr 10 Minuten. Als Gibert um ½6 ankam, zeigte er mir eine Karte, die eine dritte Person, Herr B., ihm übergeben hatte. Seit dem Augenblick, da er sie empfangen hatte, wäre es ihm unmöglich gewesen, mit Frau B. auf normale Weise in Verbindung zu treten. Auf der Karte stand, er solle Frau B. verschiedene ziemlich komplizierte Tätigkeiten auftragen, und zwar von 5 Uhr ab in Abständen von je 5 Minuten. Diese Prozeduren waren augenscheinlich zu umständlich gewesen und darum nicht zur Ausführung gelangt; aber in genau demselben Augenblick, in dem Gibert sie von Graville aus forderte, hatte ich 2 km davon entfernt die Wirkung dieser Suggestionen gesehen und einen unzweifelhaften Ansatz zu ihrer Durchführung festgestellt. Frau B. schien wirklich diese Befehle wahrgenommen zu haben, sie hatte Widerstand geleistet und sich ihnen wohl nur deswegen entzogen, weil Gibert sich nicht dauernd genug konzentrieren konnte.

In diesem sonst sehr klaren Tatbestand gibt es nur ein Fragezeichen: Wer ist der mysteriöse Herr B., über den sich Janet leider so völlig ausschweigt? Kennt er Leonie, war er bei den Versuchen zugegen, hatte er womöglich Gelegenheit, in Gegenwart der Versuchsperson schon vorher an die Bedingungen zu denken, die er Gibert stellen wollte, und sie dadurch seinerseits mit Suggestionen zu infizieren? Wer nicht der verbissenen Ansicht huldigt, daß in der Welt gewöhnlich das völlig Verdrehte geschieht, muß diese Fragen unbedingt verneinen. Wozu wurde denn dieser Dritte ins Spiel gebracht? Nicht um Gibert eine Vorsuggestion unmöglich zu machen; die Methodik Janets und Giberts war noch nicht so entwickelt, daß sie diese Gefahr bereits gesehen hätten. Nein, der Dritte sollte eine Garantie dafür bieten, daß kein abgekartetes Spiel getrieben werden konnte. Eine Person, die Leonie kannte und an den Experimenten teilnahm, hätte sich selbst mit ihr verabreden können, war also für den Zweck denkbar ungeeignetst. Zugleich war es das leichteste von der Welt, einen Unbeteiligten zu finden, der nichts weiter zu tun hatte, als sich eine Tageszeit auszudenken. — Halten wir diesen Zweifel für unbegründet, so genügt der Versuch vollkommen den drei oben gestellten Forderungen, er ist also schlechthin beweisend für die Existenz der Fernhypnose. Zugleich hat er die Bedeutung einer ganzen Reihe geglückter Experimente, die sich gegenseitig bestätigen und jeden Zufall ausschließen.

Charles Richet hat mit mehreren Personen Versuche zur Durchführung der Fernhypnose unternommen. Sein Hauptobjekt war dieselbe Leonie, die wir in den Experimenten von Le Havre kennengelernt haben; die schwache Seite dieser Versuche, die meist in die Jahre 1887 und 1888 fallen, wurde schon oben (S. 207) erwähnt; ihr Wert dagegen liegt in der sorgfältigen Anwendung des Losens bei der Feststellung der Zeit, in der die Fernhypnose stattfinden sollte. Es ist gerügt worden, daß wir bei manchen Versuchen der früher erwähnten Reihen zuwenig darüber hören, wie groß die Zahl der zur Auswahl stehenden Lose war, so daß man nicht sicher ist, ob dem Zufall ausreichender Spielraum gelassen und etwaige Vorabsichten des Hypnotisierens vollständig genug durchkreuzt worden waren. Richet aber deutet an, daß er eine große Zahl von Stunden beim Losen in Betracht zieht und gelegentlich eine Zeit auslost, die für beide Beteiligte unbequem ist. (Vgl. XXXVIII, S. 64—65 und 70.) Das läßt auf ein sehr gründliches und objektives Verfahren schließen. Drei unter den Richetschen Versuchen möchte ich für geglückt halten. Betrachten wir den ersten! (A. a. O. S. 63.)

Ich ziehe das Los, um zu erfahren, ob ich sie [Leonie] am Freitag, den 14., oder Sonnabend, den 15. [Januar 1887], einschläfern soll. Das Los bestimmt Freitag. Was die Zeit betrifft, so konnte die Einschläferung zwischen 8 Uhr morgens und 7 Uhr abends stattfinden; das Los bestimmt 3 Uhr. Ich wirke stillschweigend von 3 Uhr 10 Minuten bis 3 Uhr 45 Minuten auf sie ein. Ich treffe bei Ferrari [einem Freunde Richets, bei dem Leonie damals einlogiert war] um 3 Uhr 45 Minuten ein. Leonie war ausgegangen. Sie kehrt um 3 Uhr 51 Minuten zurück; ihr erstes Wort, welches sie dem Dienstmädchen, das die Tür öffnet, sagt, ist: „Ich kann nicht mehr weiter, meine Beine zittern." Darauf teilt man ihr mit, daß ich dort sei. [Als Leonie obige Worte sagte, war also R. nicht dabei und konnte sie nicht beeinflussen]. Im Schlaf erzählt sie mir, daß sie in dem Laden, in welchem sie Schürzen kaufen wollte, plötzlich von Hitze belästigt worden sei; darauf habe sie den Laden hastig verlassen, ohne auf die Farben der Schürzen zu merken, welche sie kaufen wollte. Unterwegs hatte sie Furcht, unter die Räder der Wagen zu kommen, denn ihre Beine zitterten und erschwerten ihr das Weitergehen. Sie gibt mir die Adresse des Geschäfts, in dem sie diese Betäubung gefühlt hatte; dann berechnete ich die Zeit, die nötig gewesen war, um zurückzukehren. Es waren ungefähr 20 Minuten, und da sie um 3 Uhr 51 Minuten zurückgekehrt ist, folgt daraus, daß sie das Müdigkeitsgefühl um 3 Uhr 31 Minuten lebhaft empfunden hat. [Einige Zeit pflegt nötig zu sein, um die Fernhypnose wirksam werden zu lassen.] — — — Es kam während ihres Aufenthalts in Paris nur dieses einzige Mal vor, daß sie sich in einem Laden unwohl fühlte. [Zwischen dem 17. Dezember und dem 25. Januar, dem Tag ihrer Abreise von Paris, ist sie niemals spontan eingeschlafen. Vgl. S. 84.]

Selbst wenn man der in Anwesenheit Richets gegebenen Schilderung keinen Glauben schenken will, so beweisen doch die Worte, die sie in seiner Abwesenheit an das Dienstmädchen richtete, daß sie sich in jenem Zustande befand, der sich bei ihr einstellte, wenn sie sich in Somnambulie auf der Straße befand. Die Befürchtung, sie könnte dort umfallen und einschlafen, bestätigte sich nie, aber sie wankte wie eine Trunkene und war nur halb bei Besinnung. Kein Zweifel also, daß hier die Fernhypnose gewirkt hatte, und deren Zeitpunkt konnte sie angesichts des von Richet befolgten exakten Verfahrens unmöglich vorauswissen.

Der zweite wertvolle Versuch (XXXVIII, S. 65—67) würde verlangen, daß wir den Beweis der Fernhypnose erst aus einer großen Zahl verdunkelnder Umstände herausschälen. Wir müssen hier darauf verzichten. Der dritte, der beste von allen, fand im Januar 1888 statt; Versuchsperson war eine Patientin Richets, Leontine D., mit der ähnliche Experimente noch nie zuvor erprobt worden waren. Richets Bericht (XXXVIII, S. 89) lautet:

Am 17. Januar, nachdem sie viermal [aus der Nähe] eingeschläfert war, sagte ich ihr, daß ich sie von meiner Wohnung aus in der kommenden Woche an einem der Tage vom 17. bis 23. Januar beeinflussen werde.

Am folgenden Tag, einem Mittwoch, l o s e i c h und beeinflusse sie von 1 Uhr 10 bis 1 Uhr 25 Minuten. Ich schreibe Tag und Stunde in mein Notizbuch, und als ich Leontine am Dienstag, den 23. Januar, wieder treffe, erinnere ich mich weder des Tages noch der Stunde genau. Darauf frage ich sie: „Wann versuchte ich Sie einzuschläfern?" I h r e a n w e s e n d e S c h w e s t e r antwortete: „Es war am Mittwoch um 1 Uhr, um 1 Uhr 10 Minuten. In dem Augenblick, als wir das Frühstück beendigten, sagte Leontine zu mir: ‚Die Arme fallen mir herunter, ich will schlafen. Es ist mir geradeso, als ob Herr Richet mich einschläfert.'" Nach Hause zurückgekehrt, konstatiere ich mit wahrer Genugtuung, daß Tag und Stunde genau stimmen.

Es ist wiederholt behauptet worden, die Fernhypnose sei einmal in Le Havre geglückt, sonst aber nicht wieder, mit solchen unbestätigten Resultaten könne die Wissenschaft nichts anfangen. Man ersieht aus obigen Darlegungen, daß hier Experimente dreier Forschergruppen an verschiedenen Somnambulen vorliegen, deren Ergebnisse sich decken. Im Jahre 1900 hat Wetterstrand in Stockholm nochmals die Fernhypnose bestätigt; über diese Versuche Näheres zu erfahren, scheint in Deutschland unmöglich zu sein, und doch sind sie von großem Interesse, denn um die Jahrhundertwende war man mit den Fragen der Suggestion schon genau vertraut. Gegenwärtig gelingt es zuweilen Laien, aus der Ferne zu hypnotisieren. Die Vertreter der Fachwissenschaft stellen sich diesen Erfahrungen gegenüber auf den Standpunkt: Schon die Experimente von Le Havre haben nichts getaugt, es lohnt also nicht, sich weiterhin mit der Sache zu beschäftigen! Woher diese Vernachlässigung eines Gebietes, auf dem die zweifelfreie Sicherstellung der Telepathie am leichtesten zu gelingen scheint? Ich weiß nur eine Erklärung: Die ganze Aufmerksamkeit ist auf den telepathischen Nahversuch konzentriert, und die immer wieder als fehlerhaft sich herausstellenden Nahversuche schlagen jede Hoffnung zu Boden. Der Fernversuch kennt kein unwillkürliches Flüstern, kein hyperästhetisches Hören und Sehen, keine Zeichengebung, und die ihm anhaftende Gefahr der Trübung durch Suggestion ist, wenn man die Unwissentlichkeit des Verfahrens wahrt, mit Leichtigkeit auszuschließen. Daher seine Überlegenheit.

Fernübertragung von Gedanken

Die Übertragung einer Vorstellung über eine weitere Distanz hat, als Experiment, auf ähnliche Fehlerquellen Rücksicht zu nehmen wie die Fernhypnose, vor allem spielt auch hier die Vorsuggestion eine Rolle. Nehmen wir an, der Sender konzentriere sich zu einer bestimmten, verabredeten Zeit auf Kaiser Augustus, und dem Empfänger, der auf die Übertragung wartet, sich zu diesem Zwecke in ein ruhiges Zimmer zurückgezogen und dort mit geschlossenen Augen in bequemer Lage niedergelassen hat, dränge sich tatsächlich der Name Augustus auf! Dieser gute Erfolg könnte dadurch entstanden sein, daß beide Experimentatoren am Tage vorher sich über den römischen Kaiser unterhalten haben und dieses Gespräch noch in ihnen nachklingt; ja selbst wenn der Name Augustus gar nicht geäußert worden ist, aber einer der beiden Beteiligten in Gegenwart des anderen lebhaft an ihn gedacht hat, könnte dieses Denken auf das Unterbewußtsein seines Gefährten hinübergewirkt haben. Oder es kann auch die „psychische

Lage" oder „Assoziationskonkordanz" (Dessoir) eine Rolle spielen: Beide, für römische Geschichte interessierte Experimentatoren haben in den vorhergehenden Versuchen die Namen Caesar und Antonius zum Gegenstande des Versuchs gemacht, und nunmehr ist Augustus gerade „dran" und liegt besonders nahe. Um das Entstehen einer solchen Pseudotelepathie auszuschließen, empfiehlt es sich auch hier, einen objektiven Faktor bei der Auslese der zu übermittelnden Vorstellung einzuschalten, also entweder das Los entscheiden zu lassen oder sich zu jener Vorstellung durch ein Buch, eine Zeitung, eine bücherreiche Bibliothek usw. anregen zu lassen. Auch eine dritte Person, die zugleich als Zeuge und Garant gegen abgekartetes Spiel dient, kann die Rolle des objektiven Faktors spielen. Ferner ist es sehr wichtig, daß beide Teilnehmer am Versuch sofort nach dessen Vollendung das Ergebnis niederschreiben, der eine das, was er hat übertragen wollen, der andere das, was ihm in der verabredeten Zeitspanne in den Sinn gekommen ist. Denn sonst treibt die Erinnerungsanpassung ihr Spiel, der Sender wie der Empfänger bilden sich nachträglich alles mögliche ein, was ihnen während des Experimentes durch den Kopf geschossen sei und „frisieren" auf diese Weise den Hergang so, daß eine Übereinstimmung herauskommt, die nur in ihrer zurechtgebogenen Erinnerung besteht.

Bisher ist noch sehr wenig auf dem Gebiete experimenteller Fernübertragung von Gedanken getan und geleistet worden; Schwindel und unwillkürliche Zeichengebung können hier weniger mitwirken als beim Nahversuch, nur telepathisch begabte und in engen Rapport eingespielte Personen können Erfolg haben. Darum sind Scheinerfolge auf diesem Gebiete seltener. Dafür sind aber wirkliche Resultate doppelt wertvoll. Als die bestgeglückten Versuche erscheinen mir diejenigen, welche der uns schon bekannte Chemiker Albert Hofmann mit seinem Freunde, dem Arzte Fr. Freudenberg, unternommen hat. Sie begannen damit im Jahre 1914 in Brüssel, wo sie in zwei Häusern wohnten, die sich, durch eine Straße getrennt, gegenüberlagen, und Fr. befand sich sogar in einem Hofzimmer seines Hauses, so daß 3 Wände zwischen ihnen lagen. Die Gefahren der Vorsuggestion haben sie bis zu einem gewissen Grade erkannt, ihnen aber nicht genug Wert beigelegt, so daß der Leser ihres Berichtes (XXXIX, zum großen Teil auch XVII) zuweilen im Zweifel bleibt, ob und mit welchen Mitteln sie sich dagegen gewappnet haben. Immerhin haben sie vielfach das Thema des Versuches einem Buche oder einer Zeitung entnommen, sie sagen ausdrücklich, daß sie solche Vorstellungen vermieden haben, die letzthin in ihren Gesprächen vorgekommen waren, auch zeigt sich das Bestreben, abseits liegende, „ausgefallene" Gegenstände zu wählen, bei denen rein zufällige Übereinstimmungen nicht leicht vorkommen konnten. Die verabredete Stunde, in der sich beide Experimentatoren in ein geräuschloses Zimmer zurückzogen, war 9 Uhr abends. Hofmann als Sender pflegte den Satz oder das Wort, das übertragen werden sollte, etwa 4 mal in der Minute vor sich hinzusprechen, mit dem dringenden Wunsche, Fr. möchte ihn hören. Diese sehr anstrengende Konzentration wurde 7 Minuten und länger fortgesetzt.

In Brüssel haben 3 Einzelversuche stattgefunden. Im ersten konzentrierte sich Hofmann als Sender auf den Schlachtruf Altkölns „Alaaf Köln". Freudenberg kannte ihn nicht, „hörte" aber in der entsprechenden Minute das Wort „Köln" inmitten eines ihm unverständlichen Satzes in rheinischem Dialekt und fragte sich, in derselben Mundart bleibend: „Wat well dä Kähl?" Beim zweiten Versuche war Freudenberg auf den Anruf nicht gefaßt, merkte ihn aber und fuhr zusammen. Im dritten Versuche hatte sich Hofmann durch eine Zeitung zu dem Brüsseler Ausflugsort Groenendael anregen lassen. Freudenberg hatte im kritischen Moment Besuch und war wieder nicht gesammelt, empfand aber doch, daß Hofmann an einen schönen Wald mit Teichen dachte. Hier sind also trotz mangelhafter Durchführung von drei Versuchen zwei mit einer den Zufall ausschließenden Genauigkeit der Übereinstimmung geglückt.

Bei Kriegsausbruch flüchteten beide Forscher nach Mehlem, einem Städtchen am Rhein, und wohnten hier etwa 800 m voneinander entfernt. 1919, als sie zu einiger inneren Ruhe gelangt waren, setzten sie 1919 die Versuche fort. Über eins dieser Mehlemer Experimente schreibt Hofmann:

> Für den Abend des 26. März war keine Verabredung getroffen. Immerhin versuchte Dr. Fr., die Person des Gajus Julius Caesar zu übertagen, und zwar von 8 Uhr 55 Minuten an. — — — Die Niederschrift des H. [nach Ablauf der für Versuche vorgesehenen abendlichen Zeit zu Papier gebracht] lautete: „8 Uhr 55 Minuten klappte ich das Buch zu in Erwartung einer Übermittlung, obschon für den Abend nichts verabredet war. Bis 9 Uhr 5 Minuten war große ‚Leere'. Dann hob sich, immer intensiver werdend, der Gedanke an das ‚Bonner Brückenmännchen' heraus, der Schlag 9 Uhr 15 Minuten verblaßte." —
> Dr. Fr. hatte, wie er mir später schrieb, in jenen Tagen der Lektüre von Napoleon III. Werk über G. J. Caesar obgelegen, und dies hatte ihn zur Bestimmung des Wortes geführt. Dabei schwebte ihm die Stätte seines Rheinüberganges vor, an deren Stelle die neue Bonner Rheinbrücke erbaut ist. Zum Gedenken an jenen Übergang ist G. J. Caesars Steinbild auf diesem Bauwerk errichtet — aber außerdem ist noch eine Spottfigur vorhanden, die in äußerst wenig ästhetischer Weise dem gegenüberliegenden Städtchen Beuel die Mißachtung der Bonner Bürger darstellt, weil sich dessen engsichtige Stadtverwaltung von einem Beitrage zu den Kosten des Brückenbaues gedrückt hatte.

Leider hat Freudenberg, der Sender, nicht wörtlich mitgeteilt, was er nach Vollendung des Versuches niedergeschrieben hatte. Das ist ein Fehler, Experimente dieser Art können gar nicht genau, nicht aktenmäßig genug geschildert werden. Hier aber läßt sich die Lücke füllen. Daß Fr. wirklich die Idee „G. J. Caesar" hat übertragen wollen, darf man glauben, er nennt ja sogar das Buch, das ihn dazu angeregt hat. Daß er dabei an das Standbild und die Bonner Brücke gedacht hat, könnte, wenn er's nicht notiert hatte, nachträgliches „Frisieren" des Falles sein, um den Anschluß an die Aussage des Empfängers zu erreichen. Aber nein! Freudenberg ist geborener Bonner, Mehlem liegt dicht bei Bonn am Siebengebirge, Fr. hatte soeben über Caesars Heereszüge, also auch über seinen Rheinübergang gelesen, er *konnte* also gar nicht an Caesar denken, ohne daß ihm zugleich das Standbild und die Nachfolgerin von Caesars Rheinbrücke einfiel; zu letzterer aber gehörte das Brückenmännchen. Die Vorsuggestion ist gut ausgeschaltet worden: Ein Buch hatte den Anstoß gegeben, und über das Thema war vorher schwerlich gesprochen worden, sonst hätte Fr. nicht erst nachträglich an Hofmann über seine Lektüre zu schreiben brauchen. Auch war es ja allgemeines Prinzip, nichts vorher Erwähntes zu wählen. Sofern wir hier also eine Übereinstimmung haben, die zu speziell ist, um Zufall sein zu können, so kann sie nur telepathisch entstanden sein. Warum aber überträgt sich nicht die Hauptvorstellung „Caesar", sondern die mitanklingende Nebenvorstellung „Brückenmännchen"? Deshalb, weil Telepathie nicht vom Ober-, sondern vom Unterbewußtsein ausgeht. Darüber wird später noch mehr zu sagen sein. Aus demselben Grunde treffen in mehreren der Mehlemer Versuche die im Empfänger auftauchenden Ideen in bezeichnender Weise dicht neben die Vorstellung, auf die sich der Sender konzentriert hatte.

Am 4. November 1920 stellte Hofmann mit einem Herrn G. D. M. in Köln — 35 km Luftlinie von Mehlem — einen ferntelepathischen Versuch an. Er schreibt:

Am 4. November nahm Schreiber dieses z u f ä l l i g (also so, daß seine Bibliothek oder derzeitige Umgebung den anregenden objektiven Faktor bildete) das prachtvoll illustrierte Werk von C. Lagier „L'Egypte monumentale et pittoresque" vor und vertiefte sich nacheinander in die Abbildungen Seite 2: Cheopspyramide, Seite 9: Kopf des Scheik el Beled, Seite 19: Grab des Amenemhat, Seite 27: Tempel des Seti I. in Abydos, mit dem Wunsche, diese zu übertragen. Am folgenden Tage kam eine Postkarte an, lautend: „Ägypten, Pyramide, Sphinx, Bürgermeister (bekannte altägyptische Porträtfigur), Gräber und Tempel." Wie man erkennt, ist auch dieser Versuch als ein vollkommen gelungener zu bezeichnen.

Wenn Hofmann wirklich dem objektiven, die Vorsuggestion ausschaltenden Faktor die nötige Aufmerksamkeit gewidmet und das Buch nur deshalb gewählt hat, weil es ihm im Moment des Versuches gerade in die Hand fiel, wenn er ferner dem Prinzip treugeblieben ist, keinen Gegenstand zuzulassen, der kürzlich im Gespräch eine Rolle gespielt hatte, so kann man dem anerkennenden Schlußurteil nur beipflichten. Da Telepathie von Unterbewußtsein zu Unterbewußtsein geht, unterliegt sie fast stets einer Verarbeitung und Ausschmückung durch die Phantasie, wie wir sie vom Traum her kennen. Daß also die für den Gedankenkreis „Ägypten" obligate Sphinx eingeschmuggelt und eine Figur durch eine andere, vielleicht im Unterbewußtsein des Senders mitanklingende ersetzt worden ist, war beinahe vorauszusehen. Daß der Zufall eine so weitgehende Übereinstimmung bewirkt habe, ist sehr unwahrscheinlich, beim Vergleich der gesamten Versuchsergebnisse wird die Erklärung durch Zufall ganz unmöglich.

Die 20 „Versuche über Fernsehen", die Waldemar von Wasielewski mit der Sensitiven Frl. von B. unternommen hat (XXXX), sollten eigentlich der Erforschung des Hellsehens dienen, beweisen aber tatsächlich, wenn irgend etwas, nur die Existenz der Telepathie. Zur Zeit der Versuche befand sich W. in Sondershausen in Thüringen, Frl. von B. dagegen an der Riviera di Levante, die räumliche Entfernung betrug etwa 800 km. Verabredet wurde, daß die Sensitive sich zu bestimmten, vereinbarten Zeiten auf eine halbe Stunde in die Einsamkeit zurückziehen und versuchen sollte, W. in seiner augenblicklichen Umgebung und Beschäftigung, über die ihr natürlich vorher nichts mitgeteilt worden war, zu „sehen". W. suchte in derselben halben Stunde irgend etwas aus dem Rahmen des Alltäglichen Herausfallendes zu unternehmen. Beide Teile brachten unmittelbar nach Erledigung des Versuchs das Erlebte bzw. die inneren Gesichte zu Papier. Vergleichen wir diese Experimente mit denjenigen von Hofmann und Freudenberg, so haben sie den Vorteil, daß Sender und Empfänger der vollständigen räumlichen Trennung wegen nur brieflich miteinander verkehren konnten, wodurch natürlich die Gefahr der unwillkürlichen Vorsuggestion auf ein Minimum sank. Der große Nachteil der Versuche Wasielewskis dagegen besteht darin, daß er ganz allein, ohne andere Forscher als Zeugen und Kontrolle zu haben, seine Untersuchungen durchführte. Da, wie gesagt, selbst der Glaubwürdigste nicht verlangen kann, daß man neue wissenschaftliche Gesetze auf bloßes persönliches Vertrauen hin annimmt, so haben solche Einspännerexperimente nur dann einen Wert, wenn sie durch andere, gleichgerichtete Versuche bestätigt werden. An solcher Bestätigung aber fehlt es, wie die übrigen in diesem Kapitel angeführten Experimente zeigen, nicht, wir haben daher wohl das Recht, W.s Arbeit mindestens als schätzbares Material entgegenzunehmen. Betrachten wir einen seiner bezeichnendsten Fälle! (XXXX, S. 127.)

Versuch: 12. Versuchszeit: Dienstag, 18. März, 7—7½ Uhr.

Frl. von B.s Angaben (schriftliche Aufzeichnung gleich nach dem Versuch): „Lange gar nichts. Dann sehr unsicheres, halbdunkles Licht. Wie eine rote Wand. Viele, viele Köpfe, die ich alle nur in Umrissen sehe. Jetzt sehe ich W. stehend. Scharf vor sich sehend. Neben und vor ihm überall dunkle Köpfe. Es ist alles unsicher, wie bewegt."

Meine Aufzeichnung (ebenso): „Etwa 7 Uhr betrete ich das Theater, kaufe Karte, muß oben etwas warten wegen Ouvertüre, werde aber noch vor ihrem Ende eingelassen. Dann beginnt Hebbels ‚Herodes und Mariamne'."

— — — (Nachträgliche Erläuterung W.s): Sehr bald nach meinem Eintritt endete die Ouvertüre, das Licht wurde abgedunkelt, und die Vorstellung begann. Das Theater ist rot tapeziert, Logen und Rangbrüstungen mit rotem Stoffbezug, so daß ein rötliches Halbdunkel herrschte. Mein Platz befand sich im ersten Rang, aber ziemlich weit hinten, in einem durch die in der Mitte des Ranges vorspringende Fürstenloge gebildeten Winkel, dem sogenannten „Keller". Wer von diesen Plätzen aus etwas sehen will, muß stehen. So war auch meine Lage, die ich nicht besser als mit Frl. B.s Worten zu beschreiben wüßte, nämlich gegen meinen aufgeklappten Sitz gelehnt „stehend, scharf vor mich (auf die Bühne) sehend; neben und vor mir überall dunkle Köpfe", wie Frl. von B. sehr richtig schreibt, denn der Rang war bis zum letzten Platz gefüllt.

Man erkennt ohne weiteres, daß eine derartige Übereinstimmung nicht gut Zufall sein kann, und eine Reihe anderer Versuche W.s sind ebensogut gelungen. Auffallend ist es, daß sich nicht diejenigen Vorstellungen übertragen, die W.s Bewußtsein in der betreffenden Zeit erfüllten, nicht das Bühnenbild, nicht Hebbels Verse, sondern die eigene Person und Umgebung des Senders, auf die er doch gerade im Theater nur wenig geachtet haben kann. Die Erklärung dieser Erscheinung haben wir schon im Brückenmännchenfalle kennengelernt: Telepathie geht von Unterbewußtsein zu Unterbewußtsein, darum überträgt sich mit Vorliebe die unbewußt mitanklingende Nebenvorstellung. Wasielewski allerdings mißversteht den Zusammenhang und hält die Tatsache, daß hier nicht dasjenige auf den Empfänger übergegangen ist, was der Sender hat übertragen wollen, für einen Beweis, daß hier nicht Telepathie, sondern Hellsehen im Spiele war.

Der Versuch, eine Person durch telepathischen Befehl aus weiterer Entfernung herbeizurufen, ist schon in Le Havre geglückt. Leonie wurde durch Fernhypnose eingeschläfert, der hypnotisierende Experimentator konzentrierte sich zugleich auf den Gedanken, daß sie ihren Pavillon verlassen und in seine Wohnung kommen solle. Das geschah auch in mehreren Fällen. Da man aber die halb bewußtlose, hin und her wankende Leonie nicht allein durch belebte Straßen gehen lassen konnte, so wartete einer der Teilnehmer am Experiment möglichst versteckt in der Nähe des Pavillons, bis sie herauskam und begleitete sie auf ihrem Wege. Natürlich konnte die hyperästhetische Versuchsperson den Wartenden gesehen und dadurch gemerkt haben, daß etwas im Werke war. Diese Experimente waren also nicht maßgebend.

Andere Fälle telepathischen Herbeizitierens werden in der okkultistischen Literatur mehrfach mitgeteilt. Auch in ihnen scheint sich der Gerufene, wenn er dem Befehl folgt, öfter in einem umflorten Bewußtseinszustande zu befinden, denn er fühlt den Ruf als unwiderstehlichen Zwang und benimmt sich gelegentlich so hemmungslos und unbesonnen, wie man es im Dämmerzustande zu sein pflegt. Einen interessanten Versuch dieser Art berichtet der Nervenarzt H. W. Zahn aus Baden-Baden. (XVIII, Dezemberheft 21.) Er befand sich während des Weltkrieges in Erlangen, an jedem Sonnabend kam eine Krankenpflegerin aus Nürnberg herüber, um an Experimenten teilzunehmen, die Zahn veranstaltete. An einem Freitag hatte er Geburtstag und wünschte, jene Dame möchte sein Gast sein und deswegen schon einen Tag früher nach Erlangen kommen. Er schrieb ihr aber nicht, sondern versuchte von Mittwochmittag ab, sie durch immer wiederholte telepathische Rufe herbeizubestellen. Am Freitagmittag kurz vor Tisch erschien sie wirklich in großer Erregung und fragte, was Dr. Zahn von ihr wolle; seit Mittwochmittag fühle sie sich gerufen und habe nicht widerstehen können, sie sei ohne Urlaub einfach abgereist, was ihr später unangenehm werden könne. Sie war nicht wenig erstaunt, auf dem Tische schon ein Gedeck für sich bereitzufinden; wahrscheinlich wußte sie gar nicht, daß Dr. Zahn Geburtstag hatte. — Dieser Versuch sieht sehr bestechend aus, krankt aber an den beiden Fehlern, daß Zahn nicht durch Auslosen des Termins, an dem die Dame kommen sollte, die Vorsuggestion ausgeschaltet hat, die ja am vorangehenden Sonnabend, wenn Z. schon damals das Experiment in Erwägung zog, leicht auf sie übergehen konnte, und daß er selbst, der in Rapport mit ihr stand, ihren Bericht entgegennahm, so daß sie durch die Suggestionskraft seiner Wünsche von der Wahrheit abgedrängt werden konnte. Ich schildere diese Experimente nicht deswegen, weil man sie als Beweise für die Existenz der Telepathie gelten lassen darf, sondern weil ich zeigen möchte, wie leicht sich durch einige kleine Verbesserungen der Methode bei derartigen Fernversuchen vollgültige Beweise schaffen ließen, während der Nahversuch trotz alles auf ihn gewandten Nachdenkens dauernd ein kränklich-siecher Zweig am Baume psychologischer Forschung bleibt.

*

Kristall- und Wasservisionen, die wir oben kennengelernt haben, scheinen ein besonders geeignetes Instrument zum Anstellen ferntelepathischer Versuche zu sein. In den Veröffentlichungen der S.P.R. figurieren mehrere Hydro- und Kristallomantinnen, die imstande sind, eine Person, an die sie denken, in ihrer augenblicklichen Kleidung, Umgebung und Beschäftigung als Miniaturbild zu sehen. Am auffälligsten ist diese Leistung, wenn die geschaute Person nicht ihnen selbst, sondern nur einem Teilnehmer an der Sitzung bekannt ist, der sich auf sie konzentriert oder vielleicht auch nur sie unbewußt im Sinne hat. Einen sehr merkwürdigen Fall habe ich bereits an anderer Stelle (XVII, S. 141) verwertet. Indessen haben die meisten Belege dieser Art einen Fehler, der sie als Beweise der Telepathie mangelhaft macht: Es ist schwer, eine zureichende Bestätigung für sie aufzutreiben. Fragt jemand, der uns ohne unser Wissen innerhalb einer Kristallvision beobachtet hat, einige Tage nachher bei uns an: „Wo warst du vor fünf Tagen, nachmittags um ½6 Uhr, was tatest du, welche Kleidung trugst du damals?", so werden wir vielfach kaum antworten können, denn fast immer handelt es sich um eine triviale Stunde unseres Lebens, die sich nicht eingeprägt hat, und die Hauptbedingung telepathischer Versuche: Daß die nachträgliche Erinnerungsverfälschung durch rechtzeitige schriftliche Fixierung verhindert wird — diese Bedingung kann bei derartig unvorhergesehenen Überfallsbeobachtungen fast nie erfüllt werden. Auch muß die Bestätigung manchmal krumme Wege gehen, denn es ist eine eigene Sache, einem Wildfremden bekanntzugeben, daß man plötzlich in sein intimstes Privatleben hineinspioniert hat. Selbst Menschen mit reinstem Gewissen dürften sich bei dem Gedanken, daß Glasvisionen Mode werden und sie selbst in jeder beliebigen Sekunde im Bilde vorgeführt werden könnten, eines Schauders nicht erwehren können.

Der Fall, den ich folgen lasse, ist der einzige mir bekannte, der an den geschilderten Mängeln der Bestätigung *nicht* leidet; was hier im Glaskugelbilde geschaut wurde, ist durch eine spätere sensationelle, sogar durch Zeitungsbericht festgehaltene Handlung über jeden Zweifel sichergestellt worden. Wir schöpfen aus einem in dem „Journal of the Society for Psychical Research" erschienenen Bericht. (XXXXII, November 1923.)

Eine in Glaskugelvisionen geschulte Dame, Frl. St. John Montague, besucht am 14. April 1920 in London eine Freundin, Frau R. Diese bittet sie, für einen soeben vom Kontinent gekommenen Gast, Frau Holt (Deckname), die Glaskugel einzusehen, da jene es dringend wünscht. Frl. Montague kommt, obgleich pressiert, dem Ersuchen der ihr gänzlich fremden Dame nach, blickt in die Kugel und sieht etwas so Furchtbares, daß sie es zuerst nicht mitteilen will. Von Frau Holt bestürmt, tut sie es dennoch und sagt ihr mit möglichst schonenden Worten ein Unheil voraus, das sie in ganz kurzer Zeit zur Witwe machen werde. (Frau Holt hat später, am 28. August 1922, den Psychologen Barrett und Dingwall erklärt, Frl. M. habe eine Frist von zwei Tagen für das Eintreffen des Unglücks angegeben. Tatsächlich waren es drei Tage.) Frau Holt nahm zur Befriedigung der Seherin die Voraussage nicht ernst und erklärte, ihr Mann sei gesund, frohgestimmt, ohne geschäftliche Sorgen, es sei nichts für ihn zu fürchten. Frl. M. aber schrieb sich noch während der Sitzung den Inhalt ihrer Vision auf; diese Notiz, die sie später Professor Barrett aushändigte, lautete folgendermaßen:

Ich kann einen großen, blonden, ziemlich kahlköpfigen Mann sehen, der in einem kleinen Zimmer, anscheinend einem Rauchzimmer, auf und nieder schreitet. Dicht beim Pult hängt ein Telephon, er nimmt aufgeregt den Hörer ab und spricht hinein, er zieht ein Schubfach des Pults heraus, entnimmt ihm einen Gegenstand, hält ihn in der rechten Hand. Es ist ein Revolver. Nochmals spricht er erregt in den Hörer und blickt gespannt nach der verschlossenen Tür zur Linken. Noch ein drittes Mal spricht er ins Telephon und richtet einen Augenblick lang den Revolver auf die Tür — offenbar lauscht er, ob jemand kommt. Er macht eine Bewegung, die Wut und Verzweiflung ausdrückt, nimmt zum drittenmal den Revolver auf, diesmal mit der linken Hand, dabei scheint sein Gesicht, in dem wilde Erregung arbeitet, in das Telephon hineinzuschreien. Er wartet nochmals und zielt wieder mit der Pistole nach der Tür. Jetzt wendet er sein Gesicht, es sieht aus, als starre es aus dem Glase heraus, tragische Verzweiflung in seinen Augen. Mit plötzlicher Bewegung blickt er nochmals nach der Tür und schüttelt den Kopf, als gäbe er jetzt die Hoffnung auf, daß der Erwartete eintreten werde. Er hebt die rechte Hand, taumelt zurück, zielt auf seinen eigenen Kopf — dann ein Blutstrom. Eine Frau betritt das Zimmer, dieselbe die sich jetzt hier bei mir befindet, nur trägt sie im Bilde einen weiten Mantel. Sie hebt seinen Kopf in die Höhe — alles schwimmt von Blut.

Am 17. April kam Herr R., ein Schwede, der Gatte der eingangs erwähnten Freundin, zu Fräulein Montague, nur um eine Bestellung zu übermitteln und wollte, ohne einzutreten, sofort weitergehen, da Herr Holt ihn gleich hintereinander dreimal antelephoniert und um sofortiges Kommen ersucht habe, weil „er ihn mit sich nehmen wollte". Fräulein M. schöpfte begreiflicherweise Verdacht, beschwor Herrn R., nicht zu gehen, weil ihm Gefahr drohe, zog ihn eine Viertelstunde hin, veranlaßte ihn schließlich, nochmals an Holt zu telephonieren, worauf nach Erklärung des Amtes keine Antwort erfolgte. Nunmehr eilte R. doch zu Herrn Holt, anscheinend recht aufgebracht gegen Fräulein M. Die weiteren Vorgänge sind ersichtlich aus folgender Aufzeichnung, die R. Professor Barrett übergab:

Als ich am 17. April 1920 bei Frl. Montague vorsprach, sagte ich ihr, ich sei auf dem Wege zu Herrn Holt. Sie beschwor mich, nicht hinzugehen und hielt mich durch ihr Gespräch etwa eine Viertelstunde lang fest. Dann riß ich mich los und fuhr zu Herrn Holt. Als ich an seiner Wohnungstür geklingelt hatte, hörte ich drinnen einen Pistolenschuß. Ein Mädchen öffnete, ließ mich ein und bat mich zu warten. Eine Dame kam herein und wies mich an ihren Bruder im Nebenzimmer. Er teilte mir mit, daß Herr Holt sich soeben erschossen habe. Ich verdanke mein Leben der Warnung des Frl. M., wie ich Sir William Barrett erklärt habe. J. Blomquist. R.

Fräulein M. berichtet, daß man den Toten in der von ihr gesehenen Lage fand, neben dem Pult und dem Telephonhörer, mit dem Revolver in der verkrampften Hand. Nach ärztlicher Ansicht war Herr Holt das Opfer einer geistigen Störung geworden und war von der Idee gefesselt, er müsse einen Freund mit sich ins Jenseits nehmen. Frau Holt war während des Selbstmordes in der Stadt, sie hatte sich mit ihrem Gatten am Bahnhof Gloucesterstraße verabredet, statt seiner erschien Herr R. und teilte ihr so schonend als möglich das Geschehene mit.

Zwei Tage nach dem tragischen Ende des Herrn Holt brachte die Daily Mail vom Montag, den 19. April 1920, eine sensationell aufgemachte Notiz, die folgende Worte enthielt:

Londoner Hoteldrama.

Hallo — es geht auf Tod und Leben! Komm binnen 5 Minuten herüber, oder es wird zu spät sein!

Diese Worte rief ein Herr Holt [tatsächlich stand hier der richtige Name], ein verheirateter Mann von 38 Jahren, am Sonnabend von seinem Hotel, Palace Gate, Kensington aus durch das Telephon. Bald darauf fand man ihn tot in seinem Ankleideraum, mit dem Revolver in der rechten Hand. Er hatte sich in den Mund geschossen.

Barrett sieht in diesem merkwürdigen Ereignis einen Beweis für eine die Zukunft vorausahnende Sehergabe. Gäbe es eine solche, so wäre sie mit unserem naturwissenschaftlichen Weltbilde nicht vereinbar und würde uns an irgendeine übersinnliche Realität verweisen. In der Welt unserer Erfahrung, mit der wir doch nach Möglichkeit auszukommen haben, hat dieses Geschehnis nur Platz, wenn wir es telepathisch erklären: Der unglückliche, über dem Plan seines Selbstmordes brütende Mann übertrug seine Gedanken auf das Unterbewußtsein seiner Gattin; dieser fehlte die mediumistische Anlage, um derartiges übernormales Wissen ins Oberbewußtsein emporsteigen zu lassen; aber die anwesende Glaskugelvisionärin übernahm es durch einen zweiten Akt von Gedankenübertragung und brachte es ans Licht. Wir haben hier also einen Fall der sogenannten dreieckigen Telepathie (télépathie à trois). So erklärt es sich auch, daß diejenigen Momente des Tatbestandes, die der seinen Freitod Planende nicht sicher voraussehen konnte, von Fräulein Montague falsch „prophezeit" worden sind. Er hatte nicht die Willenskraft, die er sich zutraute, sich einige Minuten nach dem Telephonieren das Leben zu nehmen, zögerte vielmehr so lange, bis das Klingeln des Herrn R. und die Befürchtung einer Störung ihn zum äußersten Entschlusse drängte. Seine Gattin war nicht, wie seine Phantasie es sich ausmalte, die erste, die seine Leiche fand, sondern zuerst war es ein Fremder und dann sein Freund R., den er hatte mitnehmen wollen.

Fassen wir aber den Fall als einen telepathischen auf, dann beweist er die Existenz der Telepathie so einwandfrei, wie wir es nur verlangen können.

Zahlreiche telepathische Einflüsse finden sich in den Niederschriften jener Automatisten, deren selbständig schreibende Hand angebliche Geistermitteilungen zu Papier bringt. Die heute so fleißig studierten cross-correspondences (verteilten Botschaften), in denen Stücke ein und desselben Gedankens in den Schriften mehrerer Automatisten auftauchen, und dieser Gedanke oft erst nach Zusammenfügung seiner versprengten Brocken verständlich wird, sind höchst wahrscheinlich telepathisch zu deuten. Aber nicht jeder derartige Fall taugt zum Beweise der Telepathie; meist ruht die Überzeugung, daß die verschiedenen Automatisten nicht miteinander gesprochen oder korrespondiert, daß sie nichts miteinander verabredet und sich nicht auf natürlichem Wege gegenseitig beeinflußt haben, bloß auf ihrer eigenen Versicherung. So rein auf Treu und Glauben aber kann man ja einen Beweis für die Existenz der Telepathie nicht hinnehmen. Der folgende Fall aus den automatischen Niederschriften der Frau A. W. Verrall (XXI, Bd. 20, Oktober 1906, S. 324) scheint mir jedoch wirklich eine gewisse Beweiskraft zu besitzen. Frau Verrall, eins der hervorragendsten englischen Schreibmedien, ist die Gattin eines namhaften Altphilologen, sie selbst hat in Cambridge klassische Philologie studiert; ihre automatischen Schriften sind zum großen Teil in griechischer und lateinischer Sprache abgefaßt. Am 27. Juni 1902, als sie im Hotel Riffel Alp in der Schweiz wohnte, schrieb ihre Hand:

„Veni Creator were the words exultans cantavit apud spiritus sanctos inter filios Dei."

Zu deutsch: „Komm, mein Schöpfer, lauteten die Worte, triumphierend sang sie (sie) bei den heiligen Geistern unter den Söhnen Gottes."

Frau Verrall zeigte die ihr zunächst unverständlichen Worte noch am gleichen Tage ihrem Gatten. Einer bekannten anwesenden Dame, Fräulein Harrison, erzählte sie davon. Als am 4. Juli die Worte eine so eigentümliche Bestätigung durch ein Zeitungsblatt erhielten, fragte Frau Verrall Fräulein H., ob sie sich entsinne, daß sie, Frau V., ihr von „Veni creator" gesprochen habe. Fräulein H. erinnerte sich dessen und bestätigte es schriftlich, noch ehe ihr jenes Zeitungsblatt gezeigt wurde. Der telepathische Eindruck ist also in diesem Falle nicht nur vorgängig fixiert, sondern auch vorgängig schriftlich bezeugt.

Am 4. Juli fiel Frau V. im Lesesaal des Hotels das Giornale d'Italia vom 2. Juli in die Hände. Darin las sie ein Telegramm aus Paris vom 1. Juli: „A Coursegontes nelle Alpi Marittime l'espulsione delle suore dello Spirito Santo avenne manu militari. Le suore abbandonarono il convento cantando il Veni Creator." (In Coursegontes im Departement der Seealpen wurden die Schwestern des Klosters vom Heiligen Geiste unter militärischem Aufgebot ausgetrieben. Sie verließen das Kloster mit dem Gesange des „Veni Creator".)

Nähere Nachforschungen ergaben, daß am 27. Juni, dem Tage, an dem Frau Verralls Hand jene Worte geschrieben hatte, ein Edikt in Frankreich herausgekommen war, das sich gegen die dem Gesetz vom 1. Juli 1901 nicht entsprechenden geistlichen Orden richtete. Im Seealpendepartement stand nun ein Orden im Widerspruch zu jenem Gesetze, das Kloster der Schwestern vom Heiligen Geiste in Juan les Pins. Dementsprechend teilte am 29. Juni der Unterpräfekt von Grasse um 8 Uhr früh den Schwestern mit, daß sie das Waisenhaus zu räumen hatten, und genau 12 Uhr des gleichen Tages verließen die Schwestern mit den Waisen das Haus und begaben sich nach der Kapelle von Juan les Pins.

Alle übrigen Angaben des Zeitungsartikels stimmten nicht: Es gab keinen Ort Coursegontes, kein Ort mit ähnlichem Namen besaß ein Kloster, kein Militär war beteiligt, vom Singen des Veni Creator war keine Rede. Keinesfalls war also die Eingebung der Frau Verrall eine Voraussage wirklicher Geschehnisse. Gelesen konnte Frau V. nichts haben, was die betreffende Stelle ihrer Niederschrift beeinflußt hatte, denn das Edikt, das irgendwelche Zeitungsmeldungen über Maßregeln gegen geistliche Orden veranlassen konnte, erschien ja zur gleichen Zeit, in der jene Worte geschrieben wurden. Für einen Zufall war die wörtliche Übereinstimmung der Notiz im Giornale d' Italia und der Schriftstelle der Frau V. sowie das zeitliche Zusammentreffen mit dem Moment, in dem das Edikt erschien, zu genau. Es bleibt nur eine Möglichkeit übrig: Das Edikt hatte die Phantasie irgendeines halbwegs orientierten Korrespondenten in Bewegung gesetzt und ihn eine Notiz entwerfen lassen über das, was vermutlich eintreten würde, wobei mit effektvoll dramatischer Zuspitzung des Vorganges nicht gespart wurde, und dieser Gedankenverlauf funkte hinüber zu dem gerade in Aktion befindlichen Unterbewußtsein der Frau Verrall. Merkwürdig erscheinen nur noch die Worte der automatischen Schrift: „inter filios Dei" (unter den Söhnen Gottes). Im Buche Hiob heißt es: „Als die Sterne des Morgens mitsammen sangen und alle Söhne Gottes aufjubelten vor Freude." Die Worte „exultans cantavit" (triumphierend sang) werden diese Reminiszenz geweckt haben. Daß das hemmungslose Unterbewußtsein alle möglichen Assoziationen mit einströmen läßt, die durch Ähnlichkeit der Worte oder des Inhalts herbeigelockt werden, ist eine sehr häufige Erscheinung. — Den ganzen Fall möchte ich nicht als eigentlich beweisend, sondern nur als bestätigend auffassen, denn man könnte sich Umwege konstruieren, auf denen ein achtlos gehörtes Gespräch über das in Vorbereitung befindliche Edikt in die latente Erinnerung der Automatistin gelangt wäre. Aber dann hätte derjenige, der das Gespräch führte, seine Phantasie auf denselben Bahnen spazierenführen müssen wie der Korrespondent des Giornale d'Italia — was doch dem Zufall etwas viel zumuten heißt.

Telepathie geht von Unterbewußtsein zu Unterbewußtsein

Wer die spärlichen Resultate der telepathischen Experimente in Betracht zieht, wird leicht zu der Ansicht gelangen, daß Telepathie ein ganz seltener, nur als Ausnahme sich einstellender Vorgang ist. Wer sich dagegen die mit telepathischen Anklängen durchsetzten Niederschriften mancher Automatisten ansieht, kann kaum bei dieser Anschauung stehenbleiben. Wahrscheinlich fliegen uns beständig Anregungen zu Gedanken aus anderen Hirnen zu, und Menschen stehen mit ihresgleichen in engerem Denkzusammenhang, als sie sich gemeinhin träumen lassen. Aber das Experiment zeigt uns wenig von dieser Fülle, denn bei ihm versucht man Gedanken zu übertragen und aufzunehmen, indem man seine Aufmerksamkeit absichtlich konzentriert; Aufmerksamkeit, Konzentration, bewußte Absicht aber sind Sache des Oberbewußtseins. Nun scheint die telepathische Fähigkeit, gleich der Hyperästhesie und Hypermnesie, zu den Privilegien des Unterbewußtseins zu gehören. Beim Experiment versucht man also die Telepathie von einer ungeeigneten Stelle aus anzuregen, von wo man ihr nur indirekt beikommen kann. Gewiß, wer sich lange, stark, oftmals auf eine Vorstellung konzentriert, bohrt sie schließlich bis zum Unterbewußtsein durch. Ein Arzt, der andauernd, wochenlang Wachsuggestionen wiederholt, gibt ihnen endlich Gewalt auch über jene Tiefenregion der Seele, die den Körper regiert, und kann ihnen so Heilkraft verleihen. Aber angesichts der dicken Mauer, die Unter- und Oberbewußtsein trennt, ist eine Wachsuggestion sehr im Nachteil gegenüber einer im Unterbewußtsein selbst entstehenden Suggestion und verpulvert viel Kraft. Eine uns kaum zum Bewußtsein kommende ängstliche Autosuggestion kann uns in kürzester Zeit krank machen, der Psychotherapeut aber muß oft monatelang Gegensuggestionen häufen, um sie wieder matt zu setzen. Aus diesem Grunde greift man gern zur hypnotischen Suggestion oder appliziert die Einflüsterung im Zustande der Müdigkeit, weil man sie auf diese Weise direkt ins Unterbewußtsein lancieren kann. Aus demselben Grunde ist anzunehmen, daß das bewußt und willkürlich vorgehende Experiment uns nur sehr wenig von jenem regen telepathischen Austausch zeigt, der sich zwischen dem Unterbewußtsein verschiedener Personen leicht, beständig, über weite Strecken vollzieht. Entwicklungsgeschichtlich läßt sich dieses Verhältnis wohl verstehen. Tiere greifen telepathische Halluzinationen leichter auf als der Mensch. Die Art, wie bei manchen Raupenarten der ganze Schwarm zusammenzuckt, wenn man ein Tier berührt, legt die Annahme nahe, als verträte bei den Herdentieren Telepathie die Rolle der Sprache und schweiße eine große Zahl zu engster Einheit des Vorstellens und Fühlens zusammen, aus der sich erst der Mensch zu größerer individueller Unabhängigkeit erlöst. Da nun in unserem Unterbewußtsein unsere biologische Geschichte und Vergangenheit weiterlebt, ist es verständlich, daß hier noch der telepathische Austausch eine Stätte hat, während das Oberbewußtsein, dieses spezifisch menschliche Entwicklungsprodukt, sich eine größere Undurchlässigkeit gegen umherfliegende Gedanken zugelegt hat, um uns die Möglichkeit zu bieten, abgeschlossene, charakteristische und originale Welten im kleinen zu werden.

Die Tatsache, daß der direkte telepathische Verkehr nur von Unterbewußtsein zu Unterbewußtsein geht, hat zur Folge, daß in auffallend vielen telepathischen Experimenten nicht das übertragen wird, was der Sender eigentlich im Sinne hat und worauf er sich konzentriert, sondern irgendeine nebenher unbewußt mit anklingende Vorstellung. Wir haben diese Erscheinung schon im Brückenmännchenfalle bei Hofmann und Freudenberg sowie in Wasielewskis Theaterfall kennengelernt. Naum Kotik will das Wort „Heiligenbild" übertragen, der Empfänger aber verfällt auf die Kontrastvorstellung „Fratze". Bruck in seinen oben erwähnten Versuchen bringt einmal eine Mappe mit mehreren Bildern, die er für seine Experimente zu benutzen gedenkt, in das Sitzungszimmer mit. Er entnimmt ihr zuerst die Zeichnung einer Medizinflasche und sucht sie, indem er sich darauf konzentriert, zu übertragen. Der Empfänger zeichnet statt dessen das Bild einer Straßenlaterne, dessen Original noch in der verschlossenen Mappe liegt und nachher an die Reihe kommen soll. Offenbar hatte der Sender schon dieses zweite Bild im Hintergrunde seines Bewußtseins gegenwärtig, und so übertrug es sich statt der angespannt gedachten Hauptvorstellung, weil der Weg vom Unterbewußtsein des Senders viel kürzer ist als von seinem Wachbewußtsein. Will man bei einem Experiment ein komplizierteres Bild, eine Landschaft, ein Genrebild und dergleichen übertragen, und konzentriert man sich dabei mit Absicht auf eine bestimmte Figur, so ist es sehr wahrscheinlich, daß gerade diese nicht auf den Empfänger übergeht, wohl aber andere, schwächer von der Aufmerksamkeit beleuchtete Partien des Bildes. Hat die Illustration eine deutlich herausstechende Vordergrundsfigur, die sich von einem matt getönten oder skizzenhaft behandelten Hintergrunde abhebt, so begünstigt die Nachzeichnung oder wörtliche Schilderung des Empfängers oft den Hintergrund, während der Vordergrund in ganzen Versuchsreihen fast vollständig ausscheidet. Redet aus einem Medium der Geist eines Verstorbenen und ein Sitzungsteilnehmer denkt absichtlich scharf an eine markante Erinnerung, die ihn mit dem Verstorbenen verband, z. B. an eine in seiner Gesellschaft unternommenen Reise, so ist es fast sicher, daß der Geist dieses Erlebnis nicht erwähnen wird. Wir verstehen, warum: Das Oberbewußtsein nimmt diese Vorstellung, indem es sich scharf konzentriert, dem Unterbewußtsein weg, also kann dieses es nicht mehr so leicht übertragen.

Die Spiritisten aber schließen natürlich aus dieser Beobachtung, daß das Medium sein übernormales Wissen nicht aus dem Bewußtsein der Sitzungsteilnehmer telepathisch abzapfe, sondern daß es wirklich der Geist eines Toten sei, der aus ihm rede. Wir haben oben (S. 126) den Umstand erwähnt, daß die „Geister" oft die wichtigen Tatsachen ihres Lebens, ihren Namen, ihren Wohnort, die von ihnen verfaßten Bücher vergessen haben, dafür aber genau angeben können, was für Manschettenknöpfe sie im Leben getragen haben. Auch diese Paradoxie erklärt sich dadurch, daß die wichtigen Momente im Oberbewußtsein der Sitzungsteilnehmer aufbewahrt und darum schlechter übertragen werden als Kleinigkeiten, die sie früher einmal achtlos an dem nunmehr Verstorbenen wahrgenommen, oder die sie von ihm gehört und gleich wieder vergessen hatten, so daß sie nur im Unterbewußtsein haftengeblieben waren.

Das telepathische Experiment wird durch die geschilderten Verhältnisse zwiefach erschwert. Erstens muß es, wie gesagt, mit dem bewußten Willen, also mit dem telepathisch unbegabten und ungeeigneten Oberbewußtsein arbeiten, und zweitens fährt ihm häufig das Unterbewußtsein in die Parade, drängt die Vorstellung, die übertragen werden sollte, beiseite, präsentiert dafür eine andere aus seinem eigenen Ideenbestande und zerstört so den Zusammenhang, auf den es dem Experimentator ankam. Manchmal aber wird gerade bei diesem Quidproquo die Wirkung der Telepathie überraschend offenbar, wenn auch anders, als man es erwartet hatte. Man vergleiche folgenden von Richet (XXXVIII, S. 87) mitgeteilten Fall.

Nachdem ich am Mittwochabend [im Februar 1885] Mme. de M. eingeschläfert habe, wecke ich sie wieder und sage zu ihr: „Ich will mit Ihnen einen Fernversuch machen. Ich werde morgen mittag [gemeint ist wohl Punkt 12 Uhr] an irgendein Gemälde denken und zu derselben Zeit werden Sie mir schreiben, an welches Sie denken."

Ich gehe nach Hause und ziehe das Los, an welches Bild aus einer großen mir bekannten Sammlung von Photographien ich denken soll. Das Los bestimmt: Die Hochzeit der Jungfrau von Rafael.

Am Tage des Versuches um 4 Uhr empfange ich von Mme. de M. einen Brief folgenden Inhalts: „Was das Bild betrifft, so sehe ich nur einen Menschenfresser, der sich daran macht, nicht kleine Kinder, sondern Versuchspersonen für psychische Experimente zu verschlingen. Donnerstag mittag."

Genau am Mittag hatte man mir, ohne daß ich es vorausahnen konnte, eine Loge angeboten, um mit meinen Kindern in ein Theater zu gehen, in dem „Der kleine Däumling" gegeben wurde; in diesem Stück ist bekanntlich die Hauptrolle die des Menschenfressers, der die kleinen Kinder verzehrt. — — Ich berichte dieses Faktum, ohne daraus zu schließen, denn der Zufall kann hier leicht die Ursache sein.

Wenn das Denken zweier, in hypnotischem Rapport stehender Personen in einem bestimmten Augenblick, in dem sie aneinander denken und eine telepathische Übertragung erwarten, zwei so ähnliche Inhalte aufweist wie „Däumling" und „Menschenfresser, der ausnahmsweise keine kleinen Kinder frißt", so kann man hier kaum noch bloßen Zufall annehmen. Aber darin hat Richet recht: Wenn die Vorstellung, die man hat übertragen wollen, bei dem Empfänger genau ebenso wieder auftauchte, so würde sich im allgemeinen der Zufall viel leichter ausschließen lassen, als wenn sich beständig andere, im Unterbewußtsein des Senders aufblitzende Ideen an ihre Stelle schieben. Man erkennt, wie schwer aus diesem Grunde der telepathische Versuch zu deutlichen Resultaten gelangt, die jeden Zweifel ausschließen.

Das Privileg des Unterbewußtseins im Bereiche der Telepathie gibt Anlaß zu häufigen Mißverständnissen und Fehlurteilen, durch welche die Gesamtauffassung okkulter Vorgänge getrübt wird. Man erkennt z. B. die Paradoxie, die darin liegt, daß eine Versuchsperson nicht diejenige Vorstellung ausspricht, auf die ein anderer sich mit aller Kraft konzentriert, sondern eine solche, die sich höchstens als schwacher Ideenembryo im Unterbewußtsein jenes anderen regen könnte. Zeigt es sich nun, daß das von der Versuchsperson Ausgesprochene richtig ist, daß z. B. im obigen

Beispiel Wasielewski wirklich im rötlichen Dämmer eines Theaters gestanden hat, wie Fräulein von B. es angab, so argumentiert man: Telepathie kann das nicht sein, denn wäre die Aussage auf Grund einer Übertragung aus dem Bewußtsein W.s entstanden, so hätte sich doch seine stärkste, bewußteste Vorstellung, nämlich das Hebbeldrama auf der Bühne, und nicht seine schwächste, unbeachtete übertragen. Folglich kann hier nur direktes Hellsehen, unmittelbares Wahrnehmen ferner Wirklichkeit vorliegen. — In anderer Form erscheint die Paradoxie, wenn ein Spiritist sagt: „Ich kann wohl verstehen, daß man im Experiment eine Vorstellung überträgt, weil man sie übertragen *will*. Aber die Teilnehmer einer Sitzung wollen dem Medium nichts übermitteln, sie entfalten keine aktive bewußte Kraft; wie also könnte hier Telepathie stattfinden? Experimentell ist jedenfalls eine solche unwillkürliche Form der Gedankenübertragung nicht nachgewiesen. (‚Wie kann man bewußt mit dem Unbewußten experimentieren?‘ wendet Andrew Lang sehr richtig gegen diese unsinnige Argumentation ein.) Demnach müssen wir die vom Medium ausgesprochenen Wahrheiten auf Geisterwissen oder Hellsehen, nicht auf Telepathie zurückführen." — Man erkennt hier wieder, wie das telepathische Experiment vielfach Schaden stiftet; was es nicht zeigt, soll nicht dasein, und so streicht man unter Umständen das ganze Unterbewußtsein aus der Rechnung fort, weil es sich dem absichtlichen Versuch nur schwer erschließt. Für den Kenner des *rebellischen* Unterbewußtseins wird die Verkehrtheit doppelt groß, denn er weiß, daß Wollen das Unterbewußtsein häufig zur Auflehnung herausfordert. Dies ist ein weiterer Grund, weswegen uns das Experiment von den vorhandenen telepathischen Vorgängen sowenig zeigt.

Derartige Fehlbeurteilungen des telepathischen Unterbewußtseinsprivilegs sind aber häufig nicht bloß Irrtum, sie haben auch Methode und dienen einem taktischen Zwecke. Die Erkenntnis der Telepathie in ihrer ganzen Breite und Fülle „entwundert" den Okkultismus, führt das scheinbar

Unerklärliche auf physikalisch begreifliche natürliche Vorgänge zurück. Dem Mystiker aber liegt daran, naturwissenschaftlich unerklärliche Dinge wie Hellsehen, Prophezeien, Geisterreich zu beweisen. Infolgedessen hat er die Tendenz, das Bereich der Telepathie möglichst einzuschränken. Er dekretiert: Telepathie ist nur da möglich, wo ein Übertragungswille besteht, nur da, wo zwei Personen in engerem Gefühlsrapport stehen usw. Demgegenüber sei festgestellt, daß Übertragungswille das Überspringen der Gedanken oft mehr schädigt als fördert, und daß wir der bisherigen Erfahrungsmasse mindestens drei Umstände entnehmen können, die einen telepathischen Rapport herstellen und jene Verbindung vermitteln können, die bei der drahtlosen Telegraphie durch gleiches Abgestimmtsein des Sende- und Empfangsapparates hergestellt wird. Gedanken nämlich können da telepathisch von einer Person auf eine andere überströmen, wo 1. Sender und Empfänger sich kennen, zumal wenn sie sich lieben, nahe verwandt sind, sich gegenseitig hypnotisiert oder telepathische Versuche miteinander angestellt haben. 2. Wo der Sender an den Empfänger denkt oder umgekehrt. 3. Wo beide Teile in einem Augenblick die gleiche Vorstellung im Sinne haben. Diese Gemeinsamkeit des Bewußtseinsinhalts kann Personen in telepathische Verbindung bringen, die einander gänzlich fremd sind, und spielt bei den sogenannten „Lokalfällen", in denen eine bestimmte Ortsvorstellung das einigende Band bildet, die ausschlaggebende Rolle. Hierüber später mehr!

Spontane Telepathiefälle

Da wir die Mängel experimenteller Telepathieforschung kennen, begreifen wir leicht, warum die unmittelbare Übertragung der Gedanken sich viel deutlicher in solchen Fällen zeigt, in denen sie „spontan", d. h. von selbst entsteht, weil Sender oder Empfänger oder beide zugleich sich in einem jener Zustände befinden, in denen sich das Unterbewußtsein befreit und seine telepathischen Kräfte spielen lassen kann. In mehr als der Hälfte derartiger Fälle, wenigstens soweit sie berichtet werden, erhält der Empfänger die Nachricht vom Tode des Senders, sei es daß er ihn als halluzinatorische Gestalt sieht oder eine in Worten aussprechbare Todesbotschaft empfängt. Das hat verschiedene Gründe, vor allem wohl den, daß in der Agonie, wie in jeder heftigen Aufregung, das Unterbewußtsein sich emanzipiert und zugleich lebhaft an die abwesenden Verwandten und Freunde gedacht wird. Natürlich hat aber diese Häufigkeit der Todesanmeldungen zur Folge, daß sich der Spiritismus des ganzen Gebietes bemächtigt und annimmt, es sei bald der körperlose Geist eines schon Gestorbenen, bald der zeitweilig auf Urlaub gehende Astralleib eines Lebenden, der den Empfänger besuche und ihm persönlich Mitteilungen mache. Unterstützt wird diese Deutung durch den Umstand, daß eine Todesanmeldung zuweilen Stunden oder Tage nach dem wirklich eingetretenen Hinscheiden des Senders auftritt. Psychologisch ist auch diese unheimlichste Spielart leicht zu deuten. Bei den meisten nicht mediumistisch veranlagten Personen bleiben gewiß die telepathischen Eindrücke, die sie empfangen, im Unterbewußtsein stecken; können sie sich überhaupt emporringen, so müssen sie dazu eine günstige Stunde abwarten, etwa die des Traumes, in der der Druck des Oberbewußtseins sich lockert. Es können deshalb auch Übertragungen aus dem Bewußtsein eines Sterbenden längere Zeit latent bleiben, ehe sie sich manifestieren. Das Ersparnisprinzip der Wissenschaft fordert, daß man in solchen Fällen die natürliche Erklärung durch Telepathie vor der ins Übersinnliche hinübergreifenden spiritistischen bevorzugt.

Nun kann aber die Wissenschaft mit den zahllosen umlaufenden Anekdoten, die meist schon eine Rundreise durch viele Köpfe und Münder vollzogen haben und dabei immer phantastischer und aufgeputzter geworden sind, wenig anfangen. Der kritischen Sichtung und Bearbeitung des ungeheuren Materials haben sich zuerst drei Gelehrte aus dem Forscherkreise der englischen S. P. R. unterzogen: Edmund Gurney, Fr. W. Myers und Frank Podmore. Ihr gewaltiges, 1886 erschienenes Werk „Phantasms of the Living" (in deutscher Übersetzung von Feilgenhauer unter dem Titel „Gespenster lebender Personen") umfaßt etwa siebenhundert Fälle. Mehrere weitere Sammlungen sind gefolgt, die wichtigste und neueste von Frau H. Sidgwick (XXXXIII) führt gleichfalls den Titel „Phantasms of the Living". Die erste methodische Aufgabe, die diesen Forschern erwuchs, bestand darin, solche Fälle auszuschließen, die nur auf zufälligem Zusammentreffen oder Kombination beruhten. Darum wurden jedem, der über eine Todesvision berichtete, die Fragen vorgelegt: „Haben Sie oft Halluzinationen?" „Wußten Sie, daß die Person, die Ihnen erschienen ist, gefährlich krank war?" Am wichtigsten aber war es, den zu prüfenden Fall möglichst dokumentarisch festzulegen. Ausschlaggebend waren meist nur solche Fälle, bei denen „doppelseitige vorgängige Fixierung" vorlag, d. h. bei denen der Empfänger seine Ahnung oder Vision mit Datum und Stundenangabe notiert hatte, noch ehe er wußte, daß sie sich bestätigen würde, und bei denen andererseits die Bestätigung, etwa der wirklich eingetroffene Tod, gleichfalls durch eine Zeitungsnotiz, einen vor Bekanntwerden der Vision geschriebenen Brief usw. schriftlich belegt war; denn in solchen Fällen konnte die Erinnerungsanpassung, das nachträgliche Kneten und Zerreden des Erlebten durch den telepathischen Empfänger und seine Zeugen, keine Zerstörerrolle spielen. Solcher mustergültigen Fälle gibt es leider nur wenige, meist sind wir auf reine Erinnerungszeugnisse solcher Personen angewiesen, denen der Traum oder die Vision vor der Bestätigung erzählt worden ist. Es kann nicht anders sein, denn wer seinen fernen Vater plötzlich als Gespenst vor sich erblickt und denkt, dies könne ein Todeszeichen sein, hat andere Gedanken und Interessen als die Frage: „Wie kann ich jetzt durch rechtzeitige Notierung der Wissenschaft dienen?" Wegen weiterer methodischer Fragen sei auf XVII, S. 110 ff. verwiesen. Viele Bedingungen müssen erfüllt sein, damit ein Fall entsteht, der Telepathie wirklich beweisen kann; wildgewachsene, nicht durch die künstliche Anordnung eines Experiments geschaffene Fälle werden schwerlich jemals allen Bedingungen restlos genügen können. Wir wollen aus den Tausenden vorliegender Belege einige vorführen, die einem exakten Beweise so nahe kommen, wie es unsere auch sonst auf unsicherem Boden schreitende Psychologie nur verlangen kann.

Ein Herr Gottschalk wünschte den Vortrag eines ihm bekannten Schauspielers, Courtenay Thorpe, zu hören und hatte an ihn geschrieben, um die Zeit der Veranstaltung zu erfahren. Ich gebe seinen Bericht in verkürzter Form:

Am Abend ging ich aus, als sich vor mir auf der Straße plötzlich eine Lichtscheibe zu entwickeln schien, welche anscheinend in einer anderen Ebene lag als alle übrigen Gegenstände. Es waren darin zwei Hände sichtbar. Sie beschäftigten sich damit, einen Brief aus einem Umschlag zu ziehen, den ich instinktiv als den meinigen erkannte, ich dachte daher sofort, daß es die Hände Thorpes seien, und diese Überzeugung drängte sich mir unwiderstehlich auf. In völlig ruhiger Gemütsverfassung beobachtete ich das Bild und sah, daß die H ä n d e s e h r w e i ß und jeder Vorderarm von einer K r a u s e umsäumt war. Die Vision dauerte ungefähr eine Minute. Nach ihrem Verschwinden ging ich zur nächsten Laterne und schrieb mir die Zeit auf. Am nächsten Morgen erhielt ich eine Antwort Thorpes, die wie folgt begann: „Sagen Sie mir bitte, warum wußte ich, sobald ich Ihren Brief in dem Kästchen in Princes Theater sah, daß er von Ihnen sei?" [Thorpe erwartete den Brief nicht, kannte Gottschalks Handschrift nicht, konnte auch, wovon sich G. nachträglich überzeugte, die Adresse im Briefkästchen des Theaters nicht sehen. Er war offenbar in jenem Augenblick, als er des Briefes ansichtig wurde, in telepathische Verbindung mit G. gekommen]. Am Abend des 27. Februar traf ich Thorpe auf Verabredung in der Wohnung unseres Freundes Dr. Mayer und stellte nun Fragen an ihn. Ich gebe sie hier so genau als möglich, wie sie damals gestellt wurden. Ich muß hier feststellen, daß weder er noch der Doktor das geringste von dem wußten, was mir begegnet war. [Die Fragestellung erfolgte also v o r der Mitteilung der Vision, so daß die Antworten durch keine Erinnerungsanpassung beeinflußt werden konnten]. Nachdem ich ihm die Notwendigkeit vorgestellt hatte, bestimmt und genau zu antworten, fing ich an: „Wann erhielten Sie meinen Brief am Dienstag?" „Um 7 Uhr, als ich ins Theater kam." „Was geschah dann?" „Ich las ihn, aber da ich mich sehr verspätet hatte, so eilig, daß ich, als ich fertig war, nichts mehr vom Inhalt wußte." „Und dann?" „Ich zog mich an, ging auf die Bühne, spielte meine Rolle und trat ab..." „Was taten Sie dann?" „Mein erster Gedanke fiel auf Ihren Brief, ich suchte ihn vergebens und ärgerte mich darüber, schließlich fand ich ihn in dem Rock, den ich soeben in der ‚Lästerschule' getragen hatte. Sofort las ich ihn wieder." „Nehmen Sie es jetzt ganz genau! Um welche Zeit lasen Sie ihn zum zweitenmal?" „So genau als ich es angeben kann, war dies zehn Minuten vor neun." [In London spielt man dasselbe Stück Hunderte von Malen hintereinander, ein Schauspieler weiß fast auf die Minute genau, wann er abzutreten pflegt.] Hierauf zog ich mein Taschenbuch hervor, in das ich die Zeit meiner Vision eingetragen hatte, und bat Dr. Mayer, das zu lesen, was unter dem 24. Februar notiert war: „acht Minuten vor neun". [Dr. Mayer bestätigte dies Verhör, Brief und Tagebucheintragung sind Gurney vorgelegt worden.]

Thorpe hatte den Snake in Sheridans „School for Scandal" gespielt; weißgeschminkte Hände und krausenumsäumte Hemdärmel gehörten zu seiner Ausstattung, die Vision also traf bis in feine Einzelheiten zu. An diesem Falle fehlt nur zweierlei an der absoluten Vollkommenheit: Die schriftliche Notiz enthielt nur die Zeit, nicht den Inhalt der Vision, man muß also der persönlichen Versicherung G.s Glauben schenken, daß er wirklich die weißen, krausengeschmückten Hände mit dem Brief gesehen habe; und zweitens scheinen bei der späteren Befragung Thorpes die Antworten nicht sofort protokolliert worden zu sein.

Die Methode verbessert sich mit der Zeit, weil weitere Kreise des Publikums von den Psychologen instruiert und zu sorgfältigerer Behandlung und Verwertung telepathischer Erlebnisse erzogen werden. Darum enthält das moderne Buch der Frau Sidgwick (XXXXIII) zum Teil bessere Belege als das sechsunddreißig Jahre früher geschriebene Werk von Gurney, Myers und Podmore. Wir entnehmen ihm den folgenden Fall (S. 129):

Herr J. F. Young aus Llanelly, der zahlreiche telepathische Impressionen erlebt hat, schrieb am 9. März 1901 an Sir William Barrett:

Vielleicht interessiert Sie der folgende Bericht über meine Vorahnung, die ich kürzlich hatte. Am Abend des 15. Februar d. J. saß ich beim Abendessen, als mir ein Kunde sagen ließ, daß er meiner Dienste bedürfe. Ich ließ bestellen, ich würde sofort nach dem Abendessen kommen. — — Nach hastiger Beendigung der Mahlzeit wollte ich gerade vom Tisch aufstehen, als ich plötzlich ausrief: „Da!! Diesen Augenblick ist mir die Botschaft zugegangen, daß Robert tot ist!" Der betreffende Robert ist mein Schwager Robert Hallett, der in der Nähe meiner Schwester, Frau Ponting, in Sturminster Newton, Dorset, wohnte. Er war gelähmt und bettlägerig seit zwei Jahren, letzthin hatte sich sein Zustand verschlimmert.

Sofort schrieb ich alle Einzelheiten in mein Notizbuch. [Barrett hatte Herrn Young ersucht, im Falle einer nochmaligen Ahnung oder Erscheinung diese schriftliche Fixierung noch vor der Bestätigung nicht zu unterlassen.] Das Datum: den 15. Februar, die Botschaft, und als Zeit der Botschaft 9 Uhr 40 abends. Meine Schwägerin [E. Bennett] war während des ganzen Vorgangs zugegen und kann für alle berichteten Umstände mit einstehen. [Sie bestätigt Youngs Aussage in einer beigefügten Zeile.] Am 17. empfing ich eine Postkarte von meiner Schwester aus Sturminster Newton, unter dem Datum vom 16. Februar, die berichtete, daß Robert verschieden sei. [Die Karte liegt vor und enthält die Worte: „Ist gestern abend ruhig verschieden."]

Mittlerweile hatte ich an meine Schwester Ponting geschrieben [diesen Brief hat die Empfängerin leider nicht aufbewahrt] und ihr meine Ahnung mitgeteilt. Unsere Briefe kreuzten sich [d. h. Youngs Brief kreuzte sich mit der obenerwähnten Postkarte], denn am nächsten Morgen kam von ihr, die meinen Schwager gepflegt hatte, ein Brief mit folgenden Worten: „Es freut mich, daß Du eine Ahnung vom Tode des armen Robert empfunden hast, er verschied um 7 Uhr 45 abends, dann kam Lottie (meine Nichte Lottie Hallett) und ich spätestens 9 Uhr 40 nach Hause, und gerade zu dieser Zeit überfiel Dich die Ahnung." [Die erste Karte der Frau Ponting gab keine genauen Zeiten an. Selbst wenn Herr Young sich mit den Worten „Unsere Briefe kreuzten sich" irrt, und erst nach dem Empfang jener Karte an sie geschrieben und ihr seine Ahnung mitgeteilt hat, so hätte er ihr doch zuerst die Zeit 9 Uhr 40 genannt, ohne dieselbe von ihr erfahren zu haben. Und daß er diese Zeit genau bezeichnet hat, ist dadurch sichergestellt, daß Frau Ponting in ihrer zweiten Zuschrift auf seine

Zeitangabe zurückgreift. Daß also Herr Young den telepathischen Eindruck um 9 Uhr 40 gehabt hat, ist jedenfalls zwiefach schriftlich fixiert worden, noch ehe eine Bestätigung dafür vorlag. — Der Brief der Frau Ponting ist Barrett vorgelegt worden und hat genau den hier angegebenen Wortlaut.]

Auf zwei Tatsachen möchte ich hinweisen: 1. Ich dachte nicht an meinen Schwager zu der fraglichen Zeit, meine Gedanken waren durch meine Verabredung in Anspruch genommen, und die Ahnung überfiel mich so erschütternd plötzlich, daß sie mir den jähen Ausruf: „Da!" entlockte. 2. Im gleichen Augenblick hatte ich den Eindruck, als stünde irgend jemand links neben mir, so daß ich eine scharfe Wendung machte, jedoch ohne einen Menschen zu erblicken.

Während seiner langen Krankheit war dies meine erste und einzige Ahnung.

Auffällig ist, daß ein Zeitraum von fast zwei Stunden zwischen seinem Tode und meiner Ahnung liegt. Hatte der befreite Geist des Toten erst da wieder sein Bewußtsein erlangt, oder lag Telepathie von seiten meiner Schwester vor, als sie nach Hause kam und ihre Gedanken zu mir herübereilten? Wir hängen sehr aneinander, und ihre Fähigkeiten für übersinnliche Eindrücke gleichen den meinigen. [Herr Young ist, wie oben gezeigt, speziell telepathisch veranlagt, persönliche Liebe stiftet telepathischen Rapport.] — — —

Das Notizbuch ist gleichfalls Sir Barrett übersandt worden. Die Eintragung lautet:

15. Februar. Als ich vom Abendessen aufstand, erhielt ich eine Botschaft, wie von einem Geiste zugeraunt: „Robert ist verschieden." Frl. Bennett war zugegen. Ich sagte: „Da! Mir ist eben die Botschaft zugegangen, daß Robert tot ist." Zeit 9 Uhr 40 abends. Nach meiner Rückkehr notierte ich alle Einzelheiten. Ich wurde nämlich durch einen Geschäftsbesuch abgerufen.

Dieser Fall scheint mir lückenlos zu sein. Wenn das Befinden eines Schwerkranken sich verschlimmert, muß man natürlich auf seinen Tod gefaßt sein, aber man kann nicht im voraus die Stunde oder gar die Minute bestimmen, wenn seine Angehörigen nach Hause kommen und der Leiche ansichtig werden.

Einen dritten Fall entnehmen wir einem Buche von Charles Richet. (XXXVIII, S. 238.) Er erzählt:

Unter meinen Freunden stehen mir am nächsten Henry Ferrari und Jules Héricourt. [Mit beiden hat Richet in telepathischen Experimenten zusammengearbeitet, sich also einen engen Rapport mit ihnen eingeübt.] Sie nahmen an fast all meinen Freuden und Leiden teil. In der Nacht vom 14. auf den 15. November 1887 um 3 Uhr morgens wird mein physiologisches, in der Straße Vouquelin [in Paris] gelegenes Laboratorium durch eine Feuersbrunst zerstört. — — —

In derselben Nacht sieht Herr Héricourt, welcher 4½ km vom Laboratorium entfernt wohnt und nie zu träumen pflegt, große Flammen. Er weiß nicht, ob er halb wach gewesen ist oder ganz geschlafen hat. — — — Trotz der Deutlichkeit seines Traumes spricht er mit niemandem darüber.

Herr Ferrari seinerseits träumt, was er sonst nie tut, in derselben Nacht in seiner 3 km vom physiologischen Laboratorium entfernten Wohnung und um dieselbe Zeit, er werde in das benachbarte Zimmer gerufen, stehe auf, um nachzusehen, und bemerke im Kamin ein großes, hellstrahlendes Feuer, das einen lebhaften Glanz im ganzen Zimmer verbreite. Der Eindruck war so genau, daß er ihn der Erinnerung an ein Gasfeuer zuschrieb, denn am Abend vorher hatte er mit mir ziemlich lange vor einem Gaskamin geplaudert. Obwohl der Traum ihm viel zu denken gab, erzählte er niemandem davon, bevor er die Feuersbrunst erfuhr.

— — — Der Brand fand in der Nacht statt, die einem Festmahl, welches meine Freunde am 15. November mir zu Ehren veranstalten wollten, vorausging. Mein Freund und Kollege Gibert aus Le Havre sollte demselben beiwohnen. Leonie befand sich zu derselben Zeit in Le Havre. — — — Am 15. November um 5 Uhr abends wird sie von Herrn Janet in Schlaf versetzt. Sie macht sodann eine Reise, wie sie sich ausdrückt, d. h. sie geht in Gedanken nach Paris, um Herrn Gibert und mich zu besuchen. — — — Plötzlich erwacht sie, stößt einen Schrei aus und ruft sehr aufgeregt: „Es brennt, es brennt!" Herr Janet sucht sie zu beruhigen, indem er ihr sagt, es bedeute nichts. Dann schläft sie von neuem ein, aber wieder erwacht sie mit den Worten: „Aber Herr Janet, ich versichere Sie, daß es brennt!" Herr Janet glaubt leider an eine Täuschung, zerstreut ihre Befürchtungen und beruhigt sie. Am folgenden Tage, als sie von Herrn Janet erfuhr, daß es in meinem Laboratorium gebrannt hatte, sagte sie zu ihm: „Aber warum haben Sie mich zurückgehalten? Ich sah ganz deutlich, daß es im Laboratorium des Herrn Richet brannte." Fast nie hat Leonie ähnliche Halluzinationen gehabt. Es ist sicher, daß am 15. November abends 5 Uhr noch niemand in Le Havre wissen konnte, daß mein Laboratorium abgebrannt war. Um 5 Uhr brachten erst die Abendzeitungen in Paris eine Notiz darüber.

— — — Was mich betrifft, den doch dieser Brand zunächst

anging, so erhielt ich keinerlei Ankündigung. Ich schlief dieselbe Nacht ruhig und fest. Erst morgens ½8 Uhr bekam ich die Schreckensbotschaft zu hören.

In diesem Falle liegt keinerlei schriftliche Notierung vor; aber drei ganz getrennte Parteien haben die telepathische Fernwirkung gespürt, und jeder der drei Berichte wird durch eine in telepathischen Versuchen geübte, sachkundige Person vertreten oder bezeugt, ja die eine Empfängerin, Leonie, spricht ihre Sensation aus im Rahmen eines genau überwachten Experiments. Hier ist es wohl nicht möglich, die ganze Übereinstimmung nur für das Produkt nachträglicher Erinnerungsanpassung zu halten. Der Fall aber ist nicht bloß deswegen wertvoll, weil er zu den besten Belegen für die Existenz der Telepathie gehört: Er ist zugleich ein Schulfall der schon obenerwähnten dreieckigen Telepathie. Es ist offenkundig, daß die Nachricht vom Brande des Laboratoriums sich, aus der Seele irgendeines Augenzeugen heraus, zuerst auf das Unterbewußtsein Richets übertragen haben muß, denn er war der Nächstbetroffene und zugleich der einzige, der alle Beteiligte kannte, mit ihnen allen telepathische Versuche angestellt hatte und dadurch in engen Rapport geraten war. Bei ihm aber arbeitete sich der Eindruck nicht ins Oberbewußtsein empor, wohl aber bei seinen Freunden und Bekannten, auf welche die von Richets Unterbewußtsein aus konzentrisch sich verbreitende telepathische Welle überging. Wenn also ein Medium etwas ausspricht, was zwar kein Anwesender weiß, wohl aber ein dem Sitzungsteilnehmer A. bekannter abwesender B., und wenn man auch dieses übernormale Wissen nicht einem Geiste zuschreiben will, der aus dem Medium redet, sondern es auf dreieckige Telepathie zurückführt, so zeigt uns der Fall Richet, daß man dabei nicht eine vage, ausgetiftelte Hypothese ins Feld führt, um sich vor dem Spiritismus zu retten, sondern daß die télépathie à trois sich tatsächlich einwandfrei feststellen läßt. Richet bzw. der unwissende Sitzungsteilnehmer spielt dabei die Rolle des Bazillenträgers, der selbst nicht erkrankt, aber den ihm anhaftenden Infektionsstoff auf andere überträgt, bei denen derselbe akut wird.

Auf eine für unsere Lebensanschauung bedeutsame Tatsache habe ich schon an anderer Stelle (XVII, S. 118 ff.) ausführlicher hingewiesen: Die telepathischen Meldungen, die unmittelbar aus der Seele Sterbender zu uns dringen, sprechen fast nie von Todesangst und Todesnot. Der Empfänger, der eine blasse, durchscheinende Gestalt sieht, ihre eiskalte Berührung spürt, die üble Bedeutung, die das Phänomen haben könnte, kennt, erschrickt oft heftig und kann vor Entsetzen ohnmächtig werden; aber das steht auf einem anderen Blatte. Was dagegen das Phantom oder die Meldung selbst äußert, klingt manchmal geradezu fröhlich. Im Bunde mit den Annahmen der Ärzte, mit den Aussagen Ertrunkener und Abgestürzter, die später wieder ins Leben zurückgerufen worden sind, spricht dieser Umstand dafür, daß die Todesangst, die oft so drohende Schatten auf unser Leben wirft, mehr in unserer beklommenen Phantasie als in der Wirklichkeit ihre Stütze findet; die Natur ist milder, als wir glauben. Darüber im Schlußkapitel mehr!

Die Telepathie und das übernormale Wissen der Medien

Die Medien reden im Trance so, als ob nicht ihr eigenes Ich, sondern ein Geist sich ihrer Zunge bediene. Vielfach zeigen sie dabei übernormales, ihrem Wachbewußtsein nicht geläufiges Wissen, worin man früher eine Bestätigung der spiritistischen These gesehen hat, sofern man nicht alles auf Täuschung oder Selbstbetrug zurückführen wollte. Heute nimmt die offizielle Psychologie an, das übernormale Wissen könne zu Recht bestehen, brauche aber doch nicht der Beteiligung übersinnlicher Wesen zugeschrieben zu werden, sondern lasse sich durch die Leistungssteigerung des Unterbewußtseins erklären, das im Trance die Führung übernommen hat. Handelt es sich um Mitteilung von Tatsachen, die das Medium auf irgendeine

Weise miterlebt oder gehört haben kann, so wird man zuerst an Hypermnesie denken. Wird aber ein fremder Mensch N. zur Sitzung zugelassen, und dessen längst verstorbene Mutter macht angeblich durch die schreibende Hand des träumenden Mediums ganz eigenartige Mitteilungen, die sich später als wahr erweisen, so kann der Erklärer nicht in zwanzig Fällen dieser Art immer wieder mit dem Zufall jonglieren, der dem Medium Einblicke in das frühere Leben einer Toten verschafft habe, die seinen Weg nie gekreuzt hat. Hier bleibt also neben der spiritistischen nur noch *eine* natürliche Deutung übrig: Das Medium muß seine Kenntnisse aus der Seele des anwesenden N. abzapfen, der natürlich über das Leben seiner Mutter besser Bescheid wissen kann. Wie vollzieht sich dieses Abzapfen? Wenn N. eine Frage stellt, deren Antwort ihm bekannt ist, so ist, wie wir oben (S. 142—143) gesehen haben, das richtige Finden des Verlangten durch den „Geist" noch einfach zu deuten: N. denkt intensiv an die zu gebende Antwort, seine Zunge macht dementsprechende, ihm selbst unmerkliche Flüsterbewegungen, das hyperästhetische Medium hört sie und errät aus ihnen die richtige Antwort. Die Mehrheit der merkwürdigen Kenntnisse, die in „Geistermitteilungen" zutage treten, läßt sich in dieser einfachen Weise verständlich machen, ohne daß wir ihretwegen die Telepathie, die unmittelbare Gedankenübertragung zu bemühen hätten.

Aber nun gibt es verwickeltere Situationen. Ein Medium spricht oft dasjenige aus, was zwar ein Anwesender weiß, woran er aber durchaus nicht gerade gedacht hat. Ja diese Fähigkeit äußert sich bei manchen speziell veranlagten Personen ganz frei, ohne formelle Sitzung, ohne mediumistische Schulung, ohne vollständigen Trancezustand. Berühmt geworden ist eine Stelle aus Heinrich Zschokkes „Selbstschau" (1842), in der er berichtet:

> Bei der ersten Begegnung mit einem mir völlig Fremden ist es mir, wenn ich seiner Unterhaltung schweigend lauschte, öfters widerfahren, daß ein Bild seines vergangenen Lebens bis

Die Telepathie u. das übernormale Wissen der Medien 249

zum gegenwärtigen Augenblicke mit vielen einzelnen ... Umständen, einem Traum gleich... einige Minuten dauernd, an mir vorüberzog. Während dieser Zeit bin ich in die Darstellung von des Fremden Leben gewöhnlich so versunken, daß ich zuletzt sowohl sein Gesicht nicht mehr deutlich wahrnehme ... als auch seine Stimme nicht mehr deutlich vernehme. [Also doch ein Anflug von Trance.] Lange Zeit war ich geneigt, diese verschwimmenden Visionen als ein Spiel meiner Phantasie zu betrachten, um so mehr, als mein Traumgesicht mir die Kleidung und die Bewegungen des Handelnden, das Aussehen der Zimmer, die Ausstattung und andere Nebendinge des Schauplatzes vorführte; bis ich bei einer Gelegenheit ... meiner Familie die geheime Geschichte einer Näherin erzählte, welche soeben das Zimmer verlassen hatte. Ich hatte diese Person vorher niemals gesehen; dennoch waren die Zuhörer überrascht, sie lachten und wollten es sich nicht ausreden lassen, daß ich schon vorher das frühere Leben des Frauenzimmers gekannt habe, da das, was ich erzählte, vollkommen wahr sei ... Nun gab ich mehr Achtung auf diesen Gegenstand und, sooft es die Schicklichkeit erlaubte, erzählte ich denen, deren Leben in dieser Weise an mir vorübergegangen war, den Inhalt meiner Traumgesichte ... Bei jeder Gelegenheit erfolgte die Bestätigung, nicht ohne Staunen von seiten derer, die sie gaben ... Immer ergriff mich ein geheimer Schauder, wenn der Zuhörer erwiderte: „Es war alles ganz so, wie Sie sagen."

Zschokke berichtet einen einzelnen Fall: Ein anmaßender junger Mann macht sich an der Wirtstafel über den Wunderglauben der Schweizer lustig. Z. schlägt seine Skepsis zu Boden, indem er ihm die geheimsten Stellen aus seiner Lebensgeschichte erzählt:

Die Tischgesellschaft erfuhr so die Geschichte seiner Schuljahre, seiner kleinen Sünden, und endlich eine kleine Spitzbüberei, welche er an der eisernen Geldkasse seines Lehrherrn begangen hatte. Ich beschrieb das unbewohnte Zimmer mit seinen weißen Wänden, in welchem rechts von der braun angestrichenen Tür der kleine, schwarze Geldkasten auf dem Tische gestanden habe. Während dieser Erzählung herrschte in der ganzen Gesellschaft ein totenähnliches Schweigen, welches nur zuweilen unterbrochen wurde, wenn ich fragte, ob ich die Wahrheit rede. Der junge Mann, aufs höchste betroffen, gab die Richtigkeit eines jeden von mir angeführten Umstandes zu.

Die gleiche Gabe hat Z. bei einem alten Tiroler Händler wiedergefunden, welcher ihm sein, Zschokkes, Leben erzählte, ohne ihn je gesehen zu haben. Auch ein Dr. Parsons hatte die Fähigkeit, das, was im Leben anwesender Personen eine Rolle gespielt, in visionärer Form zu sehen. (IV, S. 364.) In Gegenwart des Dr. Trotter erblickte er beständig eine Damenhand mit dunkelrotem Glacéhandschuh. Trotter hatte diese starre Hand bei einer Eisenbahnkatastrophe an einem toten jungen Mädchen erblickt, der Eindruck hatte sich ihm unauslöschlich eingebrannt.

Was bedeutet diese seltsame Gabe? Ist sie Hellsehen, schwirren Phantome unseres vergangenen Lebens, gleich den von den Körpern sich ablösenden Bildchen (eidola) Demokrits, beständig um uns herum und können von Personen, die mit Sehergabe ausgestattet sind, gegriffen werden? (XXIV, S. 4 und 92.) Das wäre eine mystische, mit unseren naturwissenschaftlichen Kenntnissen kaum zu deutende Lehre. Am einfachsten wäre es doch, auch hier an ein Abzapfen aus der Seele dessen zu denken, der die geschauten Erlebnisse durchgemacht hat. Wie aber werden sie abgezapft? Auf Grund unwillkürlichen Flüsterns? Aber das Objekt der Abzapfung denkt ja augenblicklich gar nicht an sie; wir müßten also annehmen, man flüstere auch das, was man nicht bewußt denkt, man murmele andauernd seine Lebensgeschichte vor sich hin — eine geradezu komische Idee, zu der uns unsere Selbstwahrnehmung nicht den leisesten Anhalt bietet. Also bleibt hier nur Telepathie übrig. Aber ist sie möglich, da doch derjenige, aus dessen Seele der Seher schöpft, keine Aktivität entfaltet? Jedoch wer sagt uns, daß die übertragenen Vorstellungen sich nicht im Unbewußten des Senders geregt hatten, als sie auf das Unterbewußtsein des Empfängers übergingen? Haben wir nicht zahllose Erinnerungen, die wie chinesische Glöckchen beim leisesten Hauche, beim bloßen Näherkommen des Denkverlaufs mitzuklingen beginnen? Spricht nicht der Umstand, daß Zschokke und Parsons ihren Objekten gerade ihre gefühlsstärksten, oft ihre peinlichsten Erinnerungen absaugten, doch für eine gewisse Aktivität des Senders? Zeigt uns nicht die Psychoanalyse, daß sogar unterbewußte, dem Wachbewußtsein ganz unzugängliche Komplexe diese allbereite Regsamkeit entfalten und unser ganzes Wesen mit ihren Wirkungen erfüllen können? Also: Telepathie ist hier möglich, Flüstern ist es nicht.

Daß zu diesen Erinnerungsresten, die ein Medium den Sitzungsteilnehmern abzapfen kann, auch solche gehören, die sich durch Flüstern gar nicht ausdrücken lassen, wie Handschrift, Stimmklang, Betonung, Lächeln, Gesten eines Verstorbenen, der dem Medium gänzlich unbekannt war, haben wir oben (S. 78—79) gesehen. Tritt diese oft bezeugte Erscheinung auf, so stehen uns nur zwei Wege der Deutung frei: Wir müssen entweder glauben, daß die Seele des Toten wirklich vom Körper des Mediums Besitz ergriffen habe, oder wir müssen telepathisches Überströmen aus dem Bewußtsein der Teilnehmer, die den Toten gekannt haben, als Erklärungsgrund gelten lassen. Das Ersparnisprinzip der Wissenschaft nötigt uns zu der zweiten Annahme. Wer dagegen so sicher gehen will, daß er die Existenz der Telepathie nicht anerkennt, gerät vollends in den metaphysischen Sumpf: Eine schöne Sichergeherei! Früher kannte man noch einen dritten, häufig benutzten Weg: Man erklärte die ganze Imitation persönlicher Eigentümlichkeiten durch das Medium für Deutelei und Selbstbetrug gläubiger und allzu suggestibler Spiritisten. Seit den obenerwähnten Beobachtungen von Hodgson und Lodge scheint mir dieser dritte Weg der Flucht vor den Tatsachen gesperrt zu sein; diese beiden Forscher sind ernst zu nehmen.

In vielen Fällen haben die Medien den angeblich aus ihnen redenden Geist Dinge sagen lassen, die kein Anwesender bewußt kannte, die aber vielleicht in der latenten Erinnerung eines Teilnehmers geschlummert hatten. Das berühmteste Beispiel dieser Art ist die „Geschichte von der Uhr". Prof. Lodge hat einen vor langen Jahren verstorbenen Onkel Jeremias, den er als kleiner Junge nur eben gekannt hatte. Er läßt sich aus seinem Nachlaß eine merkwürdige alte Uhr kommen und legt sie Frau Piper, dem bekannten Medium, vor, als sie sich im Trance befindet. Frau P. betastet die Uhr, und alsbald beginnt der tote Jeremias aus ihr zu sprechen. Um seine Identität zu beweisen, erzählt er vielerlei aus seiner eigenen 60 Jahre lang zurückliegenden Kindheit, Dinge, die z. T. so speziell sind, daß ihre spätere Bewahrheitung unmöglich auf bloßem Zufall beruhen kann. Er berichtet z. B., daß er mit seinem Bruder beim Schwimmen in einer Bucht fast ertrunken wäre, daß er eine Büchse und eine ausgestopfte Schlangenhaut besessen, daß er mit den Brüdern eine Katze auf Smiths Feld totgeschlagen hätte. Lodge behauptet, er habe von diesen Erlebnissen, die sich lange vor seiner Geburt abgespielt hätten, nie etwas gehört. Wir wissen, das darf er nicht sagen; kein Mensch kann wissen, was einmal in seiner Kinderzeit in seiner Gegenwart gesprochen und erzählt worden ist. Die einfachste Annahme wäre jedenfalls, daß er jenes Wissen in seinem Unterbewußtsein getragen hatte und Frau Piper es ihm abzapfte. Aber wie? Etwa durch hyperästhetisches Hören unwillkürlichen Flüsterns? Hier erhebt sich die gewichtige Frage: Ist es denkbar, daß jemand flüstert, woran er nicht nur augenblicklich nicht bewußt denkt (davon hatten wir schon oben gesprochen), sondern was er überhaupt gar nicht bewußt denken *kann*, weil es dem Unterbewußtsein angehört. Mußten wir schon das Mitflüstern des *augenblicklich* nicht Bewußten als ziemlich widersinnig ablehnen, wie unmöglich erscheint da erst das Mitflüstern des *prinzipiell* Unbewußten!

Und trotzdem gibt es hier Erfahrungen, die uns nötigen, dieses Problem ernsthaft zu prüfen. Moll gab einem Hypnotisierten die Suggestion, er solle sich selbst eine Aufgabe ausdenken, die er, Moll, später nach Art Cumberlandscher Gedankenleserkünste zu lösen hätte, und sie für sich behalten, sie aber zwecks späterer Kontrolle auf einen Zettel schreiben. Tatsächlich dachte sich die Versuchsperson, Moll solle ein Staubtuch aus einem Behälter nehmen und in eine Zigarrenkiste legen; sie schrieb diese Aufgabe nieder und faltete den Zettel so zusammen, daß Moll nichts lesen konnte, also über die ihm zugedachte Handlung in Unkenntnis blieb. Weiterhin gab Moll nun die Suggestion: „Sie werden nach dem Erwachen die Aufgabe vergessen haben, werden mich aber doch durch Bewegungen, von denen Sie selbst nichts merken, so deutlich führen, daß ich sie lösen kann!" Darauf weckte er die Versuchsperson, ergriff ihre Hand, ließ sich von ihr führen und löste, wie der nachträglich entfaltete Zettel erwies, richtig die Aufgabe. (XV, S. 559.) Ein anderer Erfolg war übrigens gar nicht zu erwarten, denn durchweg führt das Unterbewußtsein posthypnotische Suggestionen getreulich aus, auch wenn das Oberbewußtsein sie nach dem Erwachen vergessen hat und nichts von dem bemerkt, was das Unterbewußtsein treibt. Man denke z. B. an Janets Versuch mit der aufgebundenen Schürze! (Hier oben S. 33.) Aus seinem Versuche nun zieht Moll die Folgerung: „Der Fall soll dartun, daß es möglich ist, Signale zu geben auf Grund eines unterbewußten Vorganges. Es wäre, wenn dies gelingt, nicht außerhalb unserer wissenschaftlichen Vorstellungen, anzunehmen, daß bestimmte Personen, auch ohne daß eine künstliche Hypnose eingeleitet war, unterbewußte Vorgänge unabsichtlich und ohne es zu merken mitteilen." Ganz richtig! Bei bestimmten Personen trifft das zu, bei solchen nämlich, bei denen ein Unabhängigwerden des Unterbewußtseins auch auf nichthypnotischem Wege erzielt worden ist. So gut man jemanden dressieren kann, vergessene oder von hinten leise zugeflüsterte Worte automatisch zu schreiben, könnte man ihn darin üben, sie unwillkürlich zu flüstern. Aber nichts weist uns darauf hin, daß außerhalb der doch verhältnismäßig seltenen Fälle spontaner oder artifizieller Bewußtseinsteilung diese Eigentümlichkeit vorkommt; wir müßten, wenn sie bestände, doch gelegentlich ebensogut auf sie aufmerksam werden wie auf unsere unwillkürlichen Lippen- und Zungenbewegungen beim bewußten Denken. Da das Aussprechen von Kenntnissen, die die Teilnehmer nicht bewußt wissen, durch das Medium in guten Sitzungen häufig ist, kann man nicht behaupten, in allen diesen Fällen wiesen die Teilnehmer die Rarität der Bewußtseinsspaltung auf. Es kann sich also in ihrer großen Mehrheit nur um telepathisches Abzapfen reiner, nicht geflüsterter oder sonst signalisierter Gedanken handeln.

In auffallend vielen Fällen kommt in den Antworten des „Geistes" nicht der Hauptgedanke zum Ausdruck, den der Fragende im Sinn hat, sondern der als unbewußte Begleitmusik anklingende Nebengedanke. Prof. Hyslop befragt seinen aus der Frau Piper redenden Vater über einen gewissen Samuel Cooper, und jener gibt Antworten, die auf Dr. Joseph Cooper zutreffen, an den Hyslop nicht im Traum gedacht hat. Prof. Nichols hat einst, als seine Mutter noch lebte, Ringe mit ihr getauscht. Als ihr Geist angeblich aus der Frau Piper redet, fragt Nichols ihn: Weißt du noch, welche Worte in meinem Ring eingraviert stehen? Der Geist aber nennt den Spruch des anderen von den beiden Ringen. — Sofern wir annehmen, daß wir es beim Abzapfen der Medien aus der Seele der Teilnehmer mit Telepathie zu tun haben, ist uns diese Erscheinung verständlich: Telepathie schöpft aus dem Unterbewußtsein, wird also leichter das erfassen, was im Unbewußten des Fragenden, gleichsam als assoziative Ausstrahlung seines bewußten Gedankens, nebenher aufflammt, als seinen vom Oberbewußtsein mit Beschlag belegten Hauptgedanken selbst. Wenn wir dagegen mit der Möglichkeit rechnen, daß hier unwillkürliches Flüstern eine Rolle spiele, so sieht dieses Danebengleiten des Gedankenlesens sehr widersinnig aus: Unsere Selbstbeobachtung zeigt uns doch stets, daß unser Mitflüstern da einsetzt, wo wir eine Idee sehr intensiv, sehr bewußt denken, z. B. bei höchst anteilnehmendem Lesen, bei angestrengtem Kopfrechnen usw. Sind Zunge und Lippen aber mit dem Flüstern des Hauptgedankens beschäftigt, so können sie doch nicht zugleich auch das unbewußt mit Anklingende ausdrücken!

Das scheint sehr plausibel, und doch gibt es auch hier Fälle, die beweisen, daß unsere automatischen Mitbewegungen sich manchmal in den Dienst des unbewußten Nebengedankens stellen. Der Gedankenleser Sugden hat folgende Erfahrung gemacht: Wenn das Publikum in Abwesenheit des Gedankenlesers berät, welche Aufgabe man ihm stellen solle; wenn dabei zuerst die Handlung a, darauf aber die Handlung b vorgeschlagen und letztere akzeptiert wird; wenn dann der Gedankenleser hereingerufen wird, irgendeine Person aus dem Publikum als sein „Führer" wirkt und sich dabei möglichst stark auf die Vorstellung der Handlung b konzentriert, so geschieht es doch häufig, daß der Gedankenleser zuerst Miene macht, die Handlung a zu vollziehen, offenbar weil die unwillkürlichen Bewegungen und Muskelspannungen des Führers mehr der im Hintergrunde seines Bewußtseins verbliebenen Idee der zuerst vorgeschlagenen Handlung gehorchen. Bei unausgesprochenen „Mentalsuggestionen", bei denen der Suggestor nur seine Stirn derjenigen des Hypnotisierten nähert und intensiv an seine Suggestion denkt, sehen wir ähnliche Fälle. Pierre Janet schreibt (Bulletin de la Société de Psychologie physiologique 1885): „Frau B. (Leonie) irrte im Garten umher, ich sah, wie sie eine Rose pflückte und den Briefkasten an der Eingangstür durchsuchte... Merkwürdig, gerade diese Vornahmen wollten wir ihr zuerst am Vorabend suggerieren. Wir besannen uns dann anders und befahlen ihr, die Türen zu schließen, aber der erste Gedanke verweilte offenbar noch in Giberts Geist, während er suggerierte, und hatte nun auch seine Wirkung." Man sieht aber sofort, diese Beeinflussung unbewußter Bewegungen durch Nebenvorstellungen stellt sich immer da ein, wo ein Zweifel, ein Kampf der Motive vorgelegen hat, wo man zuerst nicht wußte, was man wollte. Und daß in solchen Fällen die widerstreitenden Intentionen sich derartig eng verknüpfen, daß später immer wieder neues Schwanken und hin und her zuckendes Handeln eintritt, zeigt uns auch die Selbstbeobachtung sehr deutlich. Wo aber dieser Spezialfall nicht vorliegt, scheint es uns unsinnig, daß, wenn wir an irgendeine Dame namens Berta denken, gleichzeitig unsere Lippen die Lebensgeschichte irgendeiner anderen Berta flüstern sollten; dergleichen kommt auch niemals zur Beobachtung, während es doch sonst häufig vorkommt, daß *gelegentlich* einmal unsere unterbewußten Prozesse wie aufgestöberte Fledermäuse sich in das Tageslicht der Selbstwahrnehmung verirren. — Im allgemeinen sehen wir also: Daß wir durch unwillkürliches Flüstern oder sonstige ausdrucksvolle Mitbewegungen solche Dinge bezeichnen, an die wir (a) augenblicklich nicht denken, oder die (b) den mitanklingenden Neben- oder Gegengedanken der Hauptidee darstellen, die augenblicklich unser Oberbewußtsein einnimmt, oder die (c) Reservatbesitz des Unterbewußtseins und dem Wachbewußtsein gar nicht erreichbar sind, das sind Vorgänge, die, so paradox sie aussehen, manchmal vorkommen, aber nur in scharf abgegrenzten Ausnahmefällen, wie sie beim Abzapfen der Gedanken durch ein Medium gewöhnlich nicht vorliegen — in solchen Fällen nämlich, wo die unterbewußte Idee durch spezielle Suggestion oder Anregung besonders aktionskräftig gemacht worden war. — Werden trotzdem solche nicht bewußt vorgestellten Ideen der Sitzungsteilnehmer in großer Zahl vom Medium ausgesprochen, so kann es sich dabei nur um einen telepathischen Vorgang handeln*).

Am beweisendsten aber sind solche Fälle, in denen das Medium Kenntnisse zeigt, die überhaupt kein Anwesender besitzt, sondern nur irgendein abwesender Bekannter eines

---

*) Es kommt vor, daß wir im Begriff sind, z. B. fälschlich „Alepsander" zu sagen, aber unser Mund korrigiert uns und spricht richtig „Alexander"; oder wir haben die Intention, beim Klavierspielen ein falsches Fis zu greifen, unsere Finger aber retten uns und spielen selbsttätig F. Auch in solchen Fällen reißt unser Unterbewußtsein die Herrschaft über Sprachorgane und Hände dem Wachbewußtsein weg und übt sie statt seiner. Aber auch hier ist das Unterbewußtsein zu dieser Aktivität besonders angeregt und privilegiert, dadurch nämlich, daß es sich um eingeübte, mechanisch gewordene Tätigkeiten handelt, die unser Unbewußtes ein für allemal übernommen hat. Auch hier also eine Ausnahme, die die **Regel bestätigt**.

Sitzungsteilnehmers, so daß sie, wenn man von den mystischen Erklärungen durch Geistermitteilung oder Hellsehen absieht, nur mit Hilfe dreieckiger Telepathie zu deuten sind. Es ist in Mediumsitzungen vielfach üblich, daß die Teilnehmer Medaillons, Haare, kuvertierte Briefe verstorbener Personen mitbringen. Werden solche Gegenstände dem Medium in die Hände gegeben, so pflegt es in gut verlaufenden Sitzungen den Namen des einstigen Besitzers zu finden, und bald darauf meldet sich dieser selbst als anwesend und versucht sich durch Mund oder Hand des Mediums mitzuteilen. Nun hat natürlich oftmals ein Sitzungsteilnehmer N. einem abwesenden Bekannten M. geschrieben: „Sende mir ein geschlossenes Paketchen, in dem sich irgendein Gegenstand befindet, der einem verstorbenen O. gehört hat. Ich will aber nicht wissen, was das für ein Gegenstand ist, noch welcher O. das gewesen ist. Das Medium soll von mir nichts erfahren können, weil ich selbst nichts weiß. Werden trotzdem richtige Angaben gemacht, so würde man doch wohl darauf schließen können, daß sie von dem echten Geiste des O. geboten werden." In vielen Fällen nun hat das Medium auch unter so erschwerten Bedingungen den verpackten Gegenstand und seinen früheren Besitzer richtig geschildert, ja selbst dann, wenn der Überreichende sich z. B. einbildete, das Paket werde jedenfalls Haare enthalten, beschrieb das Medium eine Halskette oder ein Medaillon und behielt, wenn das Paket geöffnet wurde, recht. Wenn dergleichen ein- oder zweimal vorkommt, könnte man annehmen, der Versuch sei vielleicht nicht ganz rein gewesen; M. habe möglicherweise brieflich eine Andeutung fallen lassen, die dem Unterbewußtsein des N. den richtigen Weg wies, oder N. konnte von vornherein erraten, welchen Gegenstand und von welchem Verstorbenen M. senden würde. Sofern aber diese Art übernormalen Wissens sich mit einer gewissen Regelmäßigkeit wiederholt, kann man unmöglich behaupten, die Herstellung vollkommener Unwissentlichkeit sei immer wieder mißglückt; es ist doch offenbar, daß sie sogar recht leicht durchzuführen ist. Es bleiben da nur zwei für den Erfahrungswissenschaftler mögliche Deutungen. Erstens kann dreieckige Telepathie vorliegen, M. telepathiert an N., was er geschickt hat, und diesem zapft das Medium sein Wissen ab. Zweitens könnte aber auch direkte Telepathie zwischen M. und dem Medium vorliegen, denn M. ist zwar vielleicht 100 Meilen entfernt und dem Medium gänzlich unbekannt, aber das Paket, das ersterer geschickt hat und das letzteres in Händen hält, bildet den gemeinsamen Vorstellungsinhalt, der auch die Seelen einander ganz fremder Personen so aufeinander abstimmen kann, daß direkte Telepathie zwischen ihnen möglich ist. Vielleicht ist dies der Grund, weswegen überhaupt das Überreichen von Gegenständen aus dem Besitz Verstorbener die Medien bei ihren Aussagen fördert und die Ergebnisse einer Sitzung verbessert.

In den Sitzungen, die Hodgson mit Frau Piper abhielt, meldete sich wiederholt der angebliche Geist einer verstorbenen Frau, Elise Y. Eines Morgens bemächtigte sie sich wieder der schreibenden Hand des Mediums und erzählte, ein Verwandter von ihr, Herr F., sei gestern verstorben. Sie sei in seiner Nähe gewesen, sei ihm erschienen, habe zu ihm gesprochen, sie gibt auch den Wortlaut dessen an, was sie ihm gesagt habe. Hodgson hatte soeben erst in der Morgenzeitung die Todesanzeige gelesen, es war in diesem Falle wirklich durch die Zeit- und Ortsverhältnisse ausgeschlossen, daß er etwas Näheres wissen konnte. Er zeigte einem Freunde das Sitzungsprotokoll, dieser trifft ein oder zwei Tage später einen Herrn, der beim Hinscheiden F.s zugegen gewesen war, und dieser Herr berichtete ungefragt, F. habe im Todeskampfe angegeben, Elise Y. sei da, er sähe sie, sie spräche zu ihm. Er habe wiederholt, was sie ihm sagte, und das waren genau die Worte, die auch im Sitzungsprotokoll der Frau Piper verzeichnet standen. — Zu bemängeln ist an diesem Falle nur, daß uns die fraglichen Worte nicht selbst angegeben werden. Hodgson erwähnt nur, sie seien „eine ungewöhnliche Form des Ausdrucks" gewesen, wobei wir ihm glauben müssen, daß es sich um kein zufälliges Zusammentreffen habe handeln können. Von dieser etwas unzureichenden Berichterstattung abgesehen, spricht aber der Fall durchaus für dreieckige Telepathie: Der Sterbende hatte, wie das sooft geschieht, seine letzten Gedanken telepathisch an seine Freunde übermittelt, so auch an Hodgson, dessen Unterbewußtsein Frau Piper nunmehr dieses „Telepathogramm" entnehmen konnte.

Ein recht guter Telepathiefall findet sich in den Berichten über die Sitzungen des Mediums Frau Leonard. (XXXXIV, S. 68.) Leiterin der Sitzung war eine Frau J. D., ein verstorbener Freund von ihr, E. A., meldete sich wiederholt, sprach aber nicht direkt, sondern ließ den ständigen „Kontrollgeist" der Leonard, der sich Feda nennt, für sich reden. Am 22. Februar 1918 nun sagte diese angebliche Feda:

Feda: Er sagt, was geht denn mit dem Dach deines Hauses vor?
Frau J. D.: Meines Hauses draußen auf dem Lande?
Feda: Ja, er lacht und sagt, er sei dabei, die Sache zu untersuchen. Er sagt, dort sei etwas nicht in Ordnung.
Frau J. D.: Ich muß sehen, worum es sich handelt.
Feda: Er sagt, er untersucht es und sieht es und denkt: „Ach, das will ich I. das nächste Mal erzählen." Er will damit nicht sagen, daß er in die Schornsteine hinunterspringt, aber er kann natürlich zu den verschiedenen Teilen deines Hauses dringen.
Frau J. D. bemerkt hierzu: Als ich am Abend nach der Sitzung um 6 Uhr zu Hause ankam, war das erste, was ich hörte, daß der Rauchfang des Rauchsalons tags zuvor um ½1 gebrannt habe. Es war das genau die gleiche Zeit, in der E. A. mich gefragt hatte, ob etwas bei mir daheim nicht in Ordnung sei.

Offenbar hat hier das Hauspersonal, als es den Brand bemerkte, an die geschädigte Besitzerin gedacht, dadurch vollzog sich die telepathische Übertragung, und da Frau J. D. sich zufällig gerade bei dem schlafenden Medium befand, hatte dieses Gelegenheit, die frisch eintreffenden telepathischen Eindrücke abzuzapfen. Das Besondere an diesem Falle ist, daß die Zeitübereinstimmung dank dem

Sitzungsprotokoll ganz genau festzustellen war; dadurch gewinnt er die Beweiskraft eines gut gelungenen Fernversuches.

Aus den gebotenen Proben wird der Leser sich über Vielseitigkeit und Zuverlässigkeit des telepathischen Erfahrungsmaterials selbst ein Urteil bilden können. Ob man hiernach zugibt, Telepathie sei bewiesen oder nicht, hängt davon ab, ob man an einen Beweis von mathematischer Strenge denkt oder an einen solchen, der mit der bei menschlich-praktischen Lebensverhältnissen üblichen Sicherheit rechnet. Es ist fast nur noch ein Streit um Worte, der hier geführt wird. Psychologie ist durchweg ein sumpfiger Boden, auf dem meist nur vage Wahrscheinlichkeit gedeiht; wieviel erfreulicher wäre die psychologische Forschung, wenn sie viele Resultate hätte, die so gut bewiesen sind wie die Tatsache der Telepathie!

VI. DIE VERKAPPUNGEN DER HYPERÄSTHESIE UND TELEPATHIE

Das Hellsehen

Der Begriff des Hellsehens schwankt, doch spitzt er sich mehr und mehr derart zu, daß man unter Hellsehen ein übernormales Wissen und Erkennen versteht, das sich nicht auf die natürlichen Quellen der Hyperästhesie, Hypermnesie und namentlich Telepathie zurückführen läßt. Die Telepathie setzt voraus, daß schon ein Originalgedanke in einem anderen Kopfe besteht, der nur übertragen wird. Hellsehen dagegen ist direktes Erkennen räumlich oder zeitlich entfernter oder auch verborgener Wirklichkeit. Ein echter Hellseher müßte wahrnehmen können, was im Innern der Erde versteckt liegt, was vor 1000 Jahren geschehen ist und keinen noch lebenden Zeugen hat, was sich in der Zukunft ereignen wird, ohne daß es sich aus der Gegenwart erschließen ließe.

Während Telepathie sich reibungslos in unser physikalisches Weltbild einfügt, ist das beim Hellsehen, wie ersichtlich, nicht mehr der Fall. Wer also an Hellsehen glaubt, bricht aus der erfahrungsmäßigen Weltanschauung aus und unternimmt eine Extratour ins Gebiet des Übersinnlichen. Zwei Gedankenwege pflegen für diesen Zweck zur Verfügung zu stehen. Entweder wird gesagt: Zeit und Raum sind nach Kant nicht Attribute des „Wirklichen" (genauer: des Dinges an sich), sondern bloße Anschauungsformen des erkennenden Geistes. Vielleicht aber kann unser Unterbewußtsein die Welt ohne diese verzerrende Brille anschauen: Dann fließt aller Raum in einen Punkt, alle Zeit in eine Sekunde zusammen, es gibt kein Fernes, Verstecktes, Spätes, Frühes mehr, das Dasein des Alls liegt hüllenlos vor uns. Oder es heißt: Alle Seelen sind Emanationen, Ausstrahlungen aus der großen Zentralsonne: Gott. Unser Tiefstes, Unbewußtes hängt noch immer, wie durch eine Nabelschnur verbunden, mit diesem unseren Ursprung zu-

VI. Die Verkappungen der Hyperästhesie u. Telepathie

sammen, wenn auch unser Verstand und Tagesbewußtsein es nicht weiß. In erlesenen Stunden aber können erlesene Menschen wieder ganz in Gott zurücksinken und nehmen dann an seiner Allwissenschaft teil: Das ist Hellsehen. — Solche Gedanken sind schön, es schimmert wohl eine höhere Wahrheit symbolisch durch sie hindurch. Aber wer sie benutzt, um Erfahrungstatsachen zu begründen, verfällt in das, was Kant die „faule Vernunft" nennt; er läßt seinen Erkenntnistrieb einschläfern wie die Kinder, denen die Mutter auf alle Fragen nach Tieren, Pflanzen und Sternen immer bloß antwortet: Das hat Gott so gemacht! Seit Jahrtausenden helfen sich die Menschen, wenn sie etwas nicht begründen können, mit solchen Anleihen beim Übersinnlichen, und immer und unfehlbar blamieren sie sich damit, denn hinterher stellt sich ausnahmslos heraus, daß alles ganz natürlich zugegangen ist.

Nun, das Hellsehen macht keine Ausnahme. Es geht auch natürlich zu, denn es ist nichts als verkappte Hyperästhesie und maskierte Telepathie. Daß echtes Hellsehen nicht existieren *kann*, zeigt eine ganz einfache Überlegung: Bestände es, so hätten die zahlreichen Hellseher aller Zeiten doch von jeher erkennen müssen, wo es vergrabene Schätze, verschüttete Altertümer zu finden gab, Dinge, die kein Lebender kennt, die aber für uns sehr wertvoll sind. Von verborgenen Quellen, Erzadern und Kohlenschichten wollen wir nicht reden, denn da kommt uns das Wünschelrutengehen in die Quere, das auf einer Art von Hyperästhesie zu beruhen scheint. Von den Leichen Abgestürzter, Verschütteter, Ermordeter, Ertrunkener, von versteckten Mordwerkzeugen wollen wir auch schweigen, denn erstens würde sich jedes übernormale Wissen hierüber stets auf Telepathie von seiten des Mörders, des Verunglückenden usw. zurückführen lassen, und zweitens gibt es in allen solchen Fällen stets so viele gerichtliche Voruntersuchungen, Vermutungen in der Presse, Gerüchte im Publikum, daß, wenn ein „Hellseher" etwas Richtiges findet, stets eingewendet werden kann, er habe sich nur eine schon vorhandene

Kenntnis oder Annahme zu eigen gemacht. Aus diesem Grunde ist auch für das Problem der Telepathie auf kriminalpsychologischem Gebiete nur wenig brauchbares Material zu gewinnen. (Vergl. XXXXV.) Aber verschüttete oder vergrabene Altertümer wären entschieden ein Gebiet, wo echtes Hellsehen zu zeigen hätte, was es kann. Wenigstens *ein* interessanter Fall dieser Art liegt vor in dem Buche des englischen Architekten und Archäologen Fred. Bligh-Bond „The Gate of Remembrance" (Das Tor der Erinnerung. Vgl. XVIII, Juniheft 1922.) Bl. hatte den Auftrag erhalten, die in den Reformationskämpfen zerstörte und ganz verschüttete Glastenburyabtei auszugraben, über deren „Edgarskapelle" in den Archiven nur wenige, unzureichende Angaben zu finden waren. Er kommt auf den guten Gedanken, einen automatisch schreibenden Freund vorher niederschreiben zu lassen, was er (Bligh-Bond) finden werde; der Sekretär der S.P.R., Feilding, assistiert als Zeuge. Die Geister der alten Äbte machen nun durch die Hand des Mediums ganz genaue, zum Teil von den Ansichten der Gelehrten stark abweichende Angaben über den Ort der Kapelle, den Grundriß, ihre Länge und Breite, den damals in England nicht üblichen Baustil, Zahl und Lage der Toreingänge, Dicke der Mauern und Pfeiler, Zahl der Fenster und Gewölbebogen, Form der Altäre, Höhe der Marmorstufen, Farbe der Glasfenster und Mosaiken. An der Hand dieser Aufzeichnungen wurde die Ausgrabung begonnen, alles bestätigte sich bis in die Einzelheiten. Inzwischen deuteten aber die automatischen Niederschriften auf ein zweites, den Archäologen noch ganz unbekanntes Bauwerk, die „Lorettokapelle", die der Schilderung nach ein einzig dastehendes Architekturdenkmal gewesen sein mußte. Die Stelle, welche die Geister angaben, war besonders unzugänglich, weil ein Bach seinen Weg darüber genommen und einen hohen Schuttwall aufgestaut hatte. Trotzdem ließ Bligh-Bond zwei Stollen hineintreiben, ohne etwas zu finden; doch erklärten die „Geister", die Stollen seien nicht tief genug gewesen. Die Arbeiten mußten des Weltkrieges wegen vorerst eingestellt werden. In den ersten Ausgaben seines Buches konnte daher Bl. nur die mediumistischen Niederschriften bezüglich der Lorettokapelle veröffentlichen und forderte zu gelegener Zeit eine Fortsetzung der Arbeiten. 1919 nahm man angesichts des großen, bei der Edgarskapelle erzielten Erfolges die Ausgrabungsversuche nochmals in Angriff, fand nach wenigen Tagen die Grundmauern der sagenhaften Lorettokapelle und sah auch bei ihr die Angaben der Medienschriften bis ins Detail bestätigt. — Unterstellen wir, diese Schilderung des Falles treffe genau zu, so bildet er eines jener „isolierten Wunder", die nach Gurneys Urteil für die Wissenschaft nicht maßgebend sein dürfen. Die Frage drängt sich unabweisbar auf: Wenn es derartige hellseherische Fähigkeiten (etwas anderes nimmt auch Bligh-Bond nicht an, er glaubt nicht an Geister) gibt, warum haben die zahllosen Hellseher zu den jahrhundertelangen Ausgrabungen in Pompeji nichts beigesteuert, warum hat ihnen die Archäologie bisher nicht das mindeste zu danken? Vermutlich wird sich dieser seltsame Fall ebenso erledigen wie andere, die ihm ähnelten: Man wird eines Tages eine verschollene Handschrift oder Buchstelle finden, die Bligh-Bond vor Jahren gesehen und wieder vergessen hatte und die jenes weitgehende Wissen über Edgars- und Lorettokapelle enthält, welches das Medium seinem Unterbewußtsein abgezapft hat.

Neuerdings nehmen viele Okkultisten an, das Hellsehen sei experimentell erwiesen. Sie stützen sich dabei vorwiegend auf die Versuche, die Waldemar von Wasielewski (XXXX) und Rudolph Tischner (XXXVII) mit der obenerwähnten Sensitiven Fräulein von B. und einigen anderen „hellseherisch" Veranlagten veranstaltet haben, sowie auf die Warschauer Versuche von Charles Richet und Gustav Geley, deren Objekt der polnische Ingenieur Ossowietzki war. (XXXXVI, S. 249 ff., XVIII, Februar 1922. XVII, S. 227 ff.) Meist handelte es sich um sogenannte kryptoskopische Experimente: Briefe, Zettel oder Bilder wurden in dichte, zum Teil mehrfache oder lichtundurchlässige schwarze Kuverts gesteckt und so verschlossen den Hellsehern überreicht, die ihren Inhalt erraten sollten, ohne sie zu öffnen. Ebenso gab man ihnen kleine Pakete, die in Pappschachteln, Holzkästchen, Blech- und Glasdosen, Fläschchen, einmal sogar in einer Bleiröhre mit 3 cm dicken Wänden allerlei zu erratende Objekte enthielten: Zeichnungen, Metallbuchstaben, Arzneien, Wasser, Wein, Kognak und Geschmackslösungen mit Sacharin, Chinin, Zitronensäure, Pfefferminz usw.; in letzteren Fällen spürte Fräulein B. den Geschmack, ein Fläschchen mit Morphium ließ sie einschlafen. Auch das Innere des Unterarmes eines lebenden Menschen vermochte sie hellseherisch zu schildern. Endlich erblickte sie visionär den Aufenthaltsort versteckter oder verlorener Gegenstände und beschrieb mikroskopische Präparate, die man ihr auf die Stirn legte.

Bei kritischer Prüfung dieser zahlreichen, fast durchweg gut gelungenen Versuche kommt man zu dem sehr sicheren Ergebnis, daß sie durchaus nicht Hellsehen beweisen. Bei manchen Experimenten, zumal bei denen, die Tischner mit einem Herrn Re. veranstaltet hat, und die an die bekannten Zetteltricks des deutsch-amerikanischen Schwindelhellsehers Reese gemahnen, ist ziemlich unzweideutig mit Betrug gearbeitet worden. Wenn Re. nur Zettel von ganz bestimmter Größe und Form zuläßt, wenn er gelegentlich den Inhalt eines Zettels vorliest, den er augenblicklich nicht in der Hand hält, so ist es klar, daß hier Vertauschung mit bereitgehaltenen Zetteln vorliegt, denn wirkliches Hellsehen könnte weder an solche unsachlichen Bedingungen geknüpft sein noch zu solchen Verwechslungen führen. Im allgemeinen aber werden die Leistungen der geprüften Hellseher dadurch verständlich, daß sie bald von ungewöhnlicher Hyperästhesie Gebrauch machen, bald dem Experimentator sein Wissen abzapfen, was entweder durch unwillkürliches Flüstern und hyperästhetisches Hören oder aber durch echtes telepathisches Überströmen der Gedanken vor sich gehen kann. Nennen wir im folgenden der Kürze wegen beide Formen des Abzapfens Telepathie! Nirgends wird uns eine Leistung gezeigt, bei der diese natürlichen, physiologisch begreiflichen Quellen übernormalen Erkennens ausgeschlossen wären, so daß uns nur noch mystisches Hellsehen als Erklärungsgrund übrigbliebe. Das methodische Prinzip aber, daß nur beim Versagen der causae verae übersinnliche Arten des Schauens zugelassen werden dürfen, muß im Gegensatz zu den Theorien Tischners und Wasielewskis aufrechterhalten werden.

Hyperästhesie ist erkennbar im Spiele. Es ist eigentlich selbstverständlich, daß das Lesen verschlossener Briefe und das Erkennen des Inhalts von Pappschachteln sich in erster Linie mit ihrer Hilfe vollzieht, nachdem Chowrins oben (S. 67—68) besprochene Versuche gezeigt hatten, daß Hyperästhetische durch 27 Seidenpapierblätter sehen, durch 7 Bogen Schreibpapier hindurch tasten können, und zwar so, daß sie Farben und Schriftzeichen in dieser Art momentan erkennen, während sich bei langandauernder Einwirkung des Objektes die Grenzen der hyperästhetischen Auffassung noch weiter bis ins Ungewisse ausdehnen. Chowrins Sensitive bediente sich beim Lesen verschlossener Briefe namentlich des Tastsinns der Finger, sie knüllte und drückte den Brief in den Händen; genau das gleiche Verfahren verwenden alle Hellseher, mit denen kryptoskopische Versuche unternommen werden, selten nur gebrauchen sie die Augen, auch wenn der Inhalt von Paketen erraten werden soll, legen sie sie auf Brust, Stirne, an die Seite des Körpers. Sie bedienen sich also des gleichen Erkenntnismittels wie Chowrins Versuchsperson, bei der sich schwer bezweifeln läßt, daß sie mit Hyperästhesie gearbeitet hat. Denn erstens entsprach das dem ärztlichen Befund, sie war auf der einen Körperseite empfindungslos, dafür war die Sinnesschärfe der anderen Seite abnorm gesteigert; und zweitens kann man einer Versuchsperson, deren momentanes Wahrnehmen beim 27. Papierbogen aufhört, nicht Hellsehen imputieren, das doch von der Dicke der trennenden Schicht wie von allen räumlichen und materiellen Widerständen unabhängig sein müßte. Den Einwand: „Wie kann ein Hellseher in harte Papp- oder Metallschachteln hineintasten?" kann man nicht aufrechterhalten, nachdem Chowrin durch andere Versuche es wahrscheinlich gemacht hat, daß der Hautsinn Hyperästhetischer auch auf Farbenunterschiede nicht unmittelbar berührender Objekte reagiert. Daß es im Innern einer Schachtel dunkel ist, Farben also nicht zur Wirkung kommen können, würde gleichfalls die Beteiligung der Hyperästhesie nicht ausschließen, denn erstens wissen wir nicht, wie minimale Lichtmengen hier eine Rolle spielen, und zweitens können, wenn sich der Hautsinn Hyperästhetischer nun einmal als eine Art Universalsinn herausstellt, außer dem Licht noch alle möglichen anderen Strahlenarten einwirken, für die Metall nicht undurchdringlich ist. Das ist freilich eine Hypothese*), aber eine physiologisch-physikalische Hypothese ist allemal berechtigter als eine übersinnlich-metaphysische, zumal wenn sie so starke Stützen hat, wie sie durch die Chowrinschen Experimente errichtet worden sind. Übrigens gewahren wir, daß gelegentlich Metallpackung bei kryptoskopischen Versuchen Schwierigkeiten bereitet; Ossowietzki konnte die Zeichnung, die in der erwähnten dicken Bleiröhre verborgen war, am ersten Tage nicht erkennen, erst bei einem zweiten Versuche gelang es ihm. Diese Erscheinung deutet auch nicht auf Hellsehen, sondern eher auf Hyperästhesie, denn ersteres müßte, wie gesagt, von der Dichte des Verpackungsmaterials ganz unabhängig sein. Wasielewski allerdings fand, es sei für das Erraten gleichgültig, ob Glas, Metall, Pappe oder Holz als Hülle gewählt würde; das will aber wenig besagen, denn seine Sicherung gegen Telepathie ist, wie wir gleich sehen werden, die denkbar

---

*) Es braucht nicht einmal eine „Hypothese" zu sein, die, ihrem Begriffe nach, immer noch eine Begründung verlangt; es braucht nur eine bloße denkbare „Möglichkeit" zu sein, denn um übersinnliches Hellsehen zu beweisen, muß man auch die Möglichkeiten natürlicher Erklärung ausgeschlossen haben. Deshalb darf man mir keine zu kühne Hypothesenbildung vorwerfen.

schlechteste, und wo die Versuchsperson aus dem Geiste des allzu eingeweihten Experimentators zapfen kann, darf es ihr ziemlich gleichgültig sein, ob das zu erratende Objekt sich in einer Papierhülle oder im Mittelpunkt des Erdballes befindet. Daß aber neben der Telepathie ganz sicher auch Hyperästhesie bei kryptoskopischen Versuchen eine Rolle spielt, beweist der Umstand, daß manchmal beim Lesen verschlossener Briefe nicht der inhaltliche Gedanke aufgefaßt wird, sondern einzelne herausgepickte Wörter und Zeichen, die gelegentlich mangels eines Zusammenhanges noch verkannt werden. So wurde Fräulein von B. eine Visitenkarte vorgelegt, die in undurchsichtiges schwarzes Papier eingeschlossen war und u. a. die Worte trug: „Massör & Heilgehilfe". Sie las statt dessen „Massör 8 Heilgehilfe", was nicht möglich gewesen wäre, wenn sie ein unterbewußtes Wissen vom Inhalt der Karte aus Wasielewskis Bewußtsein hätte entnehmen können. Ein „Schauen" liegt also jedenfalls vor, es könnte ein hyperästhetisches oder ein hellseherisches sein, aber ersteres ist, wie gesagt, viel wahrscheinlicher.

Gegen die Erklärung kryptoskopischer Leistungen durch Hyperästhesie machen die Okkultisten zunächst die Tatsache geltend, daß beim Lesen verschlossener Briefe auf die Lage der Schriftzeichen wenig oder nichts ankommt: Diese erscheinen nicht umgekehrt oder in Spiegelschrift, wie man auch den Brief hält und wendet. — Gegen diesen Einwand ist zu bemerken, daß sich erstens Hellsehen in dieser Hinsicht nicht anders verhalten würde als Hyperästhesie; jedes direkte Schauen müßte doch eigentlich die Buchstaben in ihrer richtigen Lage sehen. Gerade bei einem Hyperästhetischen aber ist die Tatsache erklärlicher, denn er benutzt zur Wahrnehmung seine Finger, die den Brief „knautschen", und es steht in seiner Macht, ob er vorn mit dem Daumen oder hinten mit den anderen Fingern „sehen" will, auch ist es bei diesem Verfahren der Auffassungsart des Sensitiven anheimgegeben, was er als oben und unten, aufwärts und abwärts gelten lassen will. Zweitens: Unterbewußte taktile (d. h. dem Hautsinn angehörige) Eindrücke pflegen auf dem Wege zum Oberbewußtsein ins Optische übersetzt zu werden. Nach Versuchen Binets kann ein Hysterischer, der ein Zeitungsblatt liest und den man in eine unempfindliche Hautstelle schneidet, das Bild eines Messers sehen, das einen Teil des Papiers und der Schriftzeichen überdeckt, und zieht man ihm Linien über dieselbe Hautstelle, so gewahrt er sie als gesehene Linien auf dem Papier. (I, S. 17—18.) Man vergleiche auch die oben (S. 104) geschilderte Schlummerbild-Vision! Daß nun bei solcher Übersetzung und inneren Verarbeitung die beim Tasten vielleicht auf dem Kopf stehenden Buchstaben als optische Bilder richtig gestellt und so angeordnet werden, wie man sie zu sehen gewohnt ist, darf als ein sehr natürlicher Vorgang bezeichnet werden. Wir haben ja gesehen, wie auch telepathische Eindrücke so zurechtgerückt werden, wie es dem Betrachterstandpunkt des Empfängers entspricht.

Noch mehr Wert legen die Okkultisten auf die Tatsache, daß die Hellseher gefaltete Briefe und Zettel lesen können, obgleich sich für ein Auge, das den Umschlag durchdringt, die Schriftzeichen der übereinandergelegten Halb- und Viertelseiten zu einem krausen Gemisch vereinigen müßten. Darum, meinen sie, könne erst recht ein hyperästhetisches Hineinblicken in den geschlossenen Brief die Leistungen der Hellseher nicht erklären. — Dieser Widerlegungsversuch berücksichtigt die näheren Umstände nicht. Meist steht in den „Briefen" nur ein kleines Sätzchen, das nur teilweise von der Kniffung oder Übereinanderlegung getroffen wird. Enthält der Brief mehr, so werden vielfach nur etliche Worte oder Satzstücke entziffert, und leider hat man bisher verabsäumt, sich zu vergewissern, ob sich diese gelesenen Bruchstücke nicht gewöhnlich an der exponiertesten Stelle des gefalteten Papiers befinden*), durch

---

*) Eine Ausnahme ist mir bekannt: Graf Perovsky ließ das Medium Nadia Stellen eines Buches lesen, das er unter dem Tisch oder unter einem Tuch an beliebiger Stelle aufschlug.

welche Feststellung am ehesten das von den Sensitiven eingeschlagene Verfahren verdeutlicht werden könnte. Ferner hat schon unser Oberbewußtsein da, wo mehrere einander kreuzende sinnvolle Wahrnehmungsreihen verfolgt werden sollen, ein sehr hohes Maß von Abstraktionsfähigkeit: Wir lesen ohne allzu große Mühe eine Postkarte, die drei Schriftlinien, quere, senkrechte und schräge, durcheinander trägt, und das geübte musikalische Ohr faßt die kontrapunktische Verflechtung einer ganzen Reihe von Stimmen auf. Unterbewußte Intuition aber fühlt noch viel Verwickelteres heraus, als das schwerfällige Oberbewußtsein erkennen kann. Schließlich müssen wir bedenken, daß der Hellseher fast stets die Lücken der hyperästhetischen Wahrnehmung durch Gedankenabzapfung stopfen kann, der Einwand also, Hyperästhesie könne dies und das nicht leisten, beweist nie, daß sie nicht verwendet wird.

Wenden wir uns zu jenem zweiten Instrument, mit dem der Sensitive beim Hellsehexperiment arbeitet, zur „Telepathie" im erweiterten Sinne! Daß sie mitwirkt, wird wahrscheinlich, wenn der „Hellseher" die Gedanken eines Briefes mit ganz anderen Worten wiedergibt, als sie im Briefe stehen, so daß seine Lösung kein eigentliches Lesen oder Schauen mehr darstellt, oder wenn Fräulein von B. den Inhalt von Kästchen erkennt, die in einem Meter Entfernung von ihr stehen, oder wenn Ossowietzki einen verschlossenen Brief nicht dadurch „liest", daß er den Brief, sondern daß er die Hand des Briefschreibers ergreift. (Dieser letztere Versuch sieht allerdings etwas verdächtig nach Verabredung aus.) Vor allem aber hat man aus den erwähnten logisch-methodischen Gründen überall da eher

Eine von den Händen des Mediums gelenkte Untertasse mußte jedesmal „nachsehen", was in dem Buche stand, damit das Hellsehen möglich wurde. Perovsky stellte nun fest, daß die „hellgesehenen" Stellen stets zu unterst auf der Seite standen, wo die Finger, welche die Untertasse hielten, am nächsten herankamen. Das spricht selbstverständlich gegen eigentliches Hellsehen, dagegen für Hyperästhesie (oder für Betrug!). Vgl. LII. Heft 2 (Januar 1926).

Flüstern oder Telepathie als übersinnliches Hellsehen anzunehmen, wo es etwas aus dem Bewußtsein des Experimentators zu zapfen gibt, wo der Versuch nicht so streng „unwissentlich" veranstaltet wird, daß kein Anwesender eine Ahnung davon haben kann, was in dem Briefe steht oder was sich in dem überreichten Paket befindet. Nun ist aber diese Bedingung der Unwissentlichkeit nirgends exakt erfüllt. Bei vielen Hellsehversuchen ist sie gar nicht angestrebt worden, so daß diese für die Ermittlung echten Hellsehens überhaupt wertlos sind. Wo dagegen der Experimentator versucht hat, sich selbst in Unkenntnis über das vorgelegte Objekt zu erhalten, hat er mit der Leistungssteigerung des Unterbewußtseins nicht gerechnet. Tischner zieht aus einem Stapel Ansichtspostkarten eine heraus, ohne hinzusehen, und steckt sie in ein schwarzes Kuvert. In einer gegen mich gerichteten Kritik (XVIII, Juli 1920) betont er nochmals, dies sei eine ausreichende Wahrung der Unwissentlichkeit. In Wahrheit kann erstens, wenn die Karte der eigenen Korrespondenz des Experimentators entnommen wird, Hypermnesie im Spiele gewesen sein, d. h. das Unterbewußtsein, das ja geringfügigstes Unbeachtetes vermerkt, kann gewußt haben, wie die Karten gestapelt waren und welche gegriffen wurde. Und zweitens: Das Nichthinsehen ist bedeutungslos, weil unser Unterbewußtsein noch Eindrücke des Netzhautrandes aufnimmt. (Vgl. oben, S. 34)*). Daß das Oberbewußtsein in solchen Fällen sich

---

*) Herr Dr. Tischner sagte mir, er habe bei solchen Versuchen die Karte so gehalten, daß sie sich in dem durch Wangen und Nase vor dem Auge verdeckten Raum, also gar nicht im Blickfelde befand. Herr Dr. T. ist Augenarzt, also für diese Beurteilung besonders zuständig. Aber andere, die Unwissentlichkeit durch bloßes Wegwenden erzielen wollen, sind es nicht. Und auch T. konnte sich gegen Bewegungen, welche die Karte doch ins Blickfeld gebracht hätten, schwer schützen, weil ja das mit dem Netzhautrande Gesehene vom Oberbewußtsein nicht bemerkt wird. Praktisch lag übrigens bei den Versuchen, die er im Sinne hat, die Sache so, daß nicht das Sehen, sondern das Ertasten des Inhalts verschlossener Briefe und Karten die Hauptrolle spielte.

ganz unwissend fühlt, beweist nichts, denn die Sensitive zapft ja nicht aus ihm, sondern aus dem Unterbewußtsein der anwesenden Personen. — Wasielewski verpackt ausgestanzte Metallbuchstaben in Kästchen, die alle mit gleichem Papier überzogen sind. Er sagt: „Ich bemerke ausdrücklich, daß ich beim Ein- und Umpacken mir Kästchen und Buchstaben niemals ansah, um jede Möglichkeit auszuschließen, daß ich mir unbewußt an irgendwelchen geringen Kennzeichen merken könnte, welches Kästchen das A, das B usw. enthielt. *Die Vorsicht mag überflüssig erscheinen*, aber dieser Einwand ist in einem früheren Falle tatsächlich erhoben worden." Solchen Anschauungen gegenüber muß ernstlich darauf hingewiesen werden, daß gründliche Kenntnis des Unterbewußtseins Voraussetzung jedes Experimentierens auf okkultistischem Gebiete ist. Wasielewski läßt dann noch die Kästchen in Papiersäckchen tun und versiegeln, er ist aber selbst zugegen — was er für so unwesentlich hält, daß er es nicht direkt sagt —, sieht also selbst mit an, welches Kästchen in dieses oder jenes Säckchen gerät. Was ist hieran verfehlt? Erstens wieder der Glaube, Nichthinsehen bewirke Unwissentlichkeit. Ich kannte eine Dame, die eine krankhafte Idiosynkrasie gegen Spinnen hatte. Trat sie beim Mieten einer Sommerwohnung nur durch die Tür in ein Zimmer ein, in dessen entferntesten Winkel oder Deckengebälk eine Spinne hing, so richtete sich ihr Blick sofort, wie magnetisch angezogen, auf jene Stelle. Sie hat also auch ursprünglich „nicht hingesehen", aber der seitlich auftreffende Reiz rief doch eine Reaktion hervor. Zweitens haben wir hier wieder die Illusion, gleiche Verpackung zerstöre die Unterscheidungsfähigkeit des Unterbewußtseins. Wie gründlich Chowrin sie widerlegt hat, haben wir auf S. 70—71 gesehen. Zu solchen Verstößen gegen die Gefahr der Hyperästhesie kommen andere gegen die Gefahr der Gedankenübertragung. Wird das Paket oder der verschlossene Brief nicht vom Experimentator, sondern von einem Dritten hergestellt, so ist doch der Versuch wertlos, wenn dieser Dritte während des Experiments anwesend ist. Auch dann ist er nicht vollwertig, wenn jener Dritte zwar nicht dem Versuche beiwohnt, aber dem Experimentator persönlich das Paket übergeben hat, denn es läßt sich gewöhnlich nicht feststellen, welche Andeutungen dabei gefallen sind, und auch wenn beide sich gar nicht über das Thema des Versuchs unterhalten haben, kann der Verfertiger des Pakets bei der Überreichung intensiv an dessen Inhalt gedacht und diesen Gedanken auf den Experimentator übertragen haben. Sendet dagegen jener Dritte sein Paket durch die Post an den Experimentator, so wird der Versuch besser; ganz ausgeschlossen aber ist Telepathie auch dann nicht, denn diese wirkt ja auch über weitere Distanz, und die beiden beteiligten Personen kennen einander, denken aneinander, und das Paket bildet ein Bindeglied, einen gemeinsamen Vorstellungsinhalt im Bewußtsein beider. Völlig einwandfrei wird der Versuch erst, wenn die „telepathische Kette" zerrissen wird. Wie das zu machen ist, haben wieder Chowrin und seine Mitarbeiter gezeigt: Der Experimentator verständigt sich mit einem abwesenden, womöglich in einer andern Stadt lebenden Dritten. Dieser schickt ihm eine ganze Sendung von 10—20 verschlossenen Briefen oder Paketen. Der Experimentator nimmt ein beliebiges heraus und übergibt es der Sensitiven. Nun weiß niemand, was darin ist; der Experimentator weiß es nicht, weil er das Paket nicht hergestellt hat, und der Hersteller weiß es nicht, weil er nicht erraten kann, welches seiner zahlreichen Produkte ausgewählt worden ist. Beide Mitwirkende aber dürfen nicht in Berührung miteinander kommen, solange der Versuch dauert (und das Erraten des Inhalts kann sich über viele Sitzungen hinziehen). Denn gesetzt, die Sensitive läßt einige Bemerkungen über den mutmaßlichen Inhalt des Pakets fallen, und der Hersteller desselben erfährt, was sie gesagt hat, so kann er u. U. daraus entnehmen, um welches Paketchen es sich handelt, und der gefürchtete Wissende wäre wieder vorhanden. Man erkennt aber aus dieser Darstellung, daß einwandfreies, vollständige Unwissentlichkeit garantierendes Experimentieren durchaus keine besonderen Schwierigkeiten zu verursachen braucht; man muß nur die Gefahren kennen, die zu vermeiden sind.

Trotzdem wüßte ich kein Beispiel eines exakt veranstalteten und demnach erfolgreichen Hellsehversuches namhaft zu machen. Und mehr als das: Die Okkultisten kämpfen energisch um das Recht, schluderig experimentieren zu dürfen, erklären die hier geforderten Vorsichtsmaßregeln für übertrieben, befehden Bergsons, Lehmanns, Chowrins Feststellungen über die Reichweite der Hyperästhesie. Was kann bei dieser Streiterei herauskommen? Die kritisch gesonnenen Forscher werden sie nicht überzeugen, Resultate also, die errungen werden, wenn die sogenannte Unwissentlichkeit nur mit Nichthinsehen, Den-Rückenkehren, Blindlingsherausgreifen und gleichen Päckchen bestritten wird, sind bloß für die Sektengenossen da, andere Gelehrte erkennen sie nicht an. Wo die Grenzen der Hyperästhesie und Telepathie liegen, weiß niemand, also ist es das einzig richtige Verfahren, daß man beiden jede mindeste Möglichkeit entzieht, zur Betätigung zu gelangen. Daß diese Forderung berechtigt ist, zeigt der telepathische Nahversuch, der fast nur gelingt, wenn Flüstern, Augenspiegelung, Signalgebung nicht vollständig ausgeschaltet sind, so daß die Gefahr durch Hyperästhesie erzielter Scheinerfolge offen zutage liegt. Und warum sollte man denn nicht äußerste Vorsicht anwenden, da doch echtes Hellsehen durch das vollkommene Unorientiertsein der Anwesenden über den Inhalt der Briefe und Paketchen niemals gehemmt werden könnte? Wenn sich also die Okkultisten darauf versteifen, mit bloßer Pseudounwissentlichkeit zu arbeiten, so sieht das wie ein Eingeständnis aus, daß sie selbst nicht an echtes Hellsehen glauben. Ganz offen spricht das Dr. Walter Kröner aus (XVIII, August 1921 und Januar 1923), indem er erklärt, Molls Bedingungen (welche absolute Unwissentlichkeit sicherstellen sollen) halte kein Medium aus, „weil nur hellgesehen werden kann, was sich im Bewußtseinsinhalt irgendeiner Person befindet". Nun gut, dann sind wir einig, sogenanntes Hellsehen ist nur verkappte Telepathie (und Hyperästhesie). Aber dann ist auch der Durchbruch ins Übersinnliche erledigt, denn Telepathie ist physikalisch erklärlich und hält sich im Rahmen der Erfahrungswelt. Auf das metaphysische Schauen, jenseits von Raum und Zeit, im Mitgenusse göttlicher Allwissenheit, hatten es doch die Okkultisten gerade abgesehen! Man sieht es bestätigt: Jeder Fluchtversuch ins Übersinnliche endigt mit einem Reinfall. Wer sich nicht innerlich befreit, indem er das Göttliche innerhalb der Diesseitswelt erkennt, bleibt ewig ihr Gefangener und gelangt nie ins Reich der Ideale.

Psychometrie

Unter diesem irreleitenden Deckwort geht eine Lehre um, die zuerst der Professor der Physiologie Joseph Rodes Buchanan in seinem Buche „Journal of Man" (1849) entwickelt und der sich sein Jünger, Professor der Geologie William F. Denton angeschlossen hat. Sie behauptet, jedem Dinge klebe seine Geschichte an und könne von sensitiven Personen von ihm abgelesen werden. Meist wird die Theorie so spezialisiert, daß es heißt, wenn ein Mensch einen Gegenstand besessen und oft in Händen gehabt habe, so habe er ihn mit seinem „Magnetismus", seinem „Nervengeist", der „Ausdünstung seines Leibes" usw. getränkt, und deswegen könne eine Somnambule die Lebensgeschichte des einstigen Besitzers dem „Beziehungsobjekt", wenn man es ihr überreiche und sie es betaste, entnehmen. So erklärt man es, daß Sensitive einen geschlossenen Brief lesen, indem sie ihn in der Hand knüllen, und daß sie zuweilen richtige Angaben über den Schreiber machen können, die gar nicht im Briefe stehen. Ebenso glaubt man es deuten zu können, daß die Aussagen eines Mediums sich verbessern, wenn es ein Medaillon, eine Busennadel usw. eines Verstorbenen in der Hand hält, der sich als Geist manifestieren soll. In die Medien ist die psychometrische Theorie vielfach hineinsuggeriert worden, und dasselbe Medium, das heute ein in seinen Händen befindliches Medaillon für eine Art Aladinlampe erklärt, die den Geist der toten Besitzerin magnetisch anziehe, und das, als sein (des Geistes) Sprachrohr dienend, ihn sagen läßt: „Bitte, lege mein Medaillon fort, ich bin sonst an diesen Ort gefesselt!", dieses selbe Medium behauptet morgen, es lese den Magnetismus der Toten von dem Medaillon ab, und fordert, wenn man ihm Haare einer Person bringe, über die es Aussagen machen soll, so müßten sie nahe am Kopfe abgeschnitten sein, weil sie sonst nicht genug mit dem Nervengeist des Trägers imprägniert seien. Wenn so zwei verschiedene, einander ausschließende Theorien bunt durcheinander vertreten werden, sieht man besonders deutlich, wie vollständig das Medium durch die Suggestion der Sitzungsteilnehmer beherrscht wird.

Eine Reihe von Erfahrungen und Experimenten werden zur Stützung der psychometrischen Lehre angeführt. Wenn Haarlocken oder Briefe verschiedener Personen zusammengelegen haben, kommen leicht Verwechslungen vor, die Locke der verstorbenen A. veranlaßt das Medium zu Aussagen über Frau B., die frühere Trägerin der anderen gleichzeitig überreichten Locke. Die Psychometrie erklärt die Erscheinung damit, daß der Magnetismus der Frau B. auf die im gleichen Paket liegende Locke der Frau A. übergegangen sei. Diese Hypothese ist aber überflüssig: Was man in der Brusttasche zusammen trägt, ist auch im Bewußtsein assoziiert, und solche Gedankenverknüpfung ist ein naheliegenderes Motiv der Verwechslung als ein sagenhaftes Fluidum, über das wir nichts wissen. — Durch spezielle Versuche hat Naum Kotik (XXXVIa) die psychometrische These zu erhärten versucht. Er fand, daß telepathische Übertragung von einem Zimmer in ein anderes möglich wurde, wenn Sender und Empfänger die Enden eines Kupferdrahtes berührten, der durch das Schlüsselloch der verbindenden Tür gelegt wurde. Naum Kotik deutete diesen Befund so, daß sich beim Denken eine der Elektrizität ähnliche „psychophysische Energie" entwickele, die sich, ebenso wie Elektrizität, an der Körperoberfläche ansammele und, den Draht entlanggleitend, die Gedankenübertragung vermittele. Zuweilen sprach der Empfänger nicht das aus, worauf sich der Sender momentan konzentrierte, sondern was er vorher gedacht hatte. Wir haben den Grund dieser Erscheinung kennengelernt. Naum Kotik aber wollte beobachtet haben, daß sie nicht mehr vorkam, wenn der Sender vor Beginn des Experiments einen metallischen Leiter berührte und so, wie Kotik annahm, die vom früher Gedachten herstammende, an den Händen angesammelte psychophysische Energie zur Erde ableitete. (Tatsächlich kann hier eine Suggestionswirkung vorliegen, denn die Überzeugung, die früher gedachten und noch im Unbewußten perseverierenden Vorstellungen seien durch das Berühren eines Gasrohrs unwirksam geworden, kann ihnen den Weg zur telepathischen Übertragung versperren.) Um nun die Probe auf seine Theorie zu machen, ließ sich Naum Kotik von anderen Personen „bedachte Blätter" geben; es waren das leere Bogen Papier, die sie in der Hand gehalten hatten, während sie aufmerksam eine Ansichtskarte betrachteten. Naum Kotik ließ sich natürlich nicht mitteilen, was für ein Bild diese Karte enthalten hatte. Er gab den leeren Bogen seiner Sensitiven, Lydia W., in die Hände, und diese schrieb automatisch mit Hilfe der Planchette nieder, was ihr dabei einfiel. Es schien sich eine deutliche Übereinstimmung herauszustellen zwischen der Niederschrift und dem Bilde, mit dem das betreffende Blatt „bedacht" worden war. Diese Übereinstimmung blieb auch, als Naum Kotik der Lydia das Blatt nicht mehr selbst übergab, sondern sie nur das Ende des obenerwähnten Kupferdrahtes berühren ließ, während er selbst, im Nebenzimmer sitzend, das bedachte Blatt an das andere Drahtende hielt. Die Resultate verbesserten sich, als Naum Kotik den Personen, die ihm bedachtes Papier geben sollten, genauere Bedingungen vorschrieb: Sie mußten vor dem Versuch einen metallischen Leiter berühren, durften den Papierbogen erst in dem Augenblick zur Hand nehmen, in dem sie sich auf ihr Bild konzentrierten, mußten einen „reinen", noch nicht berührten und mit Gedankenemanation imprägnierten Bogen aus der Mitte eines Päckchens Postpapier nehmen usw. Das Gelingen dieser verschiedenen Versuchsreihen bestärkte Naum Kotik in seiner Hypothese, welche die psychometrische Theorie auf die Spitze treibt; denn hier wird nicht nur ein Fluidum angenommen, das die Eigenart eines Menschen in Bausch und Bogen ausdrückt, sondern jeder einzelne Gedanke wird durch eine besondere Schwingungsform der psychophysischen Energie vertreten und läßt sich mit ihrer Hilfe weiterleiten. Sicherlich haben Kotiks kühne Hypothesen und ingeniöse Versuche ein interessantes Problem eröffnet, aber überzeugend sind seine Befunde keineswegs. Die Übereinstimmung zwischen dem Bild und den Aussagen der Sensitiven ist oft ziemlich vage, und da Naum Kotik den großen Fehler begeht, nicht sein ganzes Versuchsmaterial mitzuteilen, sondern nur das Resultat der bestgelungenen Experimente, so kann der Leser schwer beurteilen, ob er es nicht nur mit einer Auslese von Zufallstreffern zu tun hat. Und ferner weiß Kotik noch nichts von der Durchbrechung der telepathischen Kette, nimmt die „bedachten" Blätter persönlich von ihren Herstellern in Empfang, läßt sich von jedem oft nur eines geben, so daß die etwaige Übereinstimmung ebensogut Folge einer telepathischen Übertragung sein kann, bei der das weiße Blatt Papier überflüssig ist oder höchstens die Rolle des gemeinsamen Gedankeninhalts spielt, der die gleiche Abstimmung in den Seelen des Senders und Empfängers bewirkt.

Dr. Gustav Pagenstecher, ein deutscher Arzt in Mexico, hat die psychometrische These, daß jedes Ding seine Geschichte an sich trage, in anderer Form vertreten und durch Experimente zu beweisen gesucht. (XXIII und XVII.) Man spricht von einem „Gedächtnis der Materie". Pagenstecher gibt diesem Worte eine erweiterte Bedeutung. Wie die Ganglienzelle frühere Gedanken in Form einer Strukturveränderung, wie eine Grammophonplatte Melodien in Form einer Oberflächenriefelung an sich trägt, so sollen namentlich weiche und poröse Gegenstände, z. B. Bimssteine, alles, was sie früher sozusagen erlebt und mitangesehen haben, als Wirkung ehemaliger Vibrationen an sich tragen, so daß ein sensitiver Mensch es von ihnen ablesen kann. Von Pagenstechers mannigfaltigen Versuchen sei nur der wichtigste erwähnt. Pagenstecher hatte einen Tonscherben vierzehn Tage lang in eine Wanduhr eingeschlossen, die laute Pendelschläge vernehmen ließ und überdies die Stunden und Halbstunden schlug. Er gab seiner Sensitiven, Frau Maria Reyes de Z., den Scherben in die Hand, und sie sagte: „Ich höre ein rhythmisches Geräusch, wie von Regentropfen, die in gleichen Intervallen auf Glas fallen; außerdem höre ich von Zeit zu Zeit einen melodischen Klang, als seufzte der Wind im Walde." Ein anderer Scherben, der nicht in der Uhr gelegen hatte, rief keine derartigen Sensationen hervor. Als der Scherben noch weitere sieben Tage in der Uhr gelegen, sagte Frau de Z., als sie ihn in Händen hielt: „Ich höre die rhythmischen Schritte marschierender Soldaten, außerdem höre ich von Zeit zu Zeit den Klang einer in weiter Ferne spielenden Musikkapelle." Der Scherben wurde noch einundzwanzig Tage mit Uhrgeräuschen imprägniert, nunmehr sagte Frau Z.: „Ich höre deutlich das Ticktack einer Uhr und das harmonische Schlagen ihrer Glocke." Durch diese Erfahrung geleitet, präparierte Pagenstecher vier Stücke Bimsstein derart, daß jeder eine individuelle, an ein spezifisches menschliches Sinnengebiet appellierende Geschichte bekam. Stein 1 wurde in eine Lösung von Asa foetida (stark riechend) und Enzian (bitter schmeckend) gelegt, Stein 2 wieder in ein Uhrgehäuse eingeschlossen (Gehörseindruck), Stein 3 in eine eiskalte Zuckerlösung (Geschmacks- und Kälteempfindung) getan, Stein 4 den Flammen brennenden Schwefels (Geruchs- und Wärmeeindruck) ausgesetzt. Die

Versuche wurden nicht von Pagenstecher selbst, sondern der größeren Sicherheit halber erst von Dr. Viramontes, später von einer Kontrollkommission mexikanischer Ärzte und Naturforscher ausgeführt. Sie gelangen mustergültig, Frau de Z. konnte die Geschichte jedes der vier Steine ermitteln. Aber auch hier das alte Bedenken: Die Unwissentlichkeit war sehr mangelhaft gewahrt. Pagenstecher, der die Steine präpariert hatte, war bei den Versuchen dauernd zugegen und glaubte sich dadurch hinreichend unwissend zu erhalten, daß er sich in dem Augenblick, in dem Viramontes der Sensitiven ein Bimssteinstück gab, umdrehte. Viramontes dagegen konnte anscheinend die dem Stein angeheftete Nummer ohne weiteres sehen, so daß, wenn er z. B. beim Überreichen des Steines an Frau de Z. die Zahl Zwei las und sie durch unwillkürliches Flüstern oder Gedankenübertragung an Pagenstecher weitervermittelte, letzterer wissen konnte, um welchen seiner vier Steine es sich handelte. Das gute Gelingen der Versuche kann also ebenso leicht durch Gedankenabzapfung erklärt werden wie durch Psychometrie, und erstere ist doch, wie gesagt, eine sehr viel besser verbürgte Erscheinung.

Die Annahmen der Psychometrie sind nicht übersinnlich, sind eigentlich auch nicht allzu phantastisch, denn wenn die Differenzen der Ganglienzellenprozesse alle Inhaltsmodifikationen unserer Gedanken auszudrücken vermögen, warum sollten die Ausstrahlungen dieser Prozesse, und warum sollten die von ihnen hinterlassenen Strukturveränderungen nicht den gleichen Ausdrucks- und Unterscheidungswert haben? Aber die Psychometrie ist überflüssig; alles was die Sensitiven angeblich von ihren Medaillons, Haaren, Briefen abgelesen haben, konnten sie ebensogut aus der Seele des Experimentators bzw. aus der Seele der abwesenden Person, die das Paket usw. hergestellt und eingesandt hatte, entnehmen. Der Umstand, daß die Aussagen eines Mediums sich sehr verbessern, wenn es ein derartiges „Beziehungsobjekt" in Händen hält, beweisen auch nicht das Vorhandensein einer psychometrischen „Influenz",

d. h. eines vom früheren Besitzer auf den Gegenstand übergegangenen Fluidums. Denn, wie wir oben (S. 275) sahen, kann jenes Objekt auch als Vermittler gleichen telepathischen Abgestimmtseins eine Rolle spielen. Wohl aber spricht es gegen die Notwendigkeit der Annahme einer Psychometrie, wenn ein Medium etwas vom Beziehungsobjekt abzulesen scheint, was gar nicht zu dessen Geschichte gehört, so daß die Unverläßlichkeit und der suggestive Ursprung der ganzen Ableserei an den Tag kommt. Frau Piper wurde von dem Geist des verstorbenen Dr. Hodgson kontrolliert, sobald sie einen Gegenstand, der Hodgson gehört hatte, in Händen hielt. Einmal spielte der Psychologe Stanley Hall ihr einen ähnlichen Gegenstand aus seinem eigenen Besitz in die Hände, der ganz ebenso gute Dienste leistete, die Verwechslung wurde nicht bemerkt. (Proceedings S. P. R., Bd. 18, S. 312.) — Jos. Böhm gab der Sensitiven Frl. H. den vor zwei Jahren geschriebenen Brief eines Bekannten, darauf nahm ihr Gesicht einen zornigen Ausdruck an, sie sagte: „Ich könnte bös werden, ich möchte hinhauen auf Dr. Böhm, der Briefschreiber ist uns nicht freundlich gesinnt." Bald nachher erfuhr Böhm, daß der Verfasser des Briefes ihm tatsächlich neuerdings — nicht schon vor zwei Jahren — etwas übelgenommen hatte. Hier war es klar, daß Frl. H. ihre Angabe weder von dem Briefbogen abgelesen noch der Seele des anwesenden Versuchsleiters abgezapft haben konnte, der Brief mußte vielmehr (sofern kein Zufall vorlag) die Rolle des telepathischen Kontakts zwischen ihr und dem abwesenden Briefschreiber gespielt haben.

Man sieht: Auch die angebliche Psychometrie ist nur verkappte Telepathie.

Doppelgänger

Die Lehre vom Astralleib, der unabhängig von unserem grob materiellen Körper mit der unsterblichen Seele weiterbestehen kann, ist keine moderne Erfindung, sondern stützt sich auf den uralten Glauben an Doppelgänger. Von zahlreichen historischen Personen, namentlich Kirchenfürsten, Heiligen und Weisen, ging die Sage, daß man sie gleichzeitig an verschiedenen Orten gesehen habe. Die Zauberinnen des nordischen Altertums, die „Seidweiler" konnten, während ihr Leib leblos auf dem „Seidstuhle" verblieb, ihren Doppelgänger in mannigfacher Gestalt in ferne Gegenden senden, um dort Erkundigungen einzuziehen. Wurde der Doppelgänger verwundet, so zeigte sich die Wunde auch am Körper des Seidweibes, ward er erschlagen, so fiel gleichzeitig ihr Körper tot vom Stuhle herab. (IX, S. 96.)

Ähnliches berichtete die deutsche Sage von den „Truden", deren vagierende Seele das Alpdrücken verursachte, so daß man sie sich durch den Drudenfuß, das im „Faust" erwähnte Pentagramma, vom Leibe zu halten suchte. Ergriff man den Alp, so hatte man eine Flaumfeder in der Hand, tat man sie in eine Schachtel, so fand man die Trud erstickt vor.

Es ist seltsam, daß selbst diese phantastischen Legenden einen wahren Kern hatten, den wir heute psychologisch begreifen können. De Rochas gelang es anscheinend, den Doppelgänger magnetisierter Personen zu extrahieren, wenigstens behauptete ein Somnambuler, er sehe in einigem Abstande vom Körper solcher Personen eine farbig leuchtende fluidale Schicht. U. a. unternahm Rochas auch den Versuch, die Photographie einer Magnetisierten auf einer Gelatineplatte aufzunehmen und diese Platte in die „exteriorisierte Schicht" (die er selbst nicht sah) hineinzuhalten. Die Platte galt nunmehr als eine Art Konservenbüchse, in der ein Stück Doppelgänger oder Astralleib eingeweckt war. Stach man in den Arm des photographischen Porträts, so spürte es die Magnetisierte in ihrem eigenen Arm. Drei Tage nach der Aufnahme stach Rochas so heftig in die Platte hinein, daß die Gelatineschicht zerriß, und zwar an der Stelle des Bildes, die die rechte Hand darstellte. Sofort stieß die Versuchsperson einen lauten Schrei aus, und an ihrer rechten Hand zeigten sich zwei kleine rote

Striche. Ein Herr Démarest hatte in ähnlicher Weise eine Wachspuppe mit dem vermeintlichen Fluid einer Magnetisierten geladen. Zufällig brach der Kopf der Puppe ab, worauf die Dame wie tot zu Boden stürzte. Sie erholte sich wieder, trug aber noch acht Tage lang einen roten Streifen um den Hals, als sei ihr der Kopf abgeschlagen und wieder angesetzt worden. Erstaunlich, gewiß, und doch nach den Erfahrungen des modernen Hypnotismus nicht unbegreiflich, denn wir kennen die Versuche Charcots, dem es gelang, die Wundmale Christi an Händen und Füßen hysterischer, hypnotisierter Personen hervorzurufen, denen er die entsprechende Suggestion gab. Gerade die Beherrschung des Blutkreislaufes ist ja das Gebiet, auf dem hypnotische Suggestion ihre Glanzleistungen aufweist. Sie hat auch bei den Versuchspersonen von De Rochas und Démarest gewirkt, denn sie glaubten an Doppelgängerei und an den mystischen Zusammenhang zwischen ihrem Körper und einem mit ihrem Fluid geladenen Gegenstande. Hier haben wir bereits eine Tatsache, die dem Glauben an Doppelgänger Vorschub leisten mußte.

Es gab aber noch eine Reihe anderer Erfahrungen, die, getrennt oder einhellig auftretend, den Anschein erwecken konnten, als vermöge die Seele den schlafenden Körper zeitweilig zu verlassen.

Da waren die Träume und Visionen, die uns zuweilen ferne Gegenden, Zimmer, Personen so deutlich vor Augen führen, als besuchten wir sie, während wir doch nachträglich inne werden, daß unser Leib inzwischen wie leblos daheim gelegen habe. Und derartige Gesichte gehorchen der Suggestion. Ein Hypnotiseur, ein Experimentator kann der Somnambulen sagen: „Jetzt sende ich Ihre Seele nach Prag", und eine geträumte Wanderung durch Straßen und Plätze von Prag ist die Folge. Auch durch eigenen Willen und Glauben an die Realität der Doppelgängerei kann man seine Seele auf kostenlose Reisen schicken. Ja noch mehr, man sendet den Doppelgänger einer Somnambulen in eine Gegend, die sie während ihres Lebens noch nie betreten hat, und sie entwirft nach dem Erwachen eine Schilderung, die der Wirklichkeit weitgehend entspricht, denn sie hat ihr Traumgesicht dem Bewußtsein anwesender, vielleicht auch abwesender Personen abgezapft. Sehen solche Vorkommnisse nicht für den, der noch nichts von den Erscheinungen des Unterbewußtseins weiß, wie eine Bestätigung der Doppelgängerei aus?

Dazu kommt das Sichselbstsehen, das bei Epileptikern und Aufgeregten häufig ist. Heine hat es in dem Gedicht „Der Doppelgänger" mit so wundervoller Anschaulichkeit und psychologisch so richtig geschildert, daß man annehmen muß, er habe das Phänomen erlebt. Nasse läßt einen Epileptiker berichten: „Ich sah eine Gestalt, wie mich selbst, rechter Hand aus dem Finstern kommen, vor mir vorbeigehen und links in das Finstere wieder hinein. Sah ich wieder rechts, so trat die Gestalt dort von neuem hervor. Sie war angekleidet wie ich." Verwirrender noch wird dieser Eindruck, wenn die Vision das Ich an der Stelle und in der Lage zeigt, in der es sich tatsächlich befindet, so daß der Beobachter sich aus sich selbst und an einen anderen Ort verdrängt fühlt. Cardanus träumte, er säße auf einem Stuhle vor seinem Bette — in dem er in Wahrheit schlief — und sähe sich wie tot darin liegen. Namentlich in diesem Falle wird das Sichselbstsehen oft mit Bewußtseinsteilung verknüpft sein, aber nicht so, daß das zweite Ich als etwas Fremdes, Andersartiges, dämonisch sich Aufdrängendes erscheint, sondern daß das übliche, vertraute, sympathische Ich zugleich hier und dort auftritt. In den „Phantasms of the Living" findet sich der Bericht einer Frau Stone, die u. a. erzählt:

Als ich etwa 9—10 Jahre alt war, besuchte ich die Schule von Dorchester als Tagespensionärin ... Ich war in einem der oberen Schulräume und stand mit einigen Mitschülerinnen unserer Lehrerin, Fräulein Marie Lock, gegenüber. Plötzlich hatte ich den Eindruck, an ihrer Seite zu stehen, und als ich auf die Klasse blickte, sah ich mich deutlich dort, als ein schmales, blasses Mädchen in weißem Röckchen mit Brustlatz. Ich begehrte angstvoll, sozusagen in mich selbst zurückzugelangen, aber es kostete mich heftige, qualvolle Anstrengung, bis es glückte. Ich war sehr erschrocken über diese Erfahrung, erwähnte sie aber anderen gegenüber erst nach vielen Jahren.

Andere, die dasselbe erlebt haben, wollen in dem Moment des Verschmelzens der beiden Ichs eine Art elektrischen Schlages gespürt haben, was sich unschwer auf Suggestion zurückführen läßt.

Da nun solche Erscheinungen natürlich auf die Anlage zur Emanzipation des Unterbewußtseins zurückgehen, letztere aber zugleich die Quelle telepathischer Fähigkeiten ist, so erscheint es nicht wunderbar, daß auch Sichselbstsehen sich gern mit Telepathie verquickt, so daß derjenige, der sich gespalten sieht, auch anderen gespalten erscheint. So berichtet Frau Stone: „Meine Schwägerin, die in der Nacht nach der Geburt meines ersten Kindes bei mir wachte, sah nach dem Bette hin, in dem ich schlief, und sah deutlich zugleich mich selbst und meinen Doppelgänger, mich als natürlichen Körper, den letzteren dagegen luftiger und schwächer; mehrere Male schloß sie die Augen, aber wenn sie sie öffnete, blieb die Erscheinung bestehen, und erst nach einer kleinen Weile schwand sie dahin." Daß diese Beobachtung rein optisch, durch mangelnde Deckung beider Netzhautbilder, nicht leicht erklärbar ist, hat schon Gurney bemerkt; es hätten ja sonst sämtliche Gegenstände im Zimmer doppelt gesehen werden müssen. Bei einer Person, für die das Doppelerscheinen geradezu typisch war, lag jedenfalls die obige Erklärung näher.

Telepathie nun, die wir hier bereits im Spiele sehen, ist auch an sich ein weiterer Grund für die Entstehung des Doppelgängerglaubens. Erblickt jemand das Schattenbild eines Freundes und erfährt hinterher, daß zu der gleichen Zeit dieser Freund gestorben oder ohnmächtig geworden sei, so liegt für den, der nichts von Telepathie weiß, natürlich die Deutung nahe, daß der abgetrennte Geist oder Astralkörper ihn besucht habe. Ist vollends jemand ein „telepathisches Talent" und erscheint er seinen Bekannten soundso oft im Leben, so kann er kaum anders als vermuten, er müsse einen besonders lockeren Astralleib haben, der gern Extratouren unternimmt. Frau Stone, die wir soeben erwähnten, bietet ein Beispiel dieses seltenen Phänomens; dreimal ist sie ihren Bekannten an Stellen sichtbar geworden, wo sie sich tatsächlich nicht befand, und zwar immer zu Zeiten, in denen sie krank und wahrscheinlich bewußtlos war. Schwerlich wird man es als bloßen Zufall ansehen, daß die beiden auffallenden Doppelgängerphänomene — Sichselbstsehen und häufiges telepathisches Sichtbarwerden als Vision — bei ein und derselben Person auftraten. Der Hergang wird so gewesen sein: Die Kindheitserfahrung, das Sichselbstsehen, ließ sie glauben, sie könne ihren Astralleib vom Körper abtrennen; dieser Glaube wirkte als Suggestion, daß sie es leicht hätte, für ferne Personen sichtbar zu werden; und diese Suggestion wiederum erleichterte die telepathische Übertragung, weil sie sehr greifbare, anschauliche und zugleich phantastische und gemütsbefriedigende Vorstellungen mit ihr verband. Wir sehen auch sonst, daß mediumistische Leistungen besser gelingen, wenn das Medium gläubige Spiritistin ist, also dem, was gezeigt werden soll, eine besonders eindringliche Deutung verleiht. So wird es verständlich, daß bei Personen, die überzeugt sind, sie könnten mit ihrem Doppelgänger einen fernen Freund besuchen, und die sich vornehmen, es zu tun und ihm ein Zeichen ihrer Anwesenheit zu geben, die telepathische Übertragung zu höchster Vollkommenheit gedeiht, so daß ganze dramatische Szenen entstehen. Der okkultistische Schriftsteller Vogl berichtet in seinem Buche „Unsterblichkeit" folgenden Fall: Einer seiner Freunde, nennen wir ihn N., wollte einen Bekannten, M., von der Realität des Doppelgängers überzeugen, sobald die Gelegenheit komme. Im Schlaf sieht er sich in der Wohnung des Bekannten und führt folgendes Gespräch mit ihm: N.: „Ich bin gekommen, Ihnen den versprochenen Beweis zu bringen; wissen Sie, daß wir beide jetzt träumen?" M.: „Was fällt Ihnen ein, ich werde doch wissen, ob ich träume oder wach bin!" — Nun folgt ein Wortwechsel, in dem M. über die Zumutung, er erlebe das alles träumend, ärgerlich wird und N. für krank erklärt. Dieser aber fordert ihn schließlich auf, er müsse unter Handschlag fünfmal hintereinander versprechen, ihn am nächsten Tag um eine bestimmte Morgenstunde zu besuchen. So geschieht es auch, damit M. sich das Versprechen recht einpräge. Darauf erwacht N. und notiert sich sofort das Traumgespräch. Am nächsten Morgen um die verabredete, ungewohnt frühe, konventionell unmögliche Zeit kommt M. und sagt: „Lachen Sie nicht, ich weiß nicht recht, warum ich so früh komme; ich habe gestern bis spät in die Nacht gearbeitet, bin dann plötzlich schläfrig geworden und legte mich angekleidet aufs Bett; dann hatte ich einen lebhaften Traum, erinnere mich aber nur noch, daß wir lebhaft miteinander stritten und daß ich schließlich fünfmal Ihnen etwas nachsprechen mußte." N. holte nun seinen Zettel hervor und machte M. mit dem genauen Wortlaut des Traumdisputs bekannt. (XIV, S. 71) — Man sieht, wie stark solche Erlebnisse für den Doppelgängerglauben zu zeugen scheinen, obgleich sie sich leicht telepathisch erklären lassen. Ja sie fordern geradezu zu Versuchen mit dem absichtlichen Entsenden des Doppelgängers heraus, die, wenn die nötigen Vorsichtsmaßregeln gegen Erinnerungsanpassung und Vorsuggestion getroffen werden, besonders geeignet sein würden, die Existenz der Telepathie einwandfrei zu beweisen. Freilich werden nur telepathisch veranlagte Personen mit solchen Experimenten Erfolg haben; mir selbst, dessen Unterbewußtsein vermutlich durch viel oberbewußte abstrakte Denkarbeit Schaden gelitten hat, sind sie mehrfach nicht geglückt.

Am unzweideutigsten scheinen telepathische „Entsendungen des Doppelgängers" die Astralleib-Hypothese zu beweisen, wenn die Telepathie doppelseitig (reziprok) wird, so daß die beiden miteinander in Rapport stehenden Bewußtseine sich gegenseitig ihre Gedanken und Eindrücke übertragen. Wenn A. dem fernen B. seinen Doppelgänger sendet (was gewöhnlich durch starke Konzentration des Willens und Versinken in eine Art von Autohypnose geschieht), so wird bei reziproker Telepathie A. nicht bloß dem B. sichtbar erscheinen oder hörbar an die Tür klopfen und ihm sagen, was er mitteilen will, sondern er wird zugleich den B. in der Kleidung erblicken, die er gerade trägt, wird die Größe und die Möbel des Zimmers, in dem er sich eben aufhält, die Personen, die in seiner Umgebung weilen, wahrheitsgemäß träumen. Einige verhältnismäßig gute Fälle dieser Art aus der englischen Literatur habe ich an anderer Stelle zusammengestellt. (XVII, S. 130—134.) Hier möge ein deutscher, gleichfalls von Vogl berichteter analoger Fall zur Illustration dienen. Ein Herr Franz Richtmann steht unter dem Eindruck, daß sein Astralleib ihn nachts verlasse und in einer anderen Welt weile. Eines Morgens beim Erwachen sieht er seinen „grobstofflichen Kopf" neben sich, die Wiedervereinigung scheint noch nicht erfolgt zu sein. Diese Vision steigert natürlich bei ihm den Doppelgängerglauben, der, wie gesagt, die Tendenz hat, telepathische Bestätigungsfälle hervorzurufen. In der Tat träumte er eines Nachts, er befinde sich in seiner Vaterstadt Lemberg, gehe in das Haus seiner dort wohnenden Schwester, sehe sie bei der Lampe sitzen und in der Zeitung Proglord lesen. Er versucht, im Traum, ihr das Blatt wegzunehmen, sie blickt auf, stößt einen Schrei aus und wird ohnmächtig. Später trifft ein Brief von ihr ein, in dem sie sich ängstlich erkundigt, wie es ihm gehe. Sie habe abends im Proglord gelesen, da habe plötzlich seine Erscheinung vor ihr gestanden und nach der Zeitung gegriffen, sie sei furchtbar erschrocken und habe das Bewußtsein verloren. (XVIII, Januarheft 1923.) Es fehlen in diesem Falle die Bestätigungen durch dritte Personen, aber da er eigentlich nichts Neues über bekannte Fälle hinaus bietet, kann man ihn hinnehmen. Sieht ein solches Erlebnis nicht genau so aus, als sei die Seele des Träumenden wirklich in Lemberg gewesen und habe mit eigenen Augen gesehen, was dort vorging? Und doch liegt die telepathische Erklärung natürlich viel näher, denn Telepathie existiert mit großer Wahrscheinlichkeit und fügt sich widerspruchslos in unser naturwissenschaftliches System ein, körperlose Seelen und Astralkörper dagegen kommen in unserer Erfahrung nicht vor und widerstreiten ihr sogar. Der Volksglaube freilich fragt weniger nach Gründen und Tatsachen und bevorzugt das Anschauliche und Märchenhafte, und was könnte poetischer und phantastischer sein als eine wandernde Seele!

Wenn ich von mir selbst auf andere schließen darf, so kann ein mit den okkultistischen Problemen ringender Mensch durch nichts so sehr in Versuchung geraten, sich zum Spiritismus zu bekehren, als durch die geschilderten Doppelgängerphänomene. Die Einhelligkeit, mit der hier Erlebnisse der verschiedensten Art für die Lösbarkeit der Seele vom Körper zeugen, ist in der Tat verwirrend. Hier war die Aufklärung besonders notwendig, die uns zeigt, daß auch Doppelgängerei nur verkappte Telepathie ist, gemischt mit Suggestion und Autosuggestion.

Cross-Correspondence

Die „verteilten Geisterbotschaften", in England als „Cross-Correspondence" (Kreuzkorrespondenz) bezeichnet, gelten heute in den angelsächsischen Ländern als Hauptargument für den Spiritismus. Die deutschen Forscher finden sie weniger beweisend und erkennen, daß sie bloße Unterbewußtseinsprodukte der Automatistinnen sind, auch tadeln sie ihre Vagheit, Kompliziertheit und Langweiligkeit, so daß in unseren okkultistischen Zeitschriften und Lehrbüchern bis in die letzten Jahre wenig von dieser Spielart der Geistermitteilungen die Rede war. Eine gute Darstellung der Hauptfälle und zutreffende psychologische Erklärung bietet Tischner (XXXXVIII, S. 188—208), einige bezeichnende Fälle in wenig gekürzter Übersetzung des Originals findet der Leser in XVII, S. 352—380.

Der mehrfach erwähnte englische Spiritist Fr. W. Myers schrieb im Jahre 1898 an das Medium Thompson: „Doktor Hodgson hält sich diesen Winter in Amerika auf und hat Sitzungen mit Frau Piper. Es wäre großartig, wenn wir Verbindungen zwischen den Kontrollen (d. h. den die Medien beherrschenden Geistern) auf jeder Seite bekommen könnten." Gemeint ist: Wenn zwei zusammenarbeitende Geister, oder auch ein und derselbe Geist durch zwei Medien, die durch den Ozean getrennt sind und vielleicht nichts voneinander wissen, gleiche oder zusammengehörige Gedanken äußern, so wäre das ein unwiderleglicher Beweis, daß diese Gedanken nicht von den Medien selbst, sondern von einer fremden, sie beherrschenden Intelligenz stammen. Hierin war der Grundgedanke der Kreuzkorrespondenz ausgesprochen, doch gelang es Myers zu seinen Lebzeiten nicht, das Experiment erfolgreich durchzuführen. Als er aber am 17. Januar 1901 gestorben war, fiel es auf, daß in den nächsten Jahren wiederholt verschiedene Automatistinnen ganz ähnliche Worte und Sätze niederschrieben. Man nahm an, daß es vorwiegend Myers' Geist sei, der vom Jenseits aus sein Werk fortsetze. Piddington, der einen großen Teil seiner Lebensarbeit der Cross-Correspondence gewidmet hat, machte zuerst auf solche Übereinstimmungen aufmerksam und vermutete darin übersinnliche Einflüsse. Zwischen 1906 und 1908 wies Frl. Johnson darauf hin, daß die Entsprechungen einen systematischeren Charakter bekamen und eine neue Art von Kreuzkorrespondenz entstand, die als „complementary type" bezeichnet wurde. Sie glaubte nämlich zu erkennen, daß mehrfach *ein* Gedanke, in mehrere an sich sinnlose Stücke verteilt (daher unser Ausdruck „verteilte Botschaften") bei verschiedenen Verfasserinnen automatischer Schriften auftauchte, so daß diese selbst offenbar nicht wußten, worum es sich handelte; erst wenn man ihre Niederschriften verglich und die Stücke zusammenfügte, wurde ein verständliches Ganzes daraus. So schien der jenseitige Autor mit einem gewissen Raffinement den Beweis zu erbringen, daß er wirklich planvoll leitend hinter den Medien stehe, die nur seine mechanisch arbeitenden Helfershelfer seien. Seit dieser Entdeckung wurde es üblich, mehrere Automatistinnen gleichzeitig schreiben zu lassen, die Niederschriften aller dem Kreise der S. P. R. nahestehenden Medien durch die Geschäftsstelle vergleichen zu lassen, ob sie verteilte Botschaften enthielten, und den verstorbenen Forschern der Gesellschaft wie Myers, Gurney, Podmore, Sidgwick, Verrall, von denen man annahm, daß sie im Jenseits eine Art Kommission zur Veranstaltung von Experimenten mit den noch lebenden Freunden gebildet hätten und auf alle Weise ihr Weiterleben zu erweisen strebten, Gelegenheit zu neuen Kreuzkorrespondenzen zu bieten.

Hier ein Schulbeispiel des „komplementären Typus": Am 8. April 1907, früh 7 Uhr (Greenwichzeit), schrieb Frau Holland in Indien: „Konstellation des Orion .... Denkst Du noch an den wundervollen Himmel, damals als die Abendröte den Osten ebenso schön und glühend färbte wie den Westen?" An demselben Tage um 1 Uhr stieß Frau Piper, damals in London, aus dem Trance erwachend die Worte aus: „Licht im Westen." Und ebenfalls am *gleichen Tage* um 3 Uhr schrieb Frau Verrall in Cambridge automatisch: „Die Worte waren aus ‚Maud' [Gedicht von Tennyson], aber ihr habt sie nicht verstanden. Rosig ist der *Osten* (sic) usw. Ihr werdet finden, daß ihr eine Botschaft für Herrn Piddington geschrieben habt, die ihr nicht verstanden habt, er aber wohl. Sagt ihm das!" — In „Maud" finden sich die Worte „Rosig ist der Westen". Voran gehen die Verse:

> Blush from West to East,
> Blush from East to West,
> Till the West is East.

Das Beispiel ist trotz seiner Fehler und Ungenauigkeiten eines der deutlichsten. Oft sind die Entsprechungen so vage, daß man sehr zweifeln kann, ob es sich nicht um bloße Zufälligkeiten handelt. Piddington und Frl. Johnson sind im Herausholen möglicher Kreuzkorrespondenzen mit so rabulistischer Phantasie vorgegangen, daß sie den Angriff des skeptischen Joseph Maxwell heraufbeschworen haben, der die gesamte Cross-Correspondence auf Haarspalterei der Erklärer, Zufallsharmonien, unwillkürliche Kollusion und latente Erinnerung zurückführen wollte — womit er denn, wie unser „Rosy is the West"-Fall beweist, offenkundig zu weit geht.

Kritik an sich aber hat die Kreuzkorrespondenz-Legende, so wie wir sie hier vorgeführt haben, reichlich verdient. Zunächst: Es wäre zwar höchst auffällig und spräche sehr für die spiritistische Hypothese, wenn mit dem Tode von Myers, dem theoretischen Vertreter solcher Experimente, plötzlich die Gedankenharmonien bei mehreren, gleichzeitig schreibenden Automatisten eingesetzt hätten. Aber diese Behauptung ist gar nicht wahr. Schon vor Myers Tod hat es solche Übereinstimmungen gegeben, die ganz naiv hervorgebracht wurden, oder der Gedanke, sie stattfinden zu lassen, lag in der Luft. Tischner erwähnt bereits (XXXXVIII, S. 188—189) mehrere solcher vorzeitigen Kreuzkorrespondenzen. Ich möchte auf einen noch viel früheren ähnlichen Fall hinweisen, über den Myers selbst im Jahre 1889, also 12 Jahre vor seinem Tode, berichtet hat. (XXI, Bd. 6, S. 343.) Ein gewisser Duvanel nahm sich in der Schweiz das Leben. Frl. Emma Stramm, der er einst einen Heiratsantrag gemacht hatte, schrieb in Rußland automatisch, und vermittels ihrer Schrift teilte ihr der Geist ihres verstorbenen Bruders Louis mit, Duvanel sei vor 2 Stunden infolge eines „engorgement de sang" (Blutstockung, Thrombose) gestorben. Nach einigen Tagen schrieb der Vater des Frl. Stramm, teilte ihr die Todesnachricht mit und gebrauchte das gleiche Wort „engorgement de sang". Bald darauf aber meldete sich der Geist Louis noch einmal in der automatischen Schrift seiner Schwester und enthüllte, Duvanel habe tatsächlich durch Selbstmord geendet, Emma aber (was ihre Hand unbewußt schreibt, weiß ja nach Ansicht der Spiritisten nur der schreibende Geist, nicht sie) dürfe nichts davon wissen, es würde sie zu sehr aufregen. Deswegen habe er, Louis, eine andere Todesursache vorgeschoben. Man fragte ihn, warum denn Emmas Vater das gleiche Wort Engorgement de sang gebraucht habe. Louis erwiderte: „Ich habe es ihm eingegeben." Duvanel war in einem einsamen Weiler bei Zürich gestorben, Verwandte, denen an einer Vertuschung gelegen sein konnte, waren nicht in der Nähe gewesen. Trotzdem konnten diejenigen Personen, die die Leiche fanden, das falsche Gerücht aufgebracht haben, das zu Emmas Vater wahrscheinlich auf normalem, zu Emma selbst auf telepathischem Wege gedrungen war. Der Geist aber, dessen Aussage Myers für richtig hielt, behauptete hier bereits dasselbe wie im Falle „Rosy is the West": Er habe in bestimmter Absicht zwei Seelen den gleichen Gedanken eingegeben; nur das Motiv fehlte noch, durch solchen Ideenparallelismus das Fortleben der Geister zu beweisen. Fälle dieser Art zeigen, daß gleichartige Gedanken entfernter Personen auch ohne normalen Grund und ohne Geisterplan telepathisch entstehen können, daß aber, wo sie entstehen, der Spiritismus sie sich gern zunutze macht.

Zweitens: Die Behauptung des Frl. Johnson, es gebe einen complementary type, eine Form „verteilter Botschaften", bei der diese zunächst wie Steinchen eines Zusammensetzspieles geboten werden und erst durch Zusammenfügung dieser Steinchen das Gesamtbild erkennbar wird — diese Behauptung trifft gleichfalls fast nirgends zu, und wo man sie bestätigt finden will, biegt man das Material durch Zwischendeutungen zurecht. Ein großer Teil dessen, was die einzelnen Medien sagen, sind gar keine Bruchstücke. Oder ist es ein den Gedanken ergänzendes Bruchstück, wenn in obigem Beispiele Frau Piper ausruft: „Licht im Westen"? Es ist eine ausglitschende Wiederholung dessen, was Frau Holland genauer geschrieben hatte. Aus solchen ganz zweckwidrigen, planlosen Anklängen, die für das beabsichtigte Zusammensetzspiel nicht taugen, besteht ein großer Teil der angeblichen Bruchstücke. Frl. Johnson allerdings hat herausgefunden, warum die Geister ihre Anspielungen so dunkel und unvollständig gestalten: Die Automatistinnen sollen nichts verstehen, damit sie einander nicht telepathisch einhelfen können, und das ganze Verdienst des schließlich entstehenden, sinnvollen Gesamtgedankens nur dem Geiste selbst zugeschrieben werden kann, der dadurch seine Existenz erweist. Eine müßige Ausrede, denn es ist keine gute Art, das Zusammensetzspiel schwieriger zu gestalten, wenn man die Steinchen so verunstaltet, daß sie einander nicht mehr ergänzen und kein lückenloses Bild ergeben. Der Zweck, die schreibenden Medien im unklaren zu lassen, war ja durch die Zerteilung der Gesamtidee vollständig zu erreichen. Stellen wir uns vor, wir seien selbst der Geist, der durch zielgerechte Veranstaltung einer verteilten Botschaft beweisen will, daß er lebt. Wie würden wir es anstellen? Sehr einfach: Wir würden nacheinander die Hände von drei schreibenden Automatistinnen ergreifen und jede von ihnen in einer auffallenden Handschrift, die sich bei allen drei genau gleich bleibt, sich aber von dem eigenen Duktus der Medien scharf abhebt, einige Worte schreiben lassen, die unvermittelt in ihre eigene Niederschrift hineinplatzen. Die erste ließen wir etwa schreiben: „Wir sind nicht", die zweite „nur Bürger", die dritte „dieser Erde". Bei dieser Anordnung würden die drei Schreiberinnen keine Ahnung haben, was die isolierten Worte sagen wollen, und doch würden die Worte lückenlos zusammenpassen und ihren Zweck erfüllen. Man sieht, wie kinderleicht die Aufgabe des Geistes bei einer verteilten Botschaft ist. Wenn er es trotzdem nie dazu bringt, zielvoll vorzugehen, sondern oft nur vages Gestammel mit ganz entfernten Anklängen an das Grundmotiv zutage fördert, so erkennen wir klar, daß hinter dem Ganzen keine planvoll vorgehende Intelligenz, sondern ein träumendes menschliches Unterbewußtsein steht, das irrlichterierende telepathische Anregungen ausstreut. — Aber, sagen die Spiritisten, der Geist sagt doch selbst, daß das, was er vorbringt, einem Plane dient und zu einer Cross-Correspondence gehört. Beständig heißt es: „Achtet darauf, das, was hier geschrieben wird, ist Teil eines Beweises!" „Ich suche eine andere Automatistin, die etwas hierzu Gehöriges schreibt, damit ihr auch glaubt, daß ich es bin!" „Das ist doch leicht zu erraten!" „Habt ihr es endlich heraus! Lange genug hat's gedauert!" usw. Auch in dem Falle „Rosy is the West" fand sich eine ähnliche Bemerkung, die hervorhob, daß es sich um eine verteilte Botschaft handele. Soll wirklich kein Plan da sein, wo es doch ausdrücklich behauptet wird? Und wie soll die einzelne Automatistin wissen, daß diese Behauptung wenigstens insofern gerechtfertigt ist, als das Thema, über das sie schreibt, gleichzeitig von anderen Medien behandelt wird? — Wir erwidern: Das kann sie sehr wohl wissen, denn schon bei telepathischen Experimenten zeigt es sich oft, daß man merkt, ob man mit dem Partner in Rapport gerät oder nicht. Hat aber eine Automatistin das Gefühl, augenblicklich mit einem anderen, fernen Menschen (wer es ist, braucht sie nicht zu wissen) Hand in Hand zu gehen, so kann sich dieses Gefühl bei jemandem, der der Suggestion unterliegt, die Geister wollten durch planvolles Zusammenarbeiten der Medien ihre Existenz erweisen, in den oben zitierten Wendungen kundtun. Die Tatsache, daß solchen pompösen Ankündigungen die Ausführung immer nur halb entspricht, daß im Rosy-West-Falle z. B. Frau Piper gar nichts gesprochen hat, was Herr Piddington als Teil eines sinnvollen Gesamtgedankens hätte verstehen können, beweist vollends, daß wir es auch bei den verteilten Botschaften mit verkappter, vagierender Telepathie zu tun haben, in die Plan und Absicht nur hineingedeutet und hineinsuggeriert wird.

Weiter: Die verteilte Botschaft kann nur dann ihren Zweck erfüllen, wenn kein einziges der beteiligten Medien den Gesamtgedanken kennt, zu dem sich die Bruckstücke zusammensetzen lassen; denn wenn eine Automatistin das Ganze der lösenden Idee in sich trägt, so kann sie einen

Sprühregen telepathischer Spritzer über ihre Kolleginnen verbreiten, der sie mit an sich unverständlichen Bruchstücken und Anklängen versorgt. Nun ist es im Rosy-West-Falle offenbar, daß Frau Verrall den Schlüssel des Rätsels und den Gesamtgedanken besitzt, denn sie weist auf das Gedicht „Maud" hin, zu dem das Bruchstück der Frau Holland gehört. Dieser Fall beweist also gar nichts für die Existenz eines Geistes, er läßt sich rein telepathisch erklären. Genau ebenso liegt es aber in allen Fällen von Cross-Correspondence, in denen überhaupt ein deutlicher, nicht bloß von den Erklärern hineingeheimnister Gesamtgedanke vorliegt. Nie ist der von Frl. Johnson angenommene Idealfall rein vorhanden, daß sämtliche beteiligte Medien nur Bruchstücke kennen und aussagen. Die Spiritisten meinen allerdings, das müsse so sein; wie soll man denn wissen, daß die Bruchstücke zusammengehören, wenn des Rätsels Lösung nicht mitgeteilt wird. Das ist wiederum ein falscher Einwand, denn in unserem Modellbeispiel „Wir sind nicht nur Bürger dieser Erde" haben wir gesehen, daß es leicht wäre, das Johnsonsche Programm restlos durchzuführen und die Automatistinnen ausschließlich mit Bruchstücken zu versehen, die freilich deutlich als zusammengehörig zu kennzeichnen wären, so daß der Schriftenvergleicher die vom Geiste gar nicht gegebene Lösung finden kann. Wäre aber die Ausrede berechtigt und hätte der Geist es wirklich nötig, den Gesamtgedanken durch eins der Medien aussprechen zu lassen — nun, so wäre nur erwiesen, daß verteilte Botschaften keinen Beweis für Geister erbringen können, weil ihr Mechanismus derartig gestaltet ist, daß er immer auch durch Telepathie getrieben werden könnte. Übrigens: Wenn es selbst den Geistern gelänge, eine verteilte Botschaft ganz rein durchzuführen, wäre Telepathie auch nicht ganz ausgeschlossen. Denn wer bürgt uns dafür, daß von den drei Medien, die die Stücke des Satzes „Wir sind nicht nur Bürger dieser Erde" vorbringen, nicht doch eines den ganzen Satz kennt oder denkt, wenn auch vielleicht nur unbewußt. Man kann ja sehr wohl ein vollständiges Gedankensystem im Unterbewußtsein tragen, ohne daß mehr als vereinzelte Brocken davon an die Oberfläche dringen. So sieht ein Künstler zuerst nur Fetzen seines neu sich gebärenden Werkes zutage treten gleich den sporadisch aufleuchtenden Kuppeln einer fernen Stadt, und eines Tages, im Moment der Inspiration, steigt das Ganze fertig ans Tageslicht empor. Können wir demnach nie sicher sein, daß nicht eines der beteiligten Medien die verborgene Quelle in sich trägt, die den ganzen Kreis der Mitarbeiterinnen mit telepathischen Spritzern versorgt — nun, so werden wir auch niemals beweisen können, daß erst ein Geist vom Himmel kommen muß, um diese Quelle zu erschließen und den Gesamtgedanken zu eröffnen.

Die Cross-Correspondence war demnach eine trügerische Illusion. Bleibt überhaupt ein tatsächlicher Rest von ihr übrig? Gewiß, es bleibt das Faktum, daß, nachdem Myers die Idee eines Geisterexperiments mit übereinstimmender Beeinflussung unserer Medien aufgebracht hatte, die telepathisch erzeugten Gedankenharmonien zwischen den Automatistinnen, die mit dem Forscherkreise der S.P.R. in Verbindung standen, an Zahl auffallend zunahmen; und nicht bloß an Zahl, sondern auch an Umfang, denn während sie sich ursprünglich auf das gleichzeitige Auftauchen gewisser Worte und Symbole an mehreren Stellen beschränkt hatten, traten allmählich Fälle auf, in denen ganze zusammenhängende Ideenkomplexe eine Rolle spielten, deren Bruchstücke und vielfache Anklänge sich nach allen Seiten verbreiteten. Wir haben in der voraufgehenden Studie über Doppelgänger gesehen, daß telepathische Übertragung sich gleich anderen mediumistischen Phänomenen sehr vervollkommnen kann, wenn sie durch spiritistische Theorien einen suggestiven, Gemüt und Phantasie befriedigenden Ansporn erhält. Manche Genies brauchen, um in schöpferische Inspiration zu geraten, die Vorstellung, daß eine höhere Macht aus ihnen rede. So scheint die telepathische Potenz mancher Automatisten sich zu steigern, wenn sie von der Fiktion beherrscht werden, die Geister brauchten den Ideenparallelismus der Medien. In solcher Suggestionswirkung haben wir eine Erklärung dafür, wie auffällige Beispiele verteilter Botschaften zu einer Mode und Zeitströmung anwachsen konnten.

Der sogenannte „Lethefall" und der noch berühmtere Fall „Ohr des Dionysius" stellen eine andere Form des Geisterexperiments dar, bei der die scheinbare übersinnliche Regie noch verblüffender in Erscheinung tritt als bei den eigentlichen verteilten Botschaften. Sie würden uns aber nichts Neues zeigen, denn die Illusion eines planvollen Vorgehens beruht beidemal auf denselben Gründen und wird durch dieselben kritischen Gesichtspunkte ad absurdum geführt. Ich begnüge mich daher damit, diejenigen Leser, die ein besonderes Interesse für diese Frage haben, auf meine anderwärts durchgeführte genaue Analyse des zweitgenannten Falles zu verweisen. (XVII, S. 358 ff.)

Spuk

Unter Spuk versteht man das Gebanntsein okkulter Phänomene an einen bestimmten Ort. Immer in derselben Burg zeigt sich nachts die weißgekleidete Frauengestalt mit dem Leichnam des Kindes in den Armen; auf derselben Heide sieht in bestimmten Nächten des Jahres der Wanderer, auch wenn er nie etwas davon gehört hat, das jagende Gespenst des schwarzen Reiters oder das hin und her huschende Licht; auch das Lebendigwerden der Möbel und Tische ist an feststehende Spukhäuser gebunden.

Gewisse Züge kehren immer wieder und scheinen gesetzmäßig im Wesen des Phänomens begründet zu sein. Wenn sich ein Spuk in einem Hause entwickelt, macht er meist gewisse Stadien durch: Zuerst hört man Geräusche, gewöhnlich häßliche und unheimliche, wie Zerbrechen von Töpfen, Werfen von Kisten, Rascheln von Stroh. Sodann entstehen Lichterscheinungen, schwebende oder tanzende

Flämmchen. Daraus schließlich entfalten sich häufig vollständige Gestalten. Immer wieder wird berichtet, daß von diesen Gespenstern ein eisiger Hauch ausgehe, auch durchbraust manchmal in ganz stillen Nächten ein kalter Wind das Haus und wirbelt die Vorhänge empor. Vielleicht ist es die Kälteempfindung der Angst und des Schreckens, die der Zeuge des Spuks durchmacht und, traumhaft ausgestaltet, nach außen projiziert. (Vgl. hier S. 357.) Der Spuk bevorzugt die Nacht, kann aber auch bei hellem Tageslicht toben, ist also viel widerstandsfähiger gegen Licht als die meisten in regulären Sitzungen gezeigten physikalischen Phänomene. Ein ganz besonders charakteristischer Zug zahlreicher Spukerscheinungen aber ist ihre Tendenz zur Bosheit und Zerstörung. Die „Geister" eröffnen ein Bombardement mit Steinen, werfen mit Kot, zerschlagen Geschirr, Fenster und Gerät, zerreißen die Betten und streuen die Federn umher, demolieren ganze Wohnungen, lassen wochenlang die Nächte hindurch die Klingel gellen, ohne daß man beim Türöffnen den Übeltäter erblickt, veranstalten ein Höllenkonzert mißtönender Geräusche, binden das Vieh los oder erwürgen es fast durch Anziehen der Fesseln, verfilzen oder flechten die Haare der Pferde, führen Hiebe mit unsichtbarer Hand gegen den, der das Unheil verwünscht, oder lassen Messer durch die Luft auf ihn zu sausen, verstecken und verwerfen Gegenstände, manchmal auch solche, die dem spukwirkenden Medium selbst gehören und ihm besonders lieb sind. In vielen Fällen mußten Spukhäuser geräumt werden und waren unbewohnbar geworden. Der Umstand, daß das Spukmedium selbst und seine Angehörigen durch solche Vorgänge aufs schwerste geschädigt und in Verzweiflung getrieben werden, schien vielen Beurteilern den Beweis zu erbringen, daß hier wirklich fremde, feindliche Mächte, also Geister im Spiele seien. Wir aber kennen ja die Seltsamkeiten des dämonischen Unterbewußtseins und wissen, daß wir keinen äußeren Feind zur Erklärung nötig haben, da der innere schändlich genug sein kann.

Drei Hypothesen sind zur Erklärung solcher Erscheinungen aufgestellt worden. Bozzano hat sie in seinem Buche über den Spuk (IL) geprüft, um der spiritistischen den Vorzug zu geben. Erstlich nämlich läßt sich der Spuk psychometrisch deuten: Wände, Boden, Luft eines Hauses sind mit den Tönen oder Bildern der Vergangenheit imprägniert. Zweitens liegt natürlich die spiritistische Hypothese nahe, doch hat sich schon Myers an der Tatsache gestoßen, daß die Geister Kleider, Rüstungen, Lichter usw. tragen und wir doch nicht ein geistiges Weiterleben dieser unbeseelten Dinge, einen „Spirit of clothes" annehmen dürfen. So entstand die Lehre, daß die Seelen der Verstorbenen zwar nicht leibhaftig — sofern man sich so paradox ausdrücken darf — als Gespenster gegenwärtig zu sein pflegen, wohl aber telepathisch auf die Zeugen der Spukerscheinung wirken. Visionen Lebender und Toter gleichen sich genau. Wenn wir die einen als telepathische Wirkung eines fremden Bewußtseins nachweisen können, so muß man, hieß es, die anderen ebenso erklären, was uns zu der Annahme zwingt, daß die Erscheinungen Verstorbener Fernwirkungen ihrer fortlebenden Seele darstellen. Bei dieser Argumentation vergißt man, daß die bei weitem meisten Visionen nur subjektive Ausgeburten eines erregten Hirns sind. Ob sie Wahrheitsgehalt haben, kann man, wenn sie Lebenden gleichen, durch zeitliches Zusammentreffen der Erscheinung mit bestimmten Ereignissen erkennen. Bei den Visionen Toter kann man das nicht, denn aus dem Jenseits gehen uns weder Briefe noch Zeitungen zu. Es liegt also kein Anlaß vor, sie nicht sämtlich für subjektiv zu halten. Der Spiritismus mußte aber auch einen Grund ersinnen, der die Geister zwang, gewohnheitsmäßig in ihrem alten Heim zu erscheinen und sich mit den dort lebenden Menschen in Verbindung zu setzen. Nach der Lehre Du Prels und seiner Nachfolger handelt es sich hier um erdgebundene Geister, die durch Monoideïsmus, d. h. weil eine einzige Idee, etwa der Gedanke an ihre verlassenen Schätze, an ihre Schuld, an eine auf Erden nicht erledigte Aufgabe

sie verfolgt, dauernd mit ihrem Sinnen an ihre irdische
Stätte gefesselt sind. — Weit erfahrungsnäher und wahrscheinlicher ist die dritte Hypothese, die zuerst namentlich
Podmore vertreten hat, und die den Spuk überwiegend auf
Suggestion und Telepathie zurückführt. Wir wollen sie im
folgenden begründen.

Nehmen wir an, jemand hat in unheimlicher Gegend
nachts eine weiße Gestalt halluzinatorisch wahrgenommen,
was ja auch bei geistig Gesunden vorkommen kann. Er
erschrickt sehr, erzählt sein Erlebnis weiter, schildert das
Gespenst genau. Die Suggestion verbreitet sich, daß der
betreffende Ort nicht geheuer ist. Kommt ein anderer an
die gleiche Stelle, so kann diese mit Angst und Grauen getränkte Suggestionsvorstellung leicht die Folge haben, daß
die gleiche Gestalt gesehen wird. Spukfälle sind auf dem
Lande häufiger als in der Stadt, weil sich im Dorfe alle
Menschen kennen und aufregende Erlebnisse sich mehr
verbreiten; sie heften sich an Kirchhöfe, Kreuzwege, alte
Schlösser, Kellergewölbe, weil solche Orte die suggestiven
Gefühle verstärken. Diese einfache Erklärung paßt aber
nicht überall. Ein Spuk, der eine Mietspartei aus dem
Hause getrieben hat, kann bei der nächsten wieder auftauchen, auch wenn sie mit ihren Vormietern nicht in Berührung gekommen ist und nichts von dem früheren Spuk
gehört hat, Wanderer sehen in wildfremden Gegenden Erscheinungen, von denen sie erst hinterher erfahren, daß
sie an dieser Stelle üblich sind. Hier muß nun Telepathie
zur Erklärung herangezogen werden. Eine starke Stütze
erhält, wie mir scheint, diese Deutung durch die Tatsache,
daß recht häufig die in einem Hause sich entwickelnde
Spukepidemie mit dem unbestimmten Gefühl beginnt, es
sei ein Unsichtbarer im Zimmer. Wir sahen schon, man
kann es häufig merken, ob man mit entfernten Personen
in telepathischen Rapport gerät. Wo der Grund dieser
Empfindung nicht verstanden wird, kann sie sich sehr wohl
in dem Eindruck äußern, es sei ein anderes Wesen in der
Nähe. Die telepathische Verbindung zwischen A., der früher

die Halluzination am betreffenden Orte gehabt hat, und B., der sich jetzt dort befindet, kommt dadurch zustande, daß die gleiche Ortsvorstellung sich im Bewußtsein beider Personen vorfindet. Gemeinsame Vorstellungen gehören, wie wir gesehen haben, zu den Momenten, die zwei Gehirne aufeinander abstimmen können, so daß telepathische Übertragung möglich wird. Die englische okkultistische Literatur kennt zahlreiche „Lokalfälle", in denen das Denken des A. an den Aufenthaltsort des B. beide in Rapport gebracht hat. Die meisten dieser Fälle beweisen nicht viel, weil A. und B. sich ohnehin kannten, aber in einigen wenigen Fällen waren sie sich ganz fremd. (Vgl. XVII, S. 124 u. S. 131 bis 132.) So wird es denn auch möglich sein, daß, wenn ich jetzt an mein Hotelzimmer in Y. denkt, wo ich einmal eine Halluzination hatte, der zufällig dort schlafende Hotelgast plötzlich die gleiche Erscheinung erblickt. Freilich behaupten die Anhänger der spiritistischen Hypothese, es gebe keine infektiösen Halluzinationen. Daß deren tatsächliches Vorkommen durch manche charakteristischen Fälle bewiesen wird, habe ich gleichfalls in „Der Okkultismus in Urkunden" (XVII, Kap. III 1 und III 2) gezeigt. Die Gabe, solche telepathischen Epidemien zu stiften, ist natürlich nicht jedem verliehen; es gibt bestimmte „telepathische Talente", die derartiges Unheil verbreiten können. Eines der bekanntesten war die „Seherin von Prevorst"; jede Spukerscheinung, die Weinsberg in den letzten Jahren gesehen hatte, ging auf sie über; hatte sie eine ihrer vielen Geisterhalluzinationen, so sahen die im Nebenzimmer befindlichen Personen, wie der „Geist" den Raum durchschritt und durch die Tür in das Schlafzimmer der Seherin ging. Der Weinsberger Pfarrer H. begeht die Unvorsichtigkeit, durch die Seherin einige Fragen an einen ihrer Geister richten zu lassen. Damit hat er sich infiziert, d. h. er ist in Rapport mit der Seherin geraten, der Geist besucht ihn nun auch, stöhnt und hustet, läßt ihn nicht schlafen und wird nur durch Beten und Bibelsprüche beruhigt, genau so wie es bei den Gespenstern der bigotten Seherin der Fall zu sein pflegt, womit sich sein Geist als einfaches telepathisch erzeugtes Plagiat kundgibt. Noch Jahre nach dem Tode der Seherin erschienen ihre Geister solchen Personen, die die Frau nie gekannt hatten. So verbreitet ein telepathisches Talent eine Spukepidemie um sich, stiftet eine wachsende telepathische Gemeinde, deren Glieder konzentrisch auf jeden Neuankommenden lostelepathieren, der in dem verrufenen Zimmer schläft. Und weil diese Gemeinde sich immer neu rekrutiert, kann ein Spuk den Tod seines Begründers um Jahrhunderte überdauern.

Was hier geschildert wurde, ist „echter" Spuk. Es gibt auch unechten, der einfach aus dem ängstlichen Aberglauben solcher Leute hervorgeht, die aus dem Plätschern des Regenwassers bei schadhaftem Dach oder aus dem Röcheln, das in der Wasserleitung entsteht, wenn man eine Etage tiefer den Hahn aufdreht, schon die Äußerungen gequälter oder boshafter Geister hören. Und weil die Dummheit des Abergläubischen die Lust des Schadenfrohen bedeutet, fehlen denn auch die bösen Buben nicht, die im Keller ein Katzenkonzert aufführen, das durch die Hohlräume der Wände schaurig hinauftönt. Der berühmte Spuk von Oels (LI) war ein Schulbeispiel solchen unechten Spuks. Und doch ist es interessant, wie selbst hier ein Übergang in die halluzinatorische Form sich anbahnte und einige Zeugen schwebende Lichter wahrnahmen, die den Kindern der betroffenen Familie folgten.

Nicht jeder Spuk ist halluzinatorisch, mit Podmores Erklärung kommt man nicht überall aus. Aber in vielen Fällen, in denen man zuerst an physikalischen, in wirklichen Bewegungen der Dinge bestehenden Spuk glauben möchte, erweist er sich bei näherer Prüfung als bloße Trugwahrnehmung. Die Geister sind durchsichtig, durch Fäden, die man über die Treppe spannt, gehen sie hindurch, ohne daß der Faden reißt, photographiert man sie, so zeigt die Platte nicht ihr Bild, und doch wird die Gestalt auch von Hausfremden gesehen, und Hunde ziehen sich mit eingekniffenem Schwanz von ihr zurück. (XIV, S. 132.) Manchmal sieht jeder Hausbewohner die Erscheinung anders, für den einen ist sie ein kleines brünettes, für den andern ein großes blondes Mädchen. Die verriegelte Tür, die sich von selbst zu öffnen scheint, erweist sich beim Hingreifen immer noch als verschlossen, die Töpfe in der Küche, die mit lautem Krachen anscheinend in tausend Scherben zerschlagen waren, stehen, wenn man nachschaut, noch ruhig auf ihrem Platz. Berühmt sind die gewaltigen Steinregen, von denen namentlich das Spukmedium selbst häufig verfolgt wird. In einem Spuk im Seminar zu Oels (nicht dem obenerwähnten) fand auch ein Steinwerfen auf mehrere Personen statt, die Steine kamen aber ziemlich langsam durch die Luft heranspaziert, und wenn sie trafen, fühlte man es kaum oder gar nicht. Es ist kennzeichnend für Träume und Halluzinationen, daß meist die Trugwahrnehmung sich auf e i n e n Sinn, gewöhnlich Gesicht oder Gehör, beschränkt.

Also viele Spukerscheinungen sind nur Sinnenschein. Das gilt aber nicht durchweg; es gibt auch physikalischen Spuk, bei dem die Töpfe wirklich zerbrochen werden, die fliegenden Gegenstände wirklich Wunden schlagen. Wie haben wir ihn zu deuten? Oft mag bewußter Schabernack vorliegen wie in dem bekannten Spukfalle zu Resau bei Kloster Lehnin, in dem ein taschenspielerisch begabter Büdnerknecht von 14 Jahren Kartoffeln, Schinkenknochen und andere zu Wurfgeschossen wenig taugliche Objekte mit einem kaum merklichen Ruck der Hand durch die Luft sausen ließ. Oft aber — und dieser Umstand scheint auch im Falle Resau mitgewirkt zu haben — wird hysterische oder hystero-epileptische Bewußtseinstellung die Hauptursache sein: Das Spukmedium taschenspielert oder vollzieht den Spuk an sich selbst, ist sich aber dessen nicht bewußt, weil die Linke nicht weiß, was die Rechte tut, sondern beide Gliedmaßen verschiedenen Ichhälften gehören. Ohne totale Emanzipation des Unterbewußtseins wäre ja das Wüten der „Geister" gegen das Medium selbst und seine Angehörigen kaum verständlich. Häufig ist davon die Rede, daß die Betten mit ihren Insassen auf und ab schwanken, im Zimmer hin und her geschoben werden, daß die Geister die Schlafenden gewaltsam aus den Betten werfen oder sie über denselben in der Luft schwebend halten. Das sind die uns schon bekannten „grands mouvements" des großen hysterischen Anfalls, in denen der Kranke durch krampfhafte Muskelspannungen emporgeschleudert oder, nur auf Hinterkopf und Oberarm gestützt, einige Zeit in halb schwebender Stellung festgehalten wird. (Vgl. hier S. 49.) Die armen Verfolgten werden an unzugängliche Orte verschleppt, sie können nicht schlafen, weil die Geister ihnen beständig die Bettdecke wegziehen usw. Aber diese Selbstpeinigungen bringen viele Hysterische im Dämmerzustand und in Doppel-Ich-Zuständen selbst hervor. Wenn die Geister schmerzhafte, unsichtbare Schläge gegen einzelne Zeugen des Spuks führen, kann dies auf doppelte Weise entstehen: Entweder der Hysterische bildet sich ein, die Geister beleidigt zu haben oder von ihnen verfolgt zu werden, und diese Suggestion erzeugt „eingebildete" Schmerzen und zieht in der bekannten Weise den Körper in Mitleidenschaft, so daß sich Beulen und selbst blutende Wunden entwickeln können; oder die vom Neben-Ich beherrschte Hand wirft Steine, Messer usw. ins eigene Gesicht, ohne daß das Wachbewußtsein die Ursache merkt. Wenn Gegenstände versteckt oder verworfen werden, kann uns das hier auf S. 63 geschilderte Beispiel der Dame, die sich im Dämmerzustand selbst bestahl, eine Erklärung bieten. Selbst raffinierte Taschenspielerei kann Produkt der Bewußtseinsteilung sein. Bohn (LII, Oktober 1925) schildert einen von Grasset beschriebenen Fall: In der Nähe eines jungen Mädchens ließ ein engelhaftes Wesen, das sie auch als Vision sah und „die heilige Philomena" nannte, Federn als „Apporte" von oben herabfallen, legte ihr glänzende bunte Steinchen in den Weg usw. Professor Raymond hypnotisierte das Mädchen, und nun erinnerte es sich plötzlich zu seinem größten Erstaunen, daß sie sich selbst die Steinchen hingelegt habe, daß sie, als sie allein im Zimmer war, auf den Tisch gestiegen sei und mit Zuckerwasser die Federn an der Decke befestigt habe, damit sie nachher, durch die Lampenwärme gelöst, herabfallen sollten. Hinterher hatte sie völlig vergessen, was sie getan, und war fest davon überzeugt, die heilige Philomena habe sie so reich beschenkt. R. gibt die Suggestion, die Szene vor seinen Augen zu wiederholen. Die Hypnotisierte bringt einen Stein, ihr Gesicht leuchtet von lächelnder, verklärter Würde, sie gibt gute Ratschläge, stellt Fragen aus dem Katechismus: Offenbar *ist* ihr zweites Ich jetzt die heilige Philomena, sie spielt deren Rolle, weil sie sich in zwei Personen geteilt hat.

Nun können hysterische Zustände ansteckend wirken, und das gilt auch von den hier beschriebenen Doppel-Ich-Erscheinungen. In einem interessanten Spukfalle der letzten Jahre (XVIII, Juli 1920) zogen die Geister mehreren jungen Leuten die Bettdecke fort, auch solchen, die nur aus Wißbegier vorübergehend im Spukzimmer übernachteten, der Dämon preßte sie gewaltsam gegen die Wand, so daß einer, ein Lehrer A., beim Versuch, sich loszumachen, sich den Rock zerriß und noch hinterher verängstigt und verstört war, ein Geistlicher fand seine Stola, die er nachts zum Schutze gegen die Unholde an sich gepreßt hatte, morgens verknotet vor der Tür seines Zimmers — typische Besessenheits- und Doppel-Ich-Phänomene, aber nicht bloß bei *einem* Medium, sondern gleich bei mehreren Personen. So wird es erklärlich, daß manchmal gar kein bestimmtes Spukmedium nachzuweisen ist, der Spuk beginnt, sobald irgendeiner von den Hausgenossen anwesend ist. Man sieht, daß auf diese Weise ein taschenspielerndes Medium sogar Komplizen gewinnen kann, die ihm helfen, ohne es zu wissen und zu wollen. In spiritistischen Sitzungen ist Ähnliches beobachtet und bezeugt worden: Ein Sitzungsteilnehmer, der selbst mediumistisch veranlagt ist, kann von dem Trance des Mediums, das das Objekt der Sitzung bildet, angesteckt und, durch Überspringen der Suggestion, scheinbar von demselben Geiste kontrolliert werden, der sich auch des Hauptmediums bemächtigt hat. Soll nun dieser Geist etwa die verstorbene Mutter seines Nachbars sein, so kann er in der Dunkelheit diesen umfassen und streicheln, spielt also als unbezahlter Helfer des Hauptmediums mit. Diese Komplizenschaft ist aber eine unwillkürliche und kommt den Beteiligten gewöhnlich nicht zum Bewußtsein, hat also nichts zu tun mit jenem verabredeten Konsortialbetrug einer Eva C., der, wie wir früher darlegten, sich kaum mit dem Trancezustand eines echten Mediums verträgt.

Durch alle diese sich oft seltsam verflechtenden Umstände wird nun schon ein großer Teil der noch vor kurzer Zeit so undurchsichtigen Spukphänomene klar. Auch hier ist das meiste auf verkappte Suggestion und Telepathie und daneben auf bewußte betrügerische oder unbewußte hysterische Simulation und Taschenspielerei zurückzuführen. Wie aber steht es mit jenen Bewegungen lebloser Dinge, die nicht bloße Halluzinationen sein können, weil zum Beispiel die fliegenden Steine wirklich Gegenstände zerschlagen, aufgehoben und gewogen werden können, und deren taschenspielerische Bewerkstelligung nach Angabe der Okkultisten unmöglich ist? Gibt es wirklich beim Spuk eine Telekinese, d. h. eine Fähigkeit mediumistisch veranlagter Personen, Gegenstände ohne Berührung zu bewegen? — Ich bin nicht in der Lage, auf diese Frage Auskunft zu erteilen. Es gibt, wie wir später noch genauer erkennen werden, nach den bisherigen Erfahrungen keine feststellbare Grenze der Taschenspielerei. Nur das darf gesagt werden, daß, wenn Telekinese existiert, der Spuk im allgemeinen ein günstigeres Gebiet ist, sie zu beweisen, als die übliche experimentelle Mediensitzung. Denn Spukbewegungen finden oft bei hellem Tageslicht statt, das gute Beobachtung ermöglicht und Tricks erschwert, und die Medien sind vielfach Kinder und ganz ungebildete, einfältige Personen, denen eine spezielle Ausbildung und Erfindungsgabe in taschenspielerischen Künsten nicht leicht zuzutrauen ist, und endlich gewinnen die angeblichen Fernbewegungen zuweilen so gigantisches Ausmaß, daß man sich schwer vorstellen kann, wie sie sich durch unbemerkbare Tricks verursachen ließen. Angelika Cottin, das „elektrische Mädchen", wurde von Arago und anderen hervorragenden Gelehrten geprüft, bildet also einen der am besten beobachteten Fälle. Ein Backtrog von etwa 150 Pfund Gewicht, der mit ihr durch einen Seidenfaden sichtbar verbunden war, wurde emporgehoben, als sei er federleicht, und ein gutes Stück von der Stelle gerückt. Mit geringen Unterbrechungen tanzten 2—3 Tage lang die Möbel um das Wundermädchen herum. Schwere Bauernbetten, nach dem Bericht des Augenzeugen Herrn de Favémont etwa 300 Pfund schwer, wurden bei bloßer Annäherung des Mädchens gewaltsam hin und her geworfen. (XXXIII, S. 29—31.) Heutzutage wird jeder gemeldete Spukfall sofort von speziell vorgebildeten Fachgelehrten und geschulten Amtspersonen untersucht. Würde einige Jahrzehnte lang eine Reihe ähnlicher Fälle systematisch beobachtet, ohne daß Entlarvungen erfolgen und neue Tricks festgestellt werden, so würde die Zurückhaltung der offiziellen Wissenschaft der angeblichen Fernbewegung gegenüber allmählich schwinden müssen. Nur sollten die prüfenden Personen unbefangene Gelehrte sein, welche die Wissenschaftler als ihre Treuhänder anerkennen können, nicht aber auf ihre Lehre eingeschworene Okkultisten, die eine besondere Sekte bilden. Zum augenblicklich untersuchten Spuk von Talpa bei Czernowitz ausgerechnet Ingenieur Grunewald als Sachverständigen zu berufen, war ein entschiedener Mißgriff.

VII. PROPHEZEIUNGEN

Die bisherigen Ausführungen dieses Buches haben bereits gezeigt, daß die magischen oder okkultistischen Phänomene fast niemals, wie die Aufklärung und der moderne Rationalismus annehmen, einfacher Unsinn und Aberglaube sind. Es liegt ihnen stets ein Wahrheitsgehalt zugrunde, wenn auch kein übersinnlicher, sondern ein psychologischer, und die Okkultisten, die von unserer heutigen offiziellen Wissenschaft mit Vorwürfen wegen ihrer Kritiklosigkeit überhäuft werden, haben entschieden das Verdienst, unsere Erkenntnis vorwärts zu rücken. Fehler begeht schließlich jeder, und wo der Mut fehlt, sie zu begehen, oder wo die Ketzerverbrennung allzu zünftiger Wissenschaft jeden, der sich irrt, mit Deklassierung bedroht, steht der Fortschritt still. Das übersehen unsere „Negativen" zuweilen.

Gelten diese Regeln auch für das Prophezeien, die Vorausverkündigung der Zukunft? Bei ihr, scheint es, kommen wir mit natürlichen Erklärungen gar nicht mehr aus. Okkultisten, die an sie glauben, pflegen sie ganz übersinnlich zu deuten, derart, daß der Prophet sich von der Anschauungsform der Zeit befreit habe, oder daß er zeitweilig seine Individualität verliere, in den Allgeist zurückgleite und an dessen Allwissenheit teilnehme. Das ist wieder „faule Vernunft" im oben dargestellten Sinne. Die Antiokkultisten dagegen halten gerade das Prophezeien für ganz hoffnungslosen Aberglauben; wenn man gesteht, daß man darüber ernsthafte Forschungen anstellt oder Vorträge hält, wird man von manchem Aufgeklärten so angesehen, als zweifelten sie an der geistigen Gesundheit eines so zurückgebliebenen Menschen.

Es gibt einige moderne Sammlungen prophetischer Träume, Ahnungen, Visionen. Die weitaus beste stammt von Frau Henry Sidgwick (XXI, Bd. 5, S. 288). Sie bringen eine große Zahl von Fällen, oft von gebildeten und kritischen Personen recht genau berichtet, oft mehrfach bezeugt. Freilich fehlt fast immer die rechtzeitige schriftliche Fixierung, und das ist verdächtig, denn wenn jemand soundso oft in seinem Leben gefunden hat, daß er die Gabe des zweiten Gesichts besitzt oder jeden Todesfall eines Freundes oder Verwandten vorausträumt, so sollte er doch schließlich einsehen, daß er sich durch schnelles Niederschreiben nach dem Traum ein Dokument für die Wahrheit seiner Aussagen zu schaffen habe. Immerhin bekommt man beim Lesen solcher Sammlungen den bestimmten Eindruck, daß es zwar unter den prophetischen Eingebungen und Gesichten viel Irrtum und reichliche Fehlerquellen gibt, so daß man von weitreichender Pseudoprophetie reden kann, daß aber doch auch hier ein echter Kern vorliegen muß. Man gewahrt, daß es bestimmte Typen von Prophetie gibt, für die sich bestimmte Gründe aufweisen lassen. Und namentlich Frau Sidgwick hat das Verdienst, uns gezeigt zu haben, daß man auf ganz natürlichen Wegen viel tiefer in das verhüllte Reich der Zukunft eindringen kann, als man es zuerst für möglich hält, daß man also den Wahrheitsgehalt der Prophetie zuerst stark unterschätzt hat. Wir wollen, nachdem wir zuerst den psychologischen Mechanismus der Pseudoprophetie kennengelernt haben, an einer Reihe von Beispielen die *sogenannte* „echte" kennenlernen. Dabei verbürge ich mich in keiner Weise für die Zuverlässigkeit der *einzelnen Fälle*, die ich anführe. Dazu ist das Material fast durchgängig nicht gut genug. Aber sie dienen auch nur zur Illustration ihrer *Art*, und diese können wir um so eher für existierend halten, als sie vielfach belegt ist und ihre Deutung uns nicht über das Gebiet unserer geläufigen Erfahrung hinausführt.

Scheinprophetie

Die Pseudoprophetie hat einige leicht erkennbare Ursachen, die wir nur zu erwähnen brauchen. Oft sind Prophezeiungen *betrügerisch* post festum fabriziert worden, so die Weissagung des Klosters Lehnin, die angeblich aus dem Jahre 1306, tatsächlich aber aus dem Jahre 1685 stammt und es daher leicht hat, fast vier Jahrhunderte mit richtigen Prophezeiungen zu belegen. Zweitens spielt namentlich bei sehr allgemeinen Prophezeiungen der *Zufall* eine Rolle; ein unheilverkündender Komet hat immer Recht, denn es gibt kein Jahr ohne Kriege, Erdbeben und Seuchen. Drittens sehen manche für die Zukunft berechneten Regeln so aus, als würden sie meist bestätigt, weil wir die zutreffenden Fälle mit der Aufmerksamkeit betonen, die unzutreffenden dagegen als unwichtig beiseitewerfen; so kann sich die durch keine meteorologische Statistik gerechtfertigte Sage zäh behaupten, daß bei Mondwechsel das Wetter sich ändere.

Minder bekannt ist eine andere Art prophetischen Scheins. Wir erleben irgend etwas und glauben, wir haben es schon einmal vorher geträumt oder gedacht. Tatsächlich ist das nicht der Fall, nur kommt unser jetziges Erlebnis uns so seltsam bekannt vor, als müßte es in unserem Bewußtsein schon einmal dagewesen sein. Man nennt diese Erscheinung Paramnesie oder fausse reconnaissance, d. h. falsches Wiedererkennen. Meist werden psychologische Gründe für diese namentlich jüngeren Leuten bekannte Erscheinung angegeben, die schwerlich zutreffen können. (Vgl. z. B. die Theorie von Myers XXI, Bd. 11, S. 344.) Der wahre Grund dürfte darin bestehen, daß Dinge, die wir einmal gesehen, gelesen, erlebt haben, mit erleichterter Assoziation ablaufen, und daß diese herabgesetzte Hemmung das sogenannte Bekanntheitsgefühl auslöst. Nun können aber auch andere Ursachen einen erleichterten Ablauf der Vorstellungen bewirken und damit ein dem Bekanntsein ähnliches Gefühl hervorrufen, das aber immer einen etwas unechten Charakter behält. Daher stellt sich Fausse Reconnaissance besonders häufig in der Zeit der Pubertät, bei Aufregung, bei leichter Ermüdung, in maniakalischen (tobsuchtsartigen) Zuständen ein; denn alle diese seelischen Lagen verringern die assoziativen Widerstände. Wenn in der Sidgwickschen Sammlung berichtet wird, ein Schlafender habe morgens geträumt, das Dienstmädchen komme, klopfe an, bringe einen Brief, und gleich darauf erwache er, und nun vollziehe sich der Traum mit allen Einzelheiten nochmals in Wirklichkeit, so liegt es hier ziemlich nahe, an Paramnesie als Erklärung zu denken.

Hauptschuldig an der Entstehung von Pseudoprophetien aber sind zwei andere, eng zusammengehörige Umstände. Erstens die schon früher besprochene „Erinnerungsadaptation" (Erinnerungsanpassung), das Hineingleiten der späteren Wirklichkeit in den früher gewonnenen ähnlichen Eindruck, der dadurch den Anschein erhält, als habe er das zukünftige Geschehen vorhergesehen. Zur Illustration diene einer der bestbezeugten Prophetiefälle, der allerdings nicht ausschließlich als Scheinprophetie aufzufassen ist. Mme. Buscarlet aus Genf war Erzieherin im Hause des Herrn Moratief in Kasan (Rußland) gewesen. Sie war mit Frau Nitchinof, der Vorsteherin des kaiserlichen Instituts für „höhere Töchter" in Kasan, bekannt geworden. Später war sie nach Genf zurückgekehrt, blieb aber mit dem Hause Moratief befreundet. Am 12. Dezember russischen Stils schrieb sie an Herrn Moratief, sie habe zwei Tage vorher, am 10. Dezember, einen „drolligen" Traum gehabt. Sie sei mit Herrn Moratief zusammen gegangen, da sei ein Wagen vorübergefahren, dessen Inhaberin halten ließ und sie beide heranrief. „Als wir an den Wagen herankamen, sahen wir Frl. Olga Popoi quer darin liegen. Frl. Popoi sagte zu Ihnen: ‚Ich rief Sie an, weil ich Ihnen mitteilen wollte, daß Mme. Nitchinof das Institut am 17. (also eine Woche *nach* dem Traum) verlassen wird.'" Der Brief langte am 20. Dezember in Kasan an. Herr Moratief schrieb zurück: „Ihr Traum hat sich in schrecklicher Form erfüllt. Frau Nitchinof ist am 16. Dezember plötzlich gestorben, und am 17. verließ sie wirklich das Institut — als Leiche." — Nach Jahren nun erzählte Frau Buscarlet dieses Erlebnis dem uns schon bekannten Psychologen Flournoy; aber sie berichtete, sie habe den Tod der Frau Nitchinof mit seinem Datum vorausgeträumt, und sie habe die ganze Zeit über unter einem seelischen Drucke gestanden. Flournoy schrieb an Herrn Moratief, ließ sich den Brief kommen und konnte feststellen, daß nicht vom Tode, sondern nur vom Verlassen des Institutes die Rede war, und daß der Ausdruck „drolliger Traum" nicht eben für starke seelische Depression zeugte. Man erkennt, wie hier der unterbewußte Retoucheur, die Erinnerungsadaptation, am Werke gewesen ist und das Ungleiche glatt gehobelt hat. Erst dadurch ist der Fall ganz und gar prophetisch geworden; so, wie er sich wirklich abgespielt hat, könnte man noch an Zufall denken. Immerhin, er wird etwas Echtes an sich haben, denn wir werden bald sehen, daß es ein Vorauserkennen von bevorstehenden Krankheiten und Todesfällen auf ganz natürlichem Wege geben kann.

Die zweite Hauptquelle der Scheinprophetie ist das Deuteln. Einige Beispiele werden zeigen, was es leisten kann. In Berlin fanden im vergangenen Winter einige Vortragsabende der Astrologen statt. Einem Redner wurde bei dieser Gelegenheit entgegengehalten, wie wenig das aussichtsreiche Horoskop Kaiser Wilhelms II. zu seinem traurigen Schicksal passe. Der Redner erklärte: Gewiß, wenn man den Augenblick der Geburt in Betracht ziehe, sei ein auffallender Widerspruch vorhanden; aber tatsächlich sei der Moment entscheidend, an dem das Leben beginne; da nun Wilhelm als eben geborenes Kind zuerst nicht geatmet, die Lungentätigkeit vielmehr erst nach einer halben Stunde eingesetzt habe, so müsse man das Horoskop dieses etwas späteren Augenblickes stellen. Und da sich in besagter halber Stunde viel am Himmel verändert habe, so lasse sich auf diese Weise astrologische Vorhersage und tatsächlicher Lebenslauf in Einklang bringen. — Die sogenannte „Weissagung des Malachias" hat für jeden Papst der Zukunft ein lateinisches Motto bereit, das sein Wesen und seine Regierung kennzeichnen soll. Auf den Nachfolger Leos XIII. wartete das Epitheton „ignis ardens" (brennendes Feuer). Man riet schon während der Papstwahl, welcher der Kandidaten wohl dieses Charakteristikum verdienen würde. Die Sturmnatur Rampollas hätte es jedenfalls gerechtfertigt, Kardinal Svampa paßte auch, denn vampa heißt im Italienischen „Fackel", Kardinal Gotti führte eine Fackel im Wappen. Hätte Hohenlohe noch gelebt, so wäre sein Name eine wörtliche Übersetzung des Kennspruches gewesen. Nun fiel die Wahl auf den milden Sarto, in dessen Wesen, Leben, Wirken, Beziehungen so gar nichts brennend Feuriges lag. Aber ein ingeniöser Geist fand einen Ausweg: Sarto war am 4. August gewählt worden, es ist dies der Tag des heiligen Dominicus, dessen Wappen unter anderen Emblemen einen Hund zeigt, dem eine Flamme aus dem Maule schlägt. Malachias war gerettet. (III, S. 183.)

Nun wird der Leser vielleicht empfinden, daß die beiden zuletzt geschilderten Fehlerquellen etwas Faszinierendes an sich haben. Hätten wir den Traum der Genferin erlebt, könnten wir dafür einstehen, daß sich nicht dieselbe Erinnerungsverschiebung bei uns vollzogen hätte? Sie ist doch gar zu verführerisch. Würde uns jemand ohne Zusatz darlegen, warum Sarto gerade das Motto ignis ardens erhalten mußte, wir würden es etwas hergeholt, aber doch halbwegs gerechtfertigt finden. Erst wenn in der obigen Weise nachgewiesen wird, daß jede beliebige Wirklichkeit ähnliche Deuteleien, und meist sehr viel plausiblere, ermöglicht, wird uns der Unsinn der Deutelei klar. Wir fühlen, es liegen hier starke Versuchungen vor, die unser klares Urteil gefährden.

Diese Faszination geht von einem gesetzmäßigen psychischen Vorgange aus, für den ich die Bezeichnung „psychische Osmose" vorschlage. Sind zwei mischbare Flüssigkeiten, z. B. Salzlösung und Wasser durch eine poröse Scheidewand — etwa aus Gips oder Ton — oder eine tierische oder pflanzliche Membran getrennt, so sorgt die Molekularanziehung für einen Austausch der Bestandteile, der so lange anhält, bis die Flüssigkeit beider Abteilungen gleichartig geworden ist. Die Physik bezeichnet diesen Vorgang als Osmose. Auf seelischem Gebiete nun finden wir etwas ganz Ähnliches. Treffen zwei ähnliche, also auch „mischbare" Vorstellungskomplexe zusammen, so müht sich der vorstellungsleitende Wille wohl, sie säuberlich auseinander zu halten, aber die Scheidewand, die er stiftet, ist auch porös, unvermerkt glitschen Elemente des einen Komplexes in den anderen hinüber, bis beide sich ausgeglichen haben, d. h. ganz übereinstimmend aussehen. Man hat diesen Vorgang manchmal als „Überschätzung der Ähnlichkeit" bezeichnet, aber dieses Wort trifft nicht den Sachverhalt, denn nicht um bloße Fehlschätzung und falsche Beurteilung handelt es sich, sondern um innere Veränderung und reelles Gleichwerden der beiden Vorstellungsmassen. Bei der physikalischen Osmose kann das Hinüberströmen in beiden Richtungen, von A zu B und von B zu A hin stattfinden, Dutrochet unterschied deshalb Endosmose und Exosmose. Mit der psychischen Osmose steht es ebenso: Bei der Erinnerungsadaptation und Deutelei wird die Prophezeiung mit Elementen der Wirklichkeit, beim Erleben und Wahrnehmen des Vorausgesagten wiederum die Wirklichkeit mit Elementen der Prophezeiung infiltriert. Oft wird beides zugleich stattfinden.

Psychische Osmose finden wir in zahlreichen, scheinbar sehr verschiedenen geistigen Situationen wieder. Ihr ist es z. B. zuzuschreiben, daß jeder neuen Wahrheit oder Lehre zuerst das höhnische Urteil entgegenschallt: Gott, wie alt! Die Welt sieht anfangs nur, was sie mit den früheren Theorien gemein hat, was sie dagegen Originales besitzt, wird erst bei allmählich sich verfeinerndem Blick gesehen. Wir erleben heute dieses Schauspiel wieder einmal bei der Methode Coué.

Mindestens zwei psychische Kräfte vertreten bei der selischen Osmose die Rolle der Molekularanziehung. Erstlich spielt hier die Apperzeption und Assimilation mit: Vorstellungsmassen, die wir schon besitzen, stehen immer bereit, um neu einströmende ähnliche entgegenzunehmen, mit ihnen zu verschmelzen, sie zu verdauen und gewissermaßen in ihre eigenen Bahnen hinüberzuziehen. Weil die Vorstellungen der musikalischen Intervalle in uns parat liegen, glaubt zuerst jeder, der Kuckuck singe eine Terz. Später merkt man, er singe abscheulich unrein, und verleumdet sein musikalisches Gehör. Erst ganz zuletzt wird man gewahr, daß er überhaupt kein mit menschlicher Musik übereinstimmendes Intervall schlägt und sich ja auch gar nicht dazu verpflichtet hat. Zweitens ist unserem Geiste ein Hunger nach Gleichheit, Gesetzmäßigkeit, Harmonie zu eigen. Nur das Regelmäßige bietet uns die Möglichkeit, uns in der unendlichen Fülle der Erscheinungen zu orientieren. Darum klammert sich z. B. der Opernbesucher, der sich zuerst in die Wagnersche Musik einzuhören sucht, an die Leitmotive, sie sind seine Haltepunkte in dem anfänglich unbegreiflichen Chaos. Schreitet dagegen die Orientierung weit vor, dann kippt unser Triebleben um und an die Stelle des Hungers nach Gleichheit tritt ein Hunger nach Differenz, nach dem Ungewöhnlichen, Seltenen, aus der Art Schlagenden, wie unsere modernste Literatur und Kunst ihn bekundet. Auch der Gleichheits- und Harmonietrieb nun liegt der psychischen Osmose zugrunde. Es ist eine ärgerliche Differenz, es „klappt" nicht recht, wenn in dem von Flournoy berichteten Falle der Traum, der doch dem späteren Todesfall so sehr entsprach, als „drollig" empfunden wurde und die Wendung „sie wird das Institut verlassen" zuerst als Umzug oder Niederlegen der Stellung aufgefaßt worden war. Diese unpassende Ungleichheit muß weggeplättet werden, und deswegen bildet sich die Träumerin schließlich ein, sie habe im Traum die

Nachricht vom bevorstehenden Tode der Institutsvorsteherin erhalten.

Nun genügt es nicht, daß der Leser bloß theoretisch die Tatsache der psychischen Osmose begreift. Um sich kritisch zu schulen, ist es erforderlich, daß man ihre seltsam verführerische Gewalt sozusagen am eigenen Leibe erprobe. Ich möchte zu diesem Zwecke einen Fall vorlegen, der durch das Aufsehen, das er verursacht hat, seine Kraft zu blenden und zu verwirren öffentlich dokumentiert hat. Max Kemmerich hat in seinem bekannten Buche über Prophezeiungen (LIII) Erklärungen einiger Stellen des Nostradamus veröffentlicht, die von den Okkultisten als Hauptbeweis für das tatsächliche Vorkommen echter Prophezeiungen angesehen werden und als solche von anderen okkultistischen Werken übernommen worden sind. Von der Stelle, die wir sogleich kennenlernen wollen, wurde mir von spiritistischer Seite gesagt, Nostradamus habe in ihr nicht nur die Vorgänge, sondern auch die genauen Namen einiger Akteure der französischen Revolution vorausgesehen, er habe die Tuilerien ausdrücklich genannt, obgleich sie zu seiner Zeit noch nicht erbaut waren usw. Sehen wir uns dieses Wunder einmal näher an!

Der vierunddreißigste Quatrain (Vierzeiler) der neunten Centurie des Nostradamus lautet:

> Le part soluz mary sera mitré
> Retour: conflict passera sur le thuille
> Par cinq cens: un trahyr sera tiltré
> Narbon: et Saulce par coutaux avous d'huille.

Le Pelletier erklärt die altfranzösischen Worte folgendermaßen: Part = époux, Gatte. Soluz = seul, allein; mary = betrübt. Par in der letzten Zeile = parmi, unter (einer Anzahl); coutaux von lat. custos = Wächter, Hüter. Avous von lat. avus = Vorfahren. Tiltré = tituliert.

Als Übersetzung gibt Kemmerich an: Der Gatte wird einsam betrübt mit der Mitra geschmückt werden nach seiner Rückkehr. Ein Angriff wird geschehen auf den tuille

(Ziegel) durch fünfhundert; ein Verräter wird sein Narbon mit hohem Titel und Saulce unter seinen Vorfahren Hüter des Öls (habend).

Folgende Erklärung bietet nun Kemmerich (ich gebe sie verkürzt, aber möglichst wörtlich): Am 20. Juni 1791 ereignete sich die Flucht Ludwigs XVI. und seiner Gemahlin Marie Antoinette. Genau ein Jahr später, am 20. Juni 1792, fand die Massendemonstration der Jakobiner gegen den König statt und der Einfall eines Pöbelhaufens in die Tuilerien. Dabei wurden der König und seine Gemahlin nicht nur beschimpft, sondern es wurde ihnen auch die rote Jakobinermütze aufs Haupt gesetzt. Der erste Satz des Quatrains bedeutet also: Der betrübte Gatte, nämlich Ludwig XVI., wird allein — denn der König saß im Saale Oeils de Boeuf, die Königin war im Beratungssaale der Minister ähnlichen Kränkungen ausgesetzt — mit der Mütze geschmückt nach seiner Rückkehr. „Jedes Wort stimmt!"

Der eigentliche Angriff auf die Tuilerien (le thuille) erfolgte in der Nacht vom 9. auf den 10. August 1792, als die sogenannten fünfhundert féderés marseillais, die den schlimmsten Auswurf der Hafenstadt enthielten, sich in die Hauptstadt ergossen hatten. Die Folge war die Gefangennahme des Königs und das Ende des Königtums. Also sogar die Zahl, die den Mordbrennern ihren Namen gab, wird im Quatrain richtig angegeben.

Ebenso der Ort. Katharina von Medici hatte erst kurz vor dem Tode des Nostradamus (1564) an der Stelle, wo früher Ziegeleien standen — daher der Name — den Grundstein zu den Tuilerien gelegt. Da die französischen Könige dieses Schloß nur selten bewohnten, ist die Prophezeiung um so merkwürdiger. Als Nostradamus seine Prophezeiungen schrieb, existierten die Tuilerien noch gar nicht.

Narbon „mit hohem Titel" wird als Verräter bezeichnet. Dieser Narbon ist natürlich identisch mit Louis Graf Narbonne-Lara, der bis März 1792 Kriegsminister Ludwigs XVI. war. Da er sowohl dem Königtum wie der neuen Verfassung gerecht zu werden trachtete, wurde er von beiden Parteien verdächtigt. Der König entließ ihn unter dem Einfluß der Hofkreise durch einen lakonischen, ungnädigen Brief. Ein Verräter war der Graf, der am 10. August von den Jakobinern fast umgebracht wurde, sicherlich nicht. Da aber Nostradamus vom royalistischen Standpunkt aus schrieb, konnte er ihn doch so bezeichnen.

Der andere Verräter ist Saulce „unter seinen Ahnen Hüter des Öls". Auch dieser Name ist historisch. Sauce, ohne l, hieß nämlich der Krämer und Gastwirt in Varennes, der Ludwig XVI. auf der Flucht erkannte und anhalten ließ. Wie Le Pelletier feststellte, waren schon die Vorfahren von Sauce Inhaber dieses Krämerladens. „Hüter des Öls" könnte unserem „Heringsbändiger" entsprechen. Der Verrat des Sauce wurde durch die Nationalversammlung durch eine Dotation von 20 000 Livres belohnt. Hyperkritiker könnten am fehlenden l Anstoß nehmen, es entspricht aber der Differenz der alten und modernen französischen Sprache.

Bormann und Kemmerich hielten die Übereinstimmung des Quatrains mit der späteren geschichtlichen Wirklichkeit für so unglaublich, daß sie große Mühe aufwandten, um seine Echtheit zu beweisen. Sie braucht auch nicht angezweifelt zu werden.

Wer diese Darlegung naiv durchliest, fühlt sich in der Tat geblendet. Mir war es sogleich klar, daß hier einiges nicht stimmte und eine Glanzleistung psychischer Osmose vorlag. Da ich mich aber als Historiker nicht zuständig fühlte, machte ich Herrn Professor Richard Hennig, den Autor mehrerer bekannter kritischer Werke über okkultistische Fragen (III und XXII), darauf aufmerksam, wie wünschenswert es sei, durch historische Nachforschungen Licht in diese recht dunkle Angelegenheit zu bringen. Er hatte die Güte, sich im Jahre 1924 für die Sache zu interessieren und mir seine Ergebnisse zur Verfügung zu stellen. Es ergab sich uns nun folgendes Bild:

Le part soluz, der einsame Gatte. Wenn ein Gatte „einsam" ist, sobald seine Frau im Nebenzimmer sitzt, ist es leicht, Strohwitwer zu werden.

mary, traurig. Sicher war Ludwig XVI. im August 1792 traurig. Aber soluz mary heißt doch wohl „einsam und traurig", traurig, weil man verlassen ist, oder um so trauriger, als man zugleich verlassen ist, und das traf hier durchaus nicht zu. Nostradamus muß, als er diesen Vers schrieb, an eine ganz andere Art und Veranlassung der Traurigkeit gedacht haben.

mitré, mit der Mitra geschmückt. Mitra war im Altertum die Kopfbinde persischer und anderer orientalischer Könige, in der christlichen Zeit nannte man die Bischofsmütze mit diesem Namen. Zwischen der phrygischen Mütze, die die Jakobiner als Abzeichen wählten und dem unglücklichen Ludwig XVI. zum Hohne auf den Kopf setzten, und der Mitra gibt es weiter keine Ähnlichkeit, als daß beide aus Vorderasien und aus dem Altertum stammen. Nicht einmal Kemmerichs Behauptung, beide Kopfbedeckungen seien rot, trifft durchweg zu, die Bischoftsmitra kann auch weiß sein. Bormann übersetzt denn auch mitré mit „infuliert", d. h. „mit den bischöflichen Mitrabändern geschmückt". Wie paßt das aber auf Ludwig und seine Jakobinermütze? Kemmerich meint, es stecke Ironie dahinter, statt des zum Zölibat verpflichteten Bischofs werde hier der „Gatte" infuliert. Sollte Nostradamus so schlechte Witze gemacht haben, deren Gleichnis auf sämtlichen Beinen hinkt? Es ist klar, daß man, wenn man erst mit Ironie hineindeuteln muß, keine Übereinstimmung zwischen Prophezeiung und Geschichte beweisen kann.

Retour, heimgekehrt. Pflegen wir, wenn wir im Juni *vorigen* Jahres eine kleine Reise unternommen haben, uns noch im Juni dieses Jahres als „heimgekehrt" zu bezeichnen?

conflict passera sur le thuille. Ein Streit wird vor sich gehen auf dem Ziegel. Also nicht von den Tuilerien hat Nostradamus geredet, sondern von Ziegeln. Wenn ein

Streit oder Kampf auf einem mit Ziegeln gepflasterten Weg oder auf einem Bauplatz oder Hafenplatz mit Ziegelhaufen stattgefunden hätte, würde seine Prophezeiung ebensogut stimmen, und welche aufgeregte Epoche der Geschichte läßt sich denken, in der eine so allgemeine Vorhersage sich nicht verschiedene Male erfüllt! Freilich soll zugestanden werden: Weil der betr. Akt der Revolutionstragödie sich gerade in den Tuilerien abgespielt hat, die die Ziegel schon im Namen tragen, gewann diese Art der Verwirklichung etwas besonders Pointiertes. Aber solche hübschen Treffer bringt auch der Zufall gern zustande. Wenn zwei Kinder sich damit vergnügen, zwei verschiedene Gedichte zeilenweise abwechselnd zu lesen, fehlt es durchaus nicht an ähnlichen amüsanten Übereinstimmungen.

Par cinq cens, durch fünfhundert. Professor Hennig stellte fest, daß mehr als 15 000 Menschen am Sturm auf die Tuilerien teilnahmen. 2400 Soldaten, Schweizergarden, verteidigten das Schloß und kamen dabei um; fünfhundert Angreifer hätten sie gewiß nicht überwältigen können. Haben also die fünfhundert Marseiller überhaupt an dem Sturm teilgenommen, so waren sie eine Schar unter vielen. Welches Heer und welche Volksmenge sollte nicht u. a. auch Abteilungen von fünfhundert gehabt haben! Können solche Prophezeiungen, die immer eintreffen müssen, irgendeinen Wert haben? — Man sieht an diesem Fall ebenso wie am Malachiasfall, auf welche Weise man psychische Osmose entlarvt: Man stellt sich vor, es handele sich um eine ganz andere Wirklichkeit, läßt also die Osmose bald in dieser bald in jener Richtung verlaufen, und erkennt dabei, daß die Prophezeiung die verschiedensten Angleichungen und Mischungen zuläßt.

Un trahyr sera tiltré Narbon: Ein Verräter wird sein der betitelte Narbon. Daß im Verlauf der Revolution auch ein Mensch eine Rolle gespielt hat, dessen Name Ähnlichkeit mit dem von Nostradamus genannten hatte, wird nicht wundernehmen. In beiden Fällen kommen ja französische Namen in Betracht. Dafür paßt aber auch die weitere

Kennzeichnung des Trägers dieses Namens absolut nicht. Wenn jeder Minister eines konstitutionellen Monarchen, der nicht mit seinem Herrn durch dick und dünn geht, sondern die Verfassung zu halten bemüht ist, von den Royalisten Verräter genannt werden könnte, wohin kämen wir dann? Nur durch wüste Deutelei gelingt es doch hier, Narbonne-Lara zu der Weissagung des Nostradamus in Beziehung zu setzen.

Saulce par coutaux avous d'huille. Saulce unter seinen Vorfahren Hüter des Öls habend. Sauce ist ein nicht seltener französischer Name, er fehlt z. B. im Berliner Telephonbuch nicht. Wenn ich mir erlauben darf zu prophezeien, daß in den Unruhen, die Deutschland in den nächsten zwei Jahrhunderten durchmachen wird, ein Mann namens Berger oder Kruse eine Rolle spielen wird, so werde ich mit dieser ungefährlichen Vorhersage ähnliche Wunder verrichten wie mein bekannterer französischer Vorgänger. Was aber von diesem Sauce ausgesagt wird, verwandelt Le Pelletier-Kemmerich nur dadurch in eine Prophezeiung, daß er sowohl der Sprache wie der Geschichte Gewalt antut. Nicht Sauce, sondern der Postmeister Drouet hat den König erkannt und festgenommen. Schon gefangen wurde er nach Varennes gebracht, wo Sauce Maire (Bürgermeister) war. Der König gab sich ihm zu erkennen, umarmte ihn, erbat seinen Schutz, und Sauce nahm sich seiner an und schaffte für ihn und Marie Antoinette Speise und Trank herbei. Darin bestand sein Verrat. — Im Text heißt es nicht coutaux d'huille, sondern avous d'huille. Man kann also nicht übersetzen „Wächter des Öls", sondern nur „Vorfahren des Öls". Neuphilologen erklären, daß sich aus der absichtlich dunklen Sprache des Nostradamus alles Erdenkliche herauslesen läßt, am ehesten dürfte er hier an „gesalbte Ahnen", also fürstliche Ahnen gedacht haben. Das paßte nun auf Sauce zu schlecht, darum die gewaltsame Umstellung. Leider ist es dabei den Auslegern passiert, wegen einer unhaltbaren Übereinstimmung — Wächter des Öls sollte ja eine Verspottung des Gastwirts und

Krämers Sauce sein — eine reelle zu verscherzen. Denn „Sauce par coutaux" hätte geheißen „Sauce unter den Wächtern". Nun, Sauce als Maire hatte gewiß u. a. die Pflicht, den König nicht fliehen zu lassen, und weil nichts dergleichen geschah, hat er wahrscheinlich die erwähnte Dotation erhalten. Zu den „Wächtern des Königs" also konnte er wohl gerechnet werden, hier hätte ein ähnlicher Zufallstreffer vorgelegen wie bei dem Worte thuille, und gerade den ließen sich die Erklärer entgehen.

Übrigens haben in der Geschichte der Revolution wie in der Tragödie Ludwigs XVI. sowohl Narbonne-Lara wie Sauce eine so unbeträchtliche, rein passive Rolle gespielt, daß man wirklich nicht einsehen kann, wozu sich ein Prophet zwei Jahrhunderte vorher ihretwegen in Unkosten stürzen mußte. Daß es sich bei ihrer Nennung um rein zufällige Übereinstimmung handelte, wird gerade durch diesen Umstand erhärtet.

Reduzieren wir einmal die Prophezeiung auf das, was von ihr wirklich eingetroffen ist, d. h. extrahieren wir die Übereinstimmungsmomente, so bleibt uns nichts in den Händen als dies: Einem betrübten Gatten wird etwas Ungewöhnliches auf den Kopf gesetzt. Eine Menschenmenge wird an einer Stelle, die mit Ziegeln zu tun hat, Streit haben. Zwei Männer, deren Namen ähnlich wie Narbon und Sauce klingen, deren einer einen Titel trägt, während der andere irgendeine Beziehung zu Öl hat, spielen eine nicht näher definierbare Rolle. — Man sieht, daß sich dieser prophetische Rest ebensogut an zahlreiche andere Ereignisse anpassen ließe; sind doch von den positiven Angaben des Quatrains die wichtigsten auf der Strecke geblieben! Man erkennt die eigentümliche Blendung, der man unterliegt, wenn man ein Ereignis kennt und nun eine Prophezeiung oder einen Traum hört, der darauf Bezug haben soll; selbst die molluskenhaftesten Angaben scheinen dann Form und Festigkeit zu gewinnen, weil sie sich mit Determinationen vollsaugen, die sie der Wirklichkeit entwendet haben, und scheinen eine bestimmte Richtung und Ten-

denz zu gewinnen, die sie, wenn man sie auf ihre endogene
Bedeutung zurückführt, durchaus nicht haben. Das ist die
Macht der psychischen Osmose.

Wirklichkeitsgehalt des Prophezeiens

Gehen wir nunmehr zum Wahrheitskern der Lehre von
den Prophezeiungen über! Man kann u. U. wirklich die Zukunft voraussagen, ohne etwas anderes als ganz natürliche
und bekannte Seelenkräfte zu verwenden.

Selbstverständlich kann man mit Hilfe der uns vertrauten Naturgesetze die Zukunft erschließen. Das würde man
nicht Prophetie nennen. Diese Schlußtätigkeit aber kann
sich in Träumen, Visionen und Ahnungen so mystisch gebärden und mit so viel Flitter behängen, daß wir uns nicht
mehr klar darüber sind, einfache und übliche Schlußfolgerungen vollzogen zu haben. — Am 24. Februar 1912 berichtete ein deutscher Missionar in China, Pater Wolfgang
Wand, über einen merkwürdigen Traum, den ein anderer
dort lebender Missionar vor mehreren Jahren gehabt hatte:
Er sah eine Kirche, die er später wirklich baute, aber
„er würde sie nicht ganz vollenden, denn im Juni (sic!)
dieses Jahres müßten er wie seine Mitbrüder nach Tsingtau flüchten. Aber wie sie dort ankämen, fänden sie es
noch schlimmer. Die Stadt würde von fremden Kriegsschiffen bombardiert und sei schon halb in Trümmer geschossen. Gleichzeitig nähere sich von der Landseite her
eine große Armee der Stadt, weshalb sie auch von dort
fliehen müßten in ein Land, wo sie kleine Leute und den
chinesischen ähnliche Häuser gesehen hätten — wahrscheinlich Japaner". (XVIII, Sept. 1922.) Alles dies traf
2½ Jahre nach der Veröffentlichung des Traumes ein und
sieht wie eine musterhaft beglaubigte Prophezeiung aus.
Aber bei einer großen fremdenfeindlichen chinesischen Erhebung ebenso wie bei einem Kampfe der Japaner, deren
wachsende Macht schon in den letzten Dezennien vor 1912

sich geltend machte, gegen die in China eingedrungenen Europäer mußten die Ereignisse sich genau so abspielen, die Deutschen mußten nach Tsingtau flüchten und nach dessen Fall entweder als Flüchtlinge oder als Gefangene nach Japan fahren, und beide Möglichkeiten drohten beständig. Übernatürliche Fähigkeiten gehörten zu dieser Voraussicht nicht.

Zweitens kann eine übersinnlich anmutende Voraussicht dadurch entstehen, daß unser Unterbewußtsein Schlüsse aus *hyperästhetischen* Wahrnehmungen — die ihm bekanntlich zur Verfügung stehen — zieht, ohne daß das Oberbewußtsein davon Kenntnis hat. Die phantastische Einkleidung, die das traumartige Unterbewußtsein solchen Erkenntnissen gibt, trägt vollends dazu bei, daß sie „wie vom Himmel gefallen" aussehen. Folgenden von Hodgson untersuchten Fall hat Myers mitgeteilt. (XXI, Bd. 11, S. 424.) Ein Zahnarzt zu Boston war an einem Kupferkessel beschäftigt, den er zum Vulkanisieren des Gummis für künstliche Gebisse brauchte. Er stand, über den Kessel gebeugt, und arbeitete an einem Gebiß, als ihm plötzlich eine gebieterische Stimme zurief: „Renne geschwind zum Fenster! Geschwind zum Fenster!" Er dachte zunächst gar nicht daran, wer diese Worte gesprochen haben konnte, sondern folgte automatisch dem Befehl und blickte hinaus, weil er natürlich annahm, es gebe draußen etwas Besonderes zu sehen. In diesem Augenblicke erfolgte eine Detonation hinter ihm, und als er sich umblickte, sah er den Kessel und die ganze Ecke seines Ateliers, in der er gestanden hatte, durch eine Explosion völlig zerstört. Der Kessel hatte ein Sicherheitsventil gehabt, das sich bei nachträglicher Untersuchung als verrostet und unbrauchbar herausstellte. Eine unbewußte Wahrnehmung der drohenden Gefahr muß sich in so seltsam dramatische Form gekleidet haben, daß sie wie die Warnung einer höheren Macht aussah.

Vielfach wird berichtet, daß große Erdbebenkatastrophen von Tieren und sensitiven Menschen vorher gefühlt werden, so daß manche Personen, von dumpfer Ahnung getrieben, rechtzeitig abreisen und sich in Sicherheit bringen. Kemmerich (LIII, S. 128) erinnert an den Fall einer hysterischen Dame aus der römischen Aristokratie, die angeblich in schrecklichen Traumgesichten vom 2. Dezember 1908 ab voraussah, daß am 8., 18. oder 28. dieses Monats der Untergang Messinas erfolgen würde. Sie schrieb einen Brief, in dem es hieß: „Ich sehe sich Land und Meer vereinigen, um die schöne Stadt zu verschlingen" und beschwor ihren Arzt Dr. Sarti, ihn dem Könige zu übersenden. In der Nacht nach dem 7., 17. und 27. Dezember wurde sie von schweren Krisen heimgesucht, am Abend des 28. verfiel sie in tiefen Schlaf, die Katastrophe hatte stattgefunden. Sarti soll dem König nachträglich den Brief übergeben haben, bereitete eine Denkschrift an die Akademie vor und wollte seine Patientin den Autoritäten der Psychologie vorstellen. Leider hat man von Brief, Denkschrift und Untersuchung später nichts mehr gehört, was nicht gerade nach Bestätigung aussieht. Aber wenn in solchen Berichten Wahrheit stecken sollte, wäre es nach unseren sonstigen Erkenntnissen nicht ganz unerklärlich; ein sensitiver Mensch kann mit feinen physikalischen Apparaten, er könnte auch mit dem Seismographen wetteifern.

Es war schon den Ärzten des Altertums bekannt, daß kommende Krankheiten und naher Tod durch symbolische Träume angekündigt werden können, daß z. B. der Traum, ein steinernes Bein zu haben, auf eine bevorstehende Lähmung des Beines hinweisen kann. Das Unterbewußtsein, hyperästhetisch veranlagt und eng mit dem körperlichen Organismus verknüpft, kann eben Veränderungen, die sich in letzterem anbahnen, schon zu einer Zeit empfinden, in welcher das Oberbewußtsein, nach außen abgelenkt und minder sensibel, noch nichts bemerkt. Wenn also berichtet wird, daß jemand sein eigenes Leichenbegängnis mit allen Einzelheiten träumt, um wenige Tage später einem Schlaganfall zu erliegen, so würde solche Prophetie keineswegs ein Wunder, sondern eine ganz begreifliche Tatsache sein.

Gibt es aber Gedankenübertragung, so kann ein sensitiver Mensch dem Unterbewußtsein eines anderen, dessen wacher Geist noch nichts von dem ihm drohenden Schicksal weiß, seine geheimen Organempfindungen abzapfen und ihm mit oft weitgehender Sicherheit Krankheit und Tod voraussagen. Die Leistungen der Spökenkieker mit ihren Sargvisionen (vgl. hier S. 104) lassen sich also auch natürlich erklären, und wir verstehen es, wie in dem von Flournoy mitgeteilten Falle (hier S. 316/17) eine Dame in Genf das Datum des bevorstehenden Todes einer Bekannten in Kasan richtig vorausträumen kann — sofern bei diesem Falle nicht ein sehr sonderbarer Zufall im Spiele ist. Zutreffende Träume, die auf den kommenden Tod anderer Personen hinweisen, sind aber so häufig und so vielfach bezeugt, daß schon einige Gewaltsamkeit dazu gehört, sie alle auf Zufall oder leeres Gerücht zurückzuführen.

Andere Fälle, in denen das richtige Voraussehen der Zukunft mystisch aussieht, lassen sich auf Telepathie zurückführen. Namentlich da, wo dem „Propheten" die *Absicht* einer anderen, vielleicht ganz fernen und unbekannten Person telepathisch enthüllt wird, kann ein erstaunlich sicheres Erkennen zukünftiger Ereignisse die Folge sein. Ein ausgezeichnetes Beispiel dafür bot uns bereits der Fall Montague. (Hier S. 226 ff.) Eine besondere Spielart solcher Absichtstelepathie bilden die Visionen kommender politischer Ereignisse. Hier ein Traum, den Dr. G. Lomer mitgeteilt hat, leider ohne zu sagen, ob er rechtzeitig schriftlich notiert worden ist (XVIII, November 1922): Der Arzt Dr. A. träumt am 18. April 1922: „In einem großen Turm. Auf einer langen Holztafel liegen die Leichen von 10—12 Männern, sie sind überlebensgroß. Darunter Rathenau. Mein Begleiter tippt auf diesen und sagt: Eitel!" Der 18. April fiel in die Zeit der Konferenz von Genua, der Vertrag von Rapallo war gerade geschlossen und wurde am 18. April bekanntgemacht. Gerade zu diesem Zeitpunkt wurde, wie später die Presse meldete, das Attentat auf Rathenau von der Organisation Consul beschlossen.

VII. *Prophezeiungen*

Lomer wirft die Frage auf, ob das vielleicht in der Ruine Saaleck geschah, wodurch sich der Turm als Traumszenerie erklären würde. Hier könnte man, wenn man den Fall als beglaubigt genug anerkennen will, mit Wahrscheinlichkeit auf Telepathie der Absicht aus dem Kopfe der Mörder schließen. Dagegen sind Fälle, in denen Kriege oder Alliancen visionär vorher gesehen werden, wie der des Sehers Christian Heering aus Prossen, der die beiden Einfälle Friedrichs des Großen in Sachsen und das österreichisch-französische Bündnis voraussah und den sächsischen Behörden je ein Jahr vor dem Eintreffen der Ereignisse davon Mitteilungen machte (Kemmerich, S. 203 ff.), wenig durchsichtig, denn solchen Haupt- und Staatsaktionen gehen so viele Gerüchte und Mutmaßungen voraus, daß man fast immer einen normalen Ursprung der Träume und Gesichte, die ihnen gelten, in Betracht ziehen kann. Interessant dagegen ist ein in Italien vorgekommener Fall, in dem ein Einbruch geträumt wurde, der zwar nicht zustande kam, den aber die Verbrecher, wie sie später eingestanden, für den Tag (Freitag) geplant hatten, der im Traume angegeben war. (Frau Sidgwick, XXI, Bd. 5, S. 337.) Denn hier wird es klar, daß nicht eine übersinnliche Schau künftiger Geschehnisse, sondern ein Telepathieren zukunftsträchtiger Gedanken als Wurzel dieses Typs von „Prophezeiungen" anzusehen ist.

Es gibt endlich noch eine Art, wie Gedanken prophetisch werden können: Sie erzwingen selbst ihre Verwirklichung, indem sie als Suggestionen wirken. Oft ist es geradezu erstaunlich, mit welcher Naivität der Mystiker die vorausgesagte Zukunft selbst herbeiführt, weil er um jeden Preis mit seinem Prophetieglauben recht behalten will. Fast gleicht er jenem Mädchen, das die „heilige Philomena" selber agiert, um an sie glauben zu können. „Seinem Schicksal kann man ja doch nicht entgehen", diese fatalistische Überzeugung bildet dabei das beherrschende Motiv. Der große Skeptiker Prof. Lehmann erhielt einst von einem Astrologiegläubigen folgenden Brief:

„Da Merkur mein Geburtsplanet ist, so muß er bedeutenden Einfluß auf mein ganzes Leben haben. Aber Merkur bedeutet gemäß seiner schnellen Bewegung: Veränderung, Reisen und Kinder. Mein ganzes Leben hat dieses Gepräge gehabt; ich habe unabänderlich meine Lebensstellung verändert, ein paar mal eine Reise um die Erde gemacht und mich viele Jahre in anderen Weltteilen aufgehalten. Nun fehlten nur noch die Kinder. Neulich traf ich einen Pädagogen, auf dessen Empfehlung hin ich als Lehrer an einer Schule angenommen wurde; jetzt habe ich die Absicht, den letzten Schritt zu tun und bereite mich für das Lehrerexamen vor — in voller Übereinstimmung mit meinem Horoskop. Das ist doch sehr klar, obgleich ich nicht daran zweifle, daß Sie es Zufall nennen werden."

„Da tut er mir unrecht!" protestiert Lehmann, „ich nenne es Suggestion."

Prophetie hat es meist mit Unglück und Todesfällen zu tun. Die Frage drängt sich in den Vordergrund, ob Suggestion auch töten könne, so daß wir auch von dieser Seite her das richtige Eintreffen von Todesprophezeiungen begreifen können. Ich möchte sagen: Das ist schon deshalb sehr wahrscheinlich, weil sich solche Vorhersagen oft fast auf die Minute erfüllen. Die hyperästhetische unterbewußte Wahrnehmung der Veränderungen im Körperinnern kann wohl erkennen, ob sich eine lebensgefährliche Blutung vorbereitet, und kann demgemäß dieses Faktum träumen oder ahnen lassen. Aber wenn, wie es vorgekommen, eine unsichtbare Stimme ruft: „Heute um 6 Uhr wirst du sterben", und tatsächlich mit dem Glockenschlage sechs eine unstillbare Blutung einsetzt, so wird man sich sagen, daß der Organismus keine Präzisionsuhr ist und keine noch so feine Organempfindung eine so genaue Vorausberechnung zuläßt. Hier muß die Suggestivwirkung der unheilschwanger gewordenen Vorstellung „Sechs Uhr" mit im Spiele sein. In der Tat sind viele Psychologen und Nervenärzte heute von der Möglichkeit todbringender Suggestionen überzeugt. Mit Hilfe hypnotischer Suggestionen hat Bramwell Puls- und Herzschlag bis an die Grenze der Lebensgefahr beschleunigen und verlangsamen können; weiter durfte man aus ethischen Gründen nicht gehen, aber möglich wäre es gewesen. (XV, S. 427.) Daß der Genuß tabuierter (für unantastbar erklärter) Früchte töten kann, sobald der Täter nachträglich erfährt, welche schreckliche Sünde er begangen hat, wird öfter berichtet. Baudouin (XII, S. 310) erwähnt einen Fall, in dem das mißverstandene Flüsterwort des Arztes „Mit der dauert es höchstens bis April" einer Patientin den Tod brachte, der durch ihre Krankheit allein nicht motiviert war. Tötung durch Suggestion als absichtlich angestelltes Experiment ist wenigstens einmal erprobt worden, wenn auch vor längerer Zeit, und zwar von der medizinischen Fakultät von Montpellier. Einem zum Tode verurteilten Verbrecher wurde gesagt, man werde ihm die Augen verbinden und ihm dann zum Zwecke eines Experiments die Halsschlagader öffnen, so daß er sich in einigen Minuten verbluten und schmerzlos sterben werde. Darauf machte man zum Schein einen kleinen Einschnitt am Halse, hielt ein Becken unter die angebliche Wunde, ließ einen kleinen Springbrunnen plätschern, der rieselndes Blut vortäuschte. Nach kurzer Zeit war der Mann tot. Sehr bekannt geworden ist der Fall des jungen Brooks aus Brooklyn, dem im Traum sein 5 Monate vorher verstorbener Freund Hall erschien und ihm sagte, er selbst werde am 5. Dezember, nachmittags 3 Uhr, einem Herzleiden erliegen. Trotz der Gegenmaßregeln und Aufklärungen durch Arzt und Familie richtete der junge Mann sich auf seinen Tod wie auf ein unabänderliches Schicksal ein, sandte seinen Bekannten Blumen zum Abschied, bestellte seine Braut an sein Sterbelager und starb in der Tat 10 Minuten nach der angesagten Zeit, nachdem er am Morgen und Vormittag des betreffenden Tages noch gesund gewesen war. (XVII, S. 285.)

Die Macht der Suggestion macht es verständlich, daß selbst gelegentliche Unfälle, anscheinend das der Vorausberechnung unzugänglichste Gebiet, der „Prophezeiung" unterworfen sein können. Ohne weiteres leuchtet das ein bei solchen Unfällen, die dem Empfänger der Vorhersage selbst passieren und durch ihn veranlaßt werden. Daß jemand, dem eine gewissenlose Kartenschlägerin verkündet hat, er werde in der und der Straße stürzen oder überfahren werden oder in einem bestimmten Flusse ertrinken, wirklich unter den angegebenen Umständen fällt oder mitten im Flusse plötzlich von seinen Kräften verlassen wird, ist hiernach durchaus natürlich zu erklären.

Wie aber steht es mit solchen Unglücksfällen, von denen wir träumen und in denen ganz andere Wesen, deren Verhalten normalerweise nicht von uns abhängt, eine Rolle spielen? Wir träumen etwa, wenn wir am kommenden Sonnabend im Wagen fahren, würden unserem Kutscher die Pferde scheu werden und wir dadurch in Lebensgefahr geraten. Oder eine uns fremde oder weit entfernte Person werde dann und dann Opfer eines Eisenbahnunfalles werden oder im Gebirge abstürzen. Gehen solche Fälle nicht vollständig über jede natürliche Erklärungsmöglichkeit hinaus?

Es gibt wohl nur eine Art, sie mystikfrei zu deuten: nämlich die Annahme, daß unser Traum als telepathische Suggestion auf andere wirken und ihr Verhalten bestimmen könne. Damit aber betreten wir ein Gebiet, das die Wissenschaft noch nicht erschlossen hat und von dem bisher kaum mehr als ein dumpfes Raunen zu uns herüberdringt. Freilich, theoretisch wäre es ganz plausibel, daß es einen telepathischen Zwang geben könne. Telepathie wendet sich ja an das Unterbewußtsein des Empfängers, und dieses ist seiner Anlage nach suggestibel. Aber gibt es bestätigende Tatsachen?

Da stoßen wir zunächst auf den uralten Volksglauben, daß man andere verzaubern könne, ohne daß sie etwas davon wissen und merken. An vielen Stellen des Erdballs, in Indien wie in Europa besteht und bestand der Glaube an Bildzauber, Envoûtement; man verfertigte eine Wachspuppe des Feindes, den man schädigen wollte, zerstach oder zerschnitt sie unter Zaubersprüchen und hoffte, der Gehaßte werde danach siechen oder sterben. Zauberwirkende

Einschnitte in die Rinde der Bäume sollten ähnliche Wirkung haben. Viele Prozesse des Mittelalters, zumal gegen Hexerei, richten sich gegen solchen Fernzwang. Und immer wieder wird behauptet, er habe manchmal auch dann Erfolg, wenn das Objekt des feindseligen Treibens nichts davon erfahre. Adolf Schwab in Pelotas (Süd-Brasilien) berichtete vor kurzem über die eigentümlichen Erfahrungen seines Carosseiro (Fuhrmanns), der von seiner zänkischen Frau getrennt lebte. Er geriet in einen sonderbaren Zustand, verlor Schlaf und Eßlust, litt an Schwindel und Schmerzen, war völlig entschlußunfähig, wurde von der Zwangsvorstellung geplagt, er müsse zu seiner Frau zurückkehren, ging wie schlafwandelnd beständig zu ihr, und wenn sie ihn unter Schmähungen abwies und er wegging, so drehten sich seine Füße wie von selbst, so daß er, im Kreise wandelnd, zu ihr zurückkehrte. Schließlich kam man auf den Gedanken, ein feitiço (Zauber) stecke dahinter, öffnete in Abwesenheit der Frau ihre Behältnisse und fand ein Schriftstück, dessen Wortlaut Schwab mitteilt und das, in bunter Mischung heidnischen und christlichen mystischen Brimboriums, genau die Symptome als Fluch über den armen Carosseiro verhängte, an denen er litt. Er war Analphabet, hätte also das Schriftstück, selbst wenn er davon Kenntnis gehabt hätte, nicht lesen können. Erst eine Gegenbeschwörung, Contrafeitiço, konnte ihn heilen. (XVIII, Oktober 1923.) Daß der Glaube an solchen Fernzwang und Fernzauber auch heute in Europa nicht ausgestorben ist und manche Leute dem Nervenarzt große Summen anbieten, damit er ihn ausübe oder unwirksam mache, hat soeben noch Prof. Max Kaufmann in einem Artikel „Über Fernhypnose" bestätigt, der die Runde durch mehrere Zeitungen machte. Solche Gerüchte, Annahmen, Beobachtungen aber leiden meist an dem Mangel, daß man nicht strikt nachweisen kann, ob der „Verzauberte" nicht doch etwas von den gegen ihn gesponnenen Ränken erfahren hat, ob also nicht ganz gewöhnliche Suggestion mit im Spiele ist. Wir wissen ja, wie schwer namentlich unterbewußtes Hören oder Lesen als Fehlerquelle auszuschalten ist.

Auf etliche Fälle bin ich aber doch gestoßen, die der Hypothese des Fernzwanges etwas mehr Halt verleihen. Myers berichtet folgenden, z. T. von einer Zeugin bestätigten Fall (XXI, Bd. II, S. 481): Eine amerikanische Ärztin, Frl. Graham, die mehrfach in ihrem Leben richtige Warnungen durch Träume oder gehörte Stimmen erhalten hat, also ein „telepathisches Talent" gewesen sein muß, hatte ihre sehr mühsam erworbenen Ersparnisse auf einer philanthropischen Bank deponiert. Eines Morgens hörte sie beim Erwachen eine Stimme sagen: „Frl. Graham, nehmen Sie Ihr Geld aus der Bank!" Sie folgte zunächst dem Rufe nicht, wenn er ihr auch im Kopfe herumging, sondern begab sich zu ihrer Schneiderin. Dort mußte sie längere Zeit warten, eine andere Dame war auch im Vorzimmer und schien sehr bestrebt, eine Unterhaltung anzufangen, während Frl. Gr., ärgerlich über die verlorene Zeit, sich reserviert verhielt. Plötzlich platzte die Fremde mit der Frage heraus: „Wissen Sie schon etwas über Howes Bank?" Erstaunt erwiderte Frl. Gr.: „Nur daß ich ein Konto dort habe." Darauf machte die Dame bestimmte Angaben über die unsichere Lage der Bank, mit der ihr Gatte zu tun hatte, so daß sie wohlinformiert war, und fügte hinzu: „Ich weiß nicht, ich fühle mich fast gegen meinen Willen gezwungen, Ihnen all das mitzuteilen, aber bitte, sagen Sie in den nächsten Wochen keinem Menschen ein Wort davon!" Nunmehr hielt es Frl. Gr. doch für geraten, nach Hause zu eilen, ihr Kontobuch zu holen und zur Bank zu fahren, wo sie gerade noch vor Schalterschluß ihr Depot abheben konnte. Am nächsten Tage stellte die Bank ihre Zahlungen ein. — Offenbar hatte hier der sorgenvolle Gedanke, der in Frl. Gr. wühlte, sich auf die Fremde übertragen und einen suggestiven Zwang auf sie ausgeübt. Über einen ähnlichen Fall, in dem es so aussieht, als ob mehrfache Träume einer Dame vom Sturze anderer Personen diese wirklich zu Falle bringen, vgl. XVII,

VII. Prophezeiungen

S. 290/91! — Werner Vogl berichtet (XVIII, April 1924) über einen jungen österreichischen Techniker H., der mehrere auffallende Symptome mediumistischer Begabung aufweist, sie aber selbst auf Hyperästhesie und ähnliche natürliche Ursachen zurückführt, also keineswegs unkritisch ist. „Nach dem Essen sitzt er einmal ‚gedankenabwesend' in seinem Zimmer. Da sieht er einen Freund, wie er in S., seiner Heimatstadt, ein Haus mit Kalk bestreicht. Im Schlaf sagt er zu ihm: ‚Dein ausgestreckter Arm bleibt steif!' Er erwacht sofort ohne Erinnerung. Nach einer Stunde etwa schrickt er plötzlich zusammen und ruft: ‚Du bist wach!' und nun erinnert er sich des Vorgangs. Später erfährt er, daß zur selben Zeit sein Freund ein Haus mit Kalk weißte, und daß ihm plötzlich ungefähr eine Stunde lang der Arm schief stehenblieb, weshalb man ihn schon ins Krankenhaus schaffen wollte." Leider fehlt auch bei diesem eminent wichtigen Falle sowohl die rechtzeitige schriftliche Fixierung vor der Bestätigung wie das Zeugnis des bestätigenden Freundes. Die deutschen Okkultisten sind noch nicht darin geübt, derartigen Erfahrungen die aktenmäßige Form zu verleihen, die Erinnerungsanpassung ausschließt und deren die Wissenschaft bedarf.

Nehmen wir aber an, daß es eine zwingende telepathische Suggestion, einen Fernzwang wirklich gibt, dann wären wir in der Lage, selbst recht extreme und geheimnisvoll anmutende Fälle von Voraussehen der Zukunft einer natürlichen Deutung zugänglich zu machen. Eine in England lebende Frau Schweizer, deren Sohn Fred sich auf Reisen befand, träumt, sie gehe mit Fred und einem fremden Manne längs eines Klippenrandes hin, ihr Sohn stürze vor ihren Augen ab, der Fremde sage, er heiße Henry Irving, also ebenso wie der berühmte Schauspieler. Soweit der Traum. Die Mutter ist höchst beunruhigt darüber und möchte gern Fred von der Reise zurückrufen, läßt sich aber davon abbringen. 8 Tage später unternimmt Fred mit einem Bekannten namens Deverell einen Ritt, das Pferd scheut, er stürzt und stirbt an den Folgen. Nach diesem Unglücksfall sucht Herr Deverell die Mutter auf, sie findet, daß er dem Fremden ihres Traumes ähnlich sehe (was nicht viel beweist, da Traumerinnerung stets sehr vage ist), und gelegentlich erzählt er ihr, er spiele manchmal im Liebhabertheater mit und habe daher den Spitznamen Henry Irving junior erhalten. Frau Schweizer hat darauf ihren Traum aufgeschrieben, ließ ihren Bericht von Herrn Deverell unterzeichnen und sandte ihn drei Monate nach dem Unglücksfall an die S.P.R. Ganz zuverlässig ist er freilich trotzdem nicht, da er nicht vor der Verifikation zu Papier gebracht worden ist. Aber nehmen wir an, er sei zutreffend, so würde er sich recht wohl so erklären lassen, daß sie mit ihrem Sohne in telepathischen Rapport geraten sei, daß er einiges von den Personalien seines Freundes auf sie übertragen habe, während sie ihren aus Mutterangst entstandenen Gedanken, er könne verunglücken, auf ihn überströmen ließ, der dann zur unheilvollen Suggestion wurde. So erklärt es sich auch, daß das Henry-Irving-Thema ganz genau übertragen worden ist, denn das konnte Fred schon 8 Tage vor seinem Tode kennen, der Unglücksfall selbst aber stimmt mit dem Traum nur in dem einen Punkte „Sturz" überein, weil ein eigentliches prophetisches Voraussehen der zukünftigen Situation nicht stattfand, sondern nur eine allgemeine, für vielerlei Lagen passende Suggestion hinübergesendet worden ist.

Man sieht, es ist wirklich erstaunlich, in welchem Maße das scheinbar so verhangene Gebiet des Prophezeiens für den, der mit den Geheimnissen des Unterbewußtseins, mit Hyperästhesie, Telepathie und Suggestion Bescheid weiß, ans Licht naturwissenschaftlicher Deutbarkeit tritt. Man könnte freilich einwenden: Ist dieses ganze Hypothesengebäude nicht vorschnelle Grübelei? Alle jene Hunderte von Prophetiefällen, die die okkultistische Forschung zusammengetragen hat, sind ja nur unvollständig beglaubigt, und solange die Tatsachen selbst noch nicht feststehen, brauchen wir uns darüber noch nicht den Kopf zu zerbrechen. — Ich würde diese ablehnende Haltung eines extremen Positivismus für verfehlt halten. Schon längst ist die Zahl der typischen, sich gegenseitig bestätigenden Fälle zu groß geworden, und es stehen zu viele gebildete, glaubwürdige Berichterstatter und Zeugen dahinter, als daß man das ganze Gebiet etwa als müßiges Gewäsch beiseiteschieben könnte. Ein ernsthaftes Problem ist es unbedingt. Restlos beglaubigte Fälle aber sind bei der Kompliziertheit alles psychischen Geschehens und der großen Zahl der Fehlerquellen nur schwer zu gewinnen, wir können noch manches Jahrzehnt warten, bis wir durch zunehmende Schulung des Publikums in dieser Hinsicht Fortschritte machen werden. Die Menschheit aber hat das Recht, auf ihre großen Weltanschauungsfragen eine Antwort zu erhalten, wenn es auch meist lange Zeit hindurch eine provisorische ist, die sich erst allmählich einer definitiven nähert. Eine Wissenschaft, die uns aus Überexaktheit zu andauernder Ungewißheit verurteilen wollte, würde das höchste Ziel aller Forschung, die Befriedigung des Erkenntnistriebes, verfehlen und damit sich selber ad absurdum führen. Wir leben fast überall in unserem Wahrheitsdrange von Wahrscheinlichkeiten, da wir Gewißheit nur selten haben können.

VIII. DIE PHYSIKALISCHEN PHÄNOMENE

Allgemeine Kennzeichnung

Die physikalischen Erscheinungen des Okkultismus, d. h. diejenigen, bei denen es sich nicht um Gedankeninhalte, sondern um körperliche, fühl- und sichtbare Vorgänge und Objekte handelt, haben eine merkwürdige, man darf wohl sagen verdächtige Geschichte.
Fernbewegungen ohne Berührung, sogenannte Telekinese, hat es zu allen Zeiten gegeben, an Spukbewegungen hat es nie gefehlt; ebenso sind spontan auftretende Gespenster von historischen Vorbedingungen unabhängig. Unsere Ausführungen über Spukerscheinungen machen das verständlich, sie zeigen, daß hier physiologische und psychologische Umstände beteiligt sind, die in der allgemeinen menschlichen Natur begründet sind. Aber jene Phänomene, die in regulären Sitzungen mit Hilfe von Medien produziert werden, zeigen einen eigentümlichen Knick in ihrer Entwicklung. Seit der Entstehung des modernen Spiritismus im Jahre 1848 standen diese Erscheinungen zuerst ganz im Dienste des Spiritismus. „Vollmaterialisationen" waren das Haupt- und Glanzstück, d. h. „Geister", die mit Hilfe ihrer von den Medien angeblich geliehenen Substanz greifbar und körperlich unter den Sitzungsteilnehmern verweilten, meist in ganzer Figur erschienen, mit ihnen sprachen usw. Daneben gab es „Geisterphotographien": In Gegenwart eines Mediums erschienen, wenn sich ein Mensch photographieren ließ, neben ihm auf der Platte die Umrisse einer zweiten Figur, in denen man vielfach das Konterfei irgendeines Verstorbenen erkennen wollte. Vervollständigt wurden diese sicht- und fühlbaren Geisterbekundungen durch die „direkte Geisterschrift": Ein Medium hielt eine leere Schiefertafel unter den Tisch, und obgleich man es sorgfältig kontrollierte, hörte man Schreibgeräusch; zog man schließlich die Tafel hervor, so standen einige Zeilen

darauf, die als Mitteilungen der Toten gelten wollten; auch in fest verschlossenen und versiegelten Doppelschiefertafeln entstanden solche geheimnisvollen Niederschriften.

Diese ältere, spiritistisch gefärbte Phase der physikalischen Phänomene kann heute als tot und überwunden gelten. Sie starb daran, daß die taschenspielerischen Tricks, auf denen sie beruhte, bekannt wurden. Die „Vollmaterialisationen" gingen in den 8oer Jahren zugrunde, als die mißtrauisch gewordenen Experimentatoren und Sitzungsteilnehmer sich durch das Verbot der Medien nicht mehr einschüchtern ließen, zugriffen und ausnahmslos fanden, daß der im Halbdunkel umherwandelnde Geist von dem Medium gespielt wurde. Die Geisterphotographie verlor sich, als sie immer wieder auf Doppelexposition, Plattenvertauschung, Imprägnierung des Kassettenschiebers mit Licht usw. zurückgeführt werden konnte. Über die Frage, ob es neben den taschenspielerisch produzierten direkten Geisterschriften auch echte gegeben habe, streiten sich noch heute Okkultisten und Antiokkultisten herum; aber die Tatsache ist nicht zu leugnen, daß diese Form der Geisterbekundung fast völlig aufgehört hat. Man sollte meinen, daß auch in diesem Falle die Weltgeschichte das Weltgericht bedeutet: Wären Geister Verstorbener wirklich imstande, leibhaftig auf der Platte zu erscheinen oder auf einer Schiefertafel zu schreiben, so würde die Entlarvung von Schwindelmedien sie gewiß nicht hindern, es noch weiterhin zu tun. Was hätte der Geist, was das echte Phänomene produzierende Medium dabei zu riskieren?

In den letzten Jahrzehnten nun hat sich aus den Versuchen von Ochorowicz, Crawford, Geley und vor allem Schrenck-Notzing eine neue, nicht mehr spiritistisch, sondern „animistisch" orientierte Phase des physikalischen Okkultismus ergeben. Festgehalten wird an der alten Ansicht, daß ein Medium Kraft oder aufgelöste Substanz ausscheiden kann, die sich außerhalb seines Körpers zu neuer Materie (Teleplasma) verdichtet. Aber nicht mehr ein Geist ist es, der sie sich leiht, sondern sie wird, mit dem ausstrahlenden Organismus in unsichtbarer Verbindung bleibend, durch die Ideen, die Träume des bewußtlosen Mediums gestaltet. Denkt das Medium an einen Toten, so wird die Materialisation dessen Züge annehmen. „Ideoplastik" nannte Ochorowicz diesen Vorgang. Die unter dem Einfluß dieser Theorie stehenden Versuche zeigen keine ganzen menschlichen Figuren mehr, sondern es entwickeln sich, meist aus dem Munde des Mediums heraus und in ihn zurückkehrend, feuchte graue oder weiße Bänder, häkelspitzenartige Gewebe oder gestaltlose Massen, aus denen sich Hände oder Köpfe, gewöhnlich papierdünn aussehend, herausbilden. Von solchen Materialisationen wurde weiterhin die Brücke zu den Erscheinungen der Telekinese geschlagen. Ochorowicz und Schrenck sahen, wenn das Medium Stanislawa Tomczyk kleine Gegenstände berührungslos bewegte, eine Fadenverbindung, die seine Finger mit dem bewegten Objekt verband und doch, ihren Eigenschaften und ihrer Erscheinung nach, angeblich kein Industriefaden sein konnte. Das würde also eine Materialisation sein, die die Rolle des Fernbewegers spielt. Crawford baute diese Lehre aus, er glaubte bei seinem Medium Goligher dicke „Balken" (rods, cantilevers) feststellen zu können, die freilich fast immer unsichtbar und höchstens an ihrem Ende fühlbar waren und sowohl das Heben von Tischen wie, durch Aufschlagen, das Erdröhnen lauter Klopftöne veranlaßten. Wir haben es hier also mit einer einheitlichen, von einer Schule namhafter Forscher getragenen Theorie zu tun. Verwunderlich bleibt bei alledem eins: Warum hat man vor Eva C., dem Medium Schrenck-Notzings, fast nie Materialisationen im modernen Sinne gesehen, warum waren damals, als man noch nach Geistern und nicht nach ideoplastischen Objekten fahndete, die aus dem Munde quellenden Bänder oder durch die Luft schwebenden Pappbilder von Köpfen ganz unbekannt? Ändert sich die Physiologie der Medien wie eine Mode? Man sollte denken, sie müßte stabil sein wie die Natur des Menschen überhaupt. Aber *Taschenspielerei* gehorcht der Mode, und ein neu erfundener Trick leitet zuweilen eine neue Phase ein. Wenn die Weltgeschichte, in diesem Falle die Geschichte der Forschung, wirklich das Weltgericht ist, so verheißt sie uns hier kaum einen Freispruch.

Der Weltanschauungsgehalt des physikalischen Okkultismus

In seiner ersten spiritistischen Phase stand der physikalische Okkultismus in engster Beziehung zur Unsterblichkeitsfrage, hatte also den Zweck, unsere Weltanschauung entscheidend zu beeinflussen. Allerdings wurde man früh an dieser seiner Mission irre. Ed. v. Hartmann ist mit dem Spiritisten Aksakow darin einig, daß physikalische Erscheinungen nichts für die Geisterhypothese beweisen, denn Kraft zu ihrer Erzeugung stehe ja dem Geiste als Geist nicht zur Verfügung. Namentlich der englische Okkultismus hat sich von den physikalischen Phänomenen, ihrer Unfruchtbarkeit für höhere philosophische Fragen halber, zum größten Teil zurückgezogen.

In noch viel höherem Maße ist solche Kritik dem modernen physikalischen Okkultismus gegenüber berechtigt. Er hat tatsächlich keinen Weltanschauungsgehalt. Deshalb braucht unser Buch, das den großen Hauptfragen des seelischen und kosmischen Daseins gewidmet ist, ihn auch nur zu streifen. Gesetzt, die Materialisation organischer Gebilde außerhalb des Körpers der Medien würde als Tatsache erwiesen, so wäre dadurch die Physiologie, die Lehre von den körperlichen Vorgängen der Lebewesen, um ein recht interessantes Kapitel reicher, aber für philosophische Probleme wäre dadurch nicht das mindeste gewonnen.

Diese Behauptung steht allerdings in starkem Widerspruch zu den Ansichten der Hauptvertreter des neueren physikalischen Okkultismus. Sie glauben vielmehr, die Materialisationen seien geeignet, zwar nicht den Spiritismus, die Geisterlehre zu beweisen, wohl aber den dualistischen Spiritualismus.

Einige Worterklärungen sind hier nötig. Materialismus nennt man die Lehre, daß die Welt nur aus Materie bestehe. Monismus (von monos = eins) ist die Anschauung, daß die Welt nur aus einerlei Baustoff besteht. Offenbar ist der Materialismus eine Art des Monismus, aber durchaus nicht die einzige. Die klassische Form des Monismus, wie sie sich im Anschluß an Spinoza herausgebildet hat, besagt vielmehr, es sei ebenso richtig, zu sagen, die Welt bestehe ganz aus Geist, wie, sie bestehe ganz aus Materie, denn Geist und Materie (oder genauer materielle Bewegung) seien dieselbe Wirklichkeit, nur gesehen durch zwei verschiedene Organe: Was das äußere Auge als körperlichen Ganglienprozeß wahrnehmen würde, erscheine dem inneren Auge, der Selbstwahrnehmung, als Vorstellung oder Gefühl. Der Monismus ist somit vielfach eine Synthese materialistischer und spiritualistischer Weltanschauung. Streitet euch nicht, ruft er uns zu, ob die Welt aus Geist oder Materie besteht, denn das ist nichts als ein Wortstreit, Geist und Körper(bewegung) sind nur verschiedene Seiten derselben Sache. — Es ist nötig, sich diese Wortbedeutungen klarzumachen, damit die beharrliche Vertauschung der Begriffe Materialismus und Monismus aufhört, mit der die Okkultisten arbeiten.

Den Gegensatz des Monismus bildet der erwähnte dualistische (von duo = zwei) Spiritualismus. Ihm gilt der Geist als ein besonderes, vom Körper trennbares, die Materie gestaltendes und beherrschendes Prinzip, als eine zweite Klasse von Weltbaustoff neben der Materie.

In den physikalischen Erscheinungen des Okkultismus, zumal in der ideoplastischen Materialisation, glauben nun die meisten heutigen Okkultisten einen Beweis für die Berechtigung des dualistischen Spiritualismus gefunden zu haben. Hier, meinen sie, sehen wir ja, wie ein Formgedanke des träumenden Mediums die aus ihm emanierte Materie gestaltet! Kann uns die Selbständigkeit und die Bildnerrolle des reinen Geistes anschaulicher bewiesen werden? — Um dieser Folgerung willen hat ein großer Teil der heutigen Neo-Vitalisten mit dem Okkultismus Fühlung genommen; er glaubt in ihm eine ausgezeichnete Bestätigung seiner die Organismen hervorbringenden „Lebenskräfte", „Entelechien", „Psychoide" zu sehen, unter welchem Namen er rein geistige Gestalter der Materie versteht.

Sehen wir aber die Ausführungen von Neo-Vitalisten wie Driesch oder Schleich näher an, so scheint es, daß der Weltanschauungsgehalt des physikalischen Okkultismus doch nicht so erheblich ist, weil letzterer offene Türen einrennt. Was uns der stoffformende Medientraum zeigt, beweist uns die Hysterische ebensogut, die sich krankhafte Veränderungen des Körpers „einbildet", d. h. sie durch verkehrte Gedanken in ihm erzeugt. Dasselbe illustriert uns die Macht der Suggestion, die nach den letzten Befunden des Couéismus auch vor organischen Umwandlungen und Beeinflussungen nicht haltmacht. Wenn Charcot die blutenden Wunden der Stigmatisierten künstlich durch hypnotische Suggestion entstehen ließ, bewies er dadurch etwa nicht die formgebende Kraft der Gedanken? Unsere früheren Ausführungen über hysterische Schwangerschaft veranschaulichen sie nicht minder deutlich. Von solchen Befunden ausgehend kann man die alte Idee ganz plausibel finden, daß auch die Gehirnvorgänge, welche die Tätigkeit unseres Magens, unserer Lunge, unserer Reflexbewegungen regulieren, sich, wenn wir sie ins Licht des Bewußtseins erheben könnten, als ein Denken oder Wollen der Organbewegungen präsentieren und dadurch deren Plan- und Zweckmäßigkeit erklären würden. So sagt denn Driesch ganz richtig, Materialisation und Telekinese zeigten uns nichts grundsätzlich Neues, sondern jede Organtätigkeit beweist die Macht des Psychischen ebensogut. Das heißt den Weltanschauungswert des physikalischen Okkultismus nicht eben hoch ansetzen. Wenn er sich als eitel Taschenspielerei erweisen sollte, würde die Frage des Monismus oder dualistischen Spiritualismus ungefähr da bleiben, wo sie ohnedies steht.

Wie aber steht sie denn, mit oder ohne Materialisation? Ich denke so, daß gerade der gewaltige Einfluß des Gedankens auf den Körper viel eher für den Monismus zeugt als für sein Widerspiel. Gerade wenn der Gedanke zugleich Hirnbewegung ist, wird es uns erst verständlich, wie er den Organismus gestalten und umformen kann, wollten wir ihn dagegen, im Sinne des dualistischen Spiritualismus, als etwas ganz Unkörperliches auffassen, so wäre uns seine materielle Wirkung unbegreiflich. Wie ist der Monismus eigentlich entstanden? Man sah, daß Geist auf Körper wirkt, daß z. B. der Willensakt zur Armhebung führt und verstand doch nicht, wie das möglich war. Denn wie konnte ein geistiger Vorgang ohne Masse und Gewicht den Körper stoßen, und wie konnte das Gesetz von der Erhaltung der Kraft es zulassen, daß neue Kraft aus einer unkörperlichen „vierten Dimension" in die materielle Welt einströmte? Um diese Schwierigkeit zu heben, verfiel Spinoza auf den (bei ihm noch embryonalen) Gedanken, jedes geistige Geschehen habe sein körperliches Gegenbild, Geist sei nur eine andere Seite des Körpers. War das der Fall, dann hatte der Gedanke a u c h Masse und Stoßkraft, dann stammte die zuströmende Kraft a u c h aus der Körperwelt. Also wohlgemerkt: Gerade weil man sah, Psychisches wirke auf den Körper, wurde der Monismus notwendig. Und wenn man nun heute erkennt, die Wirkung von Gedanken auf den Organismus sei größer, als man sie sich jemals vorgestellt hat, sollte da nicht der Monismus doppelt unentbehrlich werden? Es scheint, wenn Spinoza noch nicht gelebt hätte, im Anschluß an die obigen physiologischen Tatsachen müßte er jetzt erst recht auftreten. — Es ist daher auch nicht zu verwundern, daß einige der Größten unter den älteren Okkultisten, wie Schindler, Fechner, Perty, überzeugte Monisten waren. Mit klaren Worten hat schon im Jahre 1879 der Münchener Philosoph Johannes Huber es ausgesprochen, daß der Monismus, sogar in seiner materialistischen Form, die ideoplastische Bildung von Materialisationen, also die formende Kraft der Gedanken auf okkultistischem Gebiete, am besten verständlich machen würde. Er sagt:

„Mehr als er ahnt, streift der heutige Naturalismus an den Spiritismus [besser „Okkultismus"]. Wenn [David Friedrich] Strauß die psychischen Akte in die Kette der physikalischen Aktion einreihte und als eine Transformation von mechanischer Bewegung und Wärme auffaßte, wie nahe lag ihm da der Schluß, daß Vorstellungen und Willen, wie sie sich aus der Bewegung der Materie gebildet haben sollen, sich auch wieder in solche zurückverwandeln und nun, aus dem Organismus in die Außenwelt abfließend und übergehend, in derselben Wirkungen hervorrufen ... Ja, warum sollte nach dieser Hypothese sich nicht eine lebhafte Phantasie in ein objektives Bild verwandeln können?"

Der Dualist könnte einwenden: Diese Darlegung trifft nicht den ganzen Sachverhalt. Wenn ein Gedanke Organe oder Materialisationen formt, so ist damit bewiesen, daß die Welt nicht bloß durch mechanische Ursachen wie Druck und Stoß, Wärme, Elektrizität, chemische Kräfte regiert wird, sondern daß es daneben eine Leitung durch Zielideen, durch sogenannte „Teleologie" (Weltzielstrebigkeit) gibt. Bestände die Welt ganz aus Materie, so müßte sie ausnahmslos dem Gesetz der Materie, dem mechanischen Naturgesetz, gehorchen. Es ist also eine zweite Macht nötig, die, diesen Mechanismus durchbrechend, zu den Zielen der Entwicklung hinführt. Diese Macht kann nur durch vom Stoffe unabhängige, rein geistige, die Zielvorstellung denkende und wollende Potenzen ausgeübt werden. — Dieser Einwand würde den Materialismus, der jede Teleologie leugnet, zu Boden werfen. Er richtet aber nichts aus gegen den Monismus, der da, wo er, wie bei Lotze und Paulsen, mit der Leibnizschen „praestabilierten Harmonie" Fühlung genommen hat und eine „Konspiration" der mechanischen Ursachen zur Erreichung bestimmter Weltzwecke annimmt, die Teleologie vollständig in sich aufgenommen und mit dem lückenlosen Mechanismus, der ausnahmslosen Geltung der Naturgesetze versöhnt hat. Wir können diesen wichtigen Punkt hier nicht weiter ausführen, verwiesen sei auf Fr. Paulsens „Einleitung in die Philosophie". Da der

Streit sich hier um die in der ganzen organischen Welt, nicht bloß in den Materialisationen zutage tretende Zielstrebigkeit dreht, so hat der Okkultismus auf diesem Gebiete gewiß nichts Neues beizubringen.

Hier und da taucht in der okkultistischen Literatur, z. B. bei Aksakow und Geley, folgender Gedanke auf: Wenn eine Idee des Mediums die ausgeströmte Substanz zu Bildern formt, telekinetisch gewollte Bewegungen ohne sichtbare Berührung veranlaßt oder telepathisch auf andere Seelen oder Gehirne überspringt, so zeigt uns dies, daß ein Gedanke oder Willensakt „auswandern", den Körper verlassen kann, um jenseits seiner Grenzen weiter zu wirken. Er muß also wohl etwas von der Materie Verschiedenes sein. — Schon Ochorowicz (VIII, S. 313) erhebt gegen diese seltsam verschrobene Idee den Einwand: „Die Elektrizität ist auch keine rein seelische Angelegenheit geworden, bloß dadurch, daß man den Telegraphen erfunden hat." In der Tat, auch die Körperbewegungen, die ja nach monistischer Auffassung im Grunde mit den psychischen Vorgängen identisch sind, „lieben das Wandern", auch sie können von einem Körper auswandern und sich von ihm trennen — freilich nur, um auf einen anderen überzugehen, was aber auch die auswandernden Ideen tun. Nach der okkultistischen Logik müßte auch die von einer rollenden Billardkugel auf die angestoßene übergehende Bewegung, es müßte auch der von der Violinsaite auf das gleich abgestimmte Weinglas überspringende Ton etwas rein Geistiges sein.

So enden schließlich alle Versuche, vom Okkultismus aus den dualistischen Spiritualismus zu beweisen, mit einer Bestätigung des Monismus. Wo bleibt da die neue Weltanschauung, die uns durch Materialisation und Telekinese beschert werden sollte? Verschafften sie uns dieselbe aber nicht, so war das Interesse idealistischer und neovitalistischer Philosophen an den vermeintlichen Befunden des physikalischen Okkultismus ein großes Mißverständnis.

Ignoramus. Die Grenzen der Taschenspielerei

Die Situation der physikalisch-okkultistischen Forschung läßt sich dahin charakterisieren, daß sie im Nebel vollständiger Unsicherheit steckenbleibt. Mehrmals hat man geglaubt, es wollten sich aus diesem Nebel klarere Umrisse herausschälen, aber stets schlugen neue Entlarvungen, entdeckte Tricks, geglückte taschenspielerische Nachahmungen der Phänomene das ganze Gebäude wieder in Trümmer. Immer wieder langt der vorsichtig Urteilende beim vollständigen Agnostizismus, dem Eingeständnis seines Urteilsunvermögens an. Manche Negative, durch zuviel Betrug erbittert, erklären, sie wüßten, daß alle Phänomene Schwindel seien. Auch damit sagen sie zuviel aus, wir haben gar kein Resultat, weder ein positives noch ein negatives. Verkehrt ist es auch, den Okkultisten in *jedem* Fall nachweisen zu wollen, sie hätten schlecht experimentiert; selbst wenn sie das Höchstmaß an Vorsicht und Exaktheit anwenden, kommt auch kein sicheres Ergebnis heraus. Es hat wenig Sinn, Verirrungen zu tadeln, wo es überhaupt keinen richtigen Weg gibt.

Drei Gründe hat dieser hoffnungslose Zustand unserer angeblichen Wissenschaft. Den einen haben wir schon früher (S. 146—167) kennengelernt: Da das ganze Gebiet vollständig von bewußtem und unbewußtem Betrug durchsetzt ist, der unterbewußte Schwindel aber nicht zur Deklassierung, zur Ausmerzung des Mediums taugt und nicht beweist, daß es daneben nicht auch echte Phänomene bieten könne, so bleiben wir beständig haltlos zwischen Ja und Nein schweben, nichts ist sicher echt, vieles ist nicht sicher betrügerisch, ein unzweideutiges Endurteil ergibt sich nie.

Zweitens stehen wir vor der durch den bisherigen Verlauf der Forschung immer wieder bestätigten Tatsache, daß es keine festen Grenzen der Taschenspielerei gibt. In einzelnen Fällen läßt sich wohl nachweisen, daß eine be-

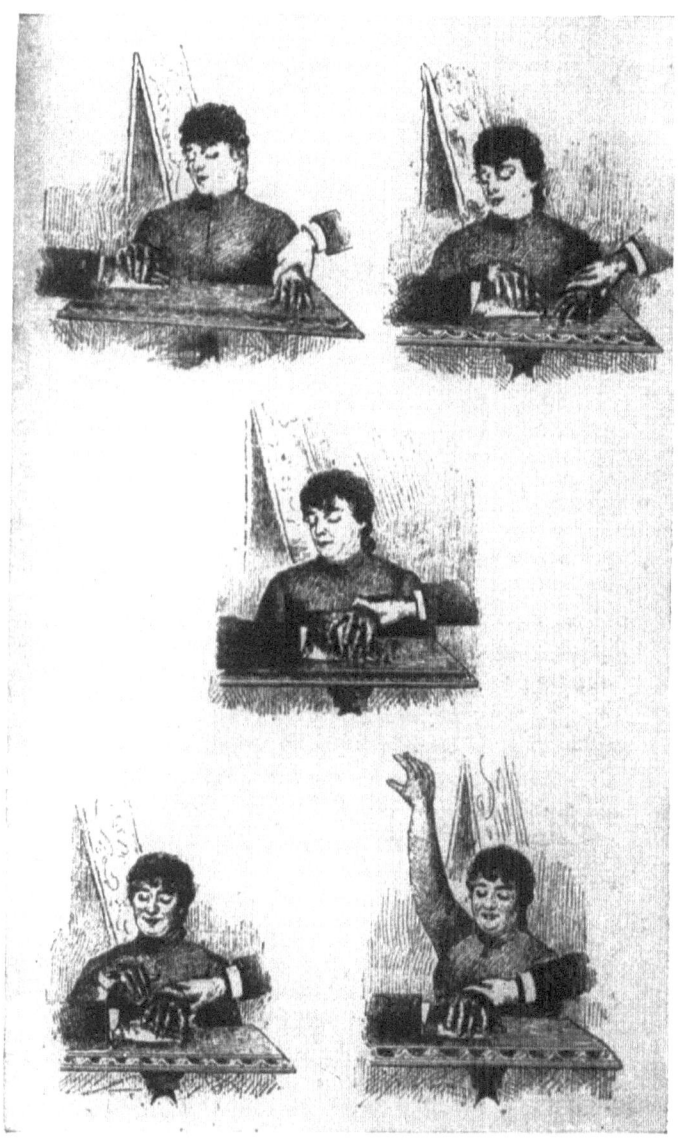

Illustration 10 (zu Seite 353)

Darstellung des Kunstgriffs, durch den ein von beiden Nachbarn kontrolliertes Medium eine Hand befreit

stimmte Art von Phänomenen nichts weiter als Trickleistung ist; bei den Vollmaterialisationen, den Geisterphotographien wurden tatsächlich die „lokalen" Grenzen der Taschenspielerei erreicht, sie haben sich restlos als Schwindel erwiesen und mußten deshalb den Betrieb einstellen. Gelegentlich kann auch ein großes Medium so durchschaut werden, daß es am Ende seines Lateins ist; so wußte die amerikanische Kommission des Jahres 1910 die Hand- und Fußkontrolle der Eusapia Paladino so lückenlos zu gestalten, daß alle Phänomene aufhörten, nicht etwa durch irgendwelche neuen, das Medium verstimmenden Maßregeln, sondern einfach dadurch, daß man durch heimliche Beobachtungen alle ihre Methoden der Vertauschung von Händen und Füßen ausfindig gemacht hatte (vgl. Illustration 10) und infolgedessen die übliche Kontrolle durchaus sicher machen konnte. Ein Taschenspieler, dem man seine Kniffe raubt, kann sich nicht von heute auf morgen neue zulegen, es gehört Zeit, Erfindungsgabe, Übung dazu. Aber noch niemals ist man dahin gelangt, überhaupt sagen zu können: Diese Leistung muß echt sein, sie kann nicht taschenspielerisch nachgeahmt werden. Man hat es tausendfach versucht, solche Grenzen zu ziehen, und immer wieder hat man sich damit kompromittiert. Sehen wir endlich ein, daß unsere Urteilsfähigkeit zu solcher Grenzbestimmung nicht reicht, daß es ja eben Zweck und Absicht und Triumph der Taschenspielerei ist, den Zuschauer zum vorschnellen Aussprechen des Wortes „Unmöglich" zu veranlassen, daß uns infolgedessen die Vorführungen eines Prestidigitateurs im Panoptikum ganz ebenso unerklärlich vorkommen wie die Phänomene der physikalischen Medien, und daß infolgedessen die Tatsache, daß wir die Leistungen eines Home oder Slade oder Willy Schneider nicht ganz begreifen, nicht das mindeste für ihren okkulten Ursprung beweist.

Das sogenannte „Dreimännerbuch" (LIV) stellt einen ganz eingehenden Unterrichtskursus in der zur Beurteilung der vorliegenden Fragen nötigen Kenntnis der Taschenspielerei dar. Wer dieses Buch genau durcharbeitet, erkennt vor allem, wie gründlich sich die Okkultisten in der Reichweite der Taschenspielerei geirrt, wie sehr sie ihr eignes Können und Wissen, ihre Fähigkeit, die Anwendung von Tricks zu verhindern, überschätzt haben. „Ich als geschulter Arzt und Naturwissenschaftler werde doch wohl nach ein paar Sitzungen wissen, ob solche einfachen Tricks wie Fußvertauschung oder Anwendung eines Haares angewendet werden!" Nun, bei Eusapia hat es von 1891 bis 1910 gedauert, bis man diese „einfachen Tricks" zu meistern verstand, und eine ganze Reihe gelehrter Kommissionen haben sich von ihr vollständig düpieren lassen. Laszlo hat eineinhalb Jahre lang einen aus hervorragenden „Sachverständigen" (das Wort bekommt auf diesem Gebiete einen ironischen Beiklang) bestehenden Kreis total irregeführt, und doch zweifelt heute niemand mehr, daß er restlos betrogen hat.

Schrenck-Notzing ist wohl der erfahrenste, fleißigste, unermüdlichste Experimentator im Bereiche des physikalischen Okkultismus. Seine Unterschätzung der unheimlichen Reichweite der Taschenspielerei, die sein Lebenswerk illusorisch macht, ist geradezu tragisch. Kaum gibt er einen seiner bekannten Ukase heraus über das, was unmöglich trickmäßig nachzuahmen sei, so führt irgendein neuer Entlarvungsskandal ihn ad absurdum. Behauptet er, ein Quadratmeter feinsten Schleierstoffes nehme den Umfang eines kleinen Apfels ein, so daß ein Einschmuggeln der Materialisationen trotz Voruntersuchung des Körpers kaum möglich sei, so zeigt Professor H. Henning, daß es asiatische Gewebe gibt, von denen ein Stück, das zusammengelegt einen Kubikzentimeter einnimmt, aufgeblasen einen Luftballon von fünf Meter Durchmesser ergibt, und Laszlo verbirgt einen Meter Gaze, bleistiftdünn zusammengerollt, zwischen seinen Zehen. Will Schrenck durch genaueste Untersuchung und Röntgendurchleuchtung nachweisen, daß Eva C. nicht über hysterische Rumination*) verfüge, so zeigt Dingwall, daß der aus ihrem Munde kommende weiße Schaum mit Papierholzstoff gesättigt ist, was denn doch wohl dem Beweise gleichkommt, daß sie ihre papierartig aussehenden materialisierten Bilder verschluckt hatte. Das von dem norwegischen Schwindelmedium Ejnar Nielsen produzierte Teleplasma erklärte Schrenck, nach Besichtigung aus nächster Nähe, für echt, für identisch mit dem Teleplasma der Eva C. und Stanislawa P., für trickmäßig kaum nachahmbar. Kurze Zeit darauf wurde N. zweimal entlarvt, die Materialisation erwies sich als im After versteckte Seidengaze. Von Laszlos Teleplasma hatte man abgetropfte Teile untersucht, es ergab sich, daß sie zu 75% aus Silikaten (wohl aus Ton oder Talkum) bestanden, die im menschlichen Organismus nicht vorkommen. Materialisationen aber sollen doch aus der Substanz aufgebaut sein, die aus dem Körper des Mediums ausströmt. Trotz dieses offenbaren Widerspruches, und obgleich ihm das Teleplasma Laszlos auch sonst verdächtig vorkam, hielt Schr. daran fest, es müsse angesichts der lückenlosen Kontrolle echt sein; das chemisch Sinnlose schien ihm minder unmöglich, als daß er sich in seiner Berechnung der Grenzen der Taschenspielerei geirrt haben könnte; kurz darauf gestand Laszlo selbst die Methoden ein, mit denen er die „unfehlbare" Kontrolle genarrt hatte. — Die materialisierten Bilder der Eva C. waren dünn wie Papier, knisterten wie Papier, hatten Kniffalten und Risse wie Papier, waren unter offenbarer Benutzung schlecht übermalter Illustrationen aus der Zeitschrift „Le Miroir" hergestellt worden. Schrenck selbst kann sich diesem Eindruck nicht entziehen. Aber, meint er, wenn manche Bil-

---

*) Rumination = Wiederkäuen. Der hysterische Ruminant kann Stoffe aller Art verschlucken und sie durch umgekehrte Peristaltik der Speiseröhre willkürlich wieder zutage fördern. Verschiedene Medien scheinen durch dieses Verfahren die als Materialisationen vorgezeigten Stoffe in die Sitzung eingeschmuggelt zu haben.

der wirklich aus Papier waren, so war es doch kein eingeschmuggeltes. Die psychische Kraft bedient sich eben bei ihrer Formgebung unserer Bildersprache, Eva C. hat von Papierbildern geträumt, und darum materialisierte sie Papierbilder. — Man bedenke, was das bedeutet! Ein organischer Wachstumsprozeß, dem Gebären eines Kindes ähnlich, soll Industrieprodukte wie Papier hervorbringen! Wenn die Aprilnummer einer Zeitung die Nachricht bringt, in H. sei ein Kind geboren worden, das, angetan mit Frack, weißer Weste, Zylinder und Regenschirm, aus dem Mutterleibe herausspaziert sei, so ist diese Meldung kaum abenteuerlicher und minder vertrauenerweckend als das, was uns Schrenck hier zu glauben zumutet. Aber er hält es immer noch für möglicher, als daß Taschenspielerei die Vorbeugemaßregeln seiner Kontrolle durchbrochen habe. Und dabei hatte man Eva C. bereits nachgewiesen, daß sie Nadeln und Klebestoff zum Aufhängen ihrer Bilder eingeschmuggelt hatte, daß sie ausgeschnittene Papierhände auf ihren Schoß gelegt hatte, um ihre wirkliche Hand frei zu bekommen usw.

Die Taschenspielerei wäre nicht so allmächtig, wenn sie nicht die Mängel der Sinne in ihren Dienst stellte. Daß unsere Sinne beständig täuschen, ist das Klagelied der rationalistischen Philosophie seit den ältesten Zeiten; jeder ins Wasser getauchte Stock, jeder in der Entfernung klein erscheinende Gegenstand beweist es. Nur weil die Vernunft beständig korrigiert, ergänzt, auslegt, kausal verknüpft, verallgemeinert, nur dadurch wird die sinnliche Erfahrung ein brauchbares Erkenntnismittel. Der Taschenspieler und namentlich das Medium aber verstümmelt nicht nur die Wahrnehmung durch Dunkelheit, neckendes Rotlicht, schwarze Hintergründe, Geschwindigkeit, Überrumpelung im Moment der Unaufmerksamkeit, nein er entzweit auch die sinnliche Wahrnehmung mit ihren sonstigen Freunden und Bundesgenossen, schiebt falsche Ursachen vor, lenkt die Aufmerksamkeit an unrichtige Stelle, hintergeht den Trieb zu generalisieren durch Herstellen unentdeckbarer Ausnahmen (z. B. indem eine Tür scheinbar doppelt verschlossen wird, während in Wahrheit der Schlüssel einmal hin und einmal wieder zurück gedreht wird) usw. Die meisten Phänomene, bei denen die Okkultisten sagen, sie müßten doch echt sein, weil es gar nicht denkbar sei, daß sie taschenspielerisch nachgeahmt werden könnten, erledigen sich einfach dadurch, daß sie gar nicht existieren, sondern nur falsch gesehen sind. Wenn beständig behauptet wird, es hätten sich Gegenstände 2 bis 4 m vom Medium entfernt bewegt, so konnten genaue Beobachter feststellen, daß dies eine Folge der falschen Raumschätzung im Dunkeln war. Wiederholt wollen Okkultisten gesehen haben, daß der Geist durch die Zimmerdecke entwich; aber das ist auch in den Vorführungen des Taschenspielers Davey vorgekommen, den das eingeladene, aus Gelehrten bestehende Publikum nur fälschlich für ein Medium hielt; auch hier liegt räumliche Bewegungsüberschätzung im Dunkeln vor. Das so häufig berichtete Angewehtwerden durch eisigen Wind ist durch verstecktes Blasen (worin z. B. Eusapia Meisterin war) oder Einschmuggeln von Chemikalien nachzuahmen, oft aber zeigt der Widerspruch verschiedener Beobachter, daß es reine Sinnestäuschung gewesen sein muß, veranlaßt wahrscheinlich durch den Affekt des Grauens, den solche Sitzungen auslösen und den Thomas Mann in seiner Schilderung der Willy-Phänomene so anschaulich beschreibt. Als Triumph des taschenspielerisch gar nicht Nachahmbaren gilt die Eigenbeweglichkeit des Teleplasma, die angeblich so weit geht, daß man aus einer amorphen Masse sich Netzwerk und Pseudopodien bilden und daraus wieder Hände und Köpfe hervorgehen sieht. In der Tat, wenn man liest, was überzeugte Okkultisten wie Schrenck-Notzing und Geley hierüber aussagen, so denkt man, hier seien wirklich die Grenzen der Taschenspielerei überschritten. Tut man sich aber weiter um, so gewahrt man, daß zurückhaltendere Beobachter wie Dingwall, v. Gulat-Wellenburg, Kafka, v. Kemnitz nur solche Bewegungen gesehen haben, die sich durch Ziehen von Fäden, Aufrollen des Vorhanges oder Bewegung des Kleides, an dem die Materialisation befestigt ist, erklären lassen, während andererseits der Okkultist Tordai auch bei den Falsifikaten Laszlos Eigenbewegung gesehen haben will. Offenbar handelt es sich hier z. T. um feine Vorgänge, die man im Halbdunkel oder Rotlicht gar nicht deutlich sehen kann, sondern die nur von denjenigen hineingedeutet werden, denen sie in den Kram passen. — Als größtes, unerklärlichstes Wunder erscheint es dem Sitzungsteilnehmer, wenn er sich bewußt ist, Hände und Füße des Mediums genau zu kontrollieren, während trotzdem der gewaltsame Spuk im Sitzungszimmer andauert. Auch hier spielt Beobachtungstäuschung eine Rolle. Tastempfindungen erzeugen lang anhaltende Nachbilder. Eine auf unsere Stirn gedrückte Münze scheint noch dort zu haften, wenn sie schon längst entfernt worden ist. So scheint auch der Fuß, die Hand des Mediums noch unsere eigene zu berühren, während sie schon anderwärts Unfug treibt. Der Kontrolleur muß beständig gegendrücken, nachtasten, probieren, ob er Widerstand fühlt, um sich gegen solche Sinnestäuschung zu sichern. Wer aber kann diese Vorsichtsmaßregel stundenlang fortsetzen, wenn aufregende Phänomene ihn ablenken?

Allgemeine theoretische Darlegungen dieser Art können dem Leser nur Gesichtspunkte für weitere Orientierung bieten; an sich überzeugen sie keinen Wundergläubigen, denn gegen jene bannende Macht des sinnlichen Eindrucks, mit der der Taschenspieler seine Erfolge erzielt, kommen sie gefühlsmäßig nicht auf. Erst wenn man ein Werk wie das „Dreimännerbuch" liest, die Pseudowunder immer wieder in gewöhnliche Tricks sich auflösen sieht, sich durch die empörende Einfachheit und Banalität der Mittel, durch die das scheinbar ganz Geheimnisvolle erreicht worden ist, zerknirscht und blamiert fühlt — dann wird man schließlich durch gehäufte Enttäuschungen klug. Den Don Quichottes der Mystik, die es nie werden, ist freilich nicht zu helfen.

N. = *Schw.*

Ein dritter Umstand, der dazu führt, das Gebiet des physikalischen Okkultismus in undurchdringliches Dunkel zu hüllen, ist die Annahme der Okkultisten, es gelte auf ihm das Gesetz „N. = Schw.", d. h. Natur gleich Schwindel. Sie sprechen es natürlich nicht so unverblümt aus, wie ich es hier tue, aber sie führen im einzelnen strikt den Grundsatz durch, daß die Phänomene sich genau so verhalten, als ob ein Taschenspieler sie veranstalte. „Les conditions qui favorisent les phénomènes, favorisent également la fraude", sagt Graf Perovsky. Überblickt man das Gesetz durchgehends in all seinen Anwendungsformen — was bisher noch niemand getan hat —, so sieht es überaus töricht aus, und dem Antiokkultisten scheint es ganz klar, daß es nur aus den schlechten Ausreden besteht, mit denen die Mystiker ihre Schwindelmedien decken und verteidigen. Der Okkultist dagegen, wenn er sich überhaupt dazu drängen ließe, dieses seltsame System zum Gegenstande der Kritik zu machen — was bis jetzt gleichfalls ängstlich vermieden worden ist —, würde sagen, das Wesen der Dinge scheine wirklich sein Geheimnis vor den Augen der Menschen zu hüten und deshalb Betrug und übersinnliche Leistung fast ununterscheidbar zu machen. Ich möchte hinzufügen, beide Parteien haben hier teilweise recht; ein Teil der Begründungen, deren sich die Okkultisten bedienen, ist an sich richtig, und auch der intellektuelle Okkultismus, der sich nicht auf Betrug zurückführen läßt, hat etwas Vexierendes, Irreführendes an sich. Andererseits erkennen wir klar genug, wie die Schwindelmedien diese über dem ganzen Gebiete liegende Dämmerung ausnutzen, wie sie das Gesetz „N. = Schw." ergänzen, jeden plumpen Betrug mit Hilfshypothesen verkleistern und in diesem Streben bei ihren fanatischen Anhängern, die unbedingt nicht aufgeklärt werden wollen, bereitwilligst Unterstützung finden. Über eins aber sind sich die Okkultisten nie klar: Darüber nämlich, daß sie, wenn sie dieses Gesetz zur Verteidigung gegen Entlarvungen und Betrugsnachweise benutzen, zugleich ihre eigene Sache vollständig zerstören. Denn gleichviel ob das Gesetz wirklich in der Natur begründet ist, oder ob man es nur als Ausflucht und zur Irreführung aufgestellt hat, in beiden Fällen macht es den Nachweis der Existenz von Materialisationen, Telekinese usw. unmöglich. Sind diese Dinge Schwindel, so muß man sie verwerfen, sehen sie aber nur unglücklicherweise wie Schwindel aus, so kann man kein Urteil über sie fällen, denn sie können dann stets auf zwei Weisen entstanden sein, und die bekannte Weise, nämlich den Betrug, wird man immer für wahrscheinlicher halten müssen als die der bisherigen Erfahrung noch fernliegende eines echten Materialisationsvorganges.

Betrachten wir das Gesetz in seinen wichtigsten Formen! Zunächst: Der physikalische Okkultismus ist lichtscheu. Viele Medien verlangen vollständige Dunkelheit. Wird Licht zugelassen, so muß es Rotlicht sein; die für die Phänomene entscheidenden Partien des Zimmers, z. B. der Platz unter dem Tisch, wo die Fußkontrolle stattfindet, oder bei Tischlevitationen der Raum zwischen dem Tisch und den Beinen des Mediums muß aber auch dann im Schatten liegen. Auch werden solche ausschlaggebenden Stellen, z. B. der Innenraum des verhängten Kabinetts, in dem oder vor dem sich das Medium aufhält, meist mit schwarzen Stoffen überdeckt. Ein raffiniertes System, um die Beobachtung zu lähmen und Schwindel gefahrlos zu machen; denn Gehör und Tastsinn, vom Gesicht verlassen, sind, wie wir soeben sahen, sehr irrtumsfähig, langwelliges rotes Licht begünstigt Sinnestäuschung und macht das Sehen so langsam und nachhinkend, daß schnelle Bewegungen nicht wahrgenommen werden können, und schwarzbestrumpfte Füße auf schwarzem Hintergrunde sind gleichfalls unsichtbar; eine Fülle von Taschenspielertricks arbeitet mit diesem Umstande. — Wozu dies alles? Das Medium wird angeblich durch Licht teils geschädigt, teils in seiner Produktion gestört. Viele Medien stürzen bei Blitzlicht dröhnend zusammen, schreien laut auf, bekommen Nervenkrisen. Ganz unbegründet ist dieser Einwand gewiß nicht. Lombroso berichtet, daß Mrs. d'Esperance durch plötzlich einfallendes Licht eine länger andauernde Lähmung erlitten hat. Auch Hypnotisierte leiden nach zu plötzlichem Wecken an Kopfschmerzen und Benommenheit, und Schreck ist für Psychopathen gefährlich. Die Wirkung von Dämmerung und Dunkelheit auf uns selbst zeigt, wie wichtig sie für das Freiwerden unterbewußter Prozesse sind. Freilich, man könnte das Medium durch eine Binde vor den Augen, oder, wie Prof. Becher vorschlug, bei reinem violetten Licht durch eine gelbe Brille, die alle violetten Strahlen absorbiert, schützen. Dann wenden aber die Okkultisten ein, daß nicht nur das Medium, sondern auch die Materialisation kein Licht vertragen könne. Bedeutsamer scheint folgendes: Der entscheidende Beweis für die Echtheit der Telekinese ist nur durch überraschende Blitzlichtaufnahme zu sichern; würden wir auf einem so entstandenen Blitzlichtbilde sehen, daß das „medianime Glied", das Tische hebt oder Menschen berührt, nicht mit dem Medium zusammenhängt, nicht sein Arm, Fuß, Kopf oder Ellenbogen ist, so wären wir uns darüber klar, daß Telekinese wirklich existiert, während ohne dieses Experimentum crucis der Streit ewig weitergehen wird. Nun setzen Menschen ihr Leben ein, um den Nordpol zu erreichen oder Pestbazillen zu studieren. Ist es glaublich, daß die Medien dauernd Ruhm und Ehre und Geldpreise, groß genug, um die Existenz eines Menschen für Jahrzehnte sicherzustellen, ausschlagen, weil sie vor einer Schädigung zittern, die mit verschwindenden Ausnahmen gar nicht oder nur ein paar Tage lang nachwirkt! Vermutlich wissen sie genau, warum sie so überfurchtsam sind. Eva C. ist gelegentlich von Blitzlicht überrascht worden, und da zeigte das Bild, daß sie die Materialisation mit ihrer eigenen Hand bewegte. Nur die Annahme, daß nichts Echtes zu zeigen ist, kann diese extreme Lichtscheu der Medien erklären.

Auch die Materialisation verträgt, wie gesagt, angeblich kein Licht. Oft verschwindet sie, wenn belichtet, sofort, was freilich durch einfaches Verschieben aus dem belichteten in den verhängten Teil des Kabinetts zu bewerkstelligen ist und wohl eher damit zusammenhängt, daß das Papierbild nur in der roten Dämmerung echt aussieht. Die Okkultisten erinnern an allerlei chemische und biologische Prozesse, die auch kein Licht vertragen. Schon gut, aber eine photographische Platte verändert sich bei Licht immer, eine Materialisation dagegen nur, wenn es dem Medium in den Kram paßt. Gelegentlich kann ein materialisiertes Bild minutenlang vom grellen Licht einer Taschenlampe bestrahlt werden, ohne zu verschwinden, Spukbewegungen finden auch bei hellem Tageslicht statt, der Geist der Katie King zeigte sich gleichfalls bei Sonnenlicht stundenlang den Teilnehmern der Crookesschen Versuche. Zudem hat man jetzt Bakterienlampen mit unaktinischem (chemisch unwirksamem) Licht hergestellt, gegen die keine okkultistische Theorie etwas einwenden könnte, aber die Medien lassen sie nicht zu.

Das Kabinett, in dem das Medium im Trancezustande sitzt, wird teils damit motiviert, daß die Phänomene besonders vor Licht geschützt werden müssen, teils damit, daß der abgeschlossene Raum die Zerstreuung des emanierenden Fluidums hindere. Natürlich sind die Vorhänge des Kabinetts, hinter denen man alles, was man will, verstecken kann und die in jeder gefährlich werdenden Lage sofort zugezogen werden, die denkbar wirksamste Unterstützung der Taschenspielerei.

Streng verboten ist durchweg das Ergreifen des Mediums oder das Berühren des Teleplasmas. Wird es angefaßt, so zuckt das Medium schmerzvoll zusammen; meist wird das ehrenwörtliche Versprechen, jeden Zugriff zu unterlassen, als Bedingung der Sitzungen gestellt. Der Theorie nach ist ja das Fluidum oder die Materialisation das nach außen projizierte Köperinnere des Mediums; wer die Materialisation verletzt, vielleicht nur dadurch, daß er zwischen dem Medium und dem levitierten Tische durchgeht oder durchfaßt, raubt ersterem gewissermaßen ein Organ, einen Teil seiner Körpersubstanz. Manche Medien erklären gleich Laszlo, daß ein Ergreifen der Substanz ihren sofortigen Tod bedeute. Es ist klar, daß auch dieses durch okkultistische Theorien gedeckte Verhalten der Medien genau demjenigen eines Betrügers entspricht, der sich vor Entlarvung schützen will. Ob die Materialisation echt ist oder nicht, kann man letzten Endes nur erfahren, wenn man sich ein abgetrenntes Stück von ihr verschafft und es untersuchen läßt. Das andere, von den Okkultisten zugelassene Mittel der Prüfung, nämlich die Kontrolle der Hände und Füße des Mediums, hat sich ja als gänzlich unbrauchbar zur Verhütung taschenspielerischer Nachahmung erwiesen. Wo immer der Forscher durch freiwillige Erlaubnis des Mediums oder gewaltsamen Zugriff Stücke der Materialisation in die Hand bekam, bestanden sie aus gewöhnlichen Haaren, abgeschabten Hautfetzen, Stoffteilen usw., kamen also einer Entlarvung gleich. Nun enthüllt auch hier der Grundsatz N. = Schw. seine Fadenscheinigkeit dadurch, daß er nur zu gelten scheint, wenn er den Medien paßt, und daß er übertrieben angewendet wird. Bei Stanislawa Tomczyk bestand die Materialisation aus Fäden, mit deren Hilfe kleine Gegenstände gezogen oder gestoßen wurden. Die in solchen Fäden investierte Körpersubstanz konnte nur geringfügig sein und kaum Schaden stiften. Manchmal ging solch ein „materialisierter" Faden verloren. Dann klagte Stanislawa über Schmerzen, konnte aber ohne weiteres die Sitzung fortsetzen. Und trotzdem blieb jeder Zugriff streng verboten, obgleich ein einziger genügt hätte, die große Frage, ob hier mit Industriefäden geschwindelt oder tatsächlich echte Materialisationen produziert wurden, auf der Stelle zu lösen. Eusapia wußte noch nichts von der Theorie einer unsichtbaren Verbindung zwischen dem Medium und dem levitierten Tisch. Infolgedessen konnte man bei ihr ruhig zwischen Tisch und Medium durchgreifen, das schadete nichts. Bei

Miß Goligher war es schon ein großes Verbrechen, das zu tun, aber wenn Crawford Hände und Knie des Mediums kontrollierend betastete, vergaß er das Gesetz, und auch das war unschädlich. Wenn jemand in das Dunkelkabinett der Eusapia mit der Hand hineinfuhr, schrie sie laut auf, angeblich wegen Verletzung des Fluidums. Als aber Dr. Stanley Krebs mit seiner schwarzverhüllten und dadurch unsichtbaren Hand „mindestens ein dutzendmal" im Kabinett umherfuhr, merkte sie nichts. Willy Schneider zuckte stets peinvoll zusammen, wenn man in seine „Fluidalzone" geriet, aber als Peter in der Dunkelheit mit seinem „Pseudopodion" zusammenstieß, blieb er mäuschenstill, denn er hatte wenig Anlaß, die Versammlung auf die Exkursionen seines frei gemachten Fußes aufmerksam zu machen.

Die vollendetste Anwendung des Prinzips N. = Schw. zeigt sich darin, daß, wenn man Eusapia oder Stanislawa mit einem Faden hantieren sieht, nicht angenommen wird, sie taschenspielerten, sondern der Faden soll ein fluidaler Ausfluß ihres Körpers sein. Sieht man Willys Fuß über eine Leuchtplatte gleiten, so ist er nicht dabei ertappt worden, daß er seine Fernbewegungen mit dem Fuße bewerkstelligt, sondern man hat sein „Pseudopodion" erblickt. Wenn Fournier d'Albe sieht, wie Miß Goligher den angeblich levitierten Stuhl mit dem Bein hebt, und daraus auf Betrug schließt, so wird er von den Okkultisten abgekanzelt, das sei „eine unsubstantiierte, subjektive Vermutung", er habe gewiß nur ein „medianimes Glied" gesehen. Ein mir bekannter Herr ertastete mit dem Stock die Drähte, mit denen in der Dunkelheit das Medium den „Geist" regierte. Ein sehr bekannter Okkultist belehrte ihn dahin, das sei nur die materialisierte Verbindung zwischen Medium und Phantom gewesen. Als in Münsterbergs Anwesenheit Eusapia einen kleinen Tisch aus dem Kabinett hinter sich heranbewegen wollte, packte ein Gehilfe M.s, der sich im Zimmer hinter Eusapia versteckt hatte, zu und erwischte ihre Ferse. Sofort wurde Münsterberg belehrt, das beweise nichts, es könne ja ein materialisierter Fuß gewesen sein. Nun hatte aber M. bemerkt, wie während dieses Manövers Eusapia sich nach vornüber beugte, ganz wie ein Mensch es tut, der mit dem Fuß eine weit ausladende Bewegung nach hinten ausführen will. Und das unten aus ihrem Körper austretende Pseudopodion hatte zufälligerweise gerade die Form eines Fußes, und der Hacken saß hinten daran, durchaus wie bei einem normalen Fuße, denn der von hinten her zupackende Mann bekam die Ferse in die Hand. Ist denn die Natur in der Durchführung des Gesetzes „N. = Schw." so überaus pedantisch, daß sie keine Kleinigkeit übersieht? Ein Gegenstück zu diesen famosen Verwendungen der Materialisationstheorie: Prof. Blacher sitzt neben dem Medium Guzik und kontrolliert einen seiner Füße. Er merkt, daß dieser Fuß verschwunden ist und schließt daraus, er müsse dematerialisiert sein. Ein andermal bemerkt Blacher, daß Guzik sein Bein sacht wegzieht, so daß Bl. auf dem Stuhle nachrutschen muß, um den Kontakt aufrechtzuerhalten. Er vermutet daher, Guziks Beine würden durch Dematerialisation magerer. (XVIII, Januar 1924.) — Man nehme an, ein Kriminalkommissar bekomme einen Taschendieb zu fassen, in dessen Tasche man eine gefüllte Börse findet, die ihm sicher nicht gehört. Der Verhaftete erklärt, er habe die Börse nicht gestohlen, sondern sie sei als Meteor vom Himmel gefallen und zufällig gerade in seine Tasche geglitten. Würde der Kommissar dieser Aussage glauben? Er hätte mehr Anlaß es zu tun als wir, wenn wir der zwillingshaften Ähnlichkeit zwischen Betrug und Materialisation glauben wollten, denn Meteore gibt es wenigstens sicher, Materialisationen aber sind noch strittig.

Auch wo das Medium unzweifelhaft auf Betrug ertappt wird, steht die Theorie bereit, daß es ein von der Natur imitierter, ein „unechter Betrug" sei. Wenn Eusapia ungenau kontrolliert wurde, weil man ihre Schliche kennenlernen wollte, und dann betrog, so hieß es, das Medium müsse, suggestibel, wie es ist und von dem Wunsche der

Anwesenden getrieben, auf jeden Fall Phänomene liefern, und seien die echten schwer und die Türen zum Betrug offen, so sei es durch seinen Zustand zum Schwindeln genötigt. Diese Begründung kann man übrigens gelten lassen, sie deckt sich mit der Psychologie des Unterbewußtseins. Als dagegen Ejnar Nielsen in Kristiania sehr scharf beobachtet wurde und man nun mit Hilfe einer Kotspur, die auf der Innenseite seines Gewandes vom After bis zur Halsöffnung lief, und eines kleinen Loches in dem Schleier, der seinen Kopf umhüllte, erkannte, auf welche allzu menschliche Weise er sein Teleplasma zutage gefördert hatte, erklärte Ingenieur Grunewald, das Teleplasma sei doch echt gewesen, Nielsen habe aber unter der Suggestion der Ärzte gestanden, die brutalerweise seinen Darm untersucht und Einschmuggelung des Teleplasma im After vermutet hätten, und so habe er sich absichtlich beschmiert und ein Loch in den Schleier gestoßen, um die Suggestion wenigstens scheinbar zu erfüllen. Man sieht, das Prinzip „N. = Schw." kann ein Entoutcas sein, der für Regen und Sonnenschein gleich gut paßt: Ob das Medium lax oder scharf bewacht wird, in jedem Falle ist an seinem Betrug die Suggestion der Kontrollpersonen schuld.

Zur Zeit der „Vollmaterialisationen", der eigentlichen Geistererscheinungen, mußte es auffallen, daß der Geist fast immer (nämlich stets, wenn das Medium ohne Komplicen arbeitete) dem Medium ähnlich sah; auch zeigte die Erfahrung, daß jeder ergriffene Geist sich als das Medium entpuppte. Das aber bewies für die Okkultisten nur einen von der Natur fingierten Schwindel. Allan Kardec hatte bemerkt, daß die Züge eines Mediums, aus dem angeblich ein Geist sprach, sich auffallend veränderten — eine Erscheinung, die man auch an tief Hypnotisierten beobachten kann, wenn sie eine suggerierte Rolle spielen. Hieraus schlossen die Spiritisten, wenn der Geist dem Medium gliche, so sei das eine „Transfiguration", d. h. der Geist gebe sich nicht erst die Mühe, Substanz aus dem Körper des Mediums zu leihen, er schlüpfe vielmehr in dieses selbst hinein, verändere dadurch dessen Züge etwas, aber nicht völlig, spreche mit seiner Zunge und denke mit seinem Hirn. Der Ergriffene sei also doch der Geist gewesen, wenn auch im Körper des Mediums. In anderen Fällen wieder sei der Geist ein Phantom außerhalb des Mediums, packe man ihn aber, so führe der Schreck eine sofortige Wiedervereinigung herbei — eine Begründung, die sich auf den seltsamen Erfahrungen bewußtseinsgeteilter, gewaltsam aus dem Trance geweckter Somnambulen stützen konnte. Aber wäre bei solchen Annahmen je die Entlarvung eines Schwindlers möglich?

Schon Aksakow und Du Prel hatten wahrgenommen, daß, wenn der Geist Farbe oder Ruß berührt, man oft hinterher die Hände des Mediums gefärbt oder geschwärzt findet, und beide sahen darin nicht etwa einen Beweis für Betrug, sondern einen Beleg dafür, daß Geist und Medium in ihrem Ergehen solidarisch sind. Bespritzt man das Gewand des Geistes mit Tinte und sieht hinterher das Kleid des Mediums befleckt, so liegt das eben daran, daß das Phantom in den Körper des Mediums zurückgetreten ist und dabei seine Tinte abgeladen hat. So erklärte es sich denn auch, daß, wenn Kathleen Goligher oder Willy Schneider ihre medianimen Glieder in Ton abdrückten, ihre Hände oder Füße Tonspuren aufwiesen. Honny soit qui mal y pense! Der Tonabdruck der Miß Goligher wies Lackpartikelchen auf, die von einem Bande ihres Schuhes stammten; das austretende medianime Glied hatte sie angeblich mit sich geführt. Gelegentlich zeigte der Abdruck im Ton das Gewebemuster eines Strumpfes: Nichts natürlicher als das, die emanierende Substanz behielt die Musterung des Strumpfes bei, durch dessen Maschen sie sich hindurchzwängen mußte. Manchmal zeigte der Abdruck auch die Form einer Damenstiefelsohle. Bei dieser Gelegenheit ist der Theorienbildung der Okkultisten der Atem ausgegangen. Sie konstatieren nur, daß die strenge Kontrolle die Benutzung des leibhaftigen Fußes „ganz unmöglich" machte: Ein Ukas über die Grenzen der Taschenspielerei,

VIII. Die physikalischen Phänomene

die niemand kennt! Jedenfalls wendet die Natur der okkulten Phänomene auch hier ihre ganze Kunst auf, um das Gebaren eines Betrügers so genau wie nur irgend möglich nachzuahmen.

Da unsere mangelhafte Sinneswahrnehmung nur da zweckmäßig arbeiten kann, wo das Verständnis des kausalen Zusammenhanges ihr Krücken bietet und ihr zugleich die Punkte anweist, auf die sie ihre Aufmerksamkeit zu richten hat, so versteht der Taschenspieler sie gänzlich zu verwirren und ohnmächtig zu machen, indem er an Stelle der wirklich verursachenden Bewegungen, die versteckt werden sollen, Scheinursachen unterschiebt und dadurch zugleich die Aufmerksamkeit an eine falsche Stelle schiebt. Während der Prestidigitateur den Taler in den Ärmel der rechten Hand gleiten läßt, macht er zugleich eine drastische Greifbewegung mit der linken, starrt sie an, deutet mit dem Zeigefinger der rechten darauf. Holt er später den Taler wieder hervor, so pflückt er ihn scheinbar von der Nase eines Herrn der ersten Zuschauerreihe ab. Ganz ebenso nun machen es die Medien. Zuccarini drückt die Hände blasebalgartig zusammen, und der Tisch gleitet etwa sechzig Zentimeter nach hinten. Eusapia hat bei vielen telekinetischen Phänomenen „synchrone (gleichzeitige) Bewegungen", wenn der Tisch sich heben soll, so hält sie die geballte Faust darüber, als sollte diese ihn magnetisch anziehen. Sie kratzt die Hand d'Arsonvals, und die auf dem Tisch liegende Gitarre ertönt. Sie nähert die Hand dem Vorhang, und dieser bläht sich auf sie zu. Willy Schneider führt, während donnernde Schläge gegen die Tür erfolgen, gleichzeitig Schläge in die Luft. Natürlich halten die Okkultisten alle diese Scheinbewegungen für echte Ursachen echter telekinetischer Vorgänge; die genaue Nachahmung taschenspielerischer Methoden weckt ihnen keinen Verdacht.

In fast allen okkultistischen Sitzungen fordert das Medium, daß „Kette" gebildet werden soll, d. h. jeder Teilnehmer muß mit seinen beiden Händen die Hände der Nachbarn halten. Die Theorie sagt, daß durch diese Kette „magnetische" Kraft kreist und das Medium imstande ist, von dieser Kraft des ganzen Zirkels zu leihen, sofern seine eigene Kraft für das Zustandebringen der Phänomene nicht ausreicht. Unglücklicherweise ist aber auch dieses Kettebilden wie geschaffen dafür, um Taschenspielerei zu unterstützen. Die Teilnehmer, die von Geisterhand berührt werden, leuchtende Hände vorbeigleiten, Möbel sich bewegen sehen, haben selbst die Hand nicht frei, um zuzugreifen und sich über die wahren Ursachen zu vergewissern. Freilich, das Medium ist auch in die Kette eingeschaltet, und das weckt Vertrauen. Tatsächlich aber sorgt die Kette dafür, daß gleichzeitig die Kontrolle ungenügend bleibt. Wenn nämlich *ein* Nachbar des Mediums dessen beide Hände festhalten würde, so wäre es ihm, dem Medium, sehr schwer, eine Hand frei zu bekommen. Nun ist aber die eine Hand des Kontrolleurs durch dessen Nachbar in Anspruch genommen, weil die Kette dies fordert; folglich geht es nicht anders, als daß der Nachbar des Mediums zur Rechten dessen rechte Hand, der Nachbar zur Linken die linke Hand kontrolliert, und bei diesem Verfahren pflegt es im Dunkeln für das Medium leicht zu sein, seine eine Hand freizubekommen, so daß beide Nachbarn nur noch mit der einen zurückgebliebenen Hand des Mediums in Verbindung sind. (Vgl. Illustration 10 neben Seite 353.) Wenn Eusapia merkte, daß einer ihrer Nachbarn Miene machte, selbst seine Hand zu lösen, um nachzufühlen, ob ihre Hand oder ihr Fuß hinter oder neben ihr Unfug trieb, so pflegte sie eisern festzuhalten, dadurch dokumentierend, daß sie ihre Kontrolleure, nicht diese sie überwachten, und daß Kette und Kontrolle in erster Linie zugunsten des schwindelnden Mediums arbeiteten.

Der Trance physikalischer Medien geht mit heftigem Schütteltremor, mit gewaltsamen pumpenden oder stoßenden Bewegungen ihrer Hände und Füße vor sich. Diese Krämpfe scheinen gleichfalls zu Nutz und Frommen der Schwindelmedien von der Natur vorgesehen zu sein, denn sie machen es unmöglich, dauernd mit ihren Händen und Füßen in Kontakt zu bleiben, ist dieser aber nur einen Augenblick gelöst, so kann ein falscher Arm, ein falsches Bein untergeschoben werden, so daß beide Nachbarn nunmehr, ohne es zu merken, dasselbe Glied kontrollieren, während das andere frei wird. Außerdem ist es so überaus schwer, einem zappelnden, überraschende Bewegungen ausführenden Menschen im Dunkeln bei all seinen Evolutionen zu folgen, daß der Kontrollierende nach kurzer Zeit verbraucht ist und nicht mehr verfolgen kann, was neben ihm vorgeht.

Die ursprünglichen spiritistischen Sitzungen wurden als eine Art Gottesdienst, als Kult des Unsterblichkeitsglaubens aufgefaßt. Sie umgaben sich mit religiösem Ritus, Gebete wurden gesprochen, Hymnen gesungen, Dunkelheit und mystisches Rotlicht bewirkten feierliche Stimmung; die Erwartung, einen Blick hinter den Vorhang des Lebensgeheimnisses zu tun und geliebte Verstorbene wiederzusehen, schuf eine affektbetonte, aufgeregte Stimmung. Auch nach dem Verblassen der spiritistischen Theorien behalten die modernen, wissenschaftlichen Sitzungen viel von den alten Kultgewohnheiten. „Die Geister lieben Musik", behaupten die Medien, ohne Musik wollen sie nicht erscheinen. Man willfahrt ihnen, schon weil der moderne Okkultismus diesem Trieb nach Wort und Klang eine neue, gleich zu besprechende Deutung unterschiebt. Nun sind aber alle diese religiös aussehenden Zutaten wieder so geartet, daß das Trickmedium den größten Vorteil davon haben muß. Es ist ja ohnedies der große Triumph der Taschenspielerkunst, daß sie den Sinnen, auf die wir so fest vertrauen, das scheinbar Unmögliche zeigt. Glaubt der moderne Okkultist obendrein, es berge sich nicht bloß eine amüsante Unterhaltung, sondern eine große neue Wahrheit hinter diesen Eindrücken, die in ihrer Unglaublichkeit uns schaudern machen, so steigert sich noch die Aufregung. Auch das lange, suggestiv wirkende Warten auf Phänomene, die nicht kommen wollen, ist erregend und entnervend. Treten nun noch gemütserschütternde Kulthandlungen dazu, so verliert der Beobachter jede Kontrolle über sich, seine Phantasie ist aufgepeitscht, er glaubt kritiklos, was er zu sehen scheint, deutelt Halbwahrgenommenes um, hat Sinnestäuschungen. Wir sehen, wie selbst skeptisch Eingestellte von dieser sie umgebenden Ekstase der Massenpsyche vorübergehend umgeworfen werden, bis sie, einige Stunden nach Verlassen der Sitzung, sich den „Daumenschrauben der Stimmung" entziehen und zu kritisieren beginnen. Hinzu kommt die okkultistische Theorie, daß der Teilnehmer sich gläubig, hinnehmend verhalten müsse, weil Argwohn und Zweifel die Phänomene schädigen. Nun wird es zum Verdienst, unkritisch zu sein, nun macht man sich Vorwürfe, wenn man den handgreiflich sich darbietenden Betrug als solchen betrachtet. Der schon erwähnte Aufsatz von Blacher bietet ein gutes Beispiel dieser gewollten Urteilslosigkeit. Mit einem so benebelten, ja sich selbst blind machenden Sitzerkollegium schaltet dann das Schwindelmedium, wie es will, es kann hier alle Vorsicht fallen lassen. Daß überdies Gebete, Hymnen, Spieluhrklänge sehr geeignet sind, um die verdächtigen Geräusche des Entfesselns, knisternden Papiers usw. aus dem Kabinett, oder diejenigen einer im dunkeln Sitzungszimmer umherschleichenden Person zu verdecken, ist noch ein weiterer Vorteil für den Taschenspieler, und kein geringer.

Aufmerksamkeit schädigt die Phänomene. Auch dieser Grundsatz der physikalischen Okkultisten ist psychologisch keineswegs unberechtigt. Wir wissen, das dämonische Unterbewußtsein zerstört und verhindert gern, was das Oberbewußtsein will. So ist die Bemerkung Gasparins, daß Tischbewegungen und Telekinese mißlingt, sobald die Teilnehmer zu erpicht auf den Erfolg, zu ungeduldig, mit zuviel Interesse bei der Sache sind, wohl verständlich. Berechtigt ist auch Jos. Böhms Bemerkung „Wie die Beobachtung lehrt, kann etwas nicht erfühlt [d. h. vom Medium abgezapft werden] werden, auf das sich im gleichen Augenblick einer der Teilnehmer an der Versuchssitzung stark konzentriert, das gegenwärtig bewußt ist." Es muß so sein, denn nur das Unterbewußtsein wirkt telepathisch, und wird ihm ein Inhalt vom Oberbewußtsein weggenommen, so kann es ihn nicht übertragen. Aus diesen Beobachtungen hat sich nun aber die Gepflogenheit abgeleitet, bei physikalisch-okkultistischen Sitzungen eine „schwebende Aufmerksamkeit" herzustellen. Dazu die ewig klimpernde, entnervende Spieluhr, dazu der Zwang, sich dauernd unterhalten zu müssen. Anschaulich genug hat Thomas Mann diese Methode geschildert: „Man spricht ins Dunkel, redet, was einem einfällt, während man kaum weiß, wen man neben sich hat. Das ist nicht leicht, das Gespräch reißt immer wieder ab ... Der Baron hilft ihm auf: ‚Unterhalten, meine Herrschaften! Professor G., Sie schlafen ja! Herr Mann, plaudern Sie!' — ‚Doch, Baron, ich plaudere nach meinen Fähigkeiten!' Auch gespannt hinsehen soll man nicht. Willys Geist ‚Mina' verkündet: ‚Eure Blicke wirken auf die Erscheinung wie Sonnenstrahlen auf Eis.'" Herrliche Rezepte für eine Aufmerksamkeit, der die Riesenaufgabe gestellt ist, die blitzschnellen Kapriolen eines Taschenspielers zu überwachen! Wer hat mehr zu dieser Lehre beigetragen, die Natur der Seele oder die Schwindler? Beide gehen innigst Hand in Hand.

Aus ähnlichen Gründen, heißt es, versagt ein Medium meist, wenn es seine Leistungsfähigkeit vor einer Kommission von Sachverständigen zeigen soll. Würde denn, meint Walter Kröner, ein Dichter schaffen können, wenn er es zu vorgesetzter Stunde in Gegenwart einer prüfenden Kommission tun sollte? Im Genie wie im Medium arbeiten ja ähnliche, unterbewußte Kräfte. Sowie ein Medium in Gegenwart einer ihm wichtigen Person, ja nur eines neuen, ungewohnten Gastes Phänomene vorführen soll, will es sie, es hat ein brennendes Interesse daran, und eben deswegen gelingen sie nicht. Auch wird das Medium durch die Skepsis antiokkultistischer Sitzungsteilnehmer ungünstig suggestiv beeinflußt. Aus diesem Grunde ließ Schrenck zu seinen Versuchen vorwiegend Okkultisten zu, die von vornherein überzeugt waren, nicht die Gegner, die es zu gewinnen galt. An diesem Prinzip mag viel Wahres sein, aber — ein Taschenspieler hätte sich kein für seine Zwecke passenderes ersinnen können. Mit seiner Hilfe kann er jedem Fachmann, der ihm zu sehr in die Karten gucken könnte, ausweichen. Das Schwindelmedium Firman hatte den Grundsatz, in Anwesenheit von Journalisten nur negative Sitzungen zu liefern; diese mißtrauische Menschenklasse war ihm zu gefährlich.

Medien sind meist Psychopathen und daher überaus sensibel. Aber diese Empfindlichkeit wird durchgängig zur Waffe gegen die Kontrolle. Nur wenige Medien lassen sich so fest binden, daß die Fesselung einen Zweck hat, die meisten verschanzen sich dahinter, daß die Hände und Füße schmerzhaft eingeschnürt würden oder sie sich gestört fühlten. Jedes Erschrecken zerstört die teleplastische Substanz und bringt sie zum Verschwinden, daher ist kein Zugriff möglich. Gegen eine gewissenhafte körperliche Voruntersuchung führt das Medium seine Schamhaftigkeit ins Gefecht, bei dem Medium Miller protestierten sogar die auftretenden Geister dagegen, daß er gezwungen worden war, sich zu entkleiden. Heftigste Gegenwehr richtet sich natürlich gegen die Untersuchung von After und Vagina, und doch zeigt uns fast jede Entlarvung, daß gerade in den Körperhöhlen die Hilfsmittel für taschenspielerisch hergestellte Materialisationen eingeschmuggelt werden. Strenge Kontrolle stört, je strikter die Überwachung, desto weniger Phänomene. Aber dieser Erfolg muß bei einem Schwindler genau so gut eintreten wie bei einem echten, aber sensiblen Medium. Eusapia hatte ein Interesse daran, daß nicht ihre beiden Hände von denen der Nachbarn gehalten und bedeckt wurden, nicht ihre beiden Füße sich unter denen der Nachbarn befanden; geschah dies, so war es für sie schwer, eine Hand- oder Fußvertauschung vorzunehmen, um ein Glied frei zu bekommen. Sie suchte mit allen Mitteln zu erreichen, daß wenigstens ihre rechte Hand und ihr linker Fuß die Hand

374   VIII. Die physikalischen Phänomene

bzw. den Fuß des Nachbarn deckte. (Vgl. Illustration 10.) Zu diesem Zwecke erfand sie ein System von Ausreden. Sie sei nervös während der Sitzungen und könne es nicht ertragen, daß Leute mit heißen, feuchten Händen die ihrigen hielten. (Seltsamerweise schienen aber stets die Nachbarn zur Rechten feuchte, heiße Hände zu haben.) Ihr linker Fuß sei überfahren worden und gegen Druck empfindlich, auch schliefen ihr die Füße leicht ein, wenn ein anderer Mensch seinen Fuß darauf setze. — Man sieht, ob die Sensibilität nun echt oder vorgeschützt ist, sie operiert stets wie ein Taschenspieler, der die Kontrolle umgehen möchte.

Die Anwendungsformen des Gesetzes „N. = Schw." ließen sich noch weiter häufen, doch mag es hiermit genug sein. Die Einzelheiten, die ich vorgebracht habe, sind fast alle schon erwähnt worden, aber noch nie habe ich sie systematisch zusammengestellt gefunden, und doch ist eben diese Zusammenstellung das Wesentliche. Gewiß kann ein Okkultist darauf hinweisen, daß an irgendeinem bestimmten, einzelnen Punkte die Natur der Phänomene es leider schwer macht, den Betrug auszuschließen, daß sie z. B. Dunkel oder Rotlicht oder große Rücksichtnahme auf die Launen des Mediums fordert; das würde uns nicht auffallen, uns nicht kopfscheu machen. Merken wir aber, daß ganz systematisch und ausnahmslos die Phänomene wie Schwindelprodukte aussehen und nur unter Bedingungen gedeihen, bei denen der Taschenspieler leicht operieren kann, und nur unter möglichst weitgehender Zerstörung von Beobachtung und Kontrolle zustande kommen, dann finden wir entweder die Annahme, daß die Natur der Dinge sich durchgehends als Taschenspieler maskieren könne, lächerlich und verdächtig, oder wir sagen uns, daß, wenn dieses Gesetz wirklich statthat, es die Forschung zerstören muß. So sicher als Gold, falls Tombak alle seine Eigenschaften nachahmen könnte, nicht mehr wertvoller wäre als Tombak, so sicher sind Phänomene, die von Betrug nicht mehr zu unterscheiden sind, nicht beweisender als Betrug. Soweit das Prinzip N. = Schw. regiert, können wir unsere Zeit nutzbringender verwerten, als daß wir uns mit Materialisationen und Telekinese beschäftigen. Sollte es ein kleines Gebiet ganz einfacher, leicht zu beobachtender, auf kleinstem Raum sich abspielender Phänomene und etliche licht- und kontrollefreundliche, vor überraschender Blitzlichtphotographie und Zugriff nicht zurückscheuchende Medien geben, für die jenes Gesetz *nicht* gilt — nun, dann wäre noch Hoffnung auf brauchbare Erkenntnis.

IX. SPIRITISMUS UND UNSTERBLICHKEITSPROBLEM

Wiederholt haben wir uns bereits mit den Gründen beschäftigt, die eine Zustimmung zu den Lehren des Spiritismus unmöglich machen. Aber logische Gründe sind auf diesem Gebiete keine Macht. Der Glaube an die Fortdauer der Seele nach dem Tode ist Herzenssache, er sucht die Angst vor dem eigenen Tode und den Schmerz um das Hinscheiden geliebter Menschen zu mildern. Wer den Spiritismus widerlegen will, kann sich nicht mit dem Nachweis begnügen, daß er keine *wahre* Lehre ist, sondern muß vor allem auch beweisen, daß er keine schöne, tröstende, befriedigende Lehre für einen Europäer des zwanzigsten Jahrhunderts sein kann. In der Philosophie unserer Zeit scheint eine neue, eine Diesseits-Religion in der Bildung begriffen zu sein. Es gilt zu zeigen, wie weit sie als Mittel seelischer Stärkung und Beglückung die primitiven Ideen des Spiritismus hinter sich läßt.

Die Vollkommenheit des Weltalls und die individuelle Unsterblichkeit

Rudolph Presber schildert in seinem Gedichte „Ketzergedanken*)", das in seltener Vereinigung lustig und tiefsinnig zu sein versteht, wie er einer Predigt beiwohnt, die nach des Lebens Not das selige Fortleben im Himmel verheißt, inmitten befreiter, sich brüderlich liebender Geister. In freundlicher, harmonischer Stimmung verläßt er die Kirche, recht gestimmt, alle Mitmenschen an sein Herz zu drücken, und steigt in die Straßenbahn, um heimzufahren,

„Grad' noch als Letzter. Die Fülle war drückend,
Ratsch — die Kurve brachte Gefahr;
Und mein Nachbar roch wenig entzückend,

---
*) Rud. Presber „Ernte", S. 251.

Weil sein Frühstück ein Hering war.
Gegenüber zwei ältliche Damen,
Stirnen faltig und Scheitel glatt,
Die in zahnlose Mäuler nahmen
Alle junge Liebe der Stadt.
Und ein Jüngling mit vielen Blüten
Im erstaunlich blöden Gesicht
Hielt in zwei dicken, blauen Tüten
Gegenstände von großem Gewicht.
Eine Jungfrau, die sich zierte,
Denn sie hielt sich für furchtbar nett,
Saß gegenüber und transpirierte
In dem schlecht gebauten Korsett.
In der Ecke 'ne dicke Schlampe
Puffte den rekelnden Brudersohn,
Und der Schaffner duftet' nach Mampe ...
Und ich denk' an den Himmelsthron.

Soll ich unter Sternengewinden
Wirklich, wenn alles glückt und klappt,
Alle die Braven wiederfinden,
Die das Schicksal zusammengepappt?
Soll ich die Schlampe mitsamt dem Neffen
Und den heringduftenden Greis
Und die Jungfrau, der es so heiß,
Und die Basen dort wiedertreffen?
Soll ich auf sauberen Wolkengassen,
Wo sich die Schmerzen der Erde entwirrn,
Wirklich den Schaffner am Händchen fassen
Und den Jüngling mit blühender Stirn?
Und geeint durch der Liebe Bänder
Tänzeln wir selig durch güldene Tür,
Und das alles — ohne Gewänder?
Schön ist anders, ich kann nicht dafür!

Und ich denke, der Glaube ist heilig —
Himmel ist Himmel, meinen Respekt;

Doch ich hab' es, weiß Gott, nicht eilig,
Freu' mich, wenn sich der Weg noch streckt.
Denn so schön auch die Englein geigen
Sicherlich oben im ewigen Licht —
Aus der Elektrischen kann ich steigen,
Aus dem Himmel kann ich es nicht.

Aus diesen Bedenken des Dichters, deren Berechtigung niemand bestreiten wird, ergibt sich der große Widerspruch, der die Idee der individuellen Unsterblichkeit durchsetzt. Alle Einzelwesen sind mehr oder minder mangelhafte Skizzen, die sich bemühen, ein hinter ihnen liegendes wirklich Ewiges auszudrücken. Einem Künstler gleich, der sich nie genugtun kann, zeichnet die Natur immer neue Entwürfe, in Millionen Modifikationen und Schattierungen. Es hieße ihr Können, ihren Reichtum mißachten, wenn man alle ihre Studien aufheben wollte. Nur einige besonders geglückte verdienen eine Art irdischer Unsterblichkeit, wie der Ruhm sie verleiht. Der Beschränkte allein, der kleinlich Egoistische kann annehmen, er selbst mache eine Ausnahme. Nein, mein Freund, der unerschöpflichen Fülle der Welt gegenüber bist du so billig wie die Gräser im Frühjahr, wie die Wellen auf dem Ozean. Gedenkst du den Geist des sausenden, in jeder Sekunde milliardenfach gebärenden Lebens mit deiner Monotonie zu langweilen? Siehst du nicht, daß man das All degradiert, verkleinert, beleidigt, wenn man sich in ihm so wichtig vorkommt?

Die Komik des Überlebens der kleinen Zufälligkeit, die ein Mensch bedeutet, zeigt sich besonders in spiritistischen Sitzungen, in denen die „Geister" über ihr Leben im Jenseits auszukramen beginnen. Sie lieben auch dort noch ihr Leibgericht und ihren langen Nachmittagsschlaf. Ist einer an Lungenentzündung gestorben, so fühlt noch nach zehn Jahren das von seinem Geist besessene Medium Schmerzen in den Lungen. Tritt der Spirit eines im zweiten Lebensjahr verstorbenen Kindes auf, dann lallt er unter Umständen noch nach Jahren seine Babysprache. Manchmal stiften dann in diesen Menschlichkeiten des angeblichen Jenseits die üblichen Verklärungsideen eine tolle Konfusion. Frau Prof. James fragt Hodgsons Geist: „Habt ihr Häuser, Kleider?" Er erwidert: „Ja, ja, Häuser, aber keine Kleider. Aber nein, das ist toll! Wartet einen Augenblick, ich muß fort!" Aus ist das Geistergespräch! Dieses köstliche „Ich muß fort!" spricht Bände.

Das Verewigenwollen des zufälligen Einzelwesens ist nicht nur der Ausdruck einer engen Auffassung vom Weltall, nein letzteres würde durch das dauernde Weiterexistieren der Individuen auch wirklich klein und arm werden. Denn auf Tod und Neugeburt ruht der Reichtum und der Fortschritt des Kosmos, Tod ist „ein Mittel, viel Leben zu haben". Die Biologie lehrt, daß die Kopulation zweier Zellen verschiedener Herkunft einen gewissen Lebens- und Wachstumsantrieb gewährt, der aber nach einer bestimmten Zeit schwächer wird und schließlich ganz aufhört. Nun, diese körperliche Beschränkung des Entwicklungsvorrats, der einem Lebewesen mitgegeben ist, könnte man sich ja im reinen Geisterreich wegdenken. Aber leider steht es auf psychischem Gebiet nicht anders: Gefühle, Triebe, Interessen, die den Motor des seelischen Lebens bilden, werden immer kühler, die „ausgefahrenen Bahnen" des Denkens werden immer tiefer und gestalten dasselbe zunehmend stereotyp; je mehr wir gelernt und erlebt haben, desto mehr ist unser Vorstellungsvorrat in bestimmten Zusammensetzungen und Assoziationsgeweben festgelegt, so daß Neudenken und Umdenken immer schwerer wird. Verkalkung ist die unvermeidliche Folge eines zu langen Einzellebens. Keine veraltete Theorie hört auf, weil ihre Anhänger durch neue Erfahrungen widerlegt und bekehrt werden. Wir hätten noch heute die Herrschaft der Hegelianischen Philosophie, wenn ihre Bekenner nicht schließlich ausgestorben wären. Und überdies ist es der Tod des schlecht Angepaßten und das Überleben des Passenden, das durch Selektion die Entwicklung vorwärts treibt.

Man hat die Unsterblichkeit zu retten gesucht, indem man die Gestorbenen als fortschreitende, im Jenseits weiter sich entwickelnde Geister auffaßte, oder gar als vollendete, verklärte Geister, von denen aller Erdenstaub abgefallen ist. Daß die ewige Fortentwicklung des Individuums an den Bedingungen des Lebens scheitert, sahen wir soeben. *Verklärte*, schon am Ziel der Entwicklung angelangte Geister wären mit den gestorbenen Individuen nicht identisch, könnten also unserer Sehnsucht nach Fortdauer keine Befriedigung bieten. Was uns zu bestimmten Einzelwesen macht, ist ja eben unsere Mangelhaftigkeit, unsere Begrenzung. Ohne diese werden wir Klischee wie ein ganz idealisiertes und darum charakterloses Bild. Beethoven war menschlicher Vollendung so nahe wie irgendein Sterblicher, aber denkt ihn ohne Häßlichkeit, mit glattem Engelsgesicht, ohne Schwerhörigkeit, ohne Jähzorn, ohne Mißtrauen, ohne Melancholie und plötzlichen Stimmungswandel, ohne Rauheit, ohne kindliches Lebensungeschick — wäre er dann noch Beethoven? Und überdies: Vollkommene, verklärte Wesen sind entwicklungsunfähige, versteinerte. Von Ewigkeit zu Ewigkeit ein Leben führen, in dem nichts Wesentliches mehr geschehen kann — die Hölle wäre eine mildere Strafe!

Aus solchen Gründen haben schwärmerische Verehrer des göttlichen Alls wie Emerson häufig in ihrer Metaphysik keinen Raum für den Unsterblichkeitsgedanken gefunden, ja oft sogar eine ausgesprochene Antipathie dagegen gehabt. Sie fühlten, daß die Idee eines göttlichen, unendlich inhaltsvollen, unendlich entwicklungsfähigen Kosmos kollidierte mit individueller Unsterblichkeit, daß es eins oder das andere zu opfern galt. Wer aber, dem der Glaube nicht bloß eine kleine Herzstärkung für den Hausbedarf, sondern begeisternden Lebensinhalt bedeutet, möchte die Welt klein machen, um sich ein fettes Pfründchen darin zu sichern, möchte Gott erniedrigen, um sich selber für Äonen das Leben — einer Mumie zu sichern?

Hier, an dieser Stelle, trennen sich die groß empfindenden und die kleinlichen Geister.

Der Philosoph Hellenbach vertrat die entgegengesetzte Anschauung. Nach ihm ist die individuelle Fortdauer für den Zweck der Welt nötig, um ihre Bewohner einer unausgesetzten Vervollkommnung zugänglich zu machen. Mit dem Tode der Einzelwesen würde ja alle von ihnen gesammelte Erfahrung, alle erworbene Fertigkeit wieder zugrunde gehen: Eine sinnlose Verschwendung! Nur wenn das Erreichte aufgespeichert und angesammelt werde, sei ein schneller Aufstieg möglich. — Für Hellenbach muß der Anblick der Welt ein beständiges Grollen mit ihrer schlechten Ökonomie bedeutet haben. Wie liederlich ist die Sonne, die Milliarden leuchtender Reflexe im Wasser im Moment wieder vergehen läßt! Wie wüstet die Vegetation mit Keimen, die Geschichte mit Menschenseelen! Offenbar hat Gott die Technik des Kapitalisierens und Haushaltens erst von den Geschäftsleuten zu lernen. Oder sollte die „sinnlose Verschwendung" einen tieferen Sinn haben? Sollte das dauernde Vergessen und Vergessenwerden, Bauen und Einreißen, Stürzen und Wiederneuanfangen (verbunden mit einem auf Erinnerung, Gewöhnung, Übung, Vererbung gegründeten konservativen Moment) eben den Unterschied darstellen, der das ewig junge und zeugungsfähige Leben von verknöcherter Routine und verrosteten Schätzen scheidet? Und wie steht es mit dem „schnellen Aufstieg"? Auch hier ist das Weltall nach menschlichen Begriffen entsetzlich unrationell. Denselben Weg geht jedes Einzelwesen noch einmal, wenn auch mit zunehmender Verkürzung, an Umwegen und Irrwegen fehlt es sowenig wie in einem Labyrinth, nach jeder überwundenen Schwierigkeit tun sich neue auf, ein Anlangen am letzten Ziel der Sehnsucht scheint kaum zu hoffen. Wäre es gut, wenn es anders wäre? Wenn Hellenbachs Reïnkarnations-(Seelenwanderungs-)Lehre uns ganz rationell, mit 100 prozentigem Krafteffekt, auf dem kürzesten Wege zur lückenlosen Wahrheit, zur fleckenlosen sozialen und politischen Gerechtigkeit, zum vollkommenen Kunstwerk usw. führte? Dann stände der Welt nur noch ein kurzes, absterbendes Epigonenzeitalter bevor. Und das erreichte Ziel würde sich, hier wie überall, als ganz wertlos herausstellen, denn Ziele sind nur kostbar, solange man nach ihnen strebt. Was Hellenbach nicht eingesehen hatte, ist, daß der Zweck alles Lebens nicht im Ziel, sondern im Streben, nicht im Endpunkt, sondern im Wege zu ihm, nicht im Gesiegthaben, sondern im Prozeß des Siegens über Feinde und Hemmnisse besteht. In dieser schon heute von manchen Vorauseilenden geahnten Grunderkenntnis des „Viktorianismus" münden alle höchsten Fragen; auch die Frage nach dem Sinn und Zweck eines vergänglichen Menschenlebens wird erst durch sie beantwortbar.

Eine Parabel

Das Lämpchen des Krankenzimmers schwelte und verlosch. In tiefer Finsternis lag der Sterbende, verlassen von den Menschen, betrogen von allen Hoffnungen und klammerte sich verzweifelnd an das schwindende Leben. „Entsetzliches Wort: ‚Zu Ende‘, entsetzliches ‚Nie wieder‘! Wenn ich jetzt irgendeine verlorene Spanne meines Lebens zurückerbitten könnte, eine Viertelstunde der unleidlichen Grammatikstunden des Gymnasiums, in denen man wie versessen auf den Glockenschlag wartete; eine Viertelstunde im Wartezimmer des Zahnarztes, über die bloß der Gedanke hinwegtröstete: Bald ist es vorüber! eine Viertelstunde, in der ich gekränkt, beleidigt, verlacht wurde und mir das Leben verwünschte — wie dankbar wollte ich sein! Ach, Tod, könntest du mich hören, könntest du Erbarmen haben!"

„Ich höre dich", hauchte eine tiefe Stimme, und der Kranke wußte nicht, war es Wahn seiner fiebernden Sinne, oder hob sich wirklich dort eine riesige Gestalt, nicht weit von seinem Bette, von der finstern Wand ab. „Schon!" rief er entsetzt, „kommst du schon, um mich zu holen!"

Die Stimme schien deutlicher, wirklicher zu werden, als sie erwiderte: „Ich werde dich nehmen, wenn du selbst es verlangst."

Der Kranke fuhr empor, eine jäh erwachte Hoffnung sprach aus seiner Stimme. „Was sagst du da? Wann ich selbst es verlange? Wer würde dir jemals folgen, wenn er dich selbst erst darum ersuchen müßte! Woher so milde, du Schrecklicher?"

„Bin ich denn milde, wenn ich dich wünschen lasse? Es kann das furchtbarste Geschick sein, selber wünschen zu dürfen. Habe wohl acht, was du dir wünschest!"

„O Tod, wenn du mir nur noch zwei Jahre schenken wolltest!"

„Bedenke, was du dir wünschest!"

„Du hast recht, zwei Jahre sind nichts. Was von all meinen Plänen könnte ich in zwei Jahren durchführen? Und dauernd zu wissen, nur bis zu diesem Endpunkt reicht es, und der furchtbare Abschluß kriecht näher und näher. Nein, 10 Jahre! Oder halt: 20 Jahre! Nein, warte, laß mich bedenken! Auch 20 Jahre gehen zu Ende, und am Schlusse wäre es genau wie heute, nichts wäre gewonnen. Ja, wenn es ganz von meinem Wunsche abhängt, ginge es denn nicht, daß ich überhaupt nicht stürbe?"

„Gewiß! Aber wäge deine Wünsche!"

„Freilich, alt und gebrechlich und krank dürfte ich nicht werden. Du hast recht, wünschen ist ein heikel Ding, wenn man für die Ewigkeit haftbar bleibt. Könntest du mir wirklich ein Leben ohne Ende in Gesundheit, Geisteskraft und Jugendfrische schenken?"

„Ich *könnte* es." Es war eine drohende Betonung in den Worten.

Der Kranke schrak zusammen. „Ahasver! Nein, der schreckt mich nicht, mich jagt keine Schuld. Aber der Meister von Palmyra! Weiterleben, wenn all unsere Lieben sterben, alles verfällt und vergeht, was uns teuer wurde, unser Glaube, unsere Ideale von einer neuen Zeit verlacht werden! Zum erratischen Block in einer ganz fremden

Welt werden! Auch das ist schlimmer als Tod. Ist uns armen Menschen denn jedes Ende und jede Fortsetzung des Lebens durch Schrecken versperrt? Man müßte sterben und wieder neu geboren werden können, viele Leben aneinanderreihen. Ist das möglich, o Tod?"

„Möglich? Vielleicht! Aber wie denkst du dir das Neugeborenwerden?"

„Natürlich müßte ich die Erinnerung an das frühere Leben — nein, an alle früheren Leben behalten. Sonst wäre ich es nicht mehr und käme mir selbst abhanden."

„Habe acht, was du wünschest!" rief die Stimme von neuem, und düsterste Warnung lag in ihrem Ton.

„Wie," fragte der Kranke, „auch hier Gefahren? Ich sehe sie nicht!" Er besann sich lange und fuhr fort: „Freilich wäre ich als Kind schon wissend wie ein Greis. Es gäbe nichts Erstmaliges, keine Überraschungen, keine jugendfrohen, begeisterten Eindrücke. Jedes Erlebnis wäre mit dem Worte ‚Schon dagewesen' beschmiert. Das Meer wäre gleichgültig, denn ich vergliche es mit dem Ozean; die Alpen wären trivial, denn ich vergliche sie mit dem Himalaja. Die erste Liebe wäre ohne Rausch und Flaum, denn ich wüßte längst, wieviel Gemeines, wieviel Reue und Enttäuschung dahinter lauern. Ich könnte nicht mehr mit Hingebung lernen, mit Enthusiasmus streben, denn ich wüßte längst, im Rückblick ist alles eitel, es kommt nichts dabei heraus. Nein, das wäre furchtbar. Dann lieber gar nicht mehr sein! Oder alles Frühere vergessen haben! Aber wäre das eine Lösung?"

„Warum nicht?"

„Seltsame Frage! Dann wäre ich's doch nicht mehr! Was hätte ich jetzt davon, wenn ich später wiederkomme und nichts von meinem jetzigen Leben weiß? Indes, eigentlich hast du recht! ‚Warum nicht?' Vielleicht stolpere ich hier über einen Stein, den ich mir mutwillig in den Weg gelegt habe. Ich stelle mir vor, ein großer Chirurge wolle mir einen Hirntumor entfernen und sagt mir: ‚Ich gebe Ihnen mein Ehrenwort, Sie werden nach der Operation wieder aufwachen und in kurzer Zeit ganz gesund werden!' ‚Gut, Herr Doktor,' erwidere ich, ‚dann ist die Sache nicht arg, betäuben Sie mich nur!' ‚Aber', fährt er fort, ‚es ist noch etwas Besonderes dabei: Ich muß Ihnen auch die Hirnteile herausschneiden, in denen Ihre jetzigen Lebenserinnerungen sitzen. Sie werden nach dem Erwachen wie ein neuer Mensch, wie eine unbeschriebene Tafel sein.' ‚Das ist merkwürdig,' würde ich antworten, ‚da heißt es ja eigentlich Abschied nehmen von meinem bisherigen Leben. Man müßte Zeit haben, sich an diese Idee etwas zu gewöhnen. Aber schließlich, wenn ich nur weiß, daß es hinterher weitergeht, ist auch das nicht schlimm. Im Gegenteil, es muß sogar interessant sein, mit einmal eine ganz neue Rolle zu agieren. Gewiß, eine unendliche Reihe von Leben, deren jedes mit einer neuen Erinnerungskette beginnt — das wäre die einzig erträgliche, die einzig schöne Art von Unsterblichkeit."

„Müßtest du in jedem dieser Leben immer genau der gleiche sein, an Gestalt, Begabungen und Gemütsart? Oder genügt es, wenn du dir nur ähnlich bleibst?"

„Doch wohl kaum, sonst wäre ich es ja nicht mehr. Aber halt! Nein! Das hieße wie ein Pferd auf der Tenne immer im gleichen Kreise gehen. Wo bliebe da die ‚interessante neue Rolle'? Will man denn nicht alle Höhen und Tiefen des Daseins durchleben, in allen Regionen des Gefühls, der Lebensempfindung, der Weltanschauung heimisch werden in einem unendlichen Leben? Und schließlich, war ich nicht als Kind, Jüngling, Mann und Greis jedesmal ein ganz verschiedener Mensch? Sind mir nicht die Briefe meiner Sturm- und Drangzeit heute so fremd, als hätte ein anderer sie geschrieben? Und da sollte ich verlangen, daß der Sprung von einem Leben in ein anderes keine Veränderung bewirkte! So pedantisch ist man im Sterben nicht.

So also muß mein Wunsch lauten: Unsterblich will ich sein, immer neu geboren werden, in jedem Leben die früheren vergessen, in jedem Leben eine neue Variation desselben Themas sein. Allgewaltiger Tod, kannst du mir das geben?"

„Nein, ich kann es dir nicht geben, denn — du hast es schon. So und nicht anders ist ja das wirkliche Leben."

Der Kranke setzte sich mit einem Ruck auf. „Was heißt das? Verhöhnst du meine Qual? Ich bettele um Lebensminuten und soll schon unsterblich sein! Es ist ja wahr: Menschen, die mir sehr ähnlich sind, werden immer neu geboren. Aber was gehn sie mich an, sie haben doch nicht meine Seele!"

„Was nennst du deine Seele?"

„Seltsame Frage für einen Allwissenden! Ich sehe und höre doch, ich denke und träume, ich fühle und begehre."

„All dieses Denken und Fühlen setzt sich bei jenem späteren Menschen, wie du ihn nennst, ganz ähnlich fort; du bist dir in ihm viel gleichartiger geblieben, als es dein jetziges Denken und Fühlen gegenüber dem deiner Kindheit ist."

„Schon gut, aber die ‚Seele' ist doch nicht dieselbe, das Ding, das da sieht, denkt und fühlt, das Gefäß, das die Gedanken in sich trägt, die Bühne, auf der die Gefühle spielen."

„Hast du diese Bühne schon einmal wahrgenommen?"

„Nein, sehen kann man sie nicht, aber —"

„Deine Gedanken und Gefühle waren dein Glück oder dein Unheil, deine Erlösung oder Verdammnis. Hat dir jene ‚Bühne' schon einmal wohl oder wehe getan?"

„Nein, nie. Offen gestanden, ich weiß auch nicht recht, wie ich mir sie denken soll."

„Nun gut! So bedenke den Tatbestand: Du vergehst und ein dir ganz ähnliches Wesen wird geboren! Erleidet diese Wirklichkeit irgendwelche Einbuße oder gewinnt sie etwas, wird sie auch nur um ein Gran zuträglicher oder abträglicher für dein Glück, wird dir die Auffassung, jenes neue Menschenleben sei die Fortsetzung des deinigen, nur um das geringste leichter oder schwerer, je nachdem du annimmst, jenes inhaltsleere Phantom, die Seele, sei aus deinem Körper in jenen neugeborenen übergegangen, oder sie sei nicht übergegangen, oder sie existiere überhaupt nicht und sei ein leeres Wort?"

„Wahrhaftig, du hast recht! Kaum kann ich es fassen und sehe doch unwiderleglich: Ob ich sage, ich vergehe oder ich lebe in veränderter Form wieder auf, das macht keinen realen Unterschied, es ist ein Wortstreit; zwischen mir und der Unsterblichkeit steht nichts als eine selbstgemachte Spitzfindigkeit: Eben das Phantom der ‚Seele‘. Die Tatsachen, wie sie sind, können meinem suchenden Geiste genau denselben Trost bieten wie die Seelenwanderung."

„Nein, einen unendlich besseren. Wenn nach jener seltsamen Lehre der Geist eines Menschen in einen Schakal oder Geier, oder auch in einen Weisen oder Engel übergeht, so ist das neue Leben, das neue Ich dem alten höchst unähnlich, und die ganze Berechtigung, es als eine Fortsetzung des alten anzusehen, beruht einzig auf jener Phrase vom Andauern der sagenhaften Seele. Wenn aber der Formgedanke, der deinem Ich zugrunde lag, in Millionen Abwandlungen zu allen Zeiten, auf vielen Sternen wieder auftaucht, unsterblich wie das Weltall, einer Bachschen Fuge gleich, wo dasselbe Motiv bald in hohen und bald in tiefen Tonlagen, in Urform und Umkehrung, in viertel, halben und ganzen Noten, wieder auftritt — dann ist das Band, das die verschiedenen Einzelwesen zur Einheit kettet, ein höchst reales, nämlich eben die Gleichheit, die gesetzmäßige Wiederkehr in der Natur. Der Arzt, der dir dafür gutsteht, daß du nach dieser Operation erwachen wirst, ist kein Schwätzer."

„Warum aber jenes Phantom von ‚Seele‘, das uns unser Fortleben so verdunkelt, wo wir es nur zu sehen brauchten, um getröstet zu sein?"

„Der Humor davon ist: Man hat es ersonnen, um eine Talmi-Unsterblichkeit darauf zu gründen."

„Dann ist doch aber das Ganze ein blutiger Witz der Philosophie. Dann liege ich hier und quäle mich und giere nach ein paar Minuten des Todeskampfes, nur um einer gräßlichen Mystifikation willen."

„Alle menschliche Sorge und Qual ist solche Mystifikation. Die Natur, die positive Wirklichkeit ist für den, der ihre rauhe Außenseite durchschaut, viel gütiger als der Mensch."

„Wenn ich denn ein ewiger, unzerstörbarer Gedanke bin, so will es mir scheinen, daß auch du, Tod — verzeih, ich will dich nicht beleidigen — ein Irrtum bist, ja weniger als ein Irrtum: Ein Begriff."

Lächelnd sagte der Tod: „Etwas mutiger bist du, wie mir scheint, in dieser halben Stunde geworden! Nein, ich bin schon Wer! Nur die Fratze bin ich nicht, die menschlicher Wahn aus mir gemacht hat. Ich bin ein freundlicher Wirt, der seine Gäste nachts, tief schlafend, aus einem dumpfigen, abenddämmerigen Zimmer herausträgt, um sie in einem gelüfteten, von Morgensonne bestrahlten wieder erwachen zu lassen, erfrischt und verjüngt. Ohne mich würdet ihr Sterblich-Unsterblichen den harten Kampf des Daseins nicht ertragen können."

So sprach er. Und der Sterbende lächelte auch und streckte seine Hände dem Tode entgegen. Der aber nahm ihn sanft in seine Arme.

Relativität und Dehnbarkeit des Ich

Der Inhalt obigen Dialogs sieht wie Spiegelfechterei aus, weil ein unsere ganze Weltanschauung erschütterndes Ergebnis mit scheinbar viel zu kleinen Mitteln erreicht wird. Es wird sich aber logisch nicht viel dagegen einwenden lassen, denn diese Überrumpelung der gewohnten Überzeugung gelingt mit Hilfe einer nicht zu leugnenden Tatsache, die doch erst vor kurzem in den Gesichtskreis der Psychologie getreten ist: Der neckenden und verwirrenden Relativität des „Ich".

Was nennen wir „Ich"? Offenbar einen ungeheuren, aber ziemlich eng zusammengeschweißten Komplex von Vor-

IX. Spiritismus und Unsterblichkeitsproblem

stellungen, der vor dem übrigen Vorstellungsvorrat unseres Geistes gewissermaßen privilegiert ist, so daß er zur ganzen übrigen Welt — dem „Nicht-Ich", der „Außenwelt" — in Gegensatz tritt. Dieses Vorrecht des Ichkomplexes nun beruht auf zwei charakteristischen Gefühlen: Erstlich dem lustvollen Ichgefühl, das an allen Bestandteilen des Ichkomplexes haftet und durch das wir für sie, der Außenwelt gegenüber, Partei nehmen. Wir spüren es sehr deutlich, wenn wir unser Gesicht im Spiegel sehen, in Briefen oder Tagebüchern alte Erinnerungen aufspüren oder unseren Namen von anderen aussprechen hören. Es ist dabei gleichgültig, ob unser Gesicht uns gefällt, die Erinnerungen rühmlich sind, unser Name im lobenden Sinne erwähnt wird: Die einfache Tatsache, daß diese Dinge sehr wesentlich für unseren Ichkomplex sind, läßt einen warmen, wohligen Gefühlsstrom in unsere Seele dringen. Dem Ichgefühl gegenüber steht das unlustvolle, der Antipathie verwandte Fremdheitsgefühl, mit dem wir alles färben, was besonders betont Nicht-Ich, vom Ich verschieden, ihm entgegengesetzt ist.

Das Ichgefühl kann verschiedene Grade haben, es kann sich verdichten und verdünnen. Dadurch entsteht die Erscheinung, daß manche Teile unseres Ichkomplexes mehr Ich sind als andere, daß das Ich einer Zwiebel mit inneren und äußeren Schichten gleicht. So ist zum Beispiel von unseren Körperteilen das Auge entschieden mehr Ich als etwa die Nase oder gar die Beine. Darum schaudern wir vor einer Augenoperation besonders zurück, und das Essen tierischer Augen gelingt fast nur Ärzten, die von ihren Anatomiestudien her sich an die Auffassung gewöhnt haben, daß das Auge ein Körperteil wie jeder andere sei. Ebenso ist in unserer Innenwelt Gefühl und Wille durchschnittlich stärker mit Ichgefühl getränkt als das Vorstellungsleben. Schon in dieser Verdünnungsfähigkeit des Ichgefühls kündigt sich eine gewisse Relativität, eine schwierige Abgrenzbarkeit des Ichkomplexes an, ähnlich wie man darüber streiten kann, ob die dünne gasförmige Atmosphäre eigentlich mit zur Erde gehört oder nicht. Hat man zum Beispiel seinen Schlips mit zum Ichkomplex zu rechnen? Manche sind stolzer auf ihn als auf ihre seelischen Güter, und doch wird man hier wohl zweifeln können. Das Ichgefühl verdünnt sich schließlich so homöopathisch, daß man nicht recht weiß, wo die Grenze zu ziehen ist.

Nun kann sich aber das Ichgefühl nicht auf ganz beliebige Gegenstände ausdehnen, die gar nicht mit uns in Verbindung stehen. Wir können nicht einen wildfremden Menschen, einen erstmalig gesehenen Baum im Walde mit in den Umkreis unserer Persönlichkeit ziehen, so wie unser Sohn oder Vater, oder wie eine lange und mühsam gehegte Lieblingsblume unseres Gartens dazu gehört. Wie sich eine Farbe nur in einem Medium verbreitet, das keine Risse und Sprünge hat, so durchtränkt auch das Ichgefühl nur solche Vorstellungen, die mit gewissen Kerngebieten des Ichkomplexes — unser Leib und unser Innenleben sind die wichtigsten — irgendwie zur Einheit verknüpft sind. Und zwar gibt es zweierlei Kitt, der solche Einheit herstellt. Erstens die Kontinuität. Unsere ganze Lebensgeschichte gehört zum Ich, weil sie eine kontinuierliche Reihe bildet, und weiterhin auch unsere Kinder, weil sie in kontinuierlicher Entwicklung aus uns hervorgegangen sind. Zweitens Gleichheit oder Ähnlichkeit: Wir rechnen alles das speziell zum Ich, was den Stempel unseres Geistes trägt, und ein Mensch, der uns körperlich oder seelisch besonders ähnlich ist, erscheint uns wie ein zweites Ich und löst wärmstes Ichgefühl aus.

Von diesen beiden Arten von „Kitt" kann jeder den anderen bis zu einem gewissen Grade hervorrufen oder ersetzen. Kontinuität macht einigermaßen gleichartig. Mag ich auch im übrigen ein völlig anderer Mensch geworden sein, als ich es in der Kindheit war, so haften doch die alten Erinnerungen, der wesentlichste Teil meines Vorstellungsschatzes stammt aus jener Zeit, erregende, quälende Eindrücke der Kindheit arbeiten als „Komplex" im Unbewußten weiter und bestimmen heimlich mein heutiges Fühlen und Handeln, die Ideale, die Prinzipien der Jugendzeit verlieren sich fast nie, auch wenn sie auf dem Boden der jetzigen Seelenverfassung nie hätten wachsen können. Und diese Ähnlichkeit, die aus der Kontinuität stammt, wird von uns stark überschätzt. Wir bilden uns ein, wir hätten in der Jugend fast ebenso gefühlt, gedacht, geschrieben, gedichtet wie heute, wir projizieren die jetzigen Gefühle, Denkgewohnheiten, Triebe in die Vergangenheit hinein. Lesen wir aber dann einmal alte Briefe, Tagebücher, Aufsätze, Gedichte, tritt das gewesene Ich dem jetzigen leibhaftig gegenüber, dann gewahren wir vielfach: Das war ja ein völlig anderer Mensch, der geht mich eigentlich gar nichts mehr an, er ist abgetan, gehört nicht mehr zu mir. Wir haben das Gefühl eines Renegaten, der seine frühere Persönlichkeit ausstreicht und aus seinem Leben ausmerzt wie einen ungeratenen Sohn. Solche Erfahrungen sind wichtig für das uns beschäftigende Problem; sie zeigen, daß die Kontinuität allein ein ziemlich schlechter Kitt ist, weit schlechter als die Ähnlichkeit; nur wo Kontinuität Ähnlichkeit hervorbringt oder sich als Ähnlichkeit verkleidet, ist sie ganz vollwertig.

Auf der anderen Seite spielt Ähnlichkeit bis zu einem gewissen Grade die Rolle der Kontinuität. Viele Einzelerscheinungen, die dem gleichen Typus, dem gleichen Original entsprechen, erscheinen uns als dauernder Prozeß, als anhaltend existierende Sache. Wenn viele Frauen ähnliche Kleider tragen, ist das eine einheitliche Strömung, eine Mode, die ein Lebensalter von soundso viel Jahren erreicht. Viele ähnliche Pflanzen sind eine „Art", die eine Geschichte hat wie ein Individuum. Plato hypostasierte diese Vereinheitlichung alles Ähnlichen, indem er metaphysische, in einer Überwelt existierende Ideen der Typen annahm. Aristoteles nannte die typisch wiederkehrenden Formen Ousia, d. h. Substanz. Unter Substanz versteht man das, was beim Wechsel der Merkmale beharrt. Es lag also in dieser Bezeichnung die Auffassung, daß die immer wiederholten

Formen eine beharrende Sache seien, ebenso unzerstörbar wie der Stoff. Und diese Art zu denken macht sich in allen Zeiten der Geschichte der Philosophie immer wieder geltend, Platonismus und Aristotelismus sterben nie aus. Man sieht, Ähnlichkeit ist ein so vorzüglicher Kitt, daß er die Kontinuität auch ganz zu ersetzen, ganz an ihre Stelle zu treten vermag.

Nun zeigt es sich aber, daß beide Bindungsmittel das Ich nicht so deutlich und lückenlos zusammenleimen, daß dem Ichgefühl ganz bestimmte Grenzen vorgeschrieben wären, bis zu denen es sich ausdehnen darf und muß. Es hat sich eine Lehre von der Relativität des Ich gebildet, die man am vollständigsten in dem Buche von Richard Müller-Freienfels „Philosophie der Individualität" (Leipzig, Meiner, 1921) dargestellt findet. Die *räumliche Kontinuität* läßt unsichere Grenzen. Die Kleidung, das Haus, die Heimat gehört halbwegs zum Ich. Trage ich einen Stock, so scheint meine Tastempfindung bis zu seiner Spitze verlängert. Weilt man ein paar Wochen in einer Sommerfrische und zeigt sie einem neu zugereisten Fremden, so bemerkt man leicht, wie man für sie Partei ergreift und sie glänzend herauszustreichen versucht. Man hat sie, gerade weil man zu einem Nicht-Ich, einem Fremden in Gegensatz tritt, ins Ich hineingezogen. Fährt man im Autoomnibus und eine Straßenbahn droht, ihn zu überflügeln, so kommt es vor, daß man geradezu davor zittert, der Omnibus könne das Rennen verlieren; der Umstand, daß wir für 20 Minuten in ihm Platz genommen haben, hat schon genügt, ihn ins Ich hineinzuziehen. Aber würde man deswegen den Omnibus, oder die Sommerfrische, oder auch nur das Haus für konstitutionelle Bestandteile des Ich halten können? Sind wir doch schließlich beim eigenen Leibe nicht sicher, ob Haare, Nägel und Zähne dazu gehören. Kurz, die Grenzen des Ich schwanken gewaltig.

Bei der *zeitlichen Kontinuität* dasselbe Bild. Wann hat mein Ich begonnen? Bei der Geburt, bei der Zeugung, in der Hochzeitsnacht der beiden Voreltern, aus deren Verbindung meine typische Eigenart zuerst hervorging? Wann ist mein Ich zu Ende? Bei meinem Tode? Beim Sterben meiner Kinder oder Kindeskinder? Wenn meine Werke unwirksam geworden sind? Wenn ein einzelliges Lebewesen sich teilt, ist dann sein Ich noch da oder nicht mehr?

Dieselbe Unbestimmtheit bei der *kausalen Kontinuität*. Gehört alles das, was Eltern und Freunde, Volk und Rasse, Bücher, Schule und Zeitung uns gegeben haben, mit zum Ich? Wenn nicht, so würde in vielen Ichen nur noch wenig Inhalt zu finden sein. Und doch sagen wir zuweilen einem Nachschwätzer oder Anempfinder: „Nicht du sagst das, sondern jener andere redet aus dir."

Vor allem aber bindet die *Gleichheit* unsere Persönlichkeit nur sehr unsicher zusammen, nicht deswegen, weil sie schlecht bindet, sondern weil unsere Seele durchaus nicht so gleichartig ist, wie wir gewöhnlich glauben. „Das Kind stirbt im Jüngling, der Jüngling im Mann, der Mann im Greis", jedes Lebensalter ist, vom Standpunkt der Ähnlichkeit aus gesehen, ein Mensch für sich. Ober- und Unterbewußtsein sind nicht nur sehr verschieden, sondern vielfach geradezu entgegengesetzte Charaktere. Wir haben früher (S. 63) die Seele als eine Art Nährbouillon charakterisiert, in der sich beliebig viele Persönlichkeiten bilden können. Gerade auf diesem Gebiete beobachten wir vollständige Auflösung des angeblich unteilbaren Ich, des In-dividuums.

Diese weitgehende Relativität, diese fließenden Grenzen des Ich zeigen uns, daß es zum großen Teil von der Anpassungsfähigkeit des Ichgefühls oder von unserem Wunsch und Willen abhängt, wie groß wir es rechnen wollen. Gleich Deutschland, das für die einen an der Elbe aufhört und für die anderen die Schweiz und Siebenbürgen mit umfaßt, läßt es sich fast nach Belieben ausdehnen oder zusammenziehen.

Die Ähnlichkeit ist für die Zwecke des Ichgefühls der bessere Kitt, die Kontinuität der schlechtere. Metamorphosen der Persönlichkeit, Fälle, in denen sich ein Mensch plötzlich als ein ganz anderer vorkommt, scheinen sich zum Teil dadurch zu erklären, daß innerkörperliche Veränderungen oder halluzinatorische Organempfindungen der Gemeinempfindung eine veränderte Färbung verleihen. In abgeschwächtem Maße erlebt man dasselbe, wenn man in einen neuen Beruf übergeht, in eine andere Stadt übersiedelt, seine gesamten Lebensverhältnisse durchgreifend verändert; man hat auch dann den Eindruck, ein neuer Mensch geworden zu sein, und das Leben vor der Bruchstelle wird verhältnismäßig fremd und uninteressant. Eine gar zu große Charakter- oder Gefühlsverschiedenheit zwischen Eltern und Kindern pflegt das Zusammengehörigkeitsgefühl zu vernichten. Oben sahen wir bereits, daß, wenn wir Dokumente unserer Jugendzeit lesen und die darin zutage tretende Geistesverfassung unserer jetzigen allzu unähnlich finden, wir den Eindruck gewinnen, mit einer verjährten, für uns im Grunde verstorbenen Persönlichkeit zu tun zu haben. In allen diesen Fällen ist die übliche Kontinuität vorhanden, sie hat aber die Unterstützung der Ähnlichkeit verloren, und für sich allein erweist sie sich unfähig, die Ichvorstellung so zu binden, daß das Ichgefühl sie einheitlich umspannen und für alle Teile des Komplexes Partei ergreifen kann. Demgegenüber ist Ähnlichkeit für sich allein ausreichend, ein durch keine Kontinuität verbundenes Element in den Ichkomplex hineinzuziehen. Lernen wir einen bisher ganz fremden Menschen kennen, der uns körperlich oder seelisch gleicht, der ähnlichen Charakter, ähnlichen Geschmack, ähnliche Weltanschauung hat, unsere politischen Überzeugungen, unsere Lebensgewohnheiten, unsere Vorliebe für bestimmte Bücher, Künstler, Dichter, Denker teilt, so ergreift uns sofort wärmste Sympathie für ihn, Geistesverwandtschaft stiftet mehr Zugehörigkeitsgefühl als Familienverwandtschaft. Wem ein großer Dichter oder Musiker der Vergangenheit etwas ganz aus der Seele geschrieben hat, der empfängt den Eindruck, er sei hier eigentlich schon einmal dagewesen, nur in so vollendeter

IX. Spiritismus und Unsterblichkeitsproblem

Ausprägung, wie er es wahrscheinlich im jetzigen Leben nicht wieder erreichen werde.

Da nun die Grenzen des Ich zum großen Teil von unserem Wunsch und Willen abhängen, so hindert uns nichts, sie so weit zu spannen, daß unser Ich sich mit unserem Typus deckt und wir ähnliche, dem gleichen Typus angehörige Menschen aller Zeiten als im Grunde identisch mit uns betrachten. Und da Ähnlichkeit ein besserer Leiter des Ichgefühls ist als Kontinuität — im gleichen Sinne wie man von guten oder schlechten elektrischen oder Wärme-Leitern spricht —, so fällt uns diese Ausdehnung des Ich keineswegs schwer, sie ist uns ganz natürlich. Man braucht diese Anschauung durchaus nicht metaphysisch einzukleiden und etwa platonisch zu sagen, die typische Form sei die einzige Realität und unsere verschiedenen Leben, die ganze Reihe der ähnlichen Persönlichkeiten seien nur vorüberhuschende Bilder dieses ruhenden Realen, bedeuteten nur einen Wechsel der Anschauungsform. Nein, man kann ganz ruhig auf dem Boden der sinnlichen Erfahrung und Wahrnehmung stehenbleiben und doch den Trost der Typusunsterblichkeit gewinnen, denn das erweiterte Ich ist eine Sache, über die man nicht zu streiten braucht, ob sie ist oder nicht ist, sondern die man „macht", die man kreiert, nachdem man seine Fähigkeit erkannt hat, das Ichgefühl anders einzustellen und die zahlreichen zu einem Typus gehörigen Individuen anders zusammenzuordnen, als man es gewohnt ist. Ich habe mich eines Tages entschlossen, unsterblich zu sein, und von dem Augenblick an war ich es. Jeder andere, der die gleiche psychologische Einsicht in die Relativität des Ich und eine ebenso dehnbare Sympathiefähigkeit besitzt, kann es mir nachtun. Daß man mit solcher Umstellung der Betrachtungs- und Gefühlsweise dieselbe Dämpfung der Todesfurcht erzielt wie mit dem Glauben an individuelle Unsterblichkeit, an Fortleben des einzelnen Zufalls-Ich im Himmel, beweisen die Japaner, deren religiöse Überzeugungen der hier dargestellten philosophischen Theorie sehr ähnlich sind und sie befähigen, den Tod fast wie eine Bagatelle zu behandeln. Wird doch sogar in Japan darüber geklagt, daß die Scheu vor dem Selbstmorde durch diese Lehre ungebührlich herabgesetzt werde.

Eine vergleichende Analyse des Wertes, den der Glaube an individuelle und an Typus-Unsterblichkeit für Glück, Weisheit und Vollkommenheit des Menschen hat, würde uns hier zu weit führen. Nur eine bezügliche Frage fällt in unser Bereich. Der Spiritismus ist in erster Linie der Glaube der Mütter, die einen Sohn oder eine Tochter beweinen. Ihnen ist das Bewußtsein, von dem fortlebenden Geiste des Toten unsichtbar besucht und beobachtet zu werden, zu ihm reden, seine Mitteilungen durch den Mund eines Mediums empfangen zu können, eine so große Aufrichtung und Tröstung, daß ich, wenn ich in meinen Vorträgen die erforderliche wissenschaftliche Kritik am Spiritismus zu üben habe, sobald ich eine solche Mutter unter den Zuhörern weiß, etwas wie Gewissensbisse dabei verspüre. Kann nun auch wirklich auf diesem Gebiete die Annahme einer Typus-Unsterblichkeit den Spiritismus ersetzen, kann sie, wenn auch nicht den ständigen Verkehr mit der Seele des Toten, doch wenigstens ein Wiedersehen verheißen? In der plausiblen, dem unphilosophischen Geiste einleuchtenden Form wie Spiritismus oder Himmelsglaube gewiß nicht. Eine Diesseits-Religion, die den Härten der Erfahrungswelt gerecht werden muß, kann nie so anschaulich und einfach befriedigen wie eine metaphysische, die unsere Phantasie sich ganz nach den Bedürfnissen des Menschen, ohne jegliche Rücksicht auf die Welt der Tatsachen zurechtschneidet; die erstere wird immer ein denkendes Bearbeiten und gefühlsmäßiges Übersteigen der Barriere erfordern, die das Egoistisch-Allzumenschliche zwischen uns und dem Weltall errichtet. Aber wenn Typus-Unsterblichkeit uns auch nicht versprechen kann, daß unser totes Kind genau so, wie es uns verlassen hat, an der Himmelspforte auf uns warten wird, so kann sie uns doch dies mit auf den Weg geben: Stets werden Vertreter ähnlicher Typen einander anziehen. Vererbung sorgt dafür, daß gleichartige Charaktere sich innerhalb einer Familie zusammenfinden, Freundschaft und Ehewahl wird teils durch Attraktion des Ähnlichen, teils durch solche des Komplementären bestimmt. Kehrst du selbst millionenfach in annähernd gleicher Form wieder, so werden dir manche dieser zahllosen Leben auch die ähnliche Gattin, die ähnlichen Kinder zurückbringen, die dir in diesem Leben nahestanden. Und wenn die Liebe auch mit das konservativste Gefühl ist und den geliebten Gegenstand mit all seinen kleinen Eigen- und selbst Unarten genau so erhalten sehen möchte, wie man ihn ins Herz geschlossen hat, so muß uns doch der gereiftere Verstand sagen, daß diese Liebespedanterie, auf die Lebenswiederkehr angewandt, egoistisch und lächerlich ist, nicht weniger als der Wunsch mancher Mütter, ihr Liebling möchte nie über das niedliche Alter von vier Jahren hinauswachsen. Es ist unmöglich, daß der kindliche und der philosophisch geschulte Geist denselben Glauben, dieselben Ideale habe. Das Kind glaubt sein Christkind im Nebenzimmer anwesend, der Weise dagegen sieht seine Ideale in abstrakter Ferne, sonst würden sie ihm gar nicht mehr als Ideale erscheinen. Der Seelenglaube war notwendig für eine primitivere Entwicklungsstufe, für eine höhere ist er zugleich unzureichend und ersetzbar.

Was dem Spiritismus und übersinnlichen Okkultismus seine Begeisterung und propagandistische Wucht verleiht, ist die Überzeugung seiner Anhänger, sie kämpften gegen plumpen Materialismus und Unglauben für eine höhere, tröstlichere, poetischere, geistigere Weltanschauung. Erst wenn die Gegner zu zeigen vermögen, daß sie auch dem Herzen und dem Lebensglück Besseres zu bieten haben, werden sie diesen Rückschlägen in veraltete Formen der kosmischen Betrachtung und des Glaubens erfolgreich Trotz bieten können. Darum war es notwendig, dem Geisterglauben die neue Form der Unsterblichkeitslehre gegenüberzustellen. Schon bisher litt der Spiritismus an der Dürftigkeit und Albernheit seiner Geister. Jetzt haben wir auch erkannt, ein wie unseliges, fluchbeladenes Wesen solch ein Spirit sein müßte. Und die Erkenntnis, daß das ganze Geisterwesen für unsere Sehnsucht nach Ewigkeit ganz überflüssig ist und offene Türen einrennt, macht vollends dem Spuk ein Ende.

Es ist schon etwas Wahres an der Lehre des großen Leibniz, daß diese Welt trotz all ihrer Grausamkeit doch die beste aller möglichen Welten ist. Denn sobald wir versuchen, mit unserer Phantasie eine andere, schönere zu ersinnen, wie es Spiritismus und Okkultismus getan haben, bemerken wir sofort, daß wir als Weltingenieure nur Kümmerliches leisten und unser Machwerk, verglichen mit dem Wunderbau des vorhandenen Kosmos, eine Pfuscherei ist.

LITERATURVERZEICHNIS

I. Max Dessoir: „Das Doppel-Ich", Leipzig, Günther, 1896.
II. Richard Hennig: „Beiträge zur Psychologie des Doppel-Ich", Zeitschrift für Psychologie. Band 49. Leipzig, Joh. Ambros. Barth, 1908.
III. Richard Hennig: „Wunder und Wissenschaft", Hamburg, Gutenbergverlag, 1904.
IV. F. W. H. Myers „The Subliminal Self", Proceedings of the Society for Psychical Research (Proceedings S. P. R.), Band XI.
V. Théodore Flournoy: „Des Indes à la planète Mars", Paris, F. Alcan und Genf, 1900; Deutsch von Vorbrodt: „Die Seherin von Genf", Leipzig, Fel. Meiner, mit Vorwort von Dessoir, 1914.
VI. William James: „Die religiöse Erfahrung in ihrer Mannigfaltigkeit". Deutsch von Georg Wobbermin, Leipzig, 1907, Hinrichs.
VII. Dr. Morton Prince: „The Development and Genealogy of the Misses Beauchamp", Proceedings S. P. R., XV, S. 466 ff.
VIII. J. Ochorowicz: „La Suggestion mentale", Paris, 1887.
IX. Alfred Lehmann: „Aberglaube und Zauberei", Stuttgart, Enke, 2. Auflage, 1908; 3. Auflage, 1925.
X. Ludwig Staudenmaier: „Die Magie als experimentelle Naturwissenschaft" Leipzig, Akad. Verlagsgesellschaft. 1922.
XI. J. Marcinowski: „Im Kampf um gesunde Nerven", Berlin, Salle, 3. Auflage, 1907.
XII. Charles Baudouin: „Suggestion und Autosuggestion", Dresden, Sibyllenverlag, 1922.
XIII. Otto Stoll: „Suggestion und Hypnose in der Völkerpsychologie", Leipzig, Veit, 2. Auflage, 1904.
XIV. Rudolf Tischner: „Einführung in den Okkultismus und Spiritismus", München, Wiesbaden, Bergmann, 1921.
XV. Albert Moll: „Der Hypnotismus", Berlin, Fischer, 4. Auflage, 1907.
XVI. A. N. Chowrin: „Eine seltene Form von Hyperästhesie der höheren Sinnesorgane", erschienen in der russischen Zeitschrift „Beiträge zur neuropsychischen Medicin", 1898, übersetzt und herausgegeben von Dr. Albert Freiherrn von Schrenck-Notzing, München, Reinhardt, 1919.
XVII. R Baerwald: „Die intellektuellen Phaenomene" in der Sammlung „Der Okkultismus in Urkunden", herausgegeben von Dessoir, Berlin, Ullstein, 1925.

XVIII. "Psychische Studien", Leipzig, Oswald Mutze.
XIX. Joseph Maxwell: "Les correspondences croisées et la Méthode expérimentale", Proceedings of the Society for Psychical Research, XXVI.
XX. Aksákow: "Animismus und Spiritismus".
XXI. "Proceedings of the Society for Psychical Research. (In der Literatur meist zu "Proceedings S. P. R. abgekürzt.) London seit 1882.
XXII. R. Hennig: "Der moderne Spuk- und Geisterglaube". Hamburg, Gutenbergverlag, 1906.
XXIII. Gustav Pagenstecher: "Past Events Seership. A Study in Psychometry". Proceedings of the American Society for Psychical Research. Band 16, 1922.
XXIV. Max Dessoir: "Vom Jenseits der Seele", Stuttgart, Enke, 1. Auflage, 1917.
XXV. Casper S. Yost: "Aus dem Jenseits", Berlin, Reuss & Pollack, 1921.
XXVI. R. Hennig: "Das Wesen der Inspiration", Leipzig, Joh. Ambrosius Barth, 1912.
XXVII. Boris Sidis and S. P. Goodhart: "Multiple Personality", London, 1905.
XXVIII. Laura J. Finch: "Physiologie der Mediumschaft". Psychische Studien, Jahrgang 1907.
XXIX. W. F. Barret: "On the so-called Devining Rod". Proceedings S. P. R. Band VIII, 1897—98.
XXX. E. d'Esperance: "Im Reich der Schatten", Berlin, 1897.
XXXI. Fritz Grunewald: "Physikalisch-mediumistische Untersuchungen", Pfullingen, Baum, 1920.
XXXII. Alice Johnson: "On the automatic writings of Mrs. Holland", Proceeding S. P. R., XXI., 1908, S. 166.
XXXIII. Hans Freimark: "Das Tischrücken", Pfullingen, Baum, 1921.
XXXIV. Chevreul: "De la baguette divinatoire, du pendule explorateur et des tables tournantes".
XXXV. Friedrich Kallenberg: "Die Offenbarungen des siderischen Pendels", Dießen vor München, Jos. Huber, 1913.
XXXVI. Albert Hofmann: "Die odische Lohe", Pfullingen, Baum, 1920.
XXXVI. a) Naum Kotik: "Die Emanation der psychophysischen Energie", Wiesbaden, Bergmann, 1908.
XXXVI. b) Baerwald: "Zur Psychologie der Vorstellungstypen. Mit besonderer Berücksichtigung der motorischen und musikalischen Anlage", Leipzig, Joh. Ambros. Barth, 1916.
XXXVII. Tischner: "Über Telepathie und Hellsehen", München, Bergmann, 1920.

XXXVIII. Charles Richet: „Experimentelle Studien auf dem Gebiete der Gedankenübertragung und des sogenannten Hellsehens". Deutsche Ausgabe von Albert Freiherrn von Schrenck-Notzing, Stuttgart, Enke, 1891.
XXXIX. Albert Hofmann: „Versuche über Telepathie", Psychische Studien, Januar 1921.
XXXX. Waldemar v. Wasielewski: „Telepathie und Hellsehen", Halle, Marhold, 3. Auflage, 1922.
XXXXI. Zeitschrift für Psychotherapie und medizinische Psychologie", herausgegeben von Dr. Albert Moll.
XXXXII. Journal of the Society for Psychical Research, London.
XXXXIII. Frau H. Sidgwick: „Phantasms of the Living", Proceedings S. P. R., XXXIII., 1922.
XXXXIV. Frau Salter: „A Further Report on Sittings with Mrs. Leonard", Proceedings S P. R., Band XXXII, 1921.
XXXXV. Dr. Albert Hellwig: „Okkultismus und Strafrechtspflege", Bern-Leipzig, Bircher, 1924.
XXXXVI. Charles Richet: „Traité de Métapsychique", 2. Auflage.
XXXXVII. Jos. Böhm: „Seelisches Erfühlen", Pfullingen, Baum.
XXXXVIII. Rud. Tischner: „Geschichte der okkultistischen Forschung", Pfullingen, Baum, 1924.
IL. Bozzano: „Les Phénomènes de Hantise", Paris, 1920.
L. Justinus Kerner: „Die Seherin von Prevorst", Reclambibliothek.
LI. Dr. Erich Bohn-Breslau: „Der Spuk in Oels", Selbstverlag des Verfassers.
LII. Zeitschrift für kritischen Okkultismus und Grenzfragen des Seelenlebens, herausgegeben von R. Baerwald, Stuttgart, Enke.
LIII. Max Kemmerich: „Prophezeiungen, alter Aberglaube oder neue Wahrheit?", München, Langen.
LIV. W. von Gulat-Wellenburg, Graf Carl von Klinckowstroem, Hans Rosenbusch: „Der physikalische Mediumismus". In der Sammlung „Der Okkultismus in Urkunden", herausgegeben von M. Dessoir, Berlin, Ullstein, 1925.

INHALTSVERZEICHNIS

                                            Seite

I. Allgemeine Vorfragen 7
Wort und Begriff Okkultismus — Die Parteien (S. 11).

II. Das Unterbewußtsein 21
Psychische Konstellation — Das Unterbewußtsein (S. 29) — Doppel-Ich (S. 39) — Das rebellische Unterbewußtsein (S. 54) — Das hyperästhetische Unterbewußtsein (S. 66) — Das hypermnestische Unterbewußtsein, latente Erinnerung (S. 72) — Das geniale Unterbewußtsein (S. 99) — Apotheose und Minderwertigkeit des Unterbewußtseins (S. 116).

III. Mediumität 135
Mediumität und Hysterie — Mediumität und Spiritismus (S. 139) — Medienbetrug (S. 145).

IV. Steigrohre des Unterbewußtseins 171
Das automatische Schreiben — Kristallvisionen (S. 175) — Tischrücken und Tischklopfen (S. 177) — Der siderische Pendel (S. 183).

V. Telepathie 189
Die physikalischen Prämissen — Der Nahversuch (S. 193) — Fernhypnosen (S. 204) — Fernübertragung von Gedanken (S. 216) — Telepathie geht von Unterbewußtsein zu Unterbewußtsein (S. 232) — Spontane Telepathiefälle (S. 238) — Die Telepathie und das übernormale Wissen der Medien (S. 247).

VI. Die Verkappungen der Hyperästhesie und
   Telepathie 264
   Das Hellsehen — Psychometrie (S. 277) — Doppel-
   gänger (S. 283) — Cross-Correspondence (S. 291) —
   Spuk (S. 300).

VII. Prophezeiungen 313
   Scheinprophetie (S. 315) — Wirklichkeitsgehalt des
   Propheizeins (S. 328).

VIII. Die physikalischen Phänomene 343
   Allgemeine Kennzeichnung — Der Weltanschauungs-
   gehalt des physikalischen Okkultismus (S. 346) —
   $N = Schw$ (Natur $=$ Schwindel) (S. 359).

IX. Spiritismus und Unsterblichkeitsproblem . 379
   Die Vollkommenheit des Weltalls und die indivi-
   duelle Unsterblichkeit — Eine Parabel (S. 385) —
   Relativität und Dehnbarkeit des Ich (S. 391).

Literaturverzeichnis 402

www.ingramcontent.com/pod-product-compliance
Lightning Source LLC
Chambersburg PA
CBHW032144010526
44111CB00035B/1043